Mirjam Karch



Kohlhammer

Ursula Athenstaedt
Dorothee Alfermann

# Geschlechterrollen und ihre Folgen

Eine sozialpsychologische Betrachtung

Verlag W. Kohlhammer

1. Auflage 2011


Umschlag: Gestaltungskonzept Peter Horlacher
Gesamtherstellung:
W. Kohlhammer Druckerei GmbH + Co. KG, Stuttgart
Printed in Germany

ISBN: 978-3-17-020682-3

# Inhalt

# 1 Gender: Geschlechterrollen und Geschlechterstereotype

## 1.1 Gender

Gender ist ein inzwischen auch im Deutschen gebräuchliches Wort. Es wurde aus dem Englischen übernommen, da dort zwischen „sex“ und „gender“ differenziert wird. „Sex“ bezieht sich auf das biologische Geschlecht, „gender“ auf das sozial konstruierte Geschlecht. Bei einer Google-Suche im April 2010 zum Begriff „gender“ eingeschränkt auf deutsche Seiten, finden sich mehr als drei Millionen Einträge. Wikipedia widmet dem Thema einen eigenen Beitrag und verweist dort unter anderen auf eine entsprechende Seite des Goethe-Instituts in Deutschland. „Gender Mainstreaming“ ist in der gesamten Europäischen Union ein politisches Konzept, dem viel Geld und Aufmerksamkeit gewidmet wird. Das deutsche Bundesministerium für Familie, Senioren, Frauen und Jugend schreibt dazu auf der eigenen Homepage: „Gender Mainstreaming bedeutet, bei allen gesellschaftlichen Vorhaben die unterschiedlichen Lebenssituationen und Interessen von Frauen und Männern von vornherein und regelmäßig zu berücksichtigen, da es keine geschlechtsneutrale Wirklichkeit gibt.“

Psychologie und Soziologie haben sich schon seit Mitte des letzten Jahrhunderts intensiv mit dieser Thematik beschäftigt. Die Soziologen Parsons und Bales (1955) unterschieden etwa familiale Rollen, in denen der Mann den Ernährer der Familie darstellt und für die Außenbeziehungen und die berufliche Rolle vorgesehen ist und die Frau für die familialen Angelegenheiten und die Innenbeziehungen. Diese strikte Rollentrennung gilt in unserer heutigen Industriegesellschaft nicht mehr, sie trifft aber in einem erweiterten Sinne dennoch den Kern. Es zeigt sich nämlich, dass zum einen Männer nach wie vor überwiegend in der beruflichen Sphäre tätig sind und hierdurch auch relativ klare Rollenerwartungen existieren, die auf eine Funktion als Familienernährer und auf die Erfüllung beruflicher Anforderungen und Aufgaben hinauslaufen. Zum anderen ist zu konstatieren, dass Frauen zwar inzwischen in großer Zahl einer außerhäuslichen Erwerbstätigkeit nachgehen, aber dennoch ihre primäre Funktion auf die der (Ehe-)Frau und Mutter konzentriert bleibt. Die Rollenerwartungen an Frauen betreffen sowohl die Ausfüllung beruflicher Anforderungen wie auch familialer Aufgaben. Im Konfliktfalle – z. B. wenn die Kinder klein sind und keine Vollzeitberufstätigkeit möglich erscheint, oder wenn die Eltern sich trennen – wird die Hauptverantwortung für die Kinder ganz überwiegend von der Frau getragen. Die überwiegende Zahl der Teilzeitstellen wird von Frauen eingenommen. Das Sorgerecht nach Trennung und Scheidung nehmen in der Regel Frauen wahr. So gesehen finden sich trotz aller Liberalisierungstendenzen nach wie vor im Kern die Geschlechterrollen, wie sie von Parsons und Bales formuliert wurden.

Der auffallendste Wandel der Positionen von Frauen und Männern wurde zweifellos durch die verfassungsrechtlich garantierte formale Gleichheit der Geschlechter eingeleitet. Diese Gleichheit ist im Bildungswesen erreicht, aber sie trifft nicht auf den beruflichen Erfolg zu. Tatsache ist zwar, dass die politische Entwicklung der europäischen Länder eine Gleichberechtigung der Geschlechter insbesondere durch gleiche Bildungschancen und die (gleichberechtigte) Teilhabe am Berufsleben propagiert und gefördert hat. Um dies zu erreichen, wurden staatliche Maßnahmen der „Frauenförderung“ bereitgestellt, damit Frauen in verstärktem Maße Berufspositionen ergreifen konnten. Die öffentlichen Maßnahmen und das gesellschaftliche Bewusstsein haben dazu beigetragen, dass eine Veränderung der Geschlechterrollen in den letzten Jahrzehnten möglich geworden ist, die aber eher einseitig die weibliche Rolle betrifft. Etwas überspitzt ausgedrückt, stellt sich der Wandel der Geschlechterrollen vor allem als ein Wandel der weiblichen Rolle dar. Die weibliche Geschlechterrolle hat – verglichen etwa mit der Nachkriegszeit – einen deutlichen und statistisch nachweisbaren Wandel mitgemacht. Betrachtet man die Entwicklung in Deutschland, Österreich und anderen Industrienationen, so lässt sich insbesondere an der Bildungsbeteiligung, der Berufsausbildung, der Erwerbsquote und den Berufswahlen dieser Rollenwandel aufzeigen (Kap. 5.3). Die Erwartungen an Frauen richten sich aber nach wie vor auf die Erfüllung familiärer Anforderungen, wie es in traditionell patriarchalischen Gesellschaften stets der Fall war. Sie richten sich nun zusätzlich auch an die Erfüllung beruflicher Anforderungen. Die Hausfrau, die ausschließlich für Familie und Kinder sorgt, ist ein Modell, das meist nur für eine kurze Übergangszeit oder gar nicht in Anspruch genommen wird. Dementsprechend gilt die Vereinbarkeit von Familie und Beruf für heranwachsende und erwachsene Frauen als ein vorrangiges Lebensziel. Dabei spielt bei der Berufs- wie bei der Familienarbeit eine wichtige Rolle, dass für Frauen der Umgang mit Menschen und die humanistische Zielsetzung, die der Hilfe und Betreuung von Menschen zugrunde liegt, eine hohe Bedeutung hat, die ihre Berufswahlen beeinflusst und ihre Entscheidungen für Familienarbeit, insbesondere Kinderbetreuung. Nach Eccles (2007) sind es diese „weiblichen“ Werte, die vorrangig die Berufswahlen und Karrierewege von Frauen steuern und nicht etwa fehlende Fähigkeiten oder fehlendes Selbstvertrauen. Das Streben nach Vereinbarkeit von Beruf und Familie hat seinen Preis. Es führt offenbar häufig dazu, dass Frauen dadurch den Aufstieg in der Hierarchie der Berufsfelder verpassen: „… even very educated women are more likely than men to favor home-centered lifestyles and adaptive lifestyles, wherein family and home are paramount and work is adapted to fit around this choice“ (Ceci, Williams & Barnett, 2009, S. 247). Wenn es um die familiale Arbeitsteilung geht, sind insbesondere die Frauen für Haushalt, die Kinder und die Kinderbetreuung zuständig. Dafür reduzieren sie ihr berufliches Engagement, was sich leicht an den europäischen Statistiken zur Arbeitszeit von Männern und Frauen ablesen lässt (Europäische Kommission, 2008). Das Modell der partnerschaftlichen Arbeitsteilung in der Familie wird zwar mehrheitlich befürwortet, es läuft aber immer noch darauf hinaus, dass der Mann der Hauptverdiener bleibt und im Zweifelsfall die erfolgreichere berufliche Karriere macht.

In der Öffentlichkeit und in politischen Verlautbarungen wird viel diskutiert über ein gewandeltes Verständnis von der Rolle des Mannes. Mehr Männer als früher kümmern sich um die Kinder und teilen sich die Familienarbeit mit ihrer Frau. Das ist richtig. Wir sind aber weit davon entfernt, hier von einem Mainstream sprechen zu können. Nach wie vor sind es vorwiegend Frauen, die nach Scheidung oder Trennung ihre Kinder allein großziehen oder ihre Berufstätigkeit wegen der Kinder unterbrechen oder reduzieren. Dafür bedauern mehr Männer als Frauen, zu wenig Zeit für die Familie zu haben (Statistisches Bundesamt, 2008).

Geschlechterrollen in der heutigen Gesellschaft bedeutet für beide Geschlechter mehr Freiraum in der Ausgestaltung ihrer Rollen als noch im letzten Jahrhundert. Nach den vorliegenden Daten haben diesen Freiraum vor allem Frauen genutzt. Sie können Familien- und Berufsrollen ausüben. Männer hingegen sehen nach wie vor die vorrangige Aufgabe in ihrer Berufsrolle, ggf. verknüpft mit möglichen zusätzlichen Ehrenämtern oder Freizeitaktivitäten. Aber die Doppelrolle des Mannes in Beruf und Familie ist nur einer verschwindenden Minderheit vorbehalten. Im Gegensatz zu früheren Zeiten aber ist es Männern inzwischen prinzipiell möglich und gestattet, eine solche Doppelrolle auszuüben. Und dieser Trend wird sich in den nächsten Jahrzehnten aufgrund der Veränderungen in den Beschäftigungsverhältnissen und des Arbeitsmarkts vermutlich weiter verstärken.

Diese kurze Ausführung zeigt, dass unsere Gesellschaft nach wie vor für Männer und Frauen unterschiedliche Lebenswelten gestaltet. Sozialpsychologie und Soziologie beschäftigen sich mit dem sozialen Geschlecht und zeigen Folgen von Geschlechterrollen auf. Neuere kognitionswissenschaftliche Theorien und Studien konnten die Bedeutung von Gender auch für soziale Informationsverarbeitung und Verhalten aufzeigen. Die berichteten Befunde erscheinen uns wesentlich für ein Verständnis der psychologischen Hintergründe, die im Zusammenhang mit der oben aufgezeigten gesellschaftlichen Problematik stehen. Es soll aufgezeigt werden, dass Gender nicht nur ein politisch besetzter Begriff ist, sondern eine sehr umfassende Bedeutung für unser Erleben und Verhalten hat.

## 1.2 Geschlecht als soziale Kategorie und soziale Rolle

Wenn wir ein Baby sehen, fragen wir zunächst, was es denn sei: „Ein Mädchen oder ein Bub?“ Bei der Namensgebung eines Kindes muss laut Gesetz eindeutig das Geschlecht erkennbar sein. Wenn wir eine fremde Person ansehen, erkennen wir im Allgemeinen sofort, ob es sich um eine Frau oder um einen Mann handelt. In den seltenen Fällen, bei denen das nicht so leicht möglich ist (z. B. weil wir die Person nur von hinten sehen), kann uns das unsicher machen und wir werden eventuell noch einmal genauer hinsehen. Diese Beispiele zeigen die zentrale Bedeutung von Geschlechtszugehörigkeit.

Die Zuordnung von Personen in die Kategorie „Frau" oder „Mann" nennt man *soziale Kategorisierung*. Gemeint ist der „kognitive Prozess der Gruppierung von Personen oder Gruppen, die ein oder mehrere Merkmale gemeinsam haben" (Petersen & Six-Materna, 2006, S. 431). Wobei der Prozess der Kategorisierung nicht mit der Zuordnung zu Gruppen endet, sondern auch einhergeht mit der Zuschreibung der für diese Gruppe als typisch erachteten Charakteristika (s. Kap. 1.3). Kategorisierung vereinfacht in diesem Sinn unsere soziale Informationsverarbeitung, bedingt aber auch einen Informationsverlust, da Individuen auf Basis der Gruppenzugehörigkeit beurteilt werden und ihre „Individualität" vernachlässigt wird (Mackie, Hamilton, Susskind & Rosselli, 1996). Geschlecht ist neben Alter und ethnischer Zugehörigkeit eine der zentralen sozialen Kategorien, die Individuen zur sozialen Kategorisierung verwenden (Fiske, 1998). Ein Grund für diese Zentralität ist, dass die drei Kategorien leicht visuell erkennbar und somit schnell verifizierbar sind. Andere Gruppenzugehörigkeiten, wie z. B. Nationalität, sind schwieriger erkennbar.

Verschiedene Untersuchungen, die das klassische sog. „Who said what?"-Paradigma zur Erhebung spontaner sozialer Kategorisierung von Taylor, Fiske, Etcoff und Ruderman (1978) anwendeten, konnten zeigen, dass das Geschlecht spontan bei der sozialen Wahrnehmung beachtet wird (vgl. Klauer & Wegener, 1998). In diesem Paradigma wurde den Untersuchungsteilnehmenden per Video eine Diskussion von Frauen und Männern bzw. von Schwarzen und Weißen vorgespielt. Jede/r der Diskutierenden gab ein Statement ab und die Teilnehmenden hatten die Aufgabe im Anschluss die Statements, den richtigen Diskutierenden wieder zuzuordnen. Es zeigte sich, dass sie bevorzugt innerhalb der sozialen Kategorie Fehler machten. Es wurde also in einer gemischtgeschlechtlichen Gruppe die Aussage z. B. einer Frau eher irrtümlich einer anderen Frau in der Gruppe und nicht irrtümlich einem der Männer zugeordnet. Sprachen schwarze und weiße Personen miteinander, wurden Aussagen z. B. einer weißen Person eher irrtümlich einer anderen weißen Person in der Gruppe, aber eher nicht irrtümlich einer schwarzen Person zugeordnet. Fehler zwischen Diskutierenden unterschiedlicher Kategorie kamen seltener vor. Aus diesem Ergebnis kann man schließen, dass die Beurteiler/innen die Diskutierenden spontan anhand ihres Geschlechts bzw. Hautfarbe kategorisiert hatten und diese Information dann bei den Zuordnungen verwendeten. Die Untersuchung zeigte auch eine Folge von sozialen Kategorisierungsprozessen nämlich, dass Personen innerhalb einer Kategorie in überschätzender Weise als ähnlich, Personen verschiedener Kategorien als unähnlich angesehen werden.

Stangor, Lynch, Duan und Glass (1992) erweiterten das Paradigma und präsentierten Personen, die mehreren sozialen Kategorien gleichzeitig angehörten. Dabei fanden sie, dass Untersuchungsteilnehmende Geschlecht eher zur spontanen Kategorisierung heranzogen als Ethnizität. Allerdings zeigten auch etliche Personen eine spontane Bildung von Unterkategorien, bei denen die beiden Kategorien zusammengefasst wurden (weiße Männer, weiße Frauen, schwarze Männer, schwarze Frauen). Stangor et al. argumentieren, dass es durch diese Strategie spontan zu einem Informationsgewinn kommt, da die kombinierten Kategorien inklusiver sind als die globalen Kategorien.

Die drei erwähnten zentralen sozialen Kategorien haben im Besonderen kulturelle Bedeutungen, weil sie mit unterschiedlichen Statuszuschreibungen verbunden sind. Männer, ältere Personen und Weiße haben in nahezu allen Kulturkreisen höheren Status als Frauen, jüngere Personen und Schwarze. Geschlecht als Kategorie gewinnt zudem noch an Bedeutung, da es für die Partnersuche wesentlich ist. Und letztlich gewinnt Geschlecht im Vergleich zu Alter und Rasse dadurch an Relevanz, weil es die erste soziale Kategorie ist, die Kinder zur Ordnung ihrer sozialen Umwelt heranziehen (Mackie et al., 1996; Ruble, Martin & Berenbaum, 2006; Ruble et al., 2004). Bereits im Alter von drei bis vier Monaten können Babys zwischen Frauen- und Männergesichtern unterscheiden, wobei sie das Geschlecht ihrer primären Bezugsperson (im Allgemeinen also Frauen) bevorzugen (Quinn, Yahr, Kuhn, Slater & Pascalis, 2002). Im Alter von sieben Monaten unterscheiden sie zwischen männlichen und weiblichen Stimmen (Miller, 1983). Im Alter von 18–21 Monaten produzieren Kinder Wörter, die eine Geschlechtskategorisierung beinhalten (z. B. „Bub", „Mädchen", Zosuls et al., 2009). Mädchen beginnen ab einem Alter von 27 Monate, Buben ab einem Alter von 36 Monaten gleichgeschlechtliche Spielkameraden zu bevorzugen und dieser Trend verstärkt sich im Laufe der Kindheit (Ruble et al., 2006). Im Vergleich zu den anderen zentralen Kategorien hat Geschlecht für Kleinkinder den Vorteil, dass sie erstens ständig mit dieser Kategorie konfrontiert werden, dass diese zweitens mit nur zwei Stufen leicht anwendbar ist und dass drittens eine dieser Stufen eine Eigengruppe darstellt, während die andere eine sehr interdependente Fremdgruppe ist (Mackie et al., 1996).

Eine weitere psychologische Besonderheit von Geschlecht ist, dass es nicht nur eine kognitiv repräsentierte Kategorie, sondern auch eine gesellschaftlich definierte *soziale Rolle* ist. Soziale Rollen sind Positionen innerhalb einer Gesellschaft, die mit spezifischen Erwartungen an die Rollenträger einhergehen (Stryker & Statham, 1985). Diese Erwartungen haben normativen Charakter (Cialdini & Trost, 1998), so dass Rollenträger, die sich nicht erwartungskonform verhalten, sanktioniert werden. Wobei in diesem Zusammenhang auch Verspottung, Kritik oder Ausgrenzung als Sanktion gesehen werden kann. Über *Geschlechterrollen* werden gesellschaftlich definierte Verhaltenserwartungen an Frauen und Männer herangetragen (Eagly, 1987). Im Vergleich zu anderen spezifischeren und klarer definierten sozialen Rollen (z. B. Eltern, Feuerwehrleute) sind Geschlechterrollen eher *diffus*, da sie ja für alle Mitglieder der Gesellschaft gelten (so wie auch Alter und Ethnizität) und für viele zwischenmenschliche Prozesse von Bedeutung sind.

Von besonderer wissenschaftlicher Relevanz für das Verständnis von Geschlechterrollen war die Arbeit der Soziologen Parsons und Bales (1955). Im Rahmen der Analyse von Interaktionsprozessen in Familien beschrieben die beiden Autoren eine typische Arbeitsteilung von Frauen und Männern. Demnach haben Männer die Aufgabe, die Familie zu ernähren und die Außenbeziehungen zu regeln. Frauen kümmern sich um die familiären Angelegenheiten und die Innenbeziehungen. Eine entsprechende Aufgabenteilung beobachteten die Autoren auch für männliche Kleingruppen, in denen im Allgemeinen ein Mann die aufgabenbezogene Leitung übernimmt, ein anderer sich eher um die Beziehungen innerhalb der Gruppe kümmert. Demnach postulierten sie generell für Familien und Gruppen eine dualistische Rollenteilung in eine *instrumentelle* (aufgabenorientierte) und eine *expressive* (beziehungsorientierte) Rolle, die funktional wichtig sei für ein harmonisches soziales Miteinander. Dieser Standpunkt wurde natürlich seither öfters kritisiert (z. B. Giele, 1988), einerseits wegen der Annahme, dass die komplementären Geschlechterrollen wichtig wären für ein Funktionieren der Gesellschaft, andererseits weil Status- und Machtunterschiede zwischen den Geschlechtern gänzlich vernachlässigt werden (vgl. Eagly, Wood & Diekman, 2000). Letzterer Aspekt ist ein wichtiger Bestandteil von Geschlechterrollen.

Die soziale Geschlechterrollentheorie von Eagly (1987, s. Kap. 4.1) betont, dass Geschlechterrollen das gesellschaftlich vorherrschende Ungleichgewicht von Frauen und Männern in verschiedenen sozialen Rollen widerspiegeln. So sind nach wie vor Frauen hauptsächlich verantwortlich für den Haushalt und die Kindererziehung, während Männer bestimmte Berufsbereiche dominieren. Wie einleitend beschrieben, ist es zwar heutzutage der Fall, dass Frauen in der Berufswelt stark vertreten sind, allerdings existiert ein Ungleichgewicht insofern, als die Geschlechterverteilung innerhalb der Berufe unausgeglichen ist (z. B. dominieren Frauen Sozialberufe und Männer Berufe im Technikbereich) und auch die Geschlechterverteilung in den Karrierestufen unausgeglichen ist (Männer dominieren die Führungsebene). Insofern finden wir in unserer Gesellschaft nach wie vor eine Statushierarchie zwischen Frauen und Männern (s. Kap. 1.1), die Männer eindeutig bevorzugt. Allerdings nimmt die Geschlechterrollentheorie auch an, dass Geschlechterrollen dynamisch sind (Diekman & Eagly, 2000; Eagly et al., 2000), insofern als sich Erwartungen an Frauen und Männer ändern, wenn sich die Geschlechterverteilung in verschiedenen Lebensbereichen verändert.

## 1.3 Geschlechterstereotype

Geschlechterstereotype sind persönliche Überzeugungen und Erwartungen hinsichtlich der typischen Charakteristika von Männern und Frauen (Hannover, 2006). Sie sind kognitiv mit der sozialen Geschlechtskategorie assoziiert und werden durch den Prozess der Kategorisierung aktiviert. Geschlechterstereotype sind sozial geteilt (Eckes, 1997) und haben vielfältige Auswirkungen auf soziales Erleben und Verhalten (Klauer, 2008). Als kognitive Schemata vereinfachen sie soziale Informationsverarbeitung und werden für Urteilsheuristiken verwendet. Stereotype haben generell zwei Funktionen. Einerseits vereinfachen sie die soziale Wahrnehmung, indem einzelne Individuen in Schubladen gesteckt und auf Basis von Kategorienzugehörigkeit beurteilt werden. Andererseits können über Stereotype gesellschaftlich systemische Praktiken (wie Ablehnung bestimmter Gruppen) und Statusunterschiede zwischen Gruppen legitimiert werden (Jost & Banaji, 1994). Entsprechend dieser Funktionen werden Geschlechterstereotype nicht nur deskriptiv, sondern auch präskriptiv verwendet (Fiske & Stevens, 1993). Sie sind *deskriptiv* insofern, als sie Meinungen darstellen, wie Frauen und Männer typischerweise sind. Diese Funktion dient der Erleichterung sozialer Wahrnehmung, indem Erwartungen generiert werden und Interaktionen vereinfacht werden. Entspricht eine Person deskriptiven Erwartungen nicht, dann werden beobachtende Personen maximal überrascht sein (Rudman & Glick, 2008). Geschlechterstereotype sind *präskriptiv* insofern, als sie Meinungen darstellen, die besagen, wie Frauen und Männer sein sollten. Sie beruhen auf den traditionell definierten Geschlechterrollen (Eagly, 1987) und legitimieren gesellschaftlich definierte Unterschiede zwischen Frauen und Männern. Werden präskriptive Erwartungen enttäuscht, dann resultiert das nicht nur in Überraschung, sondern im Weiteren auch in Ärger und kann soziale Sanktionen nach sich ziehen. Fiske und Stevens (1993) meinten, dass Geschlechterstereotype stärker präskriptiv seien als andere Gruppenstereotype.

Da Stereotype Wissen auf einem abstrakten Niveau darstellen und schon sehr sprachgebunden sind, findet man erst bei Fünfjährigen die Verwendung von Geschlechterstereotypen, die denen der Erwachsenen inhaltlich bereits entsprechen (Urberg, 1982; Williams & Best, 1990a). Die Kenntnis stereotyper Eigenschaften wächst mit steigendem Lebensalter, und der Erwerb der Geschlechterstereotype ist nach Abschluss des Grundschulalters weitgehend abgeschlossen (s. Kap. 1.5). Diese bleiben auch über die Lebensspanne stabil. Die Kenntnis von Stereotypen ist zudem bei Kindern aus höheren Schichten altersmäßig früher zu beobachten als bei Kindern aus niedrigeren Schichten (Williams & Best, 1990a). Dies lässt sich mit dem höheren Bildungs- und damit auch Abstraktionsniveau der Kinder höherer Schichten erklären.

### 1.3.1 Inhalt

Was sind denn nun die typischen Charakteristika von Männern und Frauen? Im Allgemeinen fällt jedem von uns schnell etwas dazu ein, obwohl wir eventuell bei manchen Charakteristika selbst nicht der Meinung sind, dass diese tatsächlich zutreffend sind. Die Charakteristika, die uns einfallen, sind unsere individuellen Geschlechterstereotype. Es kann sich dabei um Körpercharakteristika, Persönlichkeitseigenschaften, Rollenverhalten, berufsspezifische Präferenzen oder Fähigkeiten handeln (Deaux & LaFrance, 1998). Ein prominentes Thema sind schlechtere mathematische und naturwissenschaftliche sowie bessere verbale Testleistungen von Frauen als von Männern. Dazu kann man sagen, dass zwar einerseits Hinweise vorhanden sind, dass tatsächlich gefundene Unterschiede biologisch und evolutionär bedingt sind. Andererseits ist bekannt, dass Fähigkeitsunterschiede auch in Form von Stereotypen gesellschaftlich geteilt werden und für gefundene Unterschiede verantwortlich sein können (für einen Überblick siehe Halpern et al., 2007). Geschlechterstereotype beziehen sich auch auf Emotionen (Plant, Hyde, Keltner & Devine, 2000). Demnach wird von Frauen erwartet, dass sie mehr und tiefer gehende Emotionen erleben als Männer. Nur Ärger und Stolz sind Emotionen, die eher als typisch für Männer gesehen werden. Geschlechterstereotype beinhalten verschiedene Bereiche wie Eigenschaften, Verhaltensweisen, körperliche Charakteristika und Berufe (vgl. Deaux & Lewis, 1984). Dennoch bezieht sich die wissenschaftliche Forschung überwiegend auf Eigenschaften (Rudman & Glick, 2008). Insofern haben verschiedene Autoren schon früh Eigenschaftslisten für Männer und Frauen erstellt (z. B. Rosenkrantz, Vogel, Bee, Broverman & Broverman, 1968; s. **Tab. 1.1**).

**Tab. 1.1:** Geschlechterstereotype in den 1960er Jahren (nach Rosenkrantz, Vogel, Bee, Broverman & Broverman, 1968)

| positive feminine Eigenschaften | positive maskuline Eigenschaften |
|---|---|
| • gebraucht keine harten Worte<br>• sehr beredt<br>• sehr taktvoll<br>• sehr sanft<br>• sehr einfühlsam<br>• sehr religiös<br>• äußert leicht Gefühle<br>• sehr besorgt um die äußere Erscheinung<br>• mit sehr guten Manieren<br>• sehr ruhig<br>• mit großem Sicherheitsbedürfnis<br>• begeistert sich für Kunst und Literatur | • sehr aggressiv<br>• sehr unabhängig<br>• gar nicht emotional<br>• verbirgt immer seine Emotionen<br>• sehr objektiv<br>• nicht leicht beeinflussbar<br>• sehr dominant<br>• hat sehr gern Mathematik und theoretische Wissenschaft<br>• gar nicht aus der Ruhe zu bringen bei einer kleinen Krise<br>• sehr aktiv<br>• sehr wettbewerbsmotiviert<br>• sehr logisch<br>• sehr nach außen orientiert<br>• sehr fähig in Geschäftsdingen<br>• sehr direkt<br>• sehr weltgewandt<br>• nicht leicht verletzbar<br>• sehr abenteuerlustig<br>• kann leicht Entscheidungen treffen<br>• weint nie<br>• handelt immer als Führer<br>• sehr selbstbewusst<br>• gar nicht schuldbewusst, wenn aggressiv<br>• sehr ehrgeizig<br>• leicht in der Lage, Gefühle von Gedanken zu trennen<br>• gar nicht abhängig<br>• nie eitel<br>• hält Männer gegenüber Frauen für überlegen |

Generell werden Frauen eher als expressiv, einfühlsam und beziehungsorientiert, Männer als eher instrumentell, selbstbewusst und unabhängig beschrieben. Für die zwei Pole der Geschlechterstereotype haben sich in der Literatur verschiedene Bezeichnungen wie Expressivität, Wärme, (engl.) Communion für den weiblichen Pol und Instrumentalität, Kompetenz, (engl.) Agency für den männlichen Pol (Kite, Deaux & Haines, 2008; Rudman & Glick, 2008) etabliert.

Geschlechterstereotype zeigten sich auch im interkulturellen Vergleich als sehr ähnlich. Williams und Best (1990a) untersuchten Geschlechterstereotype in 27 Ländern. In jedem Land bewertete eine Stichprobe von ca. 100 Uni-

**Tab. 1.2:** Stereotype Eigenschaften, die übereinstimmend in mindestens 20 der 25 untersuchten Nationen genannt wurden (nach Williams & Best, 1990a, S. 77)

| **Stereotype maskuline Eigenschaften** | |
|---|---|
| • anmaßend | • logisch denkend |
| • abenteuerlustig[1] | • maskulin[1] |
| • aggressiv[1] | • mutig |
| • aktiv | • opportunistisch |
| • dominant[1] | • rational |
| • egoistisch | • realistisch |
| • ehrgeizig | • robust[1] |
| • einfallsreich | • selbstbewusst |
| • emotionslos | • selbstherrlich[1] |
| • entschlossen | • stark[1] |
| • erfinderisch | • streng |
| • ergreift die Initiative | • stur |
| • ernsthaft | • tatkräftig |
| • faul | • unabhängig[1] |
| • fortschrittlich | • überheblich |
| • grausam | • unbekümmert |
| • grob | • unerschütterlich |
| • hartherzig | • unnachgiebig[1] |
| • klar denkend | • unordentlich |
| • kräftig[1] | • unternehmungslustig[1] |
| • kühn[1] | • weise |
| • laut | |
| **Stereotype feminine Eigenschaften** | |
| • abergläubisch | • geschwätzig |
| • abhängig | • liebevoll[1] |
| • affektiert | • milde |
| • attraktiv | • neugierig |
| • charmant | • schwach |
| • einfühlsam[1] | • sanft |
| • emotional | • sexy |
| • feminin[1] | • träumerisch[1] |
| • furchtsam | • unterwürfig[1] |
| • gefühlvoll[1] | • weichherzig |

1 Diese Eigenschaften wurden übereinstimmend in allen (25) oder fast allen (24) Nationen als typisch männlich bzw. weiblich bezeichnet.

versitätsstudierenden eine Eigenschaftsliste bestehend aus 300 Eigenschaften der „Adjective Checklist" von Gough und Heilbrun (1980). Die Studierenden mussten für jede Eigenschaft angeben, inwieweit diese in ihrem Kulturkreis häufiger mit Frauen oder mit Männern in Zusammenhang gebracht wird bzw. inwieweit es keine Geschlechterunterschiede gebe. Es zeigte sich für weibliche und männliche Studierende eine hohe Übereinstimmung in der geschlechtsstereotypen Beurteilung der Eigenschaften. Die gemeinsame Varianz der Geschlechterzuordnungen über alle beteiligten Länder betrug 42 %, wobei die Korrelationen der Zuordnungen zwischen zwei Ländern im Bereich von .35 (Pakistan mit Venezuela) und .94 (Australien mit England) lagen. **Tabelle 1.2** zeigt die Eigenschaften, die in mindestens 20 der 25 Nationen als typisch weiblich oder typisch männlich bezeichnet wurden.

Dabei ist noch hervorzuheben, dass es so gut wie keine Umkehrungen der männlichen und weiblichen stereotypen Eigenschaften in den Nationen gab. Frauen zugeschriebene stereotype Eigenschaften, wie z. B. schwach oder sanftmütig, wurden in keiner Nation als typisch männliche Eigenschaften betrachtet und umgekehrt. Spätere Befunde zu Geschlechterstereotypen zeigen auf, dass diese sich inhaltlich über die Zeit nicht verändern (z. B. Hosoda und Stone, 2000; Spence & Buckner, 2000).

**Tab. 1.3:** Anzahl der stereotypen Eigenschaften für Männer und Frauen in 25 Nationen (Williams & Best, 1990a)

| Nation | maskuline Eigenschaften | feminine Eigenschaften |
|---|---|---|
| Australien | 86 | 98 |
| Bolivien | 89 | 28 |
| Brasilien | 105 | 54 |
| Kanada | 83 | 93 |
| England | 106 | 73 |
| Finnland | 105 | 96 |
| Frankreich | 103 | 48 |
| Deutschland | 117 | 85 |
| Irland | 74 | 69 |
| Indien | 124 | 40 |
| Italien | 148 | 43 |
| Israel | 114 | 70 |
| Japan | 97 | 72 |
| Malaysia | 99 | 100 |
| Niederlande | 117 | 101 |
| Neuseeland | 75 | 64 |
| Nigeria | 79 | 111 |
| Norwegen | 100 | 96 |
| Pakistan | 103 | 77 |
| Peru | 126 | 50 |
| Schottland | 55 | 49 |
| Südafrika | 94 | 71 |
| Trinidad | 80 | 103 |
| USA | 100 | 85 |
| Venezuela | 49 | 27 |

Williams und Best (1990a) untersuchten im Weiteren, inwieweit sich männliche und weibliche Stereotype in ihrer Bewertung unterschieden. Eine unterschiedliche Bewertung der Stereotype zeichnete sich zunächst dadurch ab, dass in vielen Ländern generell *mehr* männliche Stereotype genannt wurden als weibliche (s. **Tab. 1.3**) und dass dabei für Männer *mehr positive* Eigenschaften genannt werden als für Frauen (s. **Tab. 1.2**). Im Weiteren verwendeten die Autoren unter anderem die Osgood'schen Bewertungsdimensionen (gut vs. schlecht, stark vs. schwach, aktiv vs. passiv) und ließen alle Eigenschaften auf diesen Dimensionen von einer separaten Stichprobe bewerten. Es zeigte sich für alle Länder, dass männliche Stereotype als *stärker* und *aktiver* bewertet wurden als weibliche Stereotype, wobei es aber interkulturelle Schwankungen in der Größe der Unterschiede gab. Und zwar waren die Unterschiede besonders groß in sozioökonomisch weniger entwickelten Ländern und in Ländern, in denen Frauen geringere Chancen auf eine schulische und berufliche Bildung haben als Männer. Die Ergebnisse für die Wertigkeitseinschätzungen (gut vs. schlecht) waren differenzierter. In einigen Ländern (z. B. Japan, Südafrika, Nigeria, Malaysia) wurden männliche Stereotype besser bewertet als weibliche Stereotype. In anderen Ländern (z. B. Italien, Indien, Peru, Australien) wurden weibliche Stereotype positiver als männliche Stereotype bewertet oder als gleichwertig (Trinidad, Finnland) eingestuft. Glick et al. (2004) erhoben in sieben Ländern (Deutschland, Italien, Niederlande, Singapur, Taiwan, Türkei, USA) die Bewertung von weiblichen und männlichen Stereotypen. Dabei ließen sie die Beurteiler/innen jeweils zehn typisch weibliche und männliche Eigenschaften selbst generieren und dann bezüglich Wertigkeit beurteilen (-3 extrem negativ bis +3 extrem positiv). Es zeigte sich, dass weibliche Eigenschaften generell positiver ($M = .78$) eingeschätzt wurden als männliche Eigenschaften ($M = .40$). Allerdings unterschieden sich die Ergebnisse für die verschiedenen Länder in Abhängigkeit vom Geschlecht der Untersuchungsteilnehmenden. **Abbildung 1.1** zeigt, dass die generell gefundene positivere Einschätzung von weiblichen Stereotypen im Vergleich zu männlichen vor allem auf den Bewertungen der Stereotype durch Frauen basiert. Nur Männer in Italien, Singapur und Taiwan bewerteten weibliche Eigenschaften auch positiver als männliche. In Deutschland und der Türkei schätzten Männer männliche Eigennschaften positiver ein als weibliche. Männer in den Niederlanden und den USA machten keinen Unterschied in der Bewertung.

Die Geschlechterstereotypenforschung lässt sich gut mit Stereotypenforschung in Verbindung bringen, die sich generell auf Gruppenwahrnehmung bezieht. In diesem Zusammenhang bedeutsam ist etwa das Stereotypenmodell von Fiske, Cuddy, Glick und Xu (2002), wonach Stereotype auf zwei Dimensionen geordnet werden können, nämlich auf einer Dimension der Wärme und einer Dimension der Kompetenz (auch Agency und Communion, vgl. Abele & Wojciszke, 2007). Diese beiden Dimensionen können als wesentlich für die Personenwahrnehmung im Allgemeinen gesehen werden. Allerdings ist Wärme bei der Beurteilung anderer Personen wichtiger als Kompetenz, was sich evolutionspsychologisch erklären lässt, da es für das Überleben wichtiger ist, ob man jemandem vertrauen kann und erst sekundär wesentlich ist, ob

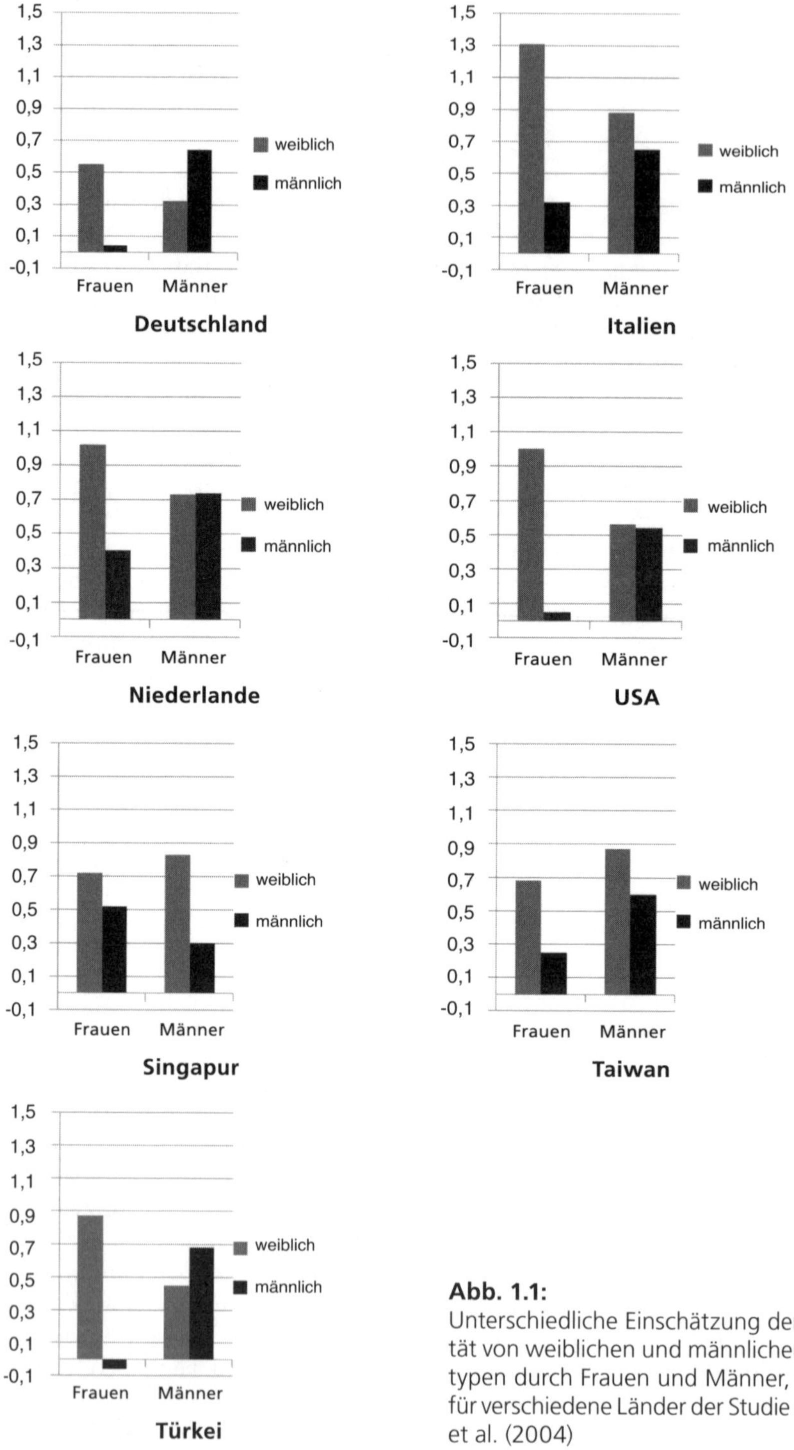


**Abb. 1.1:**
Unterschiedliche Einschätzung der Positivität von weiblichen und männlichen Stereotypen durch Frauen und Männer, getrennt für verschiedene Länder der Studie von Glick et al. (2004)

die Person auch kompetent ist (Abele & Wojciszke, 2007; Fiske, Cuddy & Glick, 2007). Die Einschätzung der Wärme einer Person ist wichtig für Sympathieurteile. Wir mögen Personen, die wir als warmherzig und hilfsbereit wahrnehmen. Die Einschätzung der Kompetenz hängt mit Respekt zusammen. Wir achten und respektieren Personen, die wir als kompetent und fähig wahrnehmen. Fiske et al. (2002) konnten aufzeigen, dass viele soziale Gruppen auf den beiden Dimensionen ambivalent bewertet werden. Entweder werden Gruppen als warm, dafür aber nicht kompetent angesehen oder umgekehrt als kompetent, dafür aber nicht warm. Man kann daher annehmen, dass sehr maskuline Individuen zwar respektiert werden, aber Gefahr laufen, nicht gemocht zu werden, wenn sie als egoistisch und arrogant wahrgenommen werden (Rudman & Glick, 2008). Sehr feminine Personen laufen Gefahr, zwar als sehr sympathisch zu gelten, aber auch zu wenig respektiert zu werden, wenn sie als schwach und abhängig erlebt werden.

Die inhaltlichen Besonderheiten von Geschlechterstereotypen machen auch deutlich, dass sie systemerhaltende Funktion haben. Dies erklärt auch, warum Geschlechterstereotype sich bis dato nicht wesentlich verändert haben (z. B. Hosoda & Stone, 2000; Spence & Buckner, 2000), obwohl sich doch zumindest in westlichen Ländern die Stellung der Frauen verändert hat. Auch der Trend, dass weibliche Stereotype positiver sind als männliche, wurde in weiterführender Forschung bestätigt (Eagly & Mladinic, 1989; Hosoda & Stone, 2000). Erklären lässt sich diese Stabilität dadurch, dass Frauen, die im Berufsleben stehen oder generell eher männliche Stärken an den Tag legen, nach wie vor als Ausnahmen betrachtet oder Geschlechtersubgruppen zugeteilt werden (z. B. Karrierefrauen, vgl. Kap. 1.3.4). Auch zeigt sich, dass die Berufswelt Geschlechterstereotype integriert, indem man zwischen weiblichen und männlichen Berufen unterscheiden kann bzw. von Frauen in der Berufswelt auch eher feminine und nicht maskuline Eigenschaften erwartet werden (vgl. Kap. 1.6.3).

### 1.3.2 Die Bedeutung der Korrespondenzverzerrung

Individuen neigen dazu, Rollenträgern überdauernde Persönlichkeitseigenschaften in Abhängigkeit von deren Rollenverhalten zuzuschreiben. Dieses psychologische Phänomen wird als „Correspondence Bias" (Korrespondenzverzerrung) bezeichnet und kann als die Tendenz von Individuen beschrieben werden, aus dem Verhalten anderer Personen stabile Persönlichkeitsmerkmale abzuleiten, selbst wenn das Verhalten stark durch situative Faktoren bedingt ist (vgl. Eagly & Wood, 2011). Verhalten sich demnach Frauen oder Männer entsprechend den von ihnen eingenommenen Rollen (z. B. eine Mutter kümmert sich fürsorglich um ihre Kinder oder ein Boss trifft harte Entscheidungen), dann tendieren Beobachter/innen dazu anzunehmen, dass dieses Verhalten der Persönlichkeit der Person entspricht. Dass sich diese Person eventuell nur so verhält, weil es die eingenommene Rolle so verlangt und weil ein anderes Verhalten gesellschaftlich sanktioniert würde, wird weniger beachtet.

Diese verzerrte Wahrnehmung unterstützt auch Überzeugungen, die besagen, dass geschlechtsstereotype Eigenschaften in der Natur von Frauen und Männern liegen und damit nicht veränderbar sind.

### 1.3.3 Die Bedeutung von Geschlechterverteilungen

Ein weiterer Prozess, der im Zusammenhang mit Geschlechterstereotypen wesentlich ist, bezieht sich auf die Wahrnehmung von Geschlechterverteilungen in verschiedenen Berufsgruppen oder im Zusammenhang mit Tätigkeiten im Alltag. Dies wird in einer Studie von Hoffman und Hurst (1990) veranschaulicht, in der sie ihre Probandinnen und Probanden zwei fiktive Gruppen beurteilen ließen, die „Orinthians" und die „Ackmians", die angeblich auf einem anderen Planet lebten. Der Unterschied zwischen den beiden Gruppen war der, dass von den Orinthians 80 % in einer Stadt arbeiteten (city workers) und nur 20 % Kinder aufzogen (child raisers). Bei den Ackmians war es genau umgekehrt (80 % child raisers und 20 % city workers). Die Untersuchungsteilnehmenden bekamen Beschreibungen von je 15 Personen aus jeder Gruppe, in denen für jede Person deren Beruf und beschreibende Eigenschaften angegeben waren. Allerdings wurde jede Person mit einer weiblichen (z. B. warmherzig), einer männlichen (z. B. unabhängig) und einer geschlechtsneutralen (z. B. kreativ) Eigenschaft beschrieben. Es zeigte sich, dass die Untersuchungsteilnehmenden sich in ihrer generellen Einschätzung der beiden Gruppen vorwiegend von den Häufigkeitsverteilungen innerhalb der Rollen beeinflussen ließen, indem sie den Orinthians generell mehr männliche Eigenschaften zuordneten und den Ackmians generell mehr weibliche Eigenschaften. Hoffman und Hurst sehen das als klaren Hinweis, dass Geschlechterstereotype nicht Ausdruck von tatsächlichen Persönlichkeitseigenschaften von Frauen und Männern sind, sondern vielmehr eine Folge der Rollenverteilung innerhalb unserer Gesellschaft. Beispiele wären hier etwa bestimmte Berufsgruppen, in denen mehr Frauen arbeiten als Männer (z. B. Textilindustrie, Sozialberufe). Die Berufstätigen in diesen Bereichen werden auch als weniger maskulin beschrieben (Eagly & Karau, 2002) als Berufstätige in Bereichen mit mehr Männern als Frauen (z. B. Technikbetriebe, Militär). Allerdings lässt gerade dieser Prozess, dass sich Stereotype aus der Wahrnehmung von Häufigkeitsverteilungen ableiten (vgl. Kap. 1.4, sowie Krueger, Hasman, Acevedo & Villano, 2003), die berechtigte Annahme zu, dass die Stereotype sich auch ändern können, wenn sich die Verteilungen ändern (vgl. Diekman & Eagly, 2000).

Die Verankerung von Geschlechterstereotypen mit sozialen Rollen ist ein Grund dafür, dass die Stereotype oft präskriptiv verwendet werden (Rudman & Glick, 2008). Es sind allerdings nicht alle Geschlechterstereotype präskriptiv. Z. B. wird niemand annehmen, dass Frauen gern Einkaufen gehen sollen. Vor allem aber Geschlechterstereotype, die sich aus den Rollen ableiten lassen, sind präskriptiv. So wird eher gefordert, dass Frauen fürsorglich sein sollen und Männer durchsetzungsfähig. Wie bereits gesagt, werden dadurch die Geschlechterrollen zementiert und legitimiert (siehe auch Jost & Banaji, 1994).

### 1.3.4 Geschlechterstereotype in Abhängigkeit von Status

Eine weitere wesentliche Determinante für Geschlechterstereotype ist der Aspekt, dass Männer und Frauen in den meisten Gesellschaften unterschiedlichen Status einnehmen (vgl. Ridgeway & Bourg, 2004). Generell existieren in allen Gesellschaften Statusüberzeugungen, die verschiedenste soziale Gruppen betreffen. Dabei werden Personen einer Gruppe im Vergleich zu einer anderen Gruppe mehr Bedeutung, mehr Kompetenz oder mehr spezifische Fähigkeiten zugeschrieben. Diese gesellschaftlich geteilten Überzeugungen legitimieren auch die Statusungleichheiten diesen Gruppen innerhalb der Gesellschaft. In den meisten Gesellschaften wird den beiden Geschlechtern ungleicher Status zugeschrieben. Geschlechterstereotype bringen diese Statusüberzeugungen zum Ausdruck, indem Männern mehr Status und Kompetenz zuerkannt wird. Insbesondere wird Männern mehr Kompetenz im Zusammenhang mit dem Lösen von Problemen in beruflichen und technischen Bereichen zugesprochen. Diese sind zugleich auch gesellschaftlich hochgeschätzte Lebensbereiche. Frauen wird mehr Kompetenz z. B. bei Beziehungsproblemen oder bei Haushaltsaufgaben zugesprochen, die aber gesellschaftlich weniger geschätzte Lebensbereiche darstellen.

Der Zusammenhang zwischen Statuspositionen und Geschlechterstereotypen ist ein genereller, da oft statusniedrigere Gruppen mit weiblichen Stereotypen wie warmherzig und expressiv beschrieben werden und statushöhere Gruppen mit männlichen Stereotypen wie kompetent und ehrgeizig (Conway, Pizzamiglio & Mount, 1996; Fiske et al., 2002). Conway et al. (1996) gaben Untersuchungsteilnehmenden die Beschreibung verschiedener fiktionaler Gruppen, die sich hinsichtlich des sozialen Status unterschieden. Statusunterschiede wurden über Merkmale der Kleidung oder den Zugang zu Ressourcen dargestellt. Es wurde darauf geachtet, dass die Gruppen ähnliche soziale Rollen einnahmen. Die Ergebnisse zeigten, dass die Untersuchungsteilnehmenden den statushohen Gruppen mehr maskuline und den statusniedrigen Gruppen mehr weibliche Stereotype zusprachen. Dadurch konnte die enge Verflechtung von Geschlechter- und Statusstereotypen aufgezeigt werden.

Rudman und Glick (2008) erläutern, dass die gegebene Interdependenz von Frauen und Männern zusammen mit dem unterschiedlichen Status eine wesentliche Rolle für die präskriptive Verwendung von Geschlechterstereotypen spielen. In traditionellen heterosexuellen Beziehungen sind Männer von Frauen insofern abhängig, als Frauen die Kinder und den Haushalt versorgen. Frauen sind von Männern abhängig, da sie von diesen beschützt und ernährt werden. Geschlechterrollen und Statusunterschiede definieren diese Rollen als „Muss“ für Frauen und Männer. Durch Geschlechterstereotype, die Frauen vorschreiben, fürsorglich und bescheiden zu sein, während Männer durchsetzungsfähig und stark sein müssen (vgl. Prentice & Carranza, 2002), wird dieses System erhalten und die Interaktion zwischen Frauen und Männern erleichtert. Entsprechend ist es auch für Frauen völlig unerwünscht, dass sie sich auflehnend, starrköpfig oder dominant verhalten, während es für Männer unerwünscht ist, unterwürfig oder emotional zu handeln (vgl. Prentice & Carranza, 2002). Männer erhalten demnach soziale Unterstützung für Eigenschaften und Verhalten, die ihre Kompetenz, Status und Macht unterstreichen. Sie werden nicht bestraft, wenn sie sozusagen über das Ziel hinausschießen und sich rebellisch und dominant verhalten. Soziale Sanktionen müssen sie dagegen für gezeigte Schwäche und Nachgiebigkeit erwarten. Frauen hingegen werden sozial unterstützt, wenn sie Wärme und Häuslichkeit an den Tag legen, wobei toleriert wird, wenn sie sich naiv, unterwürfig oder kindisch verhalten. Frauen müssen mit sozialen Sanktionen rechnen, wenn sie sich dominant und kontrollierend verhalten. Diese systemerhaltende Funktion von Geschlechterstereotypen zeigt sich auch in der Existenz von Geschlechtersubgruppen, die im Folgenden dargelegt wird.

### 1.3.5 Geschlechtersubgruppen

Die Kategorie Geschlecht teilt die Menschheit in zwei nahezu gleich große Gruppen. Es ist daher naheliegend, dass nicht alle Individuen den gesellschaftlich geteilten Geschlechterstereotypen entsprechen. Diese Unterschiedlichkeit der Gruppenmitglieder führt dazu, dass es Vorstellungen zu Geschlechtersubgruppen gibt (Maurer, Park & Rothbart, 1995; Richards & Hewstone, 2001). Die Bildung von derartigen Subgruppen produziert ein vielfältiges Ergebnis. So generierten Teilnehmende in einer Studie von Vonk und Ashmore (2003) jeweils mehr als 200 verschiedene Bezeichnungen für Frauen- bzw. Männersubgruppen. Beim Prozess der Subgruppenbildung wird die unterschiedliche Information in verschiedene Kategorien geordnet, so dass die Mitglieder einer Subgruppe einander möglichst ähnlich sind und sich klar von den restlichen Gruppenmitgliedern unterscheiden (Maurer et al., 1995). Als Beispiel vorweg sei die weibliche Subgruppe „Karrierefrau“ genannt. Personen beschreiben diese Frauen als untereinander ähnlich, aber unterschiedlich zu Frauen im Generellen. Die Subgruppenwahrnehmung dient einerseits der systematischen Informationsverarbeitung, indem die große Unterschiedlichkeit der Personen reduziert wird (Green, Ashmore & Manzi, 2005). Es werden Subgruppen gebildet, die mit der übergeordneten Gruppe übereinstimmen, aber dennoch bestimmte spezifische Merkmale aufweisen. So sind „Geschäftsmann“ und „Macho“ beide sehr männliche Typen, die sich aber dennoch unterscheiden. Eine zweite Funktion der Subgruppenwahrnehmung ist die, dass Personen, die nicht zu den stereotypen Erwartungen der übergeordneten Gruppe passen, in eigene Subgruppen abgekapselt werden (Green et al., 2005). Beispielsweise werden Frauen als stereotyp unterordnend beschrieben. Viele Frauen entsprechen diesem Stereotyp aber nicht und werden Geschlechtersubgruppen wie den bereits genannten Karrierefrauen oder auch z. B. Feministinnen zugeordnet, die allgemein nicht als unterordnend gelten. Diese abweichenden Subgruppen werden teilweise zudem negativ bewertet, da sie eben den generellen Erwartungen nicht entsprechen.

Die Subgruppen sind demnach mit eigenen Stereotypen assoziiert, die als Erwartungen an die Subgruppenmitglieder herangetragen werden. Entsprechend dem Stereotypenmodell von Fiske et al. (2002; vgl. S. 19) findet man auch für Geschlechtersubgruppen ambivalente Erwartungen hinsichtlich der zwei Dimensionen Wärme und Kompetenz. So wird z. B. erwartet, dass Karrierefrauen kompetent, aber nicht warmherzig sind (Eckes, 2002). Die Subgruppe der Hausfrauen dagegen wird als warmherzig, aber wenig kompetent wahrgenommen. Die Abkapselung nicht passender Subgruppen von der übergeordneten Gruppe hat zur Folge, dass dadurch die Stereotype der Letzteren erhalten bleiben (Green et al., 2005; Vonk & Olde-Monnikhof, 1998). Wenn Karrierefrauen als nicht warmherzig angesehen werden, so gelten sie auch generell als nicht „typische" Frauen. Damit kann das allgemeine Stereotyp, dass Frauen warmherzig sind, aufrechterhalten bleiben.

Eine Reihe von Studien haben Geschlechtersubgruppen untersucht (z. B. Coats & Smith, 1999; Deaux et al. 1985; Eckes, 1994a, 1994b, 1997; Vonk & Ashmore, 2003; Vonk & Olde-Monnikhof, 1998). Die oben genannte eindrucksvolle Anzahl an verschiedenen Bezeichnungen für Subgruppen kann reduziert werden, wenn man sie über verschiedene Kategorien ordnet (Kite et al., 2008). Diese beziehen sich auf die Berufswelt (z. B. Karrierefrau, Geschäftsmann), die Familie (z. B. Hausfrau, Brotverdiener), politische Einstellungen (z. B. Feministin), körperliche Charakteristika und Betätigungen (z. B. Sportler) und Sexualität (z. B. Vamp, Macho).

Eckes (1994a, 1997) konnte in einer deutschen Studie verschiedene Frauen- und Männersubgruppen in Cluster ordnen. Er gab den einzelnen Clustern jeweils den Namen der Subgruppe, durch die sie am besten repräsentiert wurden. **Tabelle 1.4** zeigt die von Eckes gefundenen Subgruppencluster und die Eigenschaften, die er für die einzelnen Cluster als besonders stereotyp erachtete. Die vier Frauencluster nannte er „Tussie", „Hausfrau", „Karrierefrau" und „Emanzen". Die sechs Männercluster nannte er „Alternativer", „Professor", „Yuppie", „Macho", „Punker" und „Spießer". Eckes untersuchte in seinen Analysen auch, wie die Stereotype der übergeordneten Geschlechtskategorien „Frau" und „Mann" zu den Subgruppenstereotypen assoziiert sind. Er fand, dass die Stereotypen der Überkategorie „Frau" sehr ähnlich mit denen der „Hausfrau"-Subgruppe waren, sich aber klar von den anderen Frauen-Subgruppen unterschieden. Die Stereotypen der Überkategorie „Mann" konnte von den Männer-Subgruppen klar differenziert werden, wobei noch die Stereotypen der Subgruppe „Macho" am ehesten Ähnlichkeit aufwiesen. Schließlich analysierte Eckes (1997) die Cluster auch mit dem Verfahren der mehrdimensionalen Skalierung, um Unterschiedlichkeiten oder Ähnlichkeiten auszumachen. Diese Analysen zeigten für die *Frauencluster*, dass „Hausfrauen" und „Tussis" im Sinne der übergeordneten Geschlechterstereotype als die weiblicheren Cluster gelten und „Karrierefrauen" und „Emanzen" als die männlicheren. Zusätzlich zeigte sich, dass „Tussis" und „Karrierefrauen" als modebewusster und wenig idealistisch gesehen werden, wogegen „Hausfrauen" und „Emanzen" genau umgekehrt als eher unmodisch gekleidet und idealistisch gesehen werden. Auch die sechs *Männercluster* können im Sinne der übergeordneten Geschlechterstereotype getrennt werden, indem „Machos", „Yuppies" und „Spießer" als männlicher und weniger weiblich angesehen werden als „Alternative“, „Professoren“ und „Punks“. Den ersteren Gruppen wird auch nachgesagt, dass sie weniger auf ihr Äußeres schauen und weniger modisch gekleidet sind. Machos und Punks werden zusätzlich als eher gesellig gesehen und es wird ihnen Spaß am Sex zu geschrieben, was bei Professoren und Spießern weniger der Fall ist. Yuppies und Alternative liegen auf diesen letztgenannten Dimensionen im Mittelbereich.

**Tab. 1.4:** Frauen und Männer Subgruppen-Cluster und Beispielstereotype nach Eckes (1994a)

| **Frauen Cluster** | |
|---|---|
| Tussi | gesellschaftlich angepasst, modebewusst, politisch uninteressiert |
| Hausfrau | anspruchslos, selbstaufopfernd, sicherheitsbedürftig, auf die Familie fokussiert |
| Karrierefrau | unabhängig, gebildet, hoher sozialer Status, unkonventionell |
| Emanze | gesellschaftskritisch, ideologisch ausgerichtet, politisch interessiert, rebellierend aggressiv |
| **Männer Cluster** | |
| Alternativer | gesellschaftskritisch, politisch interessiert, gefühlsbetont |
| Professor | nachdenklich, realitätsfern, achtet nicht auf sein Aussehen |
| Punker | soziale Randgruppe, politisch uninteressiert, aggressiv, ohne Ehrgeiz |
| Yuppie | materialistisch, zielstrebig, strebt nach Ansehen |
| Macho | oberflächlich, legt großen Wert auf sein Aussehen, egoistisch |
| Spießer | ordnungsliebend, gibt sich unauffällig, bieder |

Die Subgruppenstudien von Eckes beziehen sich auf den deutschen Raum und konnten auch auf Österreich übertragen werden (Athenstaedt, Heinzle & Lerchbaumer, 2008). Im Weiteren kann man sagen, dass entsprechende Studien, die in den USA (Coats & Smith, 1999; Deaux et al., 1985) und in den Niederlanden (Vonk & Olde-Monnikhof, 1998) durchgeführt worden waren, zu ähnlichen Ergebnissen kamen. Abweichend wurden dort noch Frauensubgruppen wie die der „Mutter“, der „sportlichen Frau“ und die der „gehässigen Frau“ gefunden. Alle anderen weiblichen Subgruppen entsprechen den Frauengruppen von Eckes (1997). Die auch noch gefundene „aufreizende“ bzw. „promiskuöse Frau“ entspricht wahrscheinlich der Frauengruppe „Vamp“ von Eckes. Diese sowie die Subgruppe „Punkerin“ konnte er keinem der oben genannten Cluster zuordnen. Auch bezüglich der männlichen Subgruppen zeigte sich in den Studien gute Übereinstimmung zu den Ergebnissen von Eckes. Nur wenige Subgruppen („Arbeiter“, „familiärer Mann/Vater“, „Schwächling“, „Homosexueller“) haben sich bei Eckes nicht gefunden.

Zusammenfassend kann man sagen, dass die verschiedenen Befunde darauf hindeuten, dass im westlichen Kulturkreis ähnliche Geschlechtersubgruppen zur Anwendung kommen (vgl. Coats & Smith, 1999; Green et al., 2005). Die Forschung zu den Geschlechtersubgruppen zeigt auf, dass es verschiedenste Lebensbereiche (z. B. Rollen, Berufe, etc.) gibt, mit denen Geschlecht assoziiert ist (Rudman & Glick, 2008). Oft werden dadurch spezifische Geschlechterstereotype hervorgehoben. Z. B. unterstreichen manche Frauensubgruppen eher die fürsorglichen Eigenschaften von Frauen (Hausfrau, Mutter), andere unterstreichen eher die für heterosexuelle Anziehung wesentlichen Eigenschaften (Tussi, Vamp). Schließlich zeigt die ambivalente Bewertung von Subgruppen hinsichtlich Wärme und Kompetenz (Eckes, 2002; Fiske et al., 2002), dass die Subgruppenstereotypen geeignet sind, gesellschaftliche Ungleichbehandlungen von Frauen und Männern zu erhalten. Einerseits wird den traditionellen Frauengruppen bescheinigt, dass sie liebenswert sind, wenn auch nicht kompetent. Negative, ja feindselige Urteile beziehen sich auf nicht-traditionelle Frauengruppen wie Karrierefrauen und Feministinnen. Umgekehrt werden nicht traditionelle Männergruppen wie Homosexuelle oder Hippies als warm, aber nicht kompetent wahrgenommen, was sie klar von den traditionellen Männergruppen differenziert.

## 1.4 Messung von Geschlechterstereotypen

Bislang sind wir auf inhaltliche Aspekte von Geschlechterstereotypen eingegangen. Man kann sich die Frage stellen, wie denn die Ermittlung dieser Inhalte erfolgt. Diese Frage ist es vor allem deswegen wert beantwortet zu werden, da in den letzten Jahren Wissenschaftler/innen Stereotype nicht mehr nur mittels der Fragebogenmethode, sondern immer mehr auf implizite Weise erhoben haben. Fragebogenmaße betrachten sogenanntes explizites Wissen, also Wissen, das in propositionaler Form repräsentiert ist (vgl. Gschwendner, Hofmann & Schmitt, 2006). Implizite Messverfahren erheben Wissensrepräsentationen, die introspektiv und bewusst nicht (bzw. nur unzureichend) zugänglich sind. Es können etwa zwischen Eigenschaften und den globalen Geschlechtskategorien kognitive Assoziationen bestehen, die zwar den kulturell geteilten Geschlechterstereotypen entsprechen, die aber entweder der Person nicht bewusst zugänglich sind oder aber von ihr z. B. aufgrund von sozialer Unerwünschtheit nicht erwähnt werden. Diese impliziten Stereotype können aber in bestimmten Situationen kognitiv aktiviert werden und dann Verhalten bestimmen (Bargh, Chen & Burrows, 1996). Befunde deuten darauf hin, dass dieses implizite Wissen vor allem mit spontanem Verhalten in Zusammenhang steht, explizites Wissen mit stärker kontrolliertem Verhalten (Gschwendner et al., 2006).

### 1.4.1 Explizite Messung der Geschlechterstereotype

Rosenkrantz et al. (1968) verwendeten eine generell übliche Methode zur Ermittlung von Geschlechterstereotypen, indem sie eine Reihe von ausgewählten Eigenschaften daraufhin beurteilen ließen, inwieweit diese einen Mann bzw. eine Frau charakterisieren. Eigenschaften, die von mehr als 75 % der Teilnehmenden als eher typisch für ein Geschlecht beurteilt worden waren, wurden als geschlechtsstereotyp eingestuft. Dieses Vorgehen ist allerdings nicht geeignet, wenn man daran interessiert ist zu ermitteln, in welchem Ausmaß Individuen Stereotype anwenden. Martin (1987) zeigte, dass dieses Problem umgangen werden kann, wenn man Personen einschätzen lässt, wie häufig eine Eigenschaft bei Männern (pE|M) bzw. bei Frauen (pE|F) auftritt und diese Schätzungen zueinander ins Verhältnis setzt (pE|M / pE|F). Je stärker dieser Wert pro Person den Wert 1 überschreitet, desto eher meint diese Person, dass die Eigenschaft häufiger bei Männern als bei Frauen auftritt. Werte, die kleiner als 1 sind, bedeuten, dass eine Eigenschaft eher Frauen zugesprochen wird. Über die gesamte Stichprobe gemittelt ergibt sich ein Maß für die Geschlechtsstereotypikalität einer Eigenschaft in der Gesellschaft. Martin (1987) konnte in ihrer Untersuchung dies für die Eigenschaften des Bem Sex Role Inventory (BSRI; Bem, 1974) und des Personal Attributes Questionnaire (PAQ; Spence & Helmreich, 1978) aufzeigen. Allerdings konnten Krueger et al. (2003) zeigen, dass die bloße Einschätzung der Häufigkeit einer Eigenschaft innerhalb einer Gruppe (also pE|M bzw. pE|F) die auf Ratingskalen eingeschätzte Typikalität dieser Eigenschaft für die Gruppe besser vorhersagte als das Verhältnismaß. Die Autoren und Autorinnen schließen daraus, dass Individuen beim Abruf von Stereotypen auf vorhandene kognitive Assoziationen zurückgreifen. Je häufiger und aktueller eine Eigenschaft mit einer Gruppe in Verbindung gebracht wird, desto eher wird sie dieser Gruppe zugeschrieben. Vergleiche mit anderen Gruppen, wie es ja das Verhältnismaß impliziert, spielen eine geringere Rolle. Das Ergebnis spricht auf alle Fälle dafür, dass Maße für die Stereotypikalität von Eigenschaften, die auf der Schätzung von Häufigkeitsverteilungen beruhen, als relativ valide angesehen werden können.

### 1.4.2 Implizite Messung der Geschlechterstereotype

Zwei prominente Methoden, die zur Messung impliziter Geschlechterstereotype verwendet werden, sind zum einen der *Implizite Assoziationstest* (IAT) und zum anderen das *Semantische Primingverfahren.* Beide Verfahren basieren auf demselben Prinzip, nämlich dem, dass eine Aktivierung von bestimmten Wissensinhalten zu einer leichteren Zugänglichkeit von assoziierten Inhalten führen soll. Die Leichtigkeit der Zugänglichkeit wird in beiden Methoden über Reaktionszeiten erhoben. Je leichter ein Stimulus kognitiv zugänglich ist, desto schneller können Individuen darauf reagieren.

Beim *IAT* sind Personen prinzipiell aufgefordert Stimuli einer von vier Kategorien zuzuordnen, wobei ihnen zwei Tasten (z. B. links/rechts oder rot/grün) am Computer zur Verfügung stehen (Greenwald, McGhee & Schwartz, 1998). Jeweils zwei der Kategorien sind durch eine Reaktion auf einer der beiden Tasten zusammengefasst. Sind die beiden Kategorien im Gedächtnis assoziiert abgespeichert, dann ist es leichter, wenn für beide eine Taste verwendet wird, als wenn beide Kategorien nicht assoziiert abgespeichert sind. Als Beispiel könnte man sich vorstellen, die vier Kategorien wären „weibliche Vornamen", „männliche Vornamen", „weibliche Berufe" und „männliche Berufe". Die Aufgabe weibliche Vornamen und weibliche Berufe mit derselben Taste zu beantworten sollte leichter sein, als wenn für weibliche Vornamen und männliche Berufe eine gemeinsame Taste gedrückt werden muss. Demnach kann man annehmen, dass weibliche Vornamen und weibliche Berufe assoziiert miteinander abgespeichert sind. Die relative Differenz zwischen den Reaktionszeiten der assoziierten Kategorienstimuli (z. B. weiblicher Name und weiblicher Beruf) und den nicht assoziierten Kategorienstimuli (z. B. weiblicher Name und männlicher Beruf) ist ein Maß für die Stärke der impliziten Assoziationen. Es wird auch IAT-Effekt genannt. Rudman, Greenwald und McGhee (2001) konnten zeigen, dass der IAT effektiv implizite Geschlechtersstereotype messen kann. Und zwar reagierten Männer und Frauen schneller, wenn weibliche Namen mit Wärme bezogenen Eigenschaften gekoppelt wurden, als wenn männliche Namen mit Wärme bezogenen Eigenschaften gekoppelt wurden. Im Weiteren reagierten Männer und Frauen schneller, wenn männliche Namen mit Eigenschaften von Kraft/Stärke gekoppelt waren, als wenn weibliche Namen mit diesen Eigenschaften gekoppelt waren.

Beim *semantischen Priming* wird zunächst ein Prime präsentiert und danach ein Stimulus (s. **Abbildung 1.2**; vgl. Bargh, Chaiken, Govender & Pratto, 1992). Untersuchungsteilnehmende haben die Aufgabe, auf den Stimulus zu reagieren. Besteht zwischen Prime und Stimulus eine kognitive Assoziation, dann gelingt ihnen die Reaktion schneller, als wenn keine Assoziation besteht. Wichtig ist in diesem Zusammenhang die Zeit zwischen Prime und Stimulus. Wird nämlich der Stimulus innerhalb von 600ms nach dem Prime präsentiert und müssen Individuen sofort auf den Stimulus reagieren, dann können sie dies nicht mittels bewusster Informationsverarbeitung tun. Dadurch ist sichergestellt, dass kürzere Reaktionszeiten lediglich durch Aktivierung von assoziierten Wissensrepräsentationen entstehen, ohne dass eine bewusste Kontrolle möglich ist. Banaji und Hardin (1996) präsentierten feminine und maskuline Berufe als Primes. Danach mussten Personen für verschiedene Personalpronomen (er, ihm, sie, ihr etc.) angeben, ob sie sich auf Frauen oder Männer beziehen. Blair und Banaji (1996) präsentierten als Primes geschlechtstypische Berufe und Eigenschaften (z. B. stark und nett, Pilot und Hebamme). Danach mussten die Teilnehmenden für verschiedene Vornamen angeben, ob diese weiblich oder männlich waren. In beiden Studien zeigten die Teilnehmenden kürzere Reaktionszeiten, wenn Prime und Stimulus geschlechtskongruent (z. B. Elektriker – er; Krankenschwester – sie) waren, als wenn dies nicht der Fall war (z. B. Elektriker – sie; Krankenschwester – er). Moskowitz, Gollwitzer, Wasel und Schaal (1999) präsentierten den Untersuchungsteilnehmenden als Primes Gesichter von Frauen und Männer. Als Stimuli wurden einerseits für Frauen stereotype, andererseits nicht stereotype Eigenschaften präsentiert. Die Teilnehmenden hatten die Aufgabe, die Eigenschaften so schnell wie möglich zu benennen. Dies konnten sie bei weiblichen Geschlechterstereotypen, die nach Frauengesichtern präsentiert worden waren, schneller als in den anderen Vorgabesequenzen (Männergesicht bzw. nichtstereotype Eigenschaften). All diese Studien konnten auf diese Weise implizit Geschlechterstereotype aufzeigen.

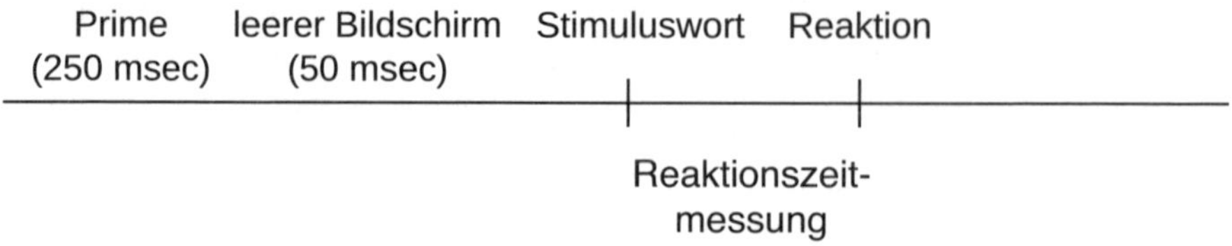


**Abb. 1.2:** Schematische Darstellung eines semantischen Primings

Most, Sorber und Cunningham (2007) stellten mit einer *auditiven Variante des Stroop-Tests* eine weitere implizite Messmethode vor, die den Vorteil hat, dass sie auch bei Kindern anwendbar ist. Die Aufgabe besteht darin, das Geschlecht des Sprechers / der Sprecherin zu nennen. Es zeigte sich, dass dies schwieriger ist, wenn das ausgesprochene Wort stereotyp inkongruent zum Geschlecht des Sprechers / der Sprecherin ist (z. B. ein Mann sagt „Puppe"), als wenn dies nicht der Fall ist (z. B. ein Mann sagt „Auto"). Die Ergebnisse zeigen, dass durch die Geschlechtskategorisierung der Sprecher/innen im Weiteren Geschlechterstereotype aktiviert werden, welche die Kategorisierung erschweren, wenn sie inkongruent zur gefragten Kategorie sind. Interessanterweise unterschieden sich die Ergebnisse von Erwachsenen und Kindern. Erwachsene zeigten stärkere Stroop-Effekte bei geschlechtsstereotypen Vornamen als bei geschlechtsstereotypen Wörtern. Bei Kindern war dies genau umgekehrt.

## 1.5 Entwicklung von Geschlechterstereotypen bzw. Geschlechterschemata

Wie wir bereits im Kapitel 1.2 darlegten, wenden Kinder bereits als Babys Geschlecht als Kategorie an. Die kognitive Bewusstwerdung der Existenz der sozialen Kategorie Geschlecht (awareness) ist ein wichtiger Entwicklungsschritt (Ruble et al., 2004). Und zwar lernen Kinder, dass Männer und Frauen sich voneinander in physischen Merkmalen unterscheiden und auch, dass Personen des gleichen Geschlechts sich in bestimmten Merkmalen ähnlich sind. Man kann annehmen, dass bereits Kleinkinder im Alter von zwei Jahren über bestimmte Geschlechterstereotype verfügen (Ruble et al., 2006). Serbin et al. (2001) fanden für 18 Monate alte Kinder eine geschlechtsstereotype Spielzeugpräferenz, wenn diesen jeweils Bilder mit geschlechtsstereotypen Spielzeugpaaren (z. B. eine Puppe und ein Lastwagen) gezeigt wurden. Diese Präferenz geht mit einer tatsächlichen Bevorzugung von geschlechtsstereotypen Spielzeugen ab diesem Alter einher (z. B. O'Brien & Huston, 1985). Serbin et al. konnten im Weiteren für 18 Monate alte Mädchen (aber nicht für Buben) zeigen, dass sie geschlechtsstereotype Spielsachen auch Gesichtern zuordnen konnten (z. B. eine Puppe gehört dem Mädchen auf dem Bild, aber nicht dem

Bub). Dies zeigt eindeutig, dass zumindest Mädchen in diesem Alter schon auf kognitiver Ebene Geschlechtskategorien anwenden. Insgesamt scheint es, dass Mädchen früher Geschlechterstereotype verwenden als Buben (Ruble et al., 2006). Zwischen dem zweiten und dritten Lebensjahr können Kinder generell Fotos dem richtigen Geschlecht zuordnen (vgl. Ruble & Martin, 1998), wobei sie interessanterweise erwachsene Personen schneller hinsichtlich des Geschlechts kategorisieren können als Kinder (Leinbach & Fagot, 1986).

Die Entwicklung von geschlechtsstereotypem Wissen erfolgt laut Trautner et al. (2005) in drei Schritten. *Im ersten Schritt* erlernen Kinder dieses Wissen („beginning awareness"). Generell kann man sagen, dass sich das Wissen über geschlechtsstereotype Tätigkeiten und Interessen von Kindern und Erwachsenen rapide in einem Altersbereich von drei bis fünf Jahren vergrößert (Signorella, Bigler & Liben, 1993). Mit drei Jahren bemerken Kinder besonders Aspekte, die erwachsene Personen betreffen (z. B. Kleidung, Aussehen, Rollen und einzelne Eigenschaften wie „freundlich"). Etwa ein halbes Jahr später achten Kinder vermehrt auf die Geschlechtstypikalität von Spielsachen, Aussehen und Verhalten anderer Kinder (Ruble et al., 2006). Mit vier bis fünf Jahren berichten Kinder über geschlechtsstereotype Zuschreibungen für Aggression (Giles & Heyman, 2005). Und zwar wird Mädchen mehr soziale Aggression als Buben zugesprochen (s. a. andere mit dem Ausschluss aus Gruppen oder mit Freundschaftsentzug bedrohen). Buben wird eher körperliche Aggression zugesprochen. Wissen über geschlechtsstereotype Eigenschaften ist abstrakter als Wissen um geschlechtsstereotype Tätigkeiten und Interesse und zeigt sich erst in einem Alter ca. fünf Jahren (Ruble et al. 2006). Mit Schuleintritt wissen Kinder umfassend über Geschlechterstereotype Bescheid. In diesem Alter also – zwischen fünf und sieben Jahren – erfolgt *der zweite Entwicklungsschritt*, der sich dadurch auszeichnet, dass das erworbene Wissen sehr rigide angewendet wird („rigidity", Trautner et al., 2005). Das bedeutet, dass Kinder die geschlechtsstereotypen Zuschreibungen als unabänderlich und moralisch richtig empfinden. Allerdings beschränken sich die stereotypen Zuordnungen in diesem Alter nur auf die groben Geschlechtskategorien. Es reicht also die Zugehörigkeit zu einer Geschlechtskategorie, damit einer Person weibliche oder männliche Charakteristika zugeschrieben werden. Buben sind maskulin und Mädchen feminin. Das eine schließt das andere aus. Danach ab einem Alter von ungefähr acht Jahren beginnt der *dritte Entwicklungsschritt*, der sich durch eine Flexibilisierung des geschlechtsstereotypen Wissens auszeichnet („flexibility"). Nun operieren Kinder tatsächlich mit der kognitiven Geschlechtskategorie, was bedeutet, dass primär stereotype Charakteristika derselben Kategorie miteinander in Verbindung gebracht werden. Einem Mädchen, das gern mit Bubenspielsachen spielt, werden auch andere maskuline Charakteristika zugesprochen (Ruble et al., 2006; Trautner et al., 2005). Es werden also geschlechtsstereotype Eigenschaften sowohl für Mädchen als auch für Buben als möglich angesehen, was aber nichts daran ändert, dass sie nach wie vor eindeutig einer der beiden Kategorien zugeordnet werden. Kinder erweitern auch weiterhin ihr geschlechtsstereotypes Wissen (Ruble et al., 2006). Den für alle Kinder geltenden Entwicklungsverlauf in drei Schritten konnten

Trautner et al. (2005) in einer Längsschnittstudie zeigen. Der Verlauf war unabhängig vom Geschlecht der Kinder sowie davon, wie ausgeprägt die Rigidität im zweiten Entwicklungsschritt war. Die Flexibilität geschlechtsstereotypen Wissens steigt noch bis zur frühen Adoleszenz. Danach stabilisiert sie sich bzw. scheint sogar etwas zurückzugehen (Alfieri, Ruble & Higgins, 1996; Neff & Terry-Schmitt, 2002).

### 1.5.1 Theoretische Erklärungsansätze

Die Entwicklungspsychologie liefert einen wesentlichen Beitrag zum Verständnis der Wirkung von Geschlechterrollen auf Kinder und sie ist eine der ersten psychologischen Disziplinen, die sich mit dem Thema auseinandersetzte und heute theoretische Ansätze liefert, die das Entstehen von geschlechtstypischem Verhalten (gender typing) zu erklären versuchen (für einen Überblick siehe Ruble et al., 2006).

Biologische Erklärungsansätze für das Entstehen von Geschlechterunterschieden im Verhalten sind in den letzten Jahren sehr erstarkt. Sie betonen einerseits evolutionär bedingte bzw. genetisch oder hormonell bedingte Ursachen. Für dieses Buch sind diese Theorien nur von nachrangiger Bedeutung, da sich Geschlechterrollen stärker auf den gesellschaftlich bedingten Einfluss beziehen. Dass geschlechtstypisches Verhalten teilweise evolutionär oder genetisch bzw. hormonell bedingt ist, steht außer Frage. Allerdings zeigt die Forschung, dass diese Einflüsse nicht unabhängig von Umwelteinflüssen zu sehen sind (vgl. Ruble et al., 2006). Die Wirkung von Genen kann durch Umweltfaktoren aktiviert oder gehemmt werden. Hormonausschüttung und Gehirnfunktionen werden durch die Umweltbedingungen, in denen Mädchen und Buben aufwachsen, durch die Wahl des Spielzeugs und damit gezeigten Aktivitäten zum einen und durch das Zusammenspiel von Genen und Umwelt zum anderen beeinflusst. Die folgenden Kapitel setzen sich vorrangig mit entwicklungspsychologischen Theorien auseinander, die sich mit Geschlechtsentwicklung (gender typing) beschäftigen. Mit der Zeit haben sich mehrere theoretische Positionen etabliert, die sich zwar in der Schwerpunktsetzung unterscheiden, sich aber gegenseitig kaum widersprechen.

Die ersten Theorien in diesem Bereich waren einerseits die *Soziale Lerntheorie* von Mischel (1970) und andererseits die *Kognitive Entwicklungstheorie* von Kohlberg (1966). Die beiden Theorien unterschieden sich wesentlich in der Erklärung der Geschlechtsentwicklung (vgl. Martin, Ruble & Szkrybalo, 2002). Die Soziale Lerntheorie betonte umweltbedingte Ursachen wie Belohnungen oder Modelllernen. Mischel nahm an, dass geschlechtstypisches Verhalten zu geschlechtsbezogenen Kognitionen führt. Demnach erkennen Kinder ihr Geschlecht über ihr Verhalten und die Reaktion der Umgebung darauf. Kohlberg dagegen betonte primär das wachsende Wissen von Kindern hinsichtlich der Existenz der Geschlechtskategorien generell und der konstanten Zuordnung der eigenen Person zu einer der beiden Kategorien. Er ging davon aus, dass Kognitionen Verhalten bedingen. Demnach verhalten sich Buben und Mädchen geschlechtstypisch, weil sie erkannt haben, dass sie einer Geschlechtkategorie angehören.

Die beiden Theorien waren Ausgangspunkt von theoretischen Weiterentwicklungen, die auch heute noch parallel bestehen, obwohl eine Annäherung der Standpunkte sich abzeichnet (Ruble et al., 2006). Mischels Soziale Lerntheorie mündete in der Sozial-Kognitiven Theorie (Bandura, 1986; Bussey & Bandura, 1999; 2004). Diese legt ihren Schwerpunkt auf Sozialisationsprozesse, wobei sie das interaktive Zusammenspiel zwischen Faktoren auf Person-, Verhaltens- und Umweltebene betont. Kohlbergs Theorie war Basis für die sog. Kognitiven Theorien der Geschlechtsentwicklung wie die Kognitive Entwicklungstheorie (Ruble & Martin, 1998) und die Geschlechterschema-Theorie (Liben & Signorella, 1980; Martin & Halverson, 1981; für einen Überblick siehe Martin et al., 2002). Wie ihre Namen besagen, legen diese Theorien den Schwerpunkt auf die kognitive Entwicklung, wobei die Ausbildung bestimmter kognitiver Konzepte als wesentlicher Schritt im Entwicklungsprozess angesehen wird.

Die drei beschriebenen Theorien erklären umfassend, wie Geschlechtsentwicklung abläuft. Es spielen verschiedene Lernprozesse und die Ausbildung kognitiver Strukturen eine wesentliche Rolle. Die stärkere Gewichtung von einerseits sozialen Lernprozessen und andererseits entwicklungsgemäßer Aneignung von geschlechtsbezogenem Wissen scheint, wenn man den heutigen Stand der Theorien betrachtet, eher das Anhängen an Traditionen zu sein als eine wirkliche Kontroverse. Alle Theorien zeigen auf, dass Geschlechtsentwicklung früh beginnt. Verschiedenste Determinanten – wie biologische Anlagen, soziale Modelle, die Motivationslage der Kinder etc. – spielen eine wesentliche Rolle auch im Zusammenspiel miteinander.

#### Sozial-kognitive Theorie der Geschlechtsentwicklung (Bussey & Bandura, 1999, 2004)

Bussey und Bandura legen besonderes Gewicht darauf, dass ihre Theorie die Geschlechtsentwicklung nicht nur als Folge von Umweltfaktoren sieht, sondern vielmehr als ein Zusammenspiel von drei wesentlichen Faktoren (triadischer reziproker Determinismus, vgl. Jonas & Brömer, 2002). Einer dieser Faktoren liegt in der *Person* und beschreibt biologisch, kognitiv und affektiv determinierte Ursachen. Der zweite Faktor beschreibt *Verhaltens*muster, die mit Geschlecht assoziiert sind und der dritte Faktor schließlich bezieht sich auf Einflüsse der sozialen und institutionellen *Umwelt*. Die drei Faktoren beeinflussen sich gegenseitig, wobei kein genaues Beeinflussungsmuster beschrieben wird. Umwelteinflüsse können stärker oder schwächer sein, je nachdem ob z. B. in einer Gesellschaft mehr oder weniger rigide soziale Normen für Frauen und Männer existieren. In liberaleren Systemen können individuelle Entwicklungsmuster eher zum Tragen kommen. Im Weiteren kann die Wichtigkeit der einzelnen Faktoren sich über die Lebenspanne ändern. So kann sich Verhalten in Form von bevorzugten Aktivitäten und Interessen ändern oder es können andere Bezugspersonen an Bedeutung gewinnen.

Drei Lernprozesse sind laut Sozialer Kognitionstheorie direkt für die Geschlechtsentwicklung wesentlich: 1. Lernen am Modell, 2. Bekräftigungslernen und 3. Angeleitetes Lernen. Für Bandura ist *Lernen am Modell* die wichtigste Form der Übermittlung von Werten, Einstellungen und Verhaltensmustern. Geschlechtsbezogene Inhalte werden von verschiedensten Personen in der direkten Umgebung (Eltern, Geschwister, Freundinnen und Freunde, Lehrer/innen etc.) übermittelt. Auch in Massenmedien findet man viele Personen, die eine derartige Modellfunktion einnehmen. Modelllernen darf allerdings nicht als simples Imitieren verstanden werden. Modelle transportieren auf einer abstrakteren Ebene auch Verhaltensregeln und Standards. Beobachtende lernen diese und leiten daraus möglicherweise Verhalten ab, das nicht dem ursprünglich Beobachtetem entspricht. So kann ein Mädchen beobachten, dass sich seine Mutter in einer Situation nachgiebig zeigt und übernimmt dies als generelle Regel für Frauen. Insofern konstruieren die Lernenden auf Basis der Modellbeobachtung ihre soziale Welt. Frühe Forschung zeigte, dass einzelne gleichgeschlechtliche Modelle noch nicht für generalisiertes Modelllernen ausreichen (Maccoby & Jacklin, 1974). In weiterführender Forschung konnte dann festgestellt werden, dass Kinder umso eher ein Verhalten annehmen, bei je mehr Modellen sie dieses beobachteten (z. B. Bussey & Perry, 1982).

*Bekräftigungslernen* ist der zweite Prozess, der die Geschlechtsentwicklung steuert. Kinder lernen anhand der evaluativen Reaktionen anderer, ob ihr gezeigtes Verhalten gutgeheißen wird oder nicht. Generell wird Verhalten, das dem eigenen Geschlecht entspricht, eher positiv sanktioniert (belohnt). Verhalten, das eher typisch für das andere Geschlecht ist, wird eher negativ sanktioniert (bestraft). Die Reaktionen sind Informationen, die Kinder für die Konstruktion ihres geschlechtsbezogenen Wissens heranziehen. Das ist ein kontinuierlicher Prozess, da Kinder unterschiedliche Reaktionen von unterschiedlichen Personen erfahren. Für manche Personen in ihrer Umgebung wird die Einhaltung von Geschlechternormen wesentlicher sein als für andere. Väter z. B. neigen dazu, negativer auf weibliches Verhalten (Puppen spielen) ihrer Söhne zu reagieren als Mütter dies tun (Idle, Wood & Desmarais, 1993). Je vielfältiger und größer die soziale Umgebung von Kindern ist, desto mehr Rückmeldungen verschiedenster Art werden sie erfahren, wodurch möglicherweise ihr Geschlechtswissen differenzierter ist als das von Kindern, die mit weniger Kontakten aufwachsen (Bussey & Bandura, 2004).

Der dritte Prozess ist *angeleitetes Lernen*, da Kinder auch direkt angeleitet werden, sich entsprechend ihrem Geschlecht zu verhalten. Diese Anleitungen sind umso wirksamer je mehr sie den allgemeinen gesellschaftlichen Werten entsprechen und je mehr soziale Unterstützung sie erhalten. Es kommt allerdings vor, dass Personen sich selbst anders verhalten, als sie es predigen. Stimmen Modellverhalten und Anleitung nicht überein, dann ist der Einfluss von beiden geschwächt. Generell lässt sich sagen, dass Kinder Geschlechtsrollenkonzepte nicht einfach übernehmen, sondern diese aktiv mitgestalten. Sie verbinden die über verschiedene Prozesse vermittelten Informationen und bilden sich ein eigenes Geschlechtsrollenkonzept.

Ein wesentlicher Aspekt beim Erwerb von geschlechtsbezogenem Wissen ist, dass Kinder Erwartungen über die Folgen ihres Verhaltens ausbilden. Dies geschieht aufgrund eigener Erfahrung, aufgrund von beobachtendem Lernen und aufgrund von Mitteilungen durch andere. Die Ergebnisse von Verhalten kommunizieren soziale Normen (richtig vs. falsch) und verändern die Auftretenswahrscheinlichkeit des Verhaltens. Individuen werden eher bestrebt sein, Verhalten an den Tag zu legen, das mit positiven Konsequenzen verbunden ist, als solches, für das sie negative Ergebnisse erwarten müssen. Im Laufe der Entwicklung werden somit externe Sanktionen (positive und negative) internalisiert. Es entstehen persönliche Standards. Danach regulieren Kinder ihr Verhalten auch über selbstproduzierte Sanktionen. Diese *Selbstregulation* passiert über verschiedene Unterfunktionen, wie Selbstbeobachtung, Selbstbewertung (in Bezug auf eigene Standards und situative Umstände) und Setzen von Reaktionen. Verhält sich z. B. ein Kind nicht entsprechend den eigenen Standards (z. B. ein Bub weint, obwohl er meint, dass dies nicht richtig ist für Buben), dann wird er dieses Verhaltens selbst negativ bewerten und regulieren (das Weinen unterdrücken). Haben Kinder ein derartiges Selbstregulationssystem aufgebaut, dann kann dieses dennoch durch äußere Einflüsse verändert werden. Es werden in Zukunft selbstregulative und sozialregulative Prozesse zusammenspielen.

Eine im Rahmen der Sozialen Kognitionstheorie stark betonte psychologische Variable sind *Selbstwirksamkeitsüberzeugungen*. Sie spielen auch für die Geschlechtsentwicklung eine maßgebliche Rolle. Selbstwirksamkeitsüberzeugungen sind wesentlich, da sie als Grundlage für Vertrauen darüber gelten, dass bestimmte Handlungen die gewünschten Ergebnisse nach sich ziehen. Ohne diese Überzeugungen wären Personen nach Annahme der Theorie nicht motiviert zu handeln (Bandura, 1997). Besondere Bedeutung haben Selbstwirksamkeitsüberzeugungen etwa für Berufsentscheidungen, ein Bereich der sehr an Geschlechterrollen ausgerichtet ist (Bussey & Bandura, 2004). Vor allem Frauen zeigen in Bezug auf typisch männliche Berufe geringe Selbstwirksamkeitsüberzeugungen, was auch einen wesentlichen Grund für den geringen Frauenanteil in derartigen Berufssparten darstellt.

#### Die Kognitive Entwicklungstheorie (Ruble & Martin, 1998)

Wie bereits erwähnt, stellt die Kognitive Entwicklungstheorie eine Weiterführung der Theorie von Kohlberg (1966) dar (vgl. Ruble et al., 2002). Dieser hatte angenommen, dass für das systematische Auftreten von geschlechtstypischem Verhalten und Denken vor allem das kindliche Verständnis von Geschlecht wichtig sei. Er betonte, dass Geschlechtsentwicklung nicht ohne eine aktive kognitive Konstruktion der Bedeutung von Geschlecht durch das Kind möglich sei. Vor allem wichtig sei, dass Kinder ihre *Geschlechtskonstanz* erkennen, also die Tatsache, dass sich ihr Geschlecht nicht verändert. Anders gesagt: Ein Junge muss erkennen, dass er ein Junge ist und dieses männliche Geschlecht auch stets beibehalten wird; ein Mädchen, dass es ein Mädchen ist und stets eine weibliche Person bleiben wird. Kohlberg meinte, dass dieser

Entwicklungsschritt nicht von außen angestoßen werden müsste. Demnach sozialisieren Kinder sich selbst in ihre Geschlechterrollen. Slaby und Frey (1975) konnten zeigen, dass die Entwicklung des Wissens um Geschlechtskonstanz in drei Schritten verläuft: Und zwar lernen Kinder zunächst ihr eigenes Geschlecht und das von anderen Personen zu identifizieren (*gender labeling*); danach lernen sie, dass Geschlecht sich nicht über die Zeit verändert (*stability*) und schließlich, dass Geschlecht eine unveränderliche Eigenschaft ist, die nicht durch oberflächliche Änderungen in Erscheinung oder Tätigkeiten geändert werden kann (*consistency*). Hinsichtlich der tatsächlichen Bedeutung des Erreichens von Wissen um Geschlechtskonstanz für die Geschlechtsentwicklung ist die Befundlage widersprüchlich (vgl. Ruble et al., 2006). Neuere Befunde deuten daraufhin, dass möglicherweise mangelnde Messmethoden eine Ursache für die unklare Befundlage sein könnten (Ruble et al., 2007). Es ist möglich, dass kleine Kinder eine Art Pseudokonstanzwissen an den Tag legen, wenn ihr Wissen mit forced-choice Aufgaben (ja oder nein) abgefragt wird. Ruble et al. (2007) meinen, dass Kinder zwar die richtige Entscheidung im Sinne der Geschlechtskonstanz treffen ohne aber diese erklären zu können. Das heißt, Kinder verstehen eigentlich nicht wirklich, wonach sie gefragt werden. Ruble et al. (2007) zeigten, dass die Befunde schlüssiger werden, wenn man das Verständnis auch abfragt. Für auf diese Art erhobenes Wissen zeigen sich konstante Korrelationen mit verschiedenen Variablen, die ein Ausdruck von Geschlechtsentwicklung sind. Im Weiteren fanden die Autorinnen und Autoren auch, dass die einzelnen Entwicklungsphasen für sich unterschiedliche Bedeutung haben. Wie bereits Huston (1983) postuliert hatte, zeigte sich mit dem Abschluss der 2. Stabilitätsphase (mit ca. fünf Jahren) und mit Anstieg des Ausmaßes an Konsistenzwissen (3. Phase) ein Rückgang der rigiden Anwendung von geschlechtsstereotypem Wissen (vgl. Trautner et al., 2005). Je mehr demnach Kinder verstehen, dass ihre Zugehörigkeit zur Geschlechtskategorie unabhängig von Kleidung und Verhalten ist, desto eher können sie Rigidität abbauen und Flexibilität verstärken. Die Ergebnisse der Studie von Ruble et al. (2007) legen nahe, dass nicht wie von Kohlberg (1966) angenommen, das abgeschlossene Wissen um Geschlechtskonstanz für die Geschlechtsentwicklung wesentlich ist, sondern, dass das Wissen um Stabilität und Konsistenz für sich unterschiedliche Funktionen hat. Der Erwerb des Wissens um Stabilität findet früher statt (drei bis fünf Jahre) und geht mit einem Anstieg an Rigidität einher. Der Erwerb von Konsistenzwissen ist wesentlich für den Beginn eines flexibleren Umgangs mit geschlechtsbezogenem Wissen und Normen.

Generell kann man sagen, dass die heutige Kognitive Entwicklungstheorie von der strengen Annahme abgegangen ist, dass das Wissen um Geschlechtskonstanz *die* wesentliche Vorrausetzung für die Erlangung jeglichen geschlechtsbezogenen Wissens sei (Ruble & Martin, 1998). Bedingt durch biologische und sozialisationsbedingte Ursachen kann es sein, dass Kinder bereits vor dem Erlangen von Wissen um die Geschlechtskonstanz geschlechtstypisches Verhalten zeigen. Allerdings geht die Theorie nach wie vor davon aus, dass das Wissen um Geschlechtskonstanz einen wesentlichen Entwicklungsschritt darstellt, der mit einer erhöhten Aufnahmebereitschaft für geschlechtsrelevante Informationen einhergeht. Eine Unterscheidung der drei Entwicklungsphasen erscheint in diesem Zusammenhang aber wichtig. Für das Einsetzen der Geschlechtsentwicklung scheinen die ersten beiden Phasen Identifizierung und Stabilisierung von großer Bedeutung (Ruble et al., 2006).

#### Geschlechterschema-Theorie (Liben & Signorella, 1980; Martin & Halverson, 1981)

Auch die Geschlechterschema-Theorie ist eine kognitive Theorie der Geschlechtsentwicklung (vgl. Martin et al., 2002). Ihre Proponenten gehen davon aus, dass Kognitionen eine zentrale Funktion im Rahmen der Geschlechtsentwicklung einnehmen. Kinder bilden demnach Geschlechterschemata, also kognitiv assoziierte Netzwerkstrukturen, in denen alle geschlechtsbezogenen Informationen zur eigenen Person und zu anderen Personen abgespeichert sind. Geschlechterschemata beeinflussen Informationsverarbeitung und Verhalten. Sie werden als dynamische Wissensrepräsentationen gesehen, die sich altersentsprechend entwickeln und die sich im Kontext verändern können. Die Theorie nimmt ähnlich wie die Kognitive Entwicklungstheorie an, dass Kinder einen aktiven Part bei ihrer Geschlechtsentwicklung einnehmen. Dies ist daran erkenntlich, dass sie selbst ihre Geschlechterschemata „konstruieren“ sowie, dass sie motiviert sind, geschlechtstypische Verhaltensweisen in ihr Verhaltensrepertoire zu übernehmen. Da Geschlechterschemata Eigenkonstruktionen sind, können sie auch fehlerhaft und verzerrt sein. Kinder sind motiviert, alle Informationen zum Thema Geschlecht aufzunehmen, sobald sie erkannt haben, dass sie selbst einer Geschlechtskategorie angehören. Vor allem suchen sie nach Informationen und Verhaltensvorschriften für ihr eigenes Geschlecht und suchen aufmerksam nach Unterschieden zum anderen Geschlecht. Jüngere Kinder richten ihre Aufmerksamkeit auf Verhaltensregeln für ihr eigenes Geschlecht und wissen über Verhalten Bescheid, das in Einklang mit Geschlechternormen steht. Dieser Prozess scheint wichtig für die kindliche Selbstdefinition und für ein kognitives Konsistenzerleben zu sein. Letzeres wird erreicht, indem Kinder ihre Wahrnehmung, Handeln und Erinnerung konsistent mit ihren Geschlechterschemata halten.

Für die individuelle Entwicklung von Geschlechterschemata ist es wichtig, dass Kinder Gesetzmäßigkeiten in Bezug auf die Geschlechter in ihrer sozialen Umgebung lernen. Es kann auch sein, dass sie bestimmte geschlechtsbezogene Verhaltensmuster selbst konstruieren, die in der Realität gar nicht existieren. Das Erkennen von Gesetzmäßigkeiten ist für die Geschlechtskategorie leicht wie etwa, dass Frauen und Männer sich in ihrer Stimme, Größe und Körperform wesentlich unterscheiden. Auch Kleidung und Haartracht unterscheiden sich im Allgemeinen. Eltern, Medien etc. zeigen die Wichtigkeit der Geschlechtskategorien auf und übermitteln Informationen zu geschlechtsspezifischen Unterschieden (z. B. tragen Mädchen rosa Kleidung, Buben blaue). Kinder verwenden generell soziale Kategorien umso wahrscheinlicher als Basis für die Bewertung anderer, je mehr die Kategorien in ihrer Umgebung betont werden. Zusätzlich verstärken Kinder selbst die Schemaentwicklung, indem sie z. B. Ähnlichkeiten innerhalb der Geschlechtergruppen und Unterschiedlichkeiten zwischen den Gruppen überschätzen.

Inhalte und Anwendung von Geschlechterschemata variieren interindividuell (Hannover, 2000). Manche Kinder verfügen über eine größere Bandbreite an Geschlechterstereotypen, andere entwickeln eine sehr persönliche Sicht der Geschlechter. In zahlreichen Untersuchungen konnte gezeigt werden, dass Kinder Geschlechterschemata für die Wahrnehmung und Beurteilung anderer heranziehen (vgl. Ruble et al., 2006). Giles und Heyman (2005) stellten fest, dass Kinder im Vorschulalter aggressives Verhalten von Peers auf Basis von Geschlechterschemata beurteilen. Sie tendierten dazu, aggressives Verhalten von Mädchen generell eher als sozial aggressiv wahrzunehmen (z. B. Ausschluss aus der Gruppe) und das Verhalten von Buben eher als physisch aggressiv zu sehen, auch wenn die gegebene Information inkonsistent zu diesem Schemata war. Kinder im Alter von acht bis neun Jahren verwendeten Geschlechterschemata, wenn sie angeben sollten, ob ein bestimmtes Musikinstrument eher von einem Buben oder von einem Mädchen gespielt werden soll (Harrison & O'Neill, 2003). Und zwar sahen Kinder in diesem Alter Flöte, Violine und Klavier als feminine Instrumente, Schlagzeug, Gitarre und Trompete als maskuline Instrumente. Die Präferenzen der Kinder für ein Instrument entsprachen auch den Schemata.

Zusammenfassend kann man sagen, dass die Geschlechterschemata-Theorie einerseits einen Fokus auf kognitive Prozesse, insbesondere auf die Informationsverarbeitung, legt. Andererseits betont die Theorie auch soziale Einflüsse, die in indirekter Form, nämlich über kognitive Prozesse, die Geschlechtsrollenentwicklung beeinflussen. Geschlechterschema dienen dazu, ankommende Informationen nach ihrem geschlechtstypischen Gehalt zu ordnen. Der ankommende Strom an Informationen erhält Ordnung und Bedeutung im Sinne von „typisch männlich" und „typisch weiblich". Wahrnehmen wird so zu einem konstruktiven Prozess: Es ist das Ergebnis von ankommender Information und bereits existierendem Schema. Ein Individuum lernt verschiedene Schemata, nicht nur Geschlechterschemata. Entsprechend kann es auch Informationen verschieden ordnen. Beispielsweise kann es die Welt in fremd und vertraut einteilen, in männlich und weiblich, oder in gesund und krank. Der Inhalt und die Bedeutsamkeit der Schemata können je nach Situation und Kontext variieren. Die Anwendung und Bedeutsamkeit der Schemata kann aber auch interindividuell unterschiedlich sein.

### 1.5.2 Abschließende Bemerkungen

Die vorangegangenen Abschnitte haben die Fülle von Bedingungen aufgezeigt, die die Entwicklung von kognitiven Geschlechterschemata und geschlechtstypischen Verhaltenstendenzen beeinflussen. Wichtig in diesem Zusammenhang ist auch, dass Kinder ein geschlechtsbezogenes Selbstkonzept entwickeln. Dies ist Inhalt von Kapitel 2. An dieser Stelle sei noch zusammenfassend erwähnt, dass sich die drei berichteten Theorien gut ergänzen. Einerseits konnten die Grundannahme der kognitiven Theorien, nämlich eines Zusammenhangs allgemeiner kognitiver Entwicklung und der Entwicklung von Geschlechterschemata bestätigt werden (vgl. auch Serbin et al, 1993; Trautner, 1992). Andererseits finden sich auch deutliche soziale Einflüsse. So treten zwar erwartungsgemäß „flexible Geschlechterstereotype erst dann auf, nachdem zumindest einige der höheren Klassifikationsfähigkeiten gegeben sind“ (Trautner, S. 58). Das ist aber nicht bei allen Kindern der Fall. Die höheren Klassifikationsfähigkeiten sind somit zwar eine *notwendige* Bedingung für flexiblere Geschlechterstereotype, aber *keine hinreichende* Bedingung. Denn ob eine Flexibilisierung erreicht wird, hängt offenbar von Einflüssen ab, die nicht mit der kognitiven Entwicklungstheorie erklärbar sind, sondern eher mit sozialen Lerntheorien. Ein Beispiel stellen die Geschlechterunterschiede in der Entwicklung des Geschlechtsrollen-Selbstkonzepts und der Flexibilisierung dar. Da das männliche Geschlecht in Gesellschaften einen höheren Rang genießt und die männliche Geschlechterrolle eine höhere Wertigkeit als die weibliche, wäre vom Standpunkt sozialer Lerntheorien, und übrigens auch vom Standpunkt der Intergruppentheorie von Henri Tajfel (1969; Williams & Giles, 1978), nicht aber aus der Sicht kognitiver Entwicklungstheorien zu erwarten, dass die Geschlechtsrollenentwicklung von Mädchen von vornherein offener und flexibler verläuft bzw. dass Mädchen eine weniger ausgeprägte Präferenz für ihr eigenes Geschlecht und die dazugehörigen Attribute und Rollenerwartungen zeigen. Schon Kohlberg (1966/1974) sowie Kohlberg und Zigler (1967) stießen auf dieses Phänomen. Auch die weitere Forschung liefert dafür eine Reihe von Hinweisen. So ist zu beobachten, dass Mädchen mehr über Jungen wissen als Jungen über Mädchen. Sie achten mehr auf männliche Modelle als Jungen auf weibliche, sie haben flexiblere und offenere Geschlechts- und Geschlechtsrollenkonzepte (Golombok & Fivush, 1994). Und sie verwirklichen auch stärker androgyne Persönlichkeits- und Rollenentwicklungen (siehe oben). Das heißt, „es sind eher die Mädchen – und später die Frauen –, die sich an die männliche Rolle annähern, als dass sich die Jungen (die Männer) an die weibliche Rolle annähern. Für Mädchen und Frauen wird es immer selbstverständlicher, maskuline Rollenmerkmale in ihr Selbstkonzept und ihre Lebensführung einzubeziehen. Sie wollen Familie *und* Berufstätigkeit. Demgegenüber ist das Rollenspektrum der Jungen und Männer vergleichsweise begrenzt geblieben“ (Trautner, S. 59). Die Erklärung für die größere Rollenflexibilität der Frauen, auf die wir schon eingangs in Kapitel 1.1 hingewiesen haben, sieht Trautner in der höheren Wertigkeit der männlichen Rolle.

Die Ergebnisse zur Geschlechtsrollenentwicklung und zum Geschlechtsrollen-Selbstkonzept sind im Übrigen auch mit der sozialen Identitätstheorie von Tajfel vereinbar. Aufgrund ihres niedrigeren Status versuchen demnach Mädchen entweder eine Art Aufwärtsmobilität zur ranghöheren Gruppe (also männliche Bereiche und Rollensegmente zu erobern), oder aber es erfolgen Versuche, die soziale Identität der eigenen Geschlechtsgruppe durch soziale Veränderungen zu verbessern, z. B. durch Schaffung von Chancengleichheit, oder durch Übernahme der männlichen Attribute in das Bild der eigenen

Gruppe, oder aber durch die Schaffung eines eigenen, positiven Status, indem die weibliche Gruppe als die „bessere" dargestellt wird. Dies kann im Rahmen individueller Strategien geschehen, und in der individuellen Entwicklung beobachtet werden; oder aber durch kollektive Anstrengungen (z. B. Frauenbewegung). Die Strategien der Frauenbewegung zielten vorwiegend auf soziale Veränderungen und auf eine Verbesserung des Status der weiblichen Gruppe und lassen sich sehr gut mit Tajfels Überlegungen zur Gewinnung einer positiven sozialen Identität der rangniedrigeren Gruppe in Einklang bringen.

## 1.6 Folgen geschlechtsstereotyper Erwartungen

Die vorangegangenen Ausführungen haben deutlich unterschiedliche stereotype Erwartungen an Frauen und Männer dargelegt. Die Folgen, die daraus für Frauen und Männer im täglichen Leben entstehen, sind vielfältig. Menschen werden schnell einer der beiden Geschlechtskategorien zugeordnet und entsprechend stereotyp beurteilt. Nicht nur das Aussehen, sondern auch die Stimme einer Person gibt Auskunft über deren Geschlecht. Je femininer die Stimme von Individuen (Männer und Frauen) erlebt wird, desto mehr weibliche Stereotype werden den Betroffenen zugesprochen (Ko, Judd & Blair, 2006). Bei der stereotypen Beurteilung spielen nicht nur Charakteristika der wahrnehmenden Person und der Situation eine wesentliche Rolle. Hinsichtlich der Person kann man annehmen, dass vor allem Individuen, die Geschlechterstereotype befürworten, eher dazu neigen andere auf Basis der Stereotype zu beurteilen. Im Weiteren kann man annehmen, dass diese Individuen sich selbst auch besonders stereotyp verhalten. Allerdings scheint es nicht unbedingt notwendig zu sein, dass den Stereotypen bewusst zugestimmt wird (vgl. Bargh et al., 1996). Geschlechterstereotypen sind gut gelernt und Individuen kategorisieren andere nicht nur schnell auf Basis des Geschlechts, sondern wenden auch automatisiert Geschlechterstereotype an. Dies hat unter Umständen auch noch weitreichendere Folgen. Jost und Kay (2005) etwa fanden, dass Frauen, die mit weiblichen Stereotypen konfrontiert worden waren, danach das gesellschaftliche Geschlechtersystem als gerechtfertigter ansahen als Frauen, die sich nicht mit Geschlechterstereotypen befasst hatten. Die Autoren nehmen an, dass durch die Auseinandersetzung mit geschlechtsstereotypen Inhalten weibliche Stereotype aktiviert wurden, die besagen, dass Frauen beziehungsorientiert und liebenswert sind. Dies führte dazu, dass Frauen generell ihre Stellung in der Gesellschaft mehr akzeptierten, als sie es ohne Stereotypenaktivierung getan hätten. Wesentlich ist, dass sich dieses Ergebnis vollkommen unabhängig davon zeigte, ob die Frauen bewusst weiblichen Stereotypen zugestimmt hatten oder nicht. Die Studie zeigt demnach deutlich, dass Stereotype auch auf einer automatisierten Ebene wirken und kognitive und verhaltensbezogene Effekte erzeugen.

Automatische Aktivierung von Geschlechterstereotypen wurde auch in Laborexperimenten nachgewiesen. Irmen (2006) etwa konnte zeigen, dass sowohl die allgemeine Geschlechtskategorie „Frau“ als auch die Geschlechtssubgruppe „Karrierefrau“ durch subliminales (unterschwelliges) Priming aktiviert werden kann und dass im Weiteren die Aktivierung auch die Beurteilung einer uneindeutig dargestellten Person beeinflusst. Dieser wurden stärker Stereotype der aktivierten Kategorie zugeschrieben als nicht stereotype Eigenschaften.

Forschung zu impliziten Geschlechterstereotypen zeigte, dass diese sich nicht wesentlich von expliziten unterscheiden (Rudman & Glick, 2008). Individuen können aber auf impliziter und expliziter Ebenen unterschiedliche Stereotypisierung aufweisen. Vor allem unter kognitiver Belastung (Zeitdruck, Ablenkung) werden implizite Stereotype eher verhaltens- und entscheidungsrelevant sein. Durch ausreichende Kapazität bzw. entsprechende Motivation kann der unbewussten Wirkung von Geschlechterstereotypen entgegengewirkt werden (vgl. Kite et al., 2008). Wobei das Wissen um die Existenz von Geschlechterstereotypen und ihre Wirkung auf Urteile und Verhalten ein wichtiger erster Schritt in diese Richtung ist. Auf diese Weise ist es eventuell möglich, Stereotypen bewusst entgegenzusteuern. Es existieren aber auch unbewusste Kontrollmechanismen wie Moskowitz et al. (1999) zeigen konnten. Und zwar fanden die Autoren/innen, dass Individuen, für die Gleichbehandlung der Geschlechter ein zentrales Ziel darstellt, in einem semantischen Primingparadigma Geschlechterstereotype nicht aktivierten. Dies kann so erklärt werden, dass das Gleichbehandlungsziel im Gedächtnis chronisch aktiviert ist und bereits bei der Vorgabe eines Primingstimulus (in diesem Fall ein Frauengesicht) aktiviert wird. Einhergehend mit der impliziten Zielaktivierung kommt es zu einer Inhibition von Geschlechterstereotypen. Derartige Prozesse passierten nicht bei Individuen, für die das Gleichbehandlungsziel nicht zentral war.

### 1.6.1 Folgen ambivalenter Stereotype

Das Stereotypenmodell von Fiske et al. (2002; s. Kap. 1.3.1) legt nahe, dass vor allem die Ambivalenz stereotyper Erwartungen hinsichtlich der beiden Hauptdimensionen Wärme und Kompetenz von weitreichender Bedeutung ist. Laut dem Modell kann die Auseinandersetzung mit verschiedenen Gruppen auch mit emotionalen Reaktionen verbunden werden, je nachdem wie diese Gruppen auf den beiden Dimensionen eingeordnet werden. Gruppen, die ambivalent als warm und nicht kompetent gelten, werden bemitleidet (z. B. Hausfrauen, vgl. Eckes, 2002). Gruppen, die zwar als kompetent, aber nicht warm gelten (z. B. Karrierefrauen), werden beneidet. Gruppen, die als warm und kompetent angesehen werden (im Allgemeinen die eigene Gruppe), werden bewundert und/oder mit Stolz betrachtet. Schließlich werden Gruppen, die als nicht warm und nicht kompetent wahrgenommen werden (z. B. Punker), verachtet und verabscheut.

**Abbildung 1.3** zeigt ein schematisches Modell von Cuddy, Fiske und Glick (2007), welches auf das Zusammenspiel zwischen stereotypen Erwartungen,

Emotionen und verhaltensbezogenen Reaktionen eingeht. Neben den bereits beschriebenen emotionalen Reaktionen postulieren die Autorinnen und der Autor zwei verhaltensbezogene Dimensionen, die sich auf aktives bzw. auf passives Verhalten beziehen. Passives Verhalten zeichnet sich durch eine geringere Absicht aus, aktives Verhalten durch hohe Absicht. Jede Dimension verläuft zwischen den Polen schädigendes vs. unterstützendes Verhalten. *Schädigendes oder diskriminierendes passives* Verhalten wäre, wenn Gruppenmitglieder z. B. nicht beachtet werden oder bei Anstellungen übergangen werden. Durch derartiges Verhalten können Gruppen abgewertet oder ausgegrenzt werden. *Unterstützendes passives Verhalten* wäre, wenn z. B. Gruppenmitgliedern die Möglichkeit gegeben wird, Fähigkeiten zu zeigen und zu verbessern, oder wenn Personen aufgrund ihrer Gruppenmitgliedschaft einen Vorteil bei einer Anstellung bekommen. *Aktive Unterstützung* wäre, wenn Verhalten explizit zum Vorteil von Gruppenmitgliedern gezeigt wird, ihnen also geholfen wird (z. B. Aktivitäten, die die Gleichstellung von Frauen und Männern sicherstellen sollen). *Aktive Schädigungen* sind alle Verhaltensweisen, die sich mit Absicht gegen eine Gruppe richten, wie z. B. ausländerfeindliche Handlungen.

Der Zusammenhang von stereotypen Erwartungen und Verhaltenstendenzen richtet sich laut diesem Modell nach den zwei zentralen Aspekten Wärme und Kompetenz. Die Art des Verhaltens wird in diesem Ansatz von den erlebten Emotionen vermittelt. Wobei die Wärmedimension der Stereotype mit aktivem / direktem Verhalten in Beziehung steht. Eine als warm bewertete Gruppe wird umso eher aktiv unterstützt, je mehr Mitgefühl oder Bewunderung ihr entgegengebracht wird. Sie wird umso mehr aktiv geschädigt, je mehr Verachtung man ihr gegenüber empfindet. Cuddy et al. (2007) konnten keine Korrelationen zwischen Neid und Wärmestereotypen finden. Die Kompetenzdimension geht mit passivem/indirektem Verhalten einher. Als kompetent wahrgenommene Gruppen werden umso mehr passiv unterstützt, je mehr sie bewundert oder aber auch beneidet werden. Sie werden umso mehr passiv geschädigt, je mehr sie bemitleidet werden. Verachtung und Kompetenz scheinen nicht korreliert zu sein (Cuddy et al., 2007). Die Art der Zusammenhänge impliziert, dass ambivalent eingeschätzte Gruppen unterschiedlich behandelt werden, je nachdem, welche emotionalen Reaktionen mit ihnen verbunden sind. Eine Gruppe, die als warm und wenig kompetent eingeschätzt wird, sollte aktiv unterstützt werden, wenn sie Mitgefühl auslöst. Wobei diese Form der Unterstützung ggf. von Nachteil für die Gruppe sein kann, da dadurch zugleich zum Ausdruck kommt, dass sie bemitleidenswert und ist und einen geringen Status in der Gesellschaft hat.

Zusammenfassend kann man sagen, dass es für diskriminierte Gruppen wesentlich ist, welche Stereotypen (Wärme und/oder Kompetenz) mit ihnen in Verbindung gebracht werden und welche emotionalen Reaktionen diese Wahrnehmung auslösen. Stereotype und Emotionen gemeinsam bestimmen das Ausmaß an schädigendem vs. unterstützendem Verhalten.

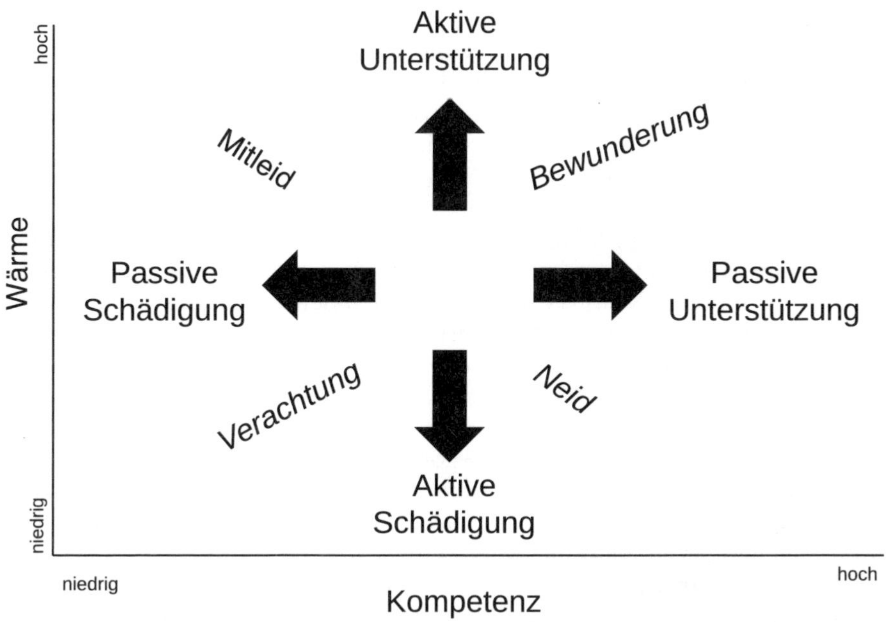


**Abb. 1.3:** Zusammenspiel zwischen stereotypen Erwartungen, Emotionen und verhaltensbezogenen Reaktionen nach Cuddy et al. (2007)

### 1.6.2 Frauen und Männer werden mit zweierlei Maß gemessen

Stereotype dienen als Beurteilungsgrundlage, die herangezogen wird, um Verhalten von beobachteten Personen zu interpretieren (vgl. Biernat & Eidelman, 2007). Im Allgemeinen kommt es zu einer Assimilation mit stereotypen Erwartungen, d. h. Beobachter tendieren dazu, Verhalten so zu interpretieren, dass ihre Erwartungen bestätigt werden. Stereotype können auch als *Beurteilungsmaßstab* angesehen werden, an dem Verhalten gemessen wird. Da Geschlechterstereotype Unterschiedlichkeit von Frauen und Männern in vielerlei Hinsicht implizieren, führt das dazu, dass Frauen und Männer mit unterschiedlichen Maßstäben gemessen werden. Frauen werden z. B. als fürsorglicher als Männer angesehen. Zeigt eine Frau fürsorgliches Verhalten, dann wird dieses Verhalten nach dem relativ hohen Anspruch an Frauen bewertet. Zeigt ein Mann dasselbe Verhalten, dann wird dieses am geringeren Anspruch an Männer bewertet. Dadurch kann der Eindruck entstehen, dass dieser Mann fürsorglicher ist als die Frau, die sich aber eigentlich völlig gleich verhält. Biernat (2003; Biernat & Manis, 1994) hat dieses Phänomen in ihrem „*Shifting Standard Model*" beschrieben. „Shifting Standard" kann im Deutschen salopp als „zweierlei Maß" bezeichnet werden. Wesentlich ist, dass die unterschiedliche Bewertung dadurch entsteht, dass zur Beurteilung von Frauen weibliche Stereotype als Maßstab herangezogen werden, zur Beurteilung von

Männern männliche Stereotype. Wenn demnach ein Mann oder eine Frau als fürsorglich bezeichnet werden, muss dies nicht dasselbe Ausmaß an Fürsorglichkeit bedeuten. Es bedeutet vielmehr, dass der Mann für einen „Mann" und die Frau für eine „Frau" als fürsorglich angesehen werden. Individuen werden dabei vor allem dann Unterschiede wahrnehmen, wenn sie auf einer *subjektiven Ebene* urteilen, also Verhalten als allgemein „gut" oder „angemessen" bzw. als „schlecht" oder „unangemessen" einschätzen. Eine *objektive Ebene* kann das subjektive Urteil relativieren. Wird die Fürsorglichkeit des Mannes und der Frau etwa über eine Zeitschätzung erhoben (z. B. wie viel Zeit wurde mit dem Kind verbracht), dann handelt es sich um einen objektiven Maßstab. Hier werden Individuen eher dazu tendieren, von der Frau mehr Zeit beim Kind zu erwarten als von dem Mann. Objektive Maßstäbe bringen demnach deutlicher zugrunde liegende Geschlechterstereotype zum Vorschein. Subjektive Maßstäbe aber ergeben unterschiedliche Beurteilungen je nachdem, ob sie innerhalb der Geschlechtskategorie (als „Frau" bzw. als „Mann") angesetzt werden oder beide Geschlechter und somit die angenommene Unterschiedlichkeit der Geschlechter mit einschließen. Im ersten Fall können Geschlechterstereotype sogar maskiert werden, wenn etwa wie im Beispiel oben ein Mann als fürsorglicher bewertet wird als eine Frau.

Biernat und Kobrynowicz (1997) zeigten die Implikationen der zwei Maßstäbe für eine berufliche Bewerbungssituation. Die Untersuchungsteilnehmenden stellten an die Leistungen von Frauen niedrigere Minimalanforderungen als an Männer. Und zwar mussten Frauen weniger Leistung zeigen als Männer, um in die nächste Stufe der Bewerbung zu gelangen. Dies zeigt, dass schon eine geringe Leistung bei Frauen als gut erachtet wurde, bei Männern nicht. Frauen werden anhand von weiblichen Stereotypen eingeschätzt, die eine niedrige Leistungserwartung implizieren. Eine Leistung von Frauen wird auf Basis der Erwartungen an „Frauen" eingestuft und die der Männer auf Basis der Erwartungen an „Männer". Die Einschätzung der Leistung sagt aber nichts aus über die Einschätzung der Fähigkeiten von Frauen und Männern für den Job. In der Studie von Biernat und Kobrynowicz hatte es Frauen hier schwerer als Männer (mussten mehr Nachweise erbringen), damit sie als für den Job geeignet angesehen wurden. Für Fähigkeiten sind Geschlechterstereotype ein Referenzmaß (vgl. Abele & Petzold, 1998), welches Frauen und Männer mit einschließt. Frauen werden generell als weniger fähig als Männer angesehen und sie bedürfen mehr Nachweise, damit ihnen dieselbe Fähigkeit wie einem Mann attestiert wird.

Die unterschiedlich angewendeten Maßstäbe kommen vor allem zum Tragen, wenn Personen der Beurteilung Handlungen folgen lassen. Biernat und Vescio (2002) unterscheiden hier selektive (zero-sum) und nicht selektive (nonzero-sum) Handlungen. Selektive Handlungen implizieren die Wahl einer Person (z. B. Anstellung, Preisverleihung) und den Ausschluss anderer (weniger geeigneter) Personen. Nicht selektive Handlungen sind solche, die sich unbeschränkt an viele Personen richten können (z. B. Lob, Anerkennung). Die Autorinnen zeigten auf, dass bei selektiven Handlungen Beurteilungen eher auf Basis von Referenzmaßen, also geschlechtsübergreifend erfolgen. Dadurch werden z. B. Männer eher in ein Sportteam aufgenommen bzw. bekommen den Job eher als Frauen. Nicht selektive Handlungen dagegen basieren eher auf stereotypen Erwartungen innerhalb der Geschlechtskategorie. Dies kann dazu führen, dass Frauen z. B. für ihre Leistungen mehr gelobt werden als Männer. Gäbe es allerdings eine leistungsbedingte Prämie (= selektive Handlung) würden eventuell wieder Männer besser aussteigen als Frauen.

### 1.6.3 Die Geschlechter im Berufsleben

Berufstätige Frauen sind heutzutage eher der Normalfall und keine Ausnahme mehr. Dennoch ist gerade der Arbeitsplatz ein Ort, an dem Geschlechterstereotype wirksam werden. Wie bereits berichtet stellten „Karrierefrauen" eine eigenständige Geschlechtersubgruppe dar (s. Kap. 1.3.2), die zwar als kompetent, aber nicht als warm betrachtet wird. Diese Frauen werden also anders als Frauen im Allgemeinen wahrgenommen. Aber auch Frauen, die nicht als Karrierefrauen angesehen werden, finden andere Bedingungen in der Arbeitswelt vor als Männer. Medien berichten immer wieder von Ungleichheiten zwischen Frauen und Männern am Arbeitsmarkt. Frauen werden z. B. schlechter bezahlt als Männer und sind selten in den Führungsebenen vertreten (s. Kap. 5.3). Sozialpsychologische Forschung konnte aufzeigen, dass Geschlechterrollen und im Besonderen geschlechtsstereotype Erwartungen im Zusammenhang mit der Ungleichbehandlung eine wesentliche Rolle spielen. Ein Beispiel dafür zeigt das Ergebnis einer Umfragestudie in den USA von Falk und Kenski (2006). Und zwar gaben im Januar 2000 25.3 % der Befragten an, dass eine Frau besser als ein Mann geeignet wäre, als Präsidentin die anstehenden Probleme zu bewältigen. Im September 2003 waren dies nur mehr 15.4 %. Zu dieser Zeit waren Terrorismusbekämpfung und der Irakkrieg die vordergründig anstehenden Probleme. Im Januar 2000 hatten nur 4.5 % der Befragten darin ein Hauptproblem gesehen, im September aber immerhin 28.2 %. Dieses Ergebnis legt nahe, dass man Frauen weniger zutraut, eine Nation in Zeiten von Terrorismusgefahr und Krieg zu leiten, als Männern. Das Ergebnis zeigt auch auf, dass sich geschlechtsstereotype Erwartungen nicht nur auf Kompetenz generell, sondern auf spezifische Fähigkeitsbereiche beziehen können. So fanden Lammers, Gordijn und Otten (2009), dass Untersuchungsteilnehmenden, die experimentell auf Wirtschaftsprobleme aufmerksam gemacht worden waren, männliche Politiker als eher geeignet ansahen, diese Probleme zu meistern als weibliche Politikerinnen. Letztere wurden von Untersuchungsteilnehmenden als eher geeignet angesehen, die auf Probleme des Gesundheitswesens aufmerksam gemacht worden waren. Diese Urteile beruhen eindeutig auf Geschlechterstereotypen, die besagen, dass Männer eher wettbewerbsorientiert und durchsetzungsfähig etc. sind. Das sind Eigenschaften, die zur Bewältigung von Wirtschaftsproblemen benötigt werden. Frauen werden als sozial und fürsorglich gesehen, Eigenschaften also, die diese besser zur Bewältigung von sozialen Problemen qualifizieren. Wobei die Autoren/innen im Weiteren fanden, dass diese Ergebnisse nur für typische Frauen und

Männer galten. Bei eher maskulin beschriebenen Frauen bzw. feminin beschriebenen Männern drehte sich die Urteilsrichtung um. Dies sollte aber Frauen in politischen Positionen nicht dazu verleiten, sich selbst eher maskulin darzustellen, da in der berichteten Studie die maskulinen Frauen noch immer als weniger geeignet eingeschätzt wurden als die typischen Männer (vgl. Kap. 1.6.2). Vielmehr regen die Autoren und Autorinnen an, dass Frauen, die für ein politisches Amt zur Wahl stehen, eher typisch weibliche Problemgebiete in den Vordergrund rücken sollten (vgl. Herrnson, Lay & Stokes, 2003).

Die Tatsache, dass Frauen generell als weniger kompetent gesehen werden, ist auch ein Effekt von Geschlechterstereotypen, der Frauen im Berufsleben zu schaffen machen kann. Cuddy et al. (2004) zeigten etwa, dass dies besonders zum Tragen kommt, wenn berufstätige Frauen zu Müttern werden. In diesem Fall werden sie im Vergleich zu kinderlosen Frauen als weniger kompetent, dafür aber als warmherziger angesehen. Die Ergebnisse legen auch nahe, dass berufstätige Frauen tatsächlich nach dem Übergang in die Mutterschaft anders wahrgenommen werden als vorher. Zusätzlich werden Mütter im Vergleich zu kinderlosen Frauen generell weniger gern angestellt oder es wird weniger in ihre Weiterbildung investiert. Cuddy et al. (2004) konnten zeigen, dass diese Tatsache mit der geringeren Kompetenzwahrnehmung bei Müttern zusammenhängt. Männer, die Väter werden, haben diese Probleme nicht. Sie werden als gleich kompetent angesehen wie kinderlose Männer. Zusätzlich haben sie einen Gewinn, da Väter als warmherziger wahrgenommen werden als kinderlose Männer. Zu einem ähnlichen Befund kam auch Eveline Melching, die für ihre Diplomarbeit 94 österreichische Personalberater/innen (45 Frauen und 49 Männer) befragte. Und zwar wurde den Berater/innen Bewerbungen für die Stelle eines Anwalts/einer Anwältin vorgelegt. Die Lebensläufe waren immer gleich mit Ausnahme des Geschlechts der Kanditaten/innen bzw. der Tatsache, dass die Hälfte Kinder hatte, die andere Hälfte nicht. Die Personalberater/innen gaben an, dass Mütter sich der Kanzlei weniger verpflichtet fühlen würden (commitment) als Väter. Den weiblichen Bewerberinnen ohne Kinder wurde allerdings das höchste Commitment zugeschrieben, auch im Vergleich zu den Männern. Die Berater/innen gaben zwar an, dass sie alle Bewerber/innen mit gleicher Wahrscheinlichkeit anstellen würden, machten aber für das mögliche Einstiegsgehalt Unterschiede. Und zwar hätten sie den Müttern am wenigsten gezahlt ($M = 2775$ €). Die weiblichen Bewerberinnen ohne Kind würden im Durchschnitt 2918 Euro bekommen. Den männlichen Bewerbern wurde generell ein höheres Einstiegsgehalt gewährt, wobei hier die Väter besser ausstiegen ($M = 3316$ €) als die die männlichen Bewerber ohne Kinder ($M = 3198$ €).

#### Frauen in Führungspositionen

Je höher man an der Karriereleiter hinaufsieht, desto seltener wird man dort eine Frau erblicken. Ein Ausdruck, der sich in diesem Zusammenhang etabliert hat, ist die sogenannte „gläserne Decke" („glass ceiling"). Damit meint man eine unsichtbare, aber dennoch undurchdringliche Barriere, die verhindert, dass Frauen an die Führungsspitze von Unternehmen oder in der Politik gelangen. Eagly und Carli (2007) behaupten, dass die „Gläserne Decken"-Metapher heute nicht mehr angebracht sei, da es inzwischen Frauen gibt, die in hohe Führungspositionen gelangt sind, auch wenn es nur wenige sind. Man kann demnach annehmen, dass dieser Weg den Frauen nicht mehr gänzlich verschlossen ist. Die Autorinnen bevorzugen statt der „Gläserne Decken"- lieber eine „Labyrinth"-Metapher. Diese Metapher verdeutlicht, dass es für Frauen noch immer sehr schwierig ist, in Führungspositionen zu gelangen. Wie in einem Labyrinth sind sie mit schwer überwindbaren Barrieren konfrontiert, manche davon sind eher subtil, andere klar gegeben. Die Existenz dieses Labyrinths ist umso erstaunlicher, wenn man bedenkt, Frauen hochqualifiziert sind (s. Kap. 5.3). Das Problem liegt also nicht in der mangelnden Ausbildung oder Qualifikation von Frauen.

Die Geschlechterstereotypenforschung legt nahe, dass das Problem in geschlechtsrollenbedingten Vorurteilen gegenüber Frauen liegt. Eagly und Karau (2002) haben in diesem Zusammenhang die „*Rollenkongruenztheorie für Vorurteile gegenüber weiblichen Führungspersonen*" vorgestellt. Diese besagt, dass Vorurteile gegenüber weiblichen Führungspersonen dadurch entstehen, dass die Erwartungen an die weibliche Geschlechterrolle inkongruent (= nicht übereinstimmend) mit den Erwartungen an die Rolle von Führungspersonen ist. Vorurteile gegenüber weiblichen Führungspersonen können demnach entstehen, wenn Personen diese aufgrund von stereotypen Erwartungen beurteilen. Generell kann man sagen, dass Erwartungen an Führungspersonen männlichen Geschlechterstereotypen entsprechen, nicht aber weiblichen. Dieses „*Think-manager-think-male*"-Phänomen konnte bereits von Schein (1973, 1975) gezeigt werden. Es wurde inzwischen nicht nur für die Vereinigten Staaten, sondern für eine Vielzahl von Ländern unter anderem auch für Deutschland aufgezeigt (Schein, 2001; Sczesny et al., 2004). Wenn eine Frau eine Führungsposition einnimmt, dann wird sie weiterhin auch als Frau angesehen und entsprechende Erwartungen an sie gerichtet. Geschlecht ist eben eine zentrale soziale Kategorie, die in allen Lebensbereichen eine große Rolle spielt. Insofern werden Frauen als Manager anders wahrgenommen als Männer als Manager. Heilman, Block und Martell (1995) zeigten, dass eine Stichprobe von 224 männlichen Manager „weibliche Managerinnen" im Vergleich zu „Frauen im Allgemeinen" als maskuliner und weniger feminin beurteilten. Die Manager beurteilten die „weiblichen Managerinnen" allerdings noch immer als weniger maskulin und als femininer als „männliche Manager" und „erfolgreiche Manager". Die Studie zeigte zusätzlich, dass „erfolgreiche weibliche Manager" im Vergleich zu „erfolgreichen männlichen Managern" als feindseliger, streitsüchtiger und weniger vernünftig und logisch denkend beschrieben wurden. Diese Ergebnisse verdeutlichen ein Problem, mit dem schon einige mächtige Frauen wie z. B. Margaret Thatcher zu kämpfen hatten (Eagly & Karau, 2002). Sie werden als „Mannweiber", „Drachen" etc. bezeichnet. Dabei kommen ambivalente Reaktionen zum Ausdruck, mit denen erfolgreichen Frauen begegnet wird. Auf der einen Seite wird ihre Kompetenz anerkannt, auf der anderen Seite werden sie als unsympathisch empfunden.

Eagly und Karau (2002) nehmen an, dass der Grund vor allem im normativen Charakter von Geschlechterstereotypen liegt. Verletzen Frauen diese Erwartungen, dann werden sie mit negativer Beurteilung sanktioniert.

Eagly und Karau (2002) unterscheiden im Speziellen zwei Formen von Vorurteilen, mit denen Frauen in Führungspositionen konfrontiert werden. 1. Frauen werden als weniger geeignet für eine Führungsrolle angesehen als Männer. 2. Führungsverhalten von Frauen wird negativer bewertet als das von Männern.

Das erste Vorurteil beruht auf Geschlechterstereotypen, die besagen, dass Frauen über weniger Eigenschaften als Männer verfügen, die sie für eine Führungsrolle qualifizieren. Dieses Vorurteil kommt weniger zum Tragen, wenn Frauen bereits eine Führungsrolle innehaben, sondern ist eher Ursache dafür, dass es Frauen weniger leicht gelingt, eine zu bekommen. Das Vorurteil kommt auch zum Tragen, wenn man Personen befragt, ob sie sich selbst eher einen Mann oder eine Frau als Vorgesetzte aussuchen würden. Eine derartige Frage wird seit dem Jahr 1953 jährlich einer großen Stichprobe von Amerikaner/innen gestellt (vgl. Eagly & Carli, 2007). Im Jahr 1953 waren die Antworten noch ganz klar. Nahezu 70% der Befragten sagten, sie würden lieber einen männlichen Boss haben, ca. 25 % war es egal und nur 5 % wollten lieber eine Frau. Im Laufe der Jahre hat sich dieses Ergebnis verändert. Im Jahre 2006 sagten 44 %, es sei ihnen egal. Und was ist mit den restlichen 56 %? Nun, noch immer 37 % bevorzugten einen Mann und 19 % bevorzugten eine Frau. Das zeigt deutlich, wie viele Vorurteile auch heute noch in diesem Zusammenhang bestehen. Allerdings konnten Sczesny und Kühnen (2004) zeigen, dass die Problematik nicht unbekannt ist und dies dazu führt, dass Individuen dem Stereotypenbias entgegensteuern. In der Studie von Sczesny und Kühnen wurde Frauen sogar mehr Führungskompetenz zugesprochen als Männern. Dieser Unterschied drehte sich allerdings um, wenn Personen abgelenkt und somit ihre kognitive Kapazität eingeschränkt war. Dies zeigt, dass Vorurteile gegen Frauen in Führungspositionen als „default"-Mechanismus anzusehen sind. Personen brauchen kognitive Ressourcen, um diesem Mechanismus entgegenzusteuern.

Unabhängig vom biologischen Geschlecht einer Person finden sich andere wesentlich Variablen, die in engem Zusammenhang mit Geschlechterstereotypen stehen und auf diese Art die Einschätzung von Führungskompetenzen beeinflussen (vgl. Eagly & Karau, 2002). So zeigen Untersuchungen, dass ein feminines/maskulines Aussehen (Sczesny & Kühnen, 2004; Sczesny, Spreemann & Stahlberg, 2006) oder ein entsprechender Geruch (Sczesny & Stahlberg, 2002) vorurteilsbehaftete Entscheidungen nach sich ziehen. Ein weiterer moderierender Aspekt ist der Bereich der Führungsposition. Je männlicher definiert ein Bereich ist (z. B. Technikbetriebe, Militär etc.) desto weniger fähig werden Frauen für Führungspositionen angesehen (Eagly & Karau, 2002).

Ist eine Frau in einer Führungsposition, kommt vor allem das zweite Vorurteil zum Tragen und sie läuft Gefahr, dass ihr Verhalten negativ beurteilt wird. Dies konnten z. B. Athenstaedt und Mikula (2008) aufzeigen. Und zwar beurteilten Eltern die Entscheidung einer Schulleiterin als weniger gerecht als dieselbe Entscheidung eines Schulleiters, wenn diese Entscheidung ihnen ohne Verständnis und Respekt mitgeteilt wurde. In diesem Fall wurde die Schulleiterin als noch unsympathischer empfunden als der Schulleiter. Dieser Unterschied zeigte sich nicht, wenn die Entscheidung verständnisvoll mitgeteilt wurde. Man kann annehmen, dass von der Schulleiterin, aber nicht vom Schulleiter ein verständnisvolles Verhalten aufgrund ihrer Geschlechterrolle erwartet wird. Zeigt sie es nicht, dann führt das zu einer negativen Beurteilung. Der männliche Schulleiter hatte dieses Problem nicht. Generell kann man annehmen, dass Frauen umso mehr mit negativen Urteilen konfrontiert sind, je männlicher ihre Führungsposition definiert ist und je maskuliner, vor allem dominanter sie sich verhalten (Eagly und Karau, 2002).

### 1.6.4 Der Backlash Effekt

Frauen und Männer, die nicht geschlechtstypische Rollen einnehmen und sich entsprechend verhalten, müssen mit sozialen Sanktionen rechnen. Die Auswirkungen dieser Sanktionen und seien sie nur antizipiert, nennt Rudman (1998) „Backlash Effekt“. Diese Konsequenzen sind, wie bereits berichtet, sehr real. So werden maskuline Frauen als nicht sympathisch angesehen und feminine Männer als nicht kompetent. Beides kann z. B. in beruflichen Bewerbungssituationen von Nachteil sein (Rudman & Glick, 1999; 2001). Die negativen Konsequenzen führen im Endeffekt dazu, dass die betroffenen Frauen und Männer nicht erfolgreich und anerkannt werden können. Diese Prozesse wirken stabilisierend auf Geschlechterstereotype (Rudman & Fairchild, 2004). Der Grund dafür kann auch darin gesehen werden, dass Individuen die negativen Konsequenzen fürchten und sich durch geschlechtstypisches Verhalten dagegen zu schützen versuchen. Dennoch gibt es immer wieder Einzelne, die sich nicht den Normen beugen und sich entgegen geschlechtsstereotyper Erwartungen verhalten. Es ist anzunehmen, dass dadurch auch Geschlechterstereotype geändert werden können. Allerdings wohl erst dann, wenn es sich nicht mehr um wenige Personen handelt, sondern um eine größere Anzahl. Geschichtlich gesehen hat es bereits solche Änderungen gegeben. So wurden etwa Frauen vor nicht zu langer Zeit noch als unfähig angesehen, das politische Wahlrecht auszuüben oder eine höhere Ausbildung zu bekommen. Gott sei Dank findet es heute in westlichen Ländern niemand als wenig geschlechtstypisch, wenn Frauen zu Wahlen gehen, sich politisch informieren und gut gebildet sind. Hier haben sich also auch durch mutige Vorreiter/innen die Geschlechterstereotype geändert. Dennoch gibt es auch heute noch etliche Bereiche, in denen Frauen und Männer mit negativen Konsequenzen für gegengeschlechtliches Verhalten rechnen müssen. Die Konsequenzen für Frauen etwa im Berufsleben haben wir bereits im vorigen Kapitel angesprochen (vgl. Kap. 1.6.3). An dieser Stelle sei noch erwähnt, dass auch feminine Männer mit negativen Konsequenzen zu rechnen haben. Vor allem die noch immer stark ausgeprägten Vorurteile gegenüber homosexuellen Männern spielen hier eine wesentliche Rolle (Rudman & Glick, 2008). Heterosexualität gilt nach wie vor als normative Form der Sexualität. Feminine heterosexuelle Männer werden dadurch sanktioniert, dass sie als „schwul“ bezeichnet und abgewertet werden (Bosson, Taylor & Prewitt-Freilino, 2006). Das bedeutet, dass diese Männer nicht nur Gefahr laufen, an Status zu verlieren, sondern es wird auch ihre „männliche Sexualität“ in Frage gestellt. Allerdings soll auch gesagt werden, dass es nicht generell ein Nachteil für Männer ist in sogenannte Frauendomänen einzudringen. Oft werden sie dadurch belohnt, indem sie in den Bereichen besonders hohen Status erlangen. So lag im Jahr 1999 in Österreich der Anteil an Männern unter den Volksschullehrer/innen (Primarstufe) bei 11 %. Der Anteil der männlichen Volksschuldirektoren lag bei 47,6 %. Dies zeigt, dass die Wahrscheinlichkeit für einen männlichen Lehrer um ein Vielfaches höher liegt, in eine leitende Position zu gelangen, als dies für weibliche Lehrerinnen der Fall ist (Amt für amtliche Veröffentlichungen der Europäischen Gemeinschaften, 2002).

### 1.6.5 Kognitive Aktivierung der Geschlechtszugehörigkeit

Bislang wurde die Folgen von Geschlechterstereotypen vor allem in Bezug auf Wahrnehmung und Beurteilung von Personen besprochen. In diesem Kapitel geht es darum, welche Konsequenzen daraus resultieren, dass Personen, basierend auf ihrer Geschlechtszugehörigkeit, mit Stereotypen bzw. Vorurteilen konfrontiert werden. Konsequenzen entstehen, da geschlechtsstereotype Erwartungen mehr oder weniger bewusst sind und Individuen einen normativen Druck verspüren, den Erwartungen zu entsprechen. Geschlechterstereotype Erwartungen werden uns vor allem dann bewusst, wenn in einer Situation die Zugehörigkeit zu unserer Geschlechtergruppe salient wird. Solche Situationen sind z. B. dann gegeben, wenn wir die einzige Frau/der einzige Mann in einer Gruppe sind oder zumindest, wenn unser Geschlecht die Minderheit darstellt (Cota & Dion, 1986). Die Reaktion auf geschlechterstereotype Erwartungen kann nicht unabhängig vom Selbstkonzept einer Person gesehen werden. Wie wir noch darlegen werden, internalisieren Individuen Geschlechterstereotype in unterschiedlichem Ausmaß und verwenden sie zur Selbstbeschreibung (s. Kap. 2). Die Forschung, die wir an dieser Stelle berichten, sieht sich allerdings nicht primär als Selbstkonzeptforschung, sondern stellt eine Schnittstelle zwischen der generellen Stereotypenforschung und der Selbstkonzeptforschung dar. Der Grund liegt vor allem darin, dass die grundlegenden Prozesse, die dazu führen, dass eine Stereotypenaktivierung in spezifischem Verhalten resultiert, im Wesentlichen über kognitive Assoziationen zwischen Selbstkonzept und Verhalten erklärt werden können (vgl. Wheeler, deMarree & Petty, 2007). Selbstkonzept steuert Verhalten und wenn Individuen Stereotype in ihrem Selbstkonzept gespeichert haben, führt eine situative Aktivierung der Stereotype zu stereotypenkonformem Verhalten. Aber nicht nur Verhalten ist von Stereotypenaktivierung betroffen, sondern auch andere psychologische Konstrukte wie Affekte oder Einstellungen.

Generell hat die Aktivierung der eigenen Geschlechtszugehörigkeit eine Aktivierung der mit der Gruppe assoziierten Stereotype zur Folge. Es kann angenommen werden, dass Personen dazu tendieren eher die positiven Stereotype der Eigengruppe zu aktivieren. So fanden White und Gardner (2009) heraus, dass Frauen, deren Geschlechtszugehörigkeit salient gemacht wurde, nur positive Inhalte ihrer Geschlechterstereotype (Wärme) aktivierten, nicht aber die negativen (geringe Kompetenz).

Wahrgenommene stereotype Erwartungen anderer können allerdings sehr wohl auch negative Inhalte aktivieren, sofern diese Inhalte explizit im Zusammenhang mit der Gruppenzugehörigkeit angesprochen werden. Sinclair, Hardin und Lowery (2006) zeigten, dass Asiatinnen sich selbst schlechtere Mathematikfähigkeiten zuschrieben, wenn ihre weibliche Gruppenzugehörigkeit salient war, als wenn das nicht der Fall war. Wurde allerdings ihre Zugehörigkeit zur Gruppe der Asiaten/innen salient, dann schrieben sie sich bessere Mathematikfähigkeiten zu. Zusätzlich zeigten Shih, Pitinsky und Ambady (1999), dass Asiatinnen tatsächlich bessere Mathematikleistungen erbrachten, wenn ihre asiatische Gruppenzugehörigkeit salient war und schlechtere, wenn ihre Zugehörigkeit zu Frauen salient war. Dazu sei gesagt, dass Asiaten/innen generell stereotyp hohe mathematische Fähigkeiten zugeschrieben wird, während Frauen als mathematisch weniger begabt angesehen werden als Männer (s. Kap. 1.3.1). Sinclair et al. (2006) fanden schließlich auch, dass europäische Männer sich als besser in Mathematik beschrieben, wenn ihr Geschlecht salient war. War ihre Ethnizität salient schrieben sie sich bessere verbale Fähigkeiten zu. Auch stereotypbezogene Einstellungen können auf diese Weise aktiviert werden. So fanden Steele und Ambady (2006), dass Frauen negativere Einstellungen zu Mathematik und positivere zu Kunst äußerten, wenn ihr Geschlecht salient war als wenn das nicht der Fall war.

### Stereotypenbedrohung (Stereotype threat)

Die nachteilige Wirkung von Stereotypen auf die Leistung von betroffenen Gruppenmitgliedern wird in der Literatur als *Stereotypenbedrohung (stereotype threat)* bezeichnet (Steele, 1997). Man kann annehmen, dass Personen ein Gefühl von Bedrohung erleben, wenn sie sich in einer Situation befinden, in der sie befürchten müssen, dass andere sie aufgrund von Stereotypen beurteilen bzw. dass sie durch ihr eigenes Verhalten die negativen Gruppenstereotype bestätigen (Keller, 2008). Eliezer, Major und Mendes (2010) fanden heraus, dass Frauen, die sich mit frauenfeindlichen Aussagen beschäftigten, Angstreaktionen zeigten, die sich sowohl in Form von kardiovaskulären Reaktionen als auch in selbstberichteter Angst äußerten. Vor allem das schlechtere Abschneiden von jungen Frauen und Studierenden in mathematischen und naturwissenschaftlichen Fächern wird als Folge stereotyper Bedrohung gesehen, wobei allerdings biologische und evolutionäre Hintergründe als weitere Ursachen nicht ausgeschlossen werden können (Halpern et al., 2007).

Die Stereotypenbedrohung führt zu affektiven, motivationalen und kognitiven Reaktionen, deren Zusammenspiel zu der beobachteten Leistungsreaktion führt (Keller, 2008). Davies et al. (2002) konnten zeigen, dass auf kognitiver Ebene tatsächlich die Stereotypenaktivierung die Leistungsbeeinträchtigung in Folge von Stereotypenbedrohung verursacht. In dieser Studie wurde die Stereotypenbedrohung durch die Vorführung von geschlechtsstereotypen Werbefilmen ausgelöst. Diese bewirkten bei Frauen einen Abfall in ihrer Mathematikleistung. Neben Stereotypenaktivierung wurden auch andere kognitive Reaktionen berichtet. So fanden Schmader und Johns (2003), dass mit der Stereotypenbedrohung eine Belastung des Arbeitsgedächtnisses einhergeht. Letztere kann wohl durch störende Gedankengänge erklärt werden. Cadinu et al. (2005) zeigten, dass Frauen direkt nach der Stereotypenbedrohung negative Gedanken zu einer anstehenden Mathematikaufgabe entwickelten. Je mehr sie solche Gedanken entwickelten desto schlechter war ihre Leistung.

Die Konsequenzen von Stereotypenbedrohung betreffen nicht nur momentan auftretende Leistungsverschlechterungen, sondern können auch darin gesehen werden, dass die Betroffenen sich generell von Bereichen distanzieren, in denen sie mit negativen Stereotypen konfrontiert werden. So kann man annehmen, dass Entscheidungen im akademischen und beruflichen Bereich durch eine Stereotypenbedrohung beeinflusst sind. Davies, Spencer und Steele (2005) etwa fanden, dass Frauen unter Stereotypenbedrohung (ausgelöst durch geschlechtsstereotype Werbefilme) weniger nach einer Führungsposition strebten als ohne Bedrohung. Wie weitreichend die Konsequenzen sein können, zeigte eine Studie von Maass, D'Ettole und Cadinu (2008) zur Leistung von Frauen beim Schachspiel. Und zwar zeigten die Untersuchungsteilnehmerinnen eine 50-prozentige Leistungssteigerung, wenn sie dachten, dass sie gegen eine andere Frau spielten im Vergleich dazu, wenn sie vermeintlich gegen einen Mann spielten. Die Ergebnisse legen nahe, dass das generell eher geringe Interesse von Frauen an Schach weniger an ihren tatsächlichen Fähigkeiten liegt, als eine Folge von Stereotypenbedrohung ist. Diese führt dazu, dass Frauen für dieses Spiel wenig Selbstvertrauen entwickeln, geringere Leistungen als Männer zeigen und nur 5 % der weltweit registrierten Turnierspieler/innen Frauen sind.

**Box 1.1**

**Bereits im Schulalter kann Leistung durch die Wirkung von Geschlechterstereotypen beeinträchtigt sein!**

Huguet und Régner (2009) gaben Mädchen und Jungen im Alter von 11 bis 13 Jahren eine komplexe Figur vor, die in **Abbildung 1.4** ähnlich dargestellt ist. Sie baten die Kinder, diese Figur möglichst genau nachzuzeichnen. Der Hälfte der Kinder sagten Huguet und Régner, dass es sich um eine Geometrieaufgabe, der anderen Hälfte, dass es sich um eine Zeichenaufgabe handeln würde. Die Ergebnisse zeigten, dass Mädchen dann schlechtere Leistungen als Jungen erbrachten, wenn sie dachten, dass es sich um eine Geometrieaufgabe handelte. Glaubten die Mädchen, dass es sich um eine Zeichenaufgabe handelte, dann waren sie besser als die Jungen.

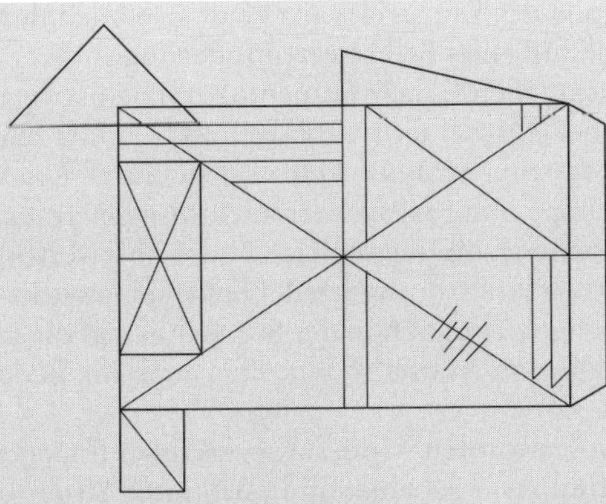

**Abb. 1.4:** Komplexe Figuraufgabe (Huguet & Régner, 2009)

In der Studie wurden auch die Einstellungen der Mädchen zu negativen Gruppenstereotypen hinsichtlich der Mathematikfähigkeiten erhoben. Diese Einstellungen hatten aber keine Bedeutung für die erlebte Stereotypenbedrohung, da auch die Leistung von Mädchen, die diese Stereotype nicht vertraten, beeinträchtigt war.

Die Befunde legen nahe, dass Frauen generell der Stereotypenbedrohung ausgesetzt sind. Es konnten aber bestimmte moderierende Bedingungen ermittelt werden, unten denen Stereotypenbedrohung mit höherer Wahrscheinlichkeit auftritt bzw. ohne die eventuell sogar der Effekt ausbleibt (Keller, 2008). So ist eine Verminderung von Testleistungen nur dann zu beobachten, wenn 1) Aufgaben als schwierig angesehen werden und somit an die Leistungsgrenze der Betroffenen gehen, 2) wenn die Leistung von anderen bewertet wird, 3) wenn Geschlechterstereotype salient und direkt auf die Aufgabensituation anwendbar sind und 4) wenn die Betroffenen sich mit dem Aufgabenbereich identifizieren.

Der Selbstbezug spielt eine wesentliche Rolle. Vor allem Personen, die sich stark mit der spezifischen Gruppe identifizieren, sind für Stereotypenbedrohung anfällig (Eliezer et al., 2010; Keller & Molix, 2008). Eine effektive Gegenmaßnahme ist es z. B., die personale Identität von bedrohten Personen in den Vordergrund zu rücken (individuation). Ambady, Paik, Steele, Owen-Smith und Mitchell (2004) reduzierten entsprechend Stereotypenbedrohung, indem sie Frauen mit Informationen konfrontierten, die sie als Einzelperson betrafen. Marx und Stapel (2006) konnten in diesem Zusammenhang zeigen, dass Stereotypenbedrohung auch für nicht betroffene Gruppenmitglieder schlagend werden kann, wenn eine Selbstrelevanz hergestellt wird. Und zwar verwendeten sie einen Emotionsleistungstest, bei dem Männer unter Stereotypenbedrohung schlechter abschneiden als Frauen. Die Autoren fanden, dass Frauen eine schlechtere Leistung in dem Test zeigten, wenn vorher bei ihnen ein Ich-Fokus (im Vergleich zu einem 3. Person- oder „Er“-Fokus) aktiviert worden war.

Die wesentliche Rolle der Selbstrelevanz zeigt sich auch darin, dass Stereotypenbedrohung auch mit einer Selbstwertminderung einhergeht. Martens et al. (2006) zeigten entsprechend, dass Frauen, deren Selbstwert bestärkt worden war, danach bei einer Mathematikaufgabe und bei einer mentalen Rotationsaufgabe mit Stereotypenbedrohung keine schlechteren Leistungen erbrachten als eine Kontrollgruppe ohne Selbstwertbestärkung. Daraus kann man schließen, dass Stereotypenbedrohung zugleich eine Selbstwertbedrohung darstellte, der durch Selbstwertbestärkung wieder entgegengewirkt werden kann. Die Selbstwertbestärkung wirkte sich in der Studie nur auf die Leistung von Frauen, aber nicht auf die von Männern aus, was auch die Bedeutung der Selbstrelevanz aufzeigt.

Neben den oben erwähnten Moderatorvariablen finden sich in der Literatur noch weitere. Und zwar scheinen in bestimmten Situationen Personen mit geringer Selbstaufmerksamkeit (Inzlicht, Aronson, Good & McKay, 2006) bzw. mit internaler Kontrollüberzeugung (Cadinu, Maass, Lombardo & Frigerio, 2006) anfälliger für Stereotypenbedrohung zu sein als Personen mit hoher Selbstaufmerksamkeit bzw. externaler Kontrollüberzeugung. Auf kognitiver Ebene wurde der Selbstregulationsfokus als wesentliche Moderatorvariable aufgezeigt, indem Personen mit einem Vermeidungsfokus eher auf Stereotypenbedrohung ansprechen als Personen mit Annäherungsfokus (Keller & Bless, 2008).

Zusammenfassend lässt sich sagen, dass Geschlechterstereotype im akademischen und Berufsbereich für Männer eher positive, aber für Frauen negative Konsequenzen haben können. Die Forschung zur Stereotypenbedrohung zeigt aber nicht nur die Mechanismen und spezifischen Folgen, sondern auch spezifische Gegenmaßnahmen auf, durch die etwa eine Leistungsminderung verhindert werden kann (Keller, 2008). Diese Maßnahmen können auch genereller Natur sein, z. B. indem die Aufmerksamkeit von Frauen eher auf die Gemeinsamkeiten der Geschlechter und weniger auf die Unterschiedlichkeiten gelenkt wird (Rosenthal & Crisp, 2006).

### 1.6.6 Sprachliche Aktivierung der Geschlechtskategorie

Geschlecht spielt in der Sprache eine wesentliche Rolle. Man kann sagen, dass in allen Sprachen der Welt in irgendeiner Form auf die Geschlechter Bezug genommen wird (Stahlberg, Braun, Irmen & Sczesny, 2007). So werden in vielen Sprachen Hauptwörter über das sog. grammatikalische Geschlecht (Genus) klassifiziert. Deutsch und Latein unterscheiden drei Genera (Maskulinum – „männlich“, Femininum – „weiblich“, *Neutrum* – „keines von beiden“). Hebräisch und Französisch haben zwei Genera (Maskulinum und Femininum). Für Bezeichnungen lebloser Dinge erscheint das grammatikalische Geschlecht in keinem Bezug zu der sozialen Kategorie zu stehen (z. B. der Bleistift). Viele Wörter stehen aber im direkten Bezug mit dem Geschlecht (z. B. die Mutter, die Lehrerin). Neben den Sprachen mit grammatikalischem Geschlecht gibt es auch Sprachen mit natürlichem Geschlecht wie z. B. Englisch, bei denen

Wörter für beide Geschlechter verwendet werden können. Man erkennt erst an den zugeordneten Personalpronomen ein Geschlecht (the teacher is reading her book). Einige Hauptwörter sind mit Geschlecht gekoppelt (z. B. woman, brother). Schließlich gibt es auch Sprachen ohne Genus-Differenzierung wie z. B. Finnisch. Bei diesen Sprachen kann über die Verwendung bestimmter Wörter auf das Geschlecht hingewiesen werden.

Die Existenz von Geschlecht in der Sprache ist für dieses Buch deshalb von Bedeutung, als wissenschaftliche Befunde zeigen konnten, dass Geschlecht in der Sprache Assoziationen zum biologischen Geschlecht erzeugt und im Weiteren eine kognitive Aktivierung der Kategorie Geschlecht nach sich zieht. Im Deutschen (sowie im Englischen) haben wir etwa den Fall, dass Bezeichnungen männlicher Personen als Allgemeinform verwendet werden, also auch für gemischte Gruppen und Personen unbekannten Geschlechts (i. e. generisches Maskulinum). Stahlberg und Sczesny (2001) konnten in einer Reihe von Studien zeigen, dass der Gebrauch des generischen Maskulinums dazu führt, dass Frauen gedanklich in geringerem Maße einbezogen oder repräsentiert werden. Vereinfacht gesagt, denken Personen primär an Männer, wenn etwa von Lehrern, Professoren, Wissenschaftlern oder Politikern gesprochen wird. Dies ist nicht der Fall, wenn explizit beide Geschlechter genannt werden (z. B. Professoren und Professorinnen) oder ein großes I verwendet wird (ProfessorInnen). Die Nennung beider Geschlechter hatte die gleiche Wirkung wie die Verwendung geschlechtsneutraler Formen (z. B. Studenten und Studentinnen im Vergleich zu Studierende). Die Verwendung des großen I bewirkte die stärkste gedankliche Einbeziehung von Frauen. Generell konnte diese Studie wie auch andere (vgl. Stahlberg et al., 2007) zeigen, dass die Verwendung des generischen Maskulinums eine kognitive Verzerrung hin zum männlichen Geschlecht (*male bias*) bei zuhörenden oder lesenden Personen bewirkt. Diese Verzerrung hat weiterführende psychologische Folgen, wie die, dass Berufe als weniger attraktiv für Frauen oder als generell anspruchsvoller beurteilt werden, wenn für die Berufstätigen ein generisches Maskulin verwendet wird.

Diese Befunde deuten darauf hin, dass eine geschlechtergerechte Sprache (bevorzugte Verwendung von Beidnennungen, neutralen Begriffen oder eines großen I) das für Frauen nachteilige Auftreten von kognitiven Verzerrungen umgehen kann. Kritiker der geschlechtergerechten Sprache wenden ein, dass diese weniger verständlich und schwieriger kognitiv zu verarbeiten sei. Diese Einwände konnten in einer Studie von Braun, Oelkers, Rogalski, Bosak und Sczesny (2007) entkräftet werden. Bei dieser Studie gaben sie den Untersuchungsteilnehmenden Texte mit geschlechtergerechten Bezeichnungen oder mit Verwendung des generischen Maskulinums vor. Die Teilnehmenden zeigten gleich gute Erinnerungsleistungen für die verschiedenen Textversionen. Männer und Frauen unterschieden sich aber in der Beurteilung. Männer bewerteten die generisch maskulinen Textversionen besser als die anderen. Frauen machten hier keinen Unterschied.

## 1.7 Resümee

Geschlecht spielt im sozialen Miteinander eine wichtige Rolle. Sozialpsychologische Forschung hat vor allem in den letzten Jahren durch ihren kognitiven Schwerpunkt mit einer Fülle von Forschung aufzeigen können, dass Geschlechterstereotype sowohl bewusst als auch unbewusst mental repräsentiert sind und angewendet werden. Entwicklungspsychologische Forschung dokumentiert den frühen Zeitpunkt der Aneignung von Geschlechterschemata, was die psychologische Bedeutung noch unterstreicht. Die Folgen der Anwendung von Geschlechterstereotypen sind vielfältig, wobei wir in Kapitel 1.6 nur den Teil dargestellt haben, bei dem die Assoziation zwischen Stereotypen und Folgen wissenschaftlich belegt ist. Für viele Geschlechterunterschiede, die in der Literatur berichtet werden, ist der Hintergrund nicht so klar. Dies soll in den nächsten Kapiteln noch deutlich aufgezeigt werden.

Die Beschäftigung mit der wissenschaftlichen Befundlage macht viele Leser/innen betroffen. Auf der einen Seite erscheint es, dass die Lage ausweglos ist und Frauen zur Benachteiligung verdammt sind. Andererseits fühlen sich viele in ihrer Weltsicht angegriffen, weil sie vielleicht den traditionellen Zustand als gut ansehen oder gesellschaftlich bedingt Ungleichheiten nicht wahrnehmen wollen. Wie dem auch immer sei, die hier berichtete Forschung kann als wertneutral angesehen werden. Es ist nicht unsere Aufgabe politische Ziele welcher Art auch immer zu verfolgen. Unsere Aufgabe ist es, den Status quo aufzuzeigen. Man kann allerdings annehmen, dass das Wissen um den Status quo schon ein erster wesentlicher Schritt für eventuelle Änderungen darstellt, zumindest sofern diese gewünscht sind. Es ist eine generelle Aufgabe der Sozialpsychologie, Theorien zu entwickeln, die soziale Prozesse, ihre kognitive Verarbeitung und ihren Verlauf erklären. Erst dieses Verständnis erlaubt es, in die Prozesse einzugreifen und sie in eine gewünschte Richtung zu lenken. Aber das ist nicht mehr Aufgabe der Wissenschaft.

# 2 Geschlechterrollen im Selbst

## 2.1 Entwicklung des geschlechtsbezogenen Selbst

Die Entwicklung von Selbstbewusstsein und eines Selbstkonzepts ist ein wichtiger Aspekt der generellen Entwicklung von Kindern (vgl. Thompson, 2006). Kinder lernen sich selbst von anderen zu differenzieren und zugleich auch, dass sie verschiedenen Gruppen angehören. Geschlecht ist hier besonders wesentlich, da es die erste soziale Kategorie ist, die Babys verwenden (vgl. Kap. 1.2). Der erste Schritt in der Entwicklung eines geschlechtsbezogenen Selbstkonzepts ist der, dass Kinder prinzipiell die Existenz der Kategorie Geschlecht erkennen (awareness), sie also lernen, worin sich die verschiedenen Gruppenmitglieder voneinander unterscheiden bzw. worin sich die Mitglieder derselben Kategorie ähnlich sind (vgl. Kap. 1.5). Der nächste wesentliche Schritt ist, dass Kinder sich mit ihrem eigenen Geschlecht identifizieren (identification). Die wissenschaftlichen Befunde deuten darauf hin, dass Kinder im Alter von etwa 24–36 Monaten fähig sind, ihr eigenes Geschlecht zu nennen bzw. ein Foto von sich selbst einer gleichgeschlechtlichen Gruppe zuzuordnen (Ruble et al., 2004). Allerdings variiert das berichtete Alter für diese Fähigkeit sehr und es muss nicht unbedingt damit einhergehen, dass Kinder in diesem Alter auch andere Personen einem Geschlecht zuordnen können. Insofern kann man bislang nicht wirklich sagen, ab wann Kinder tatsächlich ihre Mitgliedschaft zu einem der beiden Geschlechter als solche verstehen. Bekannt ist, dass mit ca. 18 Monaten Kinder ein Konzept von sich selbst als einer eigenständigen physischen Person entwickeln. Erst ab diesem Zeitpunkt nehmen sie sich differenziert von anderen wahr und verwenden selbstbezogene Wörter. Demnach kann man annehmen, dass von diesem Alter an eine Identifikation mit dem eigenen Geschlecht passiert.

Selbstzuschreibung zu dem eigenen Geschlecht hat sowohl *evaluative* als auch *motivationale* Konsequenzen (Martin & Ruble, 2004). *Evaluative* Konsequenzen sind darin zu sehen, dass Kinder, sobald sie sich ihres eigenen Geschlechts bewusst sind, dieses positiver bewerten als das andere Geschlecht (Martin et al., 2002; Ruble et al., 2004). Dieses Phänomen zeigt sich bereits bei dreijährigen Kindern (vgl. Ruble et al., 2006). Kleinkinder schreiben anderen Kindern gleichen Geschlechts auch mehr positive Charakteristika zu als Kindern des anderen Geschlechts und sie tendieren dazu, gleichgeschlechtliche Kinder als Spielpartner zu bevorzugen. *Motivationale* Konsequenzen sind darin zu sehen, dass Kinder das neu erlangte Kategorienwissen auch für z. B.

die Auswahl von Spielzeug oder Kleidung verwenden. Sie entscheiden sich dabei eher für Dinge, von denen sie meinem, dass diese zu ihrem Geschlecht passen. Generell sind Kinder stark an der eigenen Geschlechtskategorie interessiert und motiviert ihre Bedeutung für die soziale Umwelt zu verstehen (Martin & Ruble, 2004).

Der dritte Entwicklungsschritt ist der Erwerb des Wissens um die *Geschlechtskonstanz* (constancy, vgl. Kap. 1.5.1, Abschnitt: Die Kognitive Entwicklungstheorie). Dieser Schritt ist nicht nur für den Erwerb von Geschlechterschemata, sondern auch für die Selbstdefinition von wesentlicher Bedeutung. Mit Erreichen des Verständnisses von Geschlechtskonstanz ist Geschlecht ein zentraler Inhalt des Selbstkonzepts (Ruble et al., 2004). Dieser Schritt sollte mit ca. sechs bis sieben Jahren abgeschlossen sein. Zugleich sollte auch das Verständnis von Geschlecht als sozialer Kategorie bzw. von der eigenen Person als Mädchen und Bub etwas komplexer werden. Geht es zunächst mehr oder weniger nur um physische Eigenschaften (z. B. lange vs. kurze Haare), die für Kinder im Zusammenhang mit den Geschlechtskategorien von Bedeutung sind, werden mit der Zeit auch immer mehr psychosoziale Charakteristika, insbesondere Stereotype, gelernt und angewendet. Die Entwicklung von Geschlechterschemata (vgl. Kap. 1.5.1, Abschnitt „Abschließende Bemerkungen“) geht Hand in Hand mit der Entwicklung des geschlechtsbezogenen Selbstkonzepts (Hannover, 2000).

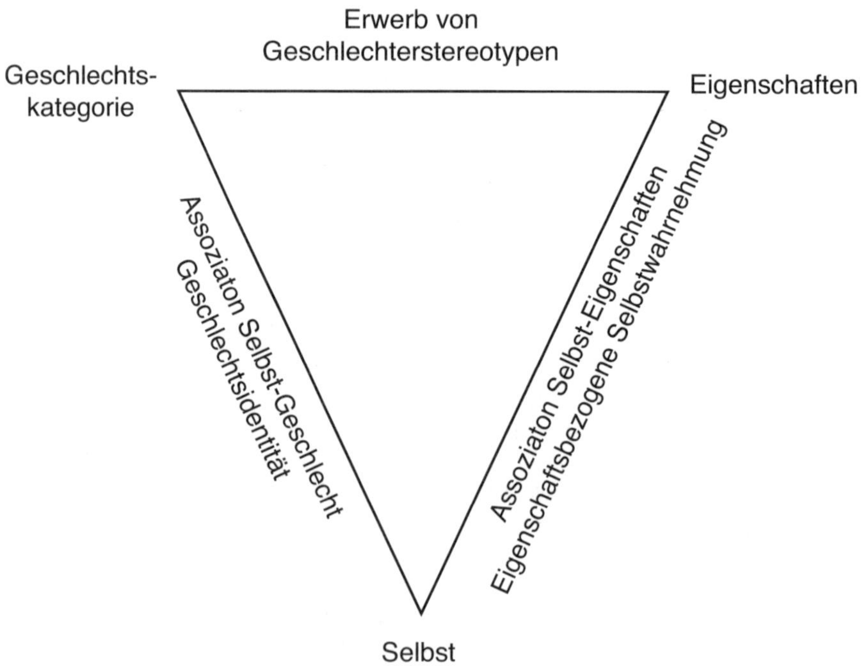


**Abb. 2.1:** Das Sozialisationsmodell zur Entstehung des Geschlechtsrollen-Selbstkonzepts (Tobin et al., 2010)

Tobin, Menon, Menon, Spatta, Hodges und Perry (2010) heben in ihrem Sozialisationsmodell zur Entstehung des Geschlechtsrollen-Selbstkonzepts (s. **Abb. 2.1**) die Bedeutung von drei Aspekten für die Entstehung eines geschlechtsbezogenen Selbst hervor. Dabei handelt es sich um *Geschlechterstereotypenerwerb*, *Entwicklung einer Geschlechtsidentität* und *Entwicklung von Eigenschafts-Selbstzuschreibungen*. Die Autoren und Autorinnen stellen fest, dass diese Aspekte in der entwicklungspsychologischen Literatur oft konfundiert diskutiert wurden. Eine Trennung ist aber wesentlich, da Befunde zeigen, dass Messungen dieser Konstrukte zwar korrelieren, aber nicht so hoch, dass man annehmen kann, dass sie eine gemeinsame latente Dimension haben (Liben & Bigler, 2002). Der Erwerb von Geschlechterstereotypen wurde bereits in Kapitel 1 ausführlich besprochen. Im Folgenden soll nun noch auf die anderen beiden Aspekte näher eingegangen werden.

### 2.1.1 Geschlechtsidentität

Geschlechtsidentität wurde bislang unterschiedlich konzeptualisiert. Traditionellerweise versteht man darunter das Gefühl der Zugehörigkeit zum eigenen Geschlecht und dessen Akzeptanz (z. B. Zucker, Bradley, Lowry Sullivan, Kuksis und Mitchell, 1993). Im Allgemeinen entspricht die Geschlechtsidentität dem bei der Geburt identifizierten und zugeschriebenen biologischen Geschlecht. Ausnahmen bilden Menschen, deren Geschlechtsidentität nicht mit dem zugeschriebenen Geschlecht übereinstimmt („Transgender"), beispielsweise Transsexuelle. „*Transgender* ist ein Oberbegriff für Menschen, deren Geschlechtsidentität (Gefühl, weiblich oder männlich zu sein) oder deren Geschlechtsausdruck sich von dem Geschlecht unterscheidet, das ihnen mit der Geburt zugeschrieben wurde" (American Psychological Association, 2006, S. 1).

Etliche Autoren fassen den Begriff Geschlechtsidentität weiter und meinen damit nicht nur die Zugehörigkeit zum biologischen Geschlecht, sondern auch zum psychosozialen Geschlecht. Diese äußert sich darin, inwieweit Individuen sich den gesellschaftlich definierten Geschlechterstereotypen anpassen (z. B. Martin, 2000). Andere meinen, dass Geschlechtsidentität durch das Ausmaß an Zentralität definiert werden kann, die der Geschlechtszugehörigkeit im Vergleich zur Zugehörigkeit zu anderen sozialen Gruppen zukommt (z. B. Ruble et al., 2004). Für alle Autorinnen und Autoren spielt der motivationale Charakter von Geschlechtsidentität eine Rolle, der z. B. dadurch zum Ausdruck kommt, dass Individuen mit stark ausgeprägter Geschlechtsidentität das Bedürfnis verspüren, sich entsprechend geschlechtskonform zu verhalten (Tobin et al., 2010). Problematisch ist, dass Geschlechtsidentität oft über das Ausmaß an Selbstzuschreibung von Geschlechterstereotypen oder geschlechtsstereotypen Spielzeugpräferenzen erhoben wurde. Dadurch wird aber nicht das Zugehörigkeitsgefühl per se erhoben. Es erscheint vielmehr konzeptionell wichtig, Stereotypen-Selbstzuschreibung und Geschlechtsidentität voneinander zu trennen.

Einige Autoren und Autorinnen postulieren, dass Geschlechtsidentität multidimensional konzeptualisiert werden sollte, wobei die als wesentlich angesehenen Dimensionen divergieren (vgl. Egan & Perry, 2001; Tobin et al., 2010). Eine solche wesentliche Dimension ist die *Zufriedenheit mit dem eigenen Geschlecht.* So äußern Kinder, sobald sie erkennen, welchem Geschlecht sie angehören, dass sie stolz auf dieses sind und dass sie nur ungern dem anderen Geschlecht angehören würden (Tobin et al.). Zufriedenheit mit dem eigenen Geschlecht bleibt im Allgemeinen bis zur Pubertät relativ hoch und ist signifikant mit dem Selbstwert korreliert (z. B. Egan & Perry; Carver, Yunger & Perry, 2003; Corby, Hodges & Perry, 2007). Eine weitere wichtige Dimension ist der *wahrgenommene Zwang zur Geschlechtsrollenkonformität.* Damit ist gemeint, dass Kinder den Zwang empfinden, sich entsprechend der eigenen Geschlechtsrolle zu verhalten. Egan und Perry erhoben diesen Geschlechtsidentitätsaspekt, indem sie Kinder befragten, inwieweit sie personale bzw. soziale Konsequenzen erwarten, wenn sie sich nicht geschlechtskonform verhalten würden. Personale Konsequenzen wären etwa, dass die Kinder sich schämen; soziale Konsequenzen, dass sie befürchten, von anderen kritisiert zu werden. Kinder, die diesen Zwang verspüren, sehen als Quelle gleichermaßen die Eltern, Peers und sich selbst. Studien zeigten, dass der erlebte Zwang psychisch eher schädlich ist für Kinder (Egan & Perry; Carver et al.; Corby et al.). Die Zufriedenheit mit dem eigenen Geschlecht und der wahrgenommene Zwang zur Geschlechtsrollenkonformität korrelieren empirisch nicht und können daher als unabhängige Faktoren von Geschlechtsidentität angesehen werden.

Unkorreliert ist der wahrgenommene Zwang auch mit der dritten von Egan und Perry (2001) postulierten Dimension von Geschlechtsidentität, der *Geschlechtstypikalität.* Gemeint ist damit die erlebte Ähnlichkeit zum eigenen Geschlecht, inwieweit man sich als typisches Mitglied der eigenen Geschlechtsgruppe sieht. Die oben erwähnten Studien zeigten, dass erlebte Geschlechtstypikalität mit Selbstwert, wahrgenommener sozialer Kompetenz und mit der Zufriedenheit positiv korreliert. Erlebte Geschlechtstypikalität ist abhängig von der Geschlechterstereotypen-Selbstzuschreibung, scheint aber von eigenständiger Bedeutung vor allem in der Kindheit zu sein. Kinder gewinnen sichtlich Sicherheit daraus, dass sie sich den anderen Mitgliedern ihrer Geschlechtsgruppe ähnlich fühlen.

### 2.1.2 Stereotypen-Selbstzuschreibung

Generell kann man annehmen, dass Kinder das Wissen, dass sie hinsichtlich der sozialen Kategorie Geschlecht erwerben, auch auf sich selbst anwenden (Hannover, 2000). Vor allem geschlechtskongruentes Wissen wird assoziiert mit dem Wissen, dass man einem der beiden Geschlechter angehört. Mädchen werden sich daher eher mit weiblichen Geschlechterstereotypen und somit als stärker expressiv und beziehungsorientiert beschreiben (vgl. Kap. 1). Jungen werden sich vermehrt instrumentelle und statusbezogene Stereotype zuschreiben (vgl. Kap. 1). Da Kinder vor der Pubertät eher gleichgeschlechtliche Spielgefährten und Spielgefährtinnen bevorzugen, sollte da vor allem geschlechtskongruentes Verhalten und Selbstwissen verstärkt werden (Martin & Fabes, 2001). Erst im Rahmen des generellen Entwicklungsschritts der Flexibilisierung (vgl. Kap. 1.5) werden auch die Selbstzuschreibungen von Kindern flexibler (McHale, Kim, Dotterer, Crouter & Booth, 2009; Katz und Ksansnak, 1994). Ab diesem Alter erkennen sie, dass geschlechtsstereotype Charakteristika auf beide Geschlechter zutreffen können und beginnen dann, sich selbst auch Stereotype des anderen Geschlechts zuzuschreiben. Liben und Bigler (2002) konnten für junge Adoleszente (11–13 Jahre) zeigen, dass diese sich in unterschiedlichem Ausmaß sowohl weibliche als auch männliche Stereotype zuschreiben. Man kann demnach zwischen einem *männlichen und weiblichen Rollen-Selbstkonzept* unterscheiden. Dies entspricht bereits der Konzeptualisierung des Geschlechtsrollen-Selbstkonzepts für Erwachsene (vgl. Kap. 2.2).

Generell kann angenommen werden, dass sich bei Kindern etwa ab einem Alter von 11 Jahren, also am Übergang in die Pubertät, ihr Wissen und Selbstkonzept festigt (Tobin et al., 2010). In der Pubertät werden sie mit neuen geschlechtsbezogenen Anforderungen konfrontiert, da das andere Geschlecht an Bedeutung gewinnt und Jugendliche sich nicht mehr vornehmlich mit gleichgeschlechtlichen Peers auseinandersetzen. Wobei das Ausmaß an Kontakt mit Personen eines Geschlechts im Zusammenhang mit der Entwicklung des Geschlechtsrollen-Selbstkonzepts steht. Die Studie von McHale et al. (2009) zeigte einen Zusammenhang von Selbstkonzept und zeitlicher Verfügbarkeit eines Elternteils: Je mehr Zeit Jungen bzw. Mädchen mit ihrer Mutter verbrachten, desto femininer beschrieben sie sich; je mehr Zeit sie mit ihren Vätern verbrachten, desto maskuliner beschrieben sie sich. Zusätzlich spielte die hormonelle Entwicklung eine moderierende Rolle, indem sich diese Zusammenhänge nur für Jungen und Mädchen zeigten, deren Testosteronspiegel sich nur gering in dieser Zeit veränderte. Schließlich korrelierte die verbrachte Zeit mit Peers mit dem Maskulinitätsanstieg, ein Ergebnis, das die Autorinnen und Autoren im Zusammenhang mit psychischem Wohlbefinden sehen. Eine gute soziale Einbindung ist wichtig für Wohlbefinden von Jugendlichen und Maskulinität ist ein Korrelat von psychischer Gesundheit (Hoffman, Powlishta & White, 2004). Eine gute soziale Einbindung fördert somit die Maskulinität von Jugendlichen, was sich auch in einem höheren Selbstwert und generell besserer psychischer Gesundheit niederschlägt.

Geschlechtsrollen-Selbstkonzept von Jugendlichen korreliert auch mit deren Freizeitinteressen und Verhalten. Athenstaedt, Mikula und Bredt (2009) fanden heraus, dass österreichische Jugendliche im Alter von 14 bis 16 Jahren umso mehr soziale Interessen (z. B. Telefonieren, Parties feiern oder mit Freunden etwas unternehmen usw.) hatten, je femininer sie sich selbst beschrieben. Dieser Zusammenhang zeigte sich unabhängig vom Geschlecht der Jugendlichen. Generell waren aber diese Interessen bei Mädchen stärker ausgeprägt als bei Jungen. Mädchen zeigten auch mehr kultur- bzw. bildungsbezogene Interessen (z. B. Ausstellungen oder Theater besuchen, Bücher lesen usw.). Diese Freizeitinteressen waren auch mit dem Geschlechtsrollen-Selbstkonzept korreliert und zwar sowohl mit femininem als auch mit maskulinem. Dies deutet darauf hin, dass einerseits diese Art von Interessen eher typisch für Mädchen ist und daher mit dem femininen Rollen-Selbstkonzept kognitiv assoziiert ist. Andererseits handelt es sich dabei um solche Tätigkeiten, die man eher allein und nicht in Gesellschaft ausführt (z. B. ein Buch lesen, Zeichnen). Hier kommt eventuell eher ein Leistungsfokus zum Ausdruck, was ein Ausdruck von höherer Maskulinität ist. Auch sind diese Tätigkeiten ein guter Ausgleich zum „Gesellschaftsstress" (siehe auch McHale et al., 2004). Man kann generell annehmen, dass Individuen, die sowohl ein maskulines als auch ein feminines Selbstkonzept haben, eher multiple Interessen und Motive entwickeln (vgl. Hirschman, 1984).

Die Studie von Athenstaedt et al. (2009) zeigte im Weiteren, dass maskulines Rollen-Selbstkonzept von Jugendlichen (wieder unabhängig von deren Geschlecht) mit Sportinteressen (z. B. Fußball spielen, Sportveranstaltungen besuchen usw.) korreliert. Generell waren aber Buben stärker an Sport interessiert als Mädchen. Buben interessierten sich zudem mehr für Freizeitaktivitäten im Zusammenhang mit Computer und Medien (z. B. Computerspiele spielen, Internet benutzen usw.). Hier fanden die Autoren und Autorinnen interessanterweise einen Zusammenhang mit dem femininen Selbstkonzept. Dies lässt sich so interpretieren, dass für Jugendliche sehr viel Sozialkontakt am Computer via Internet stattfindet. Dies scheint vor allem für männliche Jugendliche ein wichtiger sozialer Bereich zu sein, der dann mit ihrer Femininität korreliert. Athenstaedt et al. (2009) betrachteten nicht nur die Selbstzuschreibung mit sozial erwünschten Geschlechterstereotypen, sondern auch mit sozial unerwünschten. Hier fanden sie vor allem mit maskulinen negativen Eigenschaften (z. B. aggressiv, egoistisch) Korrelationen mit sozial unerwünschtem Freizeitverhalten wie Drogen-, Alkoholkonsum und Rauchen. Für diese Interessen zeigte sich ansonsten kein Geschlechterunterschied. Die Selbstzuschreibung mit negativen maskulinen Stereotypen korrelierte auch mit allgemeinen sozialen Interessen (siehe oben). Dies verdeutlicht, dass gerade bei nicht eindeutig strukturierten Freizeitinteressen Raum für sowohl unerwünschtes als auch erwünschtes Verhalten ist (vgl. z. B. Larson & Verma, 1999).

Zusammenfassend kann man sagen, dass sich in der Zeit der Pubertät Jugendliche vermehrt über Geschlechterstereotype beschreiben, wobei dieser Anstieg unterschiedlich verläuft je nach sozialem Umfeld und körperlicher Entwicklung der Jugendlichen. Bereits in diesem Alter zeigt sich auch, dass das Geschlechtsrollen-Selbstkonzept ein signifikanter Prädiktor für geschlechtstypische Interessen und Verhaltenstendenzen darstellt. Generell kann man annehmen, dass die Entwicklung von Geschlechtsrollen-Selbstkonzept und geschlechtstypischem Verhalten Hand in Hand geht und sich gegenseitig beeinflusst (siehe auch McHale et al., 2004).

## 2.2 Geschlechtsrollen-Selbstkonzept

Wie im letzten Kapitel dargestellt, internalisieren Menschen mehr oder weniger die gesellschaftlich definierten Geschlechterrollen. Sie bilden Geschlechterschemata und verwenden Geschlechterstereotype zur Selbstbeschreibung. Diesem Teil des Selbstkonzepts wurde in der psychologischen Forschung viel Beachtung geschenkt. Da sich allerdings Wissenschaftler/innen aus unterschiedlichen psychologischen Disziplinen mit dem Konstrukt auseinandersetzten, findet man dafür eine Vielfalt von Termini. Geschlechtsrollen-Selbstkonzept ist einer dieser Begriffe, der auch in dem vorliegenden Buch präferiert wird (siehe auch Athenstaedt, 2003; Sieverding & Alfermann, 1992). Äquivalente Begriffe sind etwa Geschlechtsrollenidentität oder Geschlechtsrollenorientierung (Bierhoff-Alfermann, 1989). Das maskuline Rollen-Selbstkonzept wird auch manchmal als maskuline Identität oder auch einfach als Maskulinität bezeichnet, das feminine Rollen-Selbstkonzept als feminine Identität oder Femininität. Weitere Begriffe für die beiden Dimensionen des Selbstkonzepts sind Instrumentalität und Expressivität bzw. Agency und Communion.

Der Versuch, Maskulinität und Femininität als einen Teil der Persönlichkeit und damit als stabile Eigenheiten der Person aufzufassen, begann in den 1920er Jahren mit der Beobachtung von Lewis Terman, dass Männer und Frauen sehr unterschiedliche Interessen hatten. Zusammen mit Catherine Miles entwickelte Terman den ersten M-F Test in der Psychologie, der aus insgesamt 456 Items bestand, die gemeinsam hatten, dass sie empirisch signifikante Geschlechterunterschiede aufwiesen. Insgesamt umfasste der M-F Test von Terman und Miles sieben unterschiedliche psychologische Bereiche, die mit jeweils eigenen Subtests erfasst wurden und wenig miteinander korrelierten, aber dennoch am Schluss zu einem einzigen Gesamtwert beitrugen, der als Indikator für M-F diente. Die Subtests hatten unterschiedlich akzeptable Gütekriterien, wobei der Subtest zur Erfassung von Interessen die höchste Zuverlässigkeit für beide Geschlechter aufwies. Terman und Miles waren der Überzeugung, dass Maskulinität und Femininität als *eine* grundlegende Persönlichkeitsdimension anzusehen sei und Zusammenhänge mit anderen psychischen Bereichen aufwies, insbesondere der Intelligenz und der sexuellen Orientierung (Terman & Miles, 1936). Der M-F Test war der erste seiner Art und wies zwei charakteristische Merkmale auf, die die Basis für spätere Weiterentwicklungen von M-F Tests im Rahmen von Persönlichkeitstests bildeten, wie etwa im MMPI oder im Freiburger Persönlichkeitsinventar. Es wurden erstens solche Items ausgewählt, die empirisch Geschlechterunterschiede aufwiesen und es wurde zweitens angenommen, dass M und F zwei Pole eines Kontinuums darstellten. Dies hatte zur Folge, dass die Antworten auf die Items entweder als maskulin oder als feminin gewertet wurden. Männer und Frauen konnten somit nur einen Wert auf diesem Kontinuum erreichen. Je weiter sie sich in Richtung maskulinem Pol bewegten, desto weniger wurden sie als feminin eingestuft und umgekehrt.

Constantinople (1973; siehe auch Lippa, 2001) kritisierte die bislang geltende Konzeptualisierung von Femininität und Maskulinität. Diese änderte sich schließlich grundlegend mit der Entwicklung und Anwendung von zwei Skalen: dem Bem Sex Role Inventory (BSRI; Bem, 1974) und dem Personal Attributes Questionnaire (PAQ; Spence et al., 1974; 1975). Diese Skalen enthalten instrumentelle und expressive Eigenschaften, die als sozial erwünschter für das eine als für das andere Geschlecht gelten (BSRI) oder als stereotyp für Frauen bzw. Männer (PAQ). Beispiele für instrumentelle/maskuline Eigenschaften sind: selbstständig, durchsetzungsfähig, unabhängig und stark, Beispiele für expressive/feminine Eigenschaften sind: einfühlsam, interdependent, freundlich und hilfsbereit (vgl. Kap. 1.3.1). Individuen sollen auf mehrstufigen Skalen einschätzen, inwieweit diese Eigenschaften auf sie zutreffen oder nicht.

Die Anwendung des BSRI und des PAQ zeigte, dass separat berechnete Femininitäts- und Maskulinitätswerte nahezu unkorreliert waren. Das bedeutet, dass ein feminines Selbstbild auch zugleich einhergehen kann mit einem maskulinen Selbstbild. Da Selbstkonzept sich in Verhalten und Interessen widerspiegelt, kann man die Implikationen dieser Erkenntnis problemlos weiterdenken. Diese machen es plausibel, dass z. B. eher maskuline Freizeitinteressen, wie Fußballspielen oder Karate, einhergehen mit einer femininen Berufswahl; ebenso wie eher feminine Interessen (z. B. Sportgymnastik) mit einer eher maskulinen Berufswahl korrelieren können. Die Fußball spielende Krankenschwester oder der boxende Hausmann, alles denkbar.

Auf Basis ihrer Ergebnisse entwickelte Bem (1974; vgl. Bierhoff-Alfermann, 1989) das „Androgyniekonzept“. Darin postulierte sie, dass Maskulinität und Femininität zwei voneinander unabhängige (orthogonale) Dimensionen darstellen (s. **Abb. 2.2**). Demnach beschreiben sich Individuen sowohl mit maskulinen als auch mit femininen Eigenschaften. Da die beiden Dimensionen voneinander unabhängig sind, kann man vier verschiedene Typen unterscheiden. Bem bezeichnete Individuen, die sich hoch feminin / niedrig maskulin bzw. hoch maskulin / niedrig feminin beschreiben als „Geschlechtstypisierte“. In **Abbildung 2.2** sind sie als femininer bzw. als maskuliner Typ eingetragen. Im Allgemeinen sind mehr Frauen als Männer feminin bzw. mehr Männer als Frauen maskulin typisiert. Allerdings finden sich auch immer wieder Personen vom jeweils anderen Geschlecht in diesen Gruppen. Individuen, die sich sowohl hoch maskulin als auch hoch feminin beschreiben, werden als androgyne Typen bezeichnet. Umgekehrt werden Individuen, die generell wenig Geschlechterstereotype zur Selbstbeschreibung heranziehen, als undifferenzierte Typen bezeichnet. Innerhalb der beiden letztgenannten Typen finden sich im Allgemeinen immer ungefähr gleich viele Frauen und Männer.

Die beiden Messinstrumente (BSRI und PAQ) erfreuten und erfreuen sich hoher Beliebtheit. Dennoch ist ihre Verwendung nicht unkritisiert geblieben (vgl. Archer, 1989; Ashmore, 1990; Athenstaedt, 2003; Koestner & Aube, 1995; Spence, 1993; Spence & Buckner, 1995; Twenge, 1999). Der Hauptpunkt der Kritik liegt darin, dass die beiden Skalen eigentlich nur instrumen-

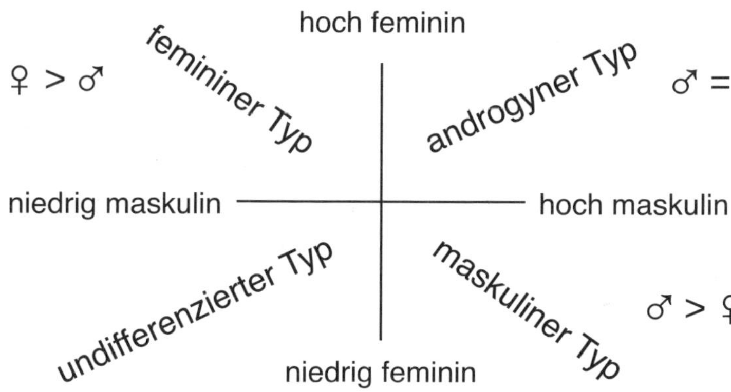


**Abb. 2.2:** Zweidimensionales Modell von Maskulinität und Femininität mit Typeneinteilung

telle und expressive Eigenschaften enthalten. Geschlechterstereotype beinhalten aber neben Eigenschaften auch andere Aspekte wie z. B. körperliche Eigenschaften, Verhaltensweisen oder Berufe (Deaux & Lewis, 1984; s. Kap. 1). Ashmore (1990) aber auch Spence (1993) betonten, dass ein geschlechtsbezogenes Selbst als multifaktorielles Konstrukt zu verstehen sei, wobei Spence im Weiteren die Ansicht vertrat, dass interindividuelle Unterschiede in der Internalisierung der Geschlechterrollen so groß seien, dass man gar nicht von einem uniformen Konstrukt sprechen könne.

Allerdings konnte Athenstaedt (2003) zeigen, dass sich für Selbstbeschreibungen mittels sozial erwünschter (F+ und M+) und sozial unerwünschter geschlechtsstereotyper Eigenschaften (F- und M-) sowie der Selbstzuschreibung femininer und maskuliner Verhaltensstereotype (FVerh und MVerh) eine generelle Struktur des Geschlechtsrollen-Selbstkonzeptes finden lässt. Wie in **Abbildung 2.3** dargestellt, fand die Autorin, dass die Selbstbeschreibungen mittels sozial erwünschter femininer Eigenschaften und mittels stereotyper femininer Verhaltensweisen über einen gemeinsamen latenten Faktor (FEM+) beschrieben werden können. Die Selbstbeschreibungen mittels sozial erwünschter maskuliner Eigenschaften und stereotyper maskuliner Verhaltensweisen können über einen gemeinsamen Maskulinitätsfaktor (MASK+) beschrieben werden. Die sozial unerwünschten femininen und maskulinen Eigenschaften sind als eigenständige Faktoren definiert, die negativ mit dem jeweils gegengeschlechtlichen latenten Faktor zweiter Ordnung korrelieren. Diese Struktur konnte in ihrer ureigenen Form sowohl für Frauen als auch für Männer gezeigt werden.

Die Ergebnisse stimmen zumindest auf Ebene von Einzelkorrelationen mit vorangegangenen Studien überein, die auch positive Zusammenhänge zwischen Selbstbeschreibungen mittels geschlechtsstereotyper femininer bzw. maskuliner Eigenschaften und Verhaltensweisen bzw. Interessen zeigen (Archer, 1989; Orlofsky, Cohen & Ramsden, 1985; Orlofsky & O'Heron, 1987). Auch

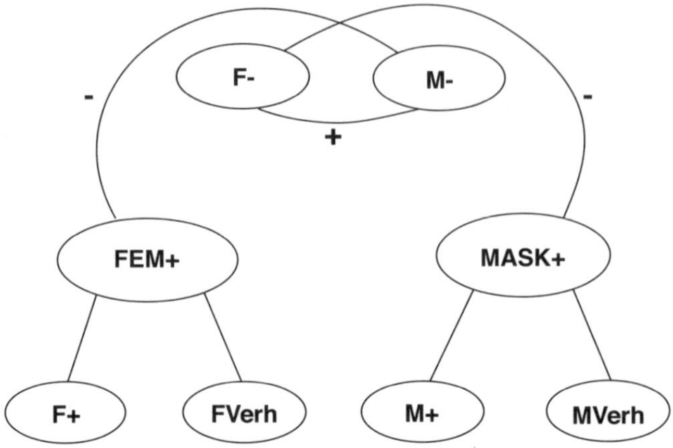


**Abb. 2.3:** Modell der Femininität und Maskulinität mit Eigenschaften und Verhalten nach Athenstaedt (2003)

für sozial unerwünschte feminine und maskuline Eigenschaften zeigten Studien negative Korrelationen zwischen den gegengeschlechtlichen Faktoren (Helgeson & Fritz, 1999; McCreary & Korabik, 1994; Runge et al., 1981; Spence, Helmreich & Holahan, 1979).

Die *negativen geschlechtsstereotypen Eigenschaften* wurden zunächst von Spence et al. (1979) berücksichtigt, indem die Autor/innen einen erweiterten PAQ (Extended PAQ) publizierten. Bereits in dieser Arbeit, aber auch später maßgeblich von Helgeson (1994; 2003), wurden die positiven und negativen Eigenschaften als voneinander unabhängige Dimensionen konzeptualisiert. Die Autor/innen leiteten ihre Annahmen von Bakan (1966) ab, der die Begriffe Agency und Communion in seinem Buch behandelt. Das Buch selbst ist ein theoretisches Werk, das weniger psychologisch relevante Inhalte aufgreift, als sich vielmehr im Bereich der Psychoanalyse, Anthropologie und Theologie bewegt. Spence et al. und insbesondere Helgeson leiteten aus den Bakan'schen Ideen ein psychologisches Konzept ab, das die Bedeutung der beiden evaluativ divergierenden Selbstkonzeptdimensionen erklärt.

Helgeson (2003) postulierte, dass die negativen stereotyp männlichen Eigenschaften eine extreme Ausprägung von Maskulinität (unmitigated agency) darstellen. „Unmitigated" heißt ungemildert und Helgeson meint, dass eine positive Form der Maskulinität durch eine gleichzeitig existierende Femininität (Communion) gemildert wird. Maskulinität wird ja in seiner positiven Form durch Eigenschaften wie Unabhängigkeit, Durchsetzungsfähigkeit und Aktivität beschrieben. Diese Eigenschaften sind wesentlich und positiv auch in einem sozialen Kontext. Sie können aber in Egoismus, Aggressivität und Feindseligkeit übergehen und sind in dieser Form eher schädlich für Beziehungen. Daher auch die negative Korrelation zwischen M- und positiver Femininität. Individuen, die sich selbst als aggressiv und egoistisch sehen, tendieren weniger dazu, sich als beziehungsorientiert, freundlich und hilfsbereit zu beschreiben. Negative feminine Eigenschaften stellen für Helgeson (2003) eine extreme Ausprägung von Femininität dar (unmitigated communion). Ähnlich wie bei den negativen maskulinen Eigenschaften besteht bei stärkerer Ausprägung der negativen femininen Eigenschaften keine Milderung durch eine positive Maskulinität. Individuen beschreiben sich als selbstlos, unterwürfig und weinerlich. Dies erklärt wiederum die negative Korrelation zur positiven Maskulinität, da Individuen, die sich selbst als unabhängig und durchsetzungsfähig beschreiben, eher nicht dazu tendieren, sich zugleich als selbstlos und unterwürfig zu beschreiben.

Athenstaedt und Altstötter-Gleich (2011) konnten für neu konstruierte Skalen (siehe auch Altstötter-Gleich, 2004) zur Erhebung des Selbstbilds mittels positiver und negativer geschlechtsstereotyper Eigenschaften die unabhängige Konzeptualisierung der vier Dimensionen bestätigen. Zusätzlich konnte das Gesamtmodell von Athenstaedt (2003; s. **Abb. 2.2**) repliziert werden. Die Autorinnen konnten auch zeigen, dass die Miteinbeziehung der negativen Selbstkonstrukte durchaus einen Mehrwert zu den positiven hat. Und zwar zeigte sich dies im Zusammenhang mit Variablen, die Ausdruck von psychischem Wohlbefinden sind. Regressionsanalysen zeigten, dass hier nicht nur die positiven Selbstkonstrukte (vor allem M+) sondern zusätzlich auch die negativen (vor allem F-) von Bedeutung sind. Diese Ergebnisse können so interpretiert werden, dass die Selbstzuschreibung von positiven geschlechtsstereotypen Eigenschaften günstig ist für psychisches Wohlbefinden, vor allem dann, wenn Individuen sich wenig negative feminine Eigenschaften zusprechen. Negative maskuline Eigenschaften spielten in dieser Studie eine geringere Rolle. Es liegt allerdings ausreichend Evidenz für die negativen Auswirkungen der Selbstbeschreibung mit negativen maskulinen Eigenschaften vor. So berichten etwa Herzpatienten mit hoher M- Ausprägung von mehr psychologischem Distress und Feindseligkeit sowie über geringere Lebenszufriedenheit und Wohlbefinden (Helgeson, 1993; Helgeson & Fritz, 1999). Generell zeigten solche Individuen geringe Fähigkeiten stabile Beziehungen aufzubauen (Mosher & Danoff-Burg, 2005) und sie tendierten eher zu riskantem und asozialem Verhalten (z. B. Athenstaedt et al., 2009).

### 2.2.1 Geschlechtsrollen-Selbstkonzept und Geschlecht

Im vorangegangenen Kapitel wurden strukturelle Aspekte des Geschlechtsrollen-Selbstkonzepts beschrieben. Interessanterweise haben Studien gezeigt, dass die Struktur für Frauen und Männer gleich ist (Athenstaedt, 2003). Auch viele Zusammenhänge zwischen verschiedenen Variablen und den Faktoren des Geschlechtsrollen-Selbstkonzepts sind gleich. Dennoch gibt es Unterschiede in der Ausprägung des Geschlechtsrollen-Selbstkonzepts von Frauen und Männern. Und zwar beschreiben Frauen sich im Allgemeinen femininer und weniger maskulin als Männer. Dies lässt sich schon aus entwicklungsbezogenen Prozessen erklären, da Kinder scheinbar zunächst ihr geschlechtskongruentes Geschlechtsrollen-Selbstkonzept entwickeln und erst später im Zusammenhang mit der Flexibilisierung auch nicht-kongruentes Wissen in ihre Selbstkonzept aufnehmen (vgl. Hannover, 2000). Aber auch im Erwachsenenalter ist es nach wie vor so, dass Frauen sich mit höherer Wahrscheinlichkeit mehr mit weiblichen Lebensbereichen auseinandersetzen als Männer. Dies sollte die chronische Zugänglichkeit von femininem Selbstwissen erhöhen. Hinsichtlich des maskulinen Selbstkonzepts zeichnet sich neuerdings eine Verringerung der Geschlechterunterschiede ab, die vor allem darauf zurückzuführen ist, dass Frauen sich mehr mit maskulinen Bereichen auseinandersetzen und diese Eigenschaften mehr zur Selbstbeschreibung heranziehen als frühere Generationen (z. B. Twenge, 1997).

### 2.2.2 Geschlechtsrollen-Selbstkonzept und Verhalten

Ein großer Teil unseres Buches ist der Forschung zu Geschlechterunterschieden im Verhalten gewidmet. Eine wichtige Frage ist die, inwieweit das Geschlechtsrollen-Selbstkonzept für geschlechtstypisches Verhalten verantwortlich ist. Die Antwort darauf ist, dass es wahrscheinlich im besonderen Ausmaß verantwortlich ist. In Kapitel 4 werden wir anhand der biosozialen Geschlechtsrollen-Theorie darstellen, wie der Zusammenhang von Selbstkonzept und Verhalten erklärt werden kann. Auch Deaux und Major (1987) stellten ein umfassendes Modell zur Erklärung von geschlechtstypischem Verhalten auf, in dem geschlechtsbezogenes Selbstwissen eine wesentliche Rolle spielt (s. **Abb. 2.4**). **Abbildung 2.4** zeigt das Modell, in dem eine Interaktion zwischen zwei Personen X und Y dargestellt wird. Person X ist diejenige, die geschlechtstypisches Verhalten zeigt (G). Deaux und Major postulierten, dass dieses Verhalten von Charakteristika der Person X (D), von der Aktivierung ihres geschlechtsbezogenen Selbstkonzepts (E) und von der Einschätzung der Person Y durch Person X abhängt (F). Diese Einschätzung hängt direkt vom Verhalten der Person Y ab (C). Auch das Verhalten der Person Y wird von deren aktiviertem geschlechtsbezogenem Selbstkonzept (B) und von ihren geschlechtsbezogenen Einstellungen (A) ausgelöst. Demnach beeinflussen beide Personen durch ihre Charakteristika und Einstellungen gegenseitig eine Selbstkonzeptaktivierung (B und E), wobei hier auch noch Merkmale der Situation eine Rolle spielen. Andere moderierende Faktoren werden im Feld H angesprochen. Diese sind Faktoren, die für Person X auch wesentlich sein können, wie die Tendenz zur sozialen Erwünschtheit, Selbstwert und Selbstpräsentations- bzw. Selbstbestätigungstendenzen. Schließlich beinhaltet das Modell auch Feedback-Schleifen, die darin bestehen, dass die interagierenden Personen X und Y das geschlechtstypische Verhalten von X interpretieren (I und J). Dieses Feedback wirkt laut Modell auf die Einstellungen von Y (A) und auf das Selbstkonzept von X (D).

Das Modell von Deaux und Major (1987) veranschaulicht verschiedene proximale und distale Determinanten von geschlechtstypischem Verhalten. Es unterstreicht die Bedeutung von anwesenden Personen, der Situation und

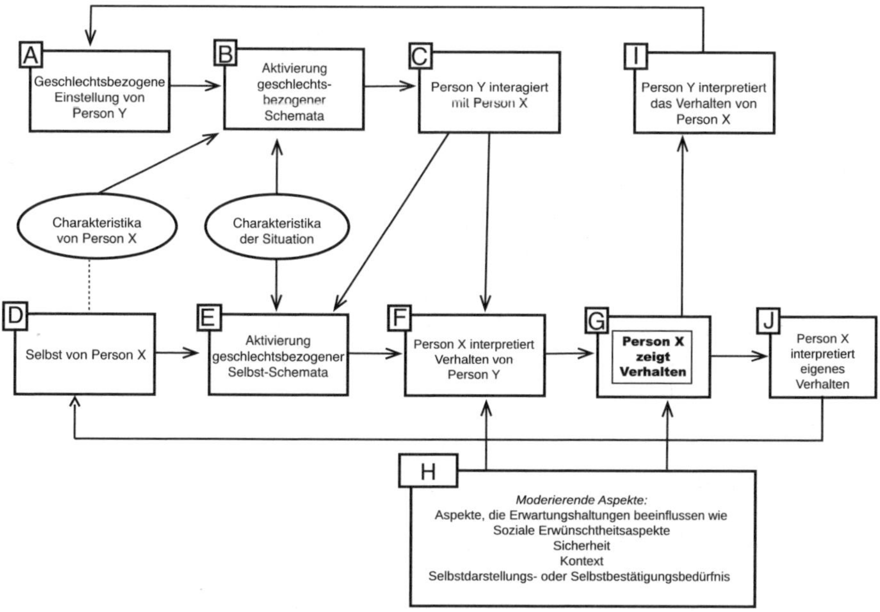


**Abb. 2.4:** Modell zur Entstehung von geschlechtstypischem Verhalten von Deaux und Major (1987)

des Selbstkonzepts der agierenden Person. Auch neuere Selbstkonzepttheorien unterstreichen die Bedeutung von Selbstkonzept für Verhalten (vgl. Wheeler et al., 2007). Diese Theorien beruhen auf der Annahme, dass Inhalt und Verarbeitung von Selbstwissen denselben Mechanismen unterliegt wie Wissen im Allgemeinen (vgl. Wyer, 2007). Generell kann man sagen, dass Menschen über eine enorme Fülle an Selbstwissen verfügen. Nicht alles Wissen kann zu einem gegebenen Zeitpunkt aktiviert und damit kognitiv zugänglich sein. Man kann zwischen chronisch und situativ zugänglichem Selbstwissen unterscheiden (Hannover, 2000). Chronisch aktiviertes bzw. zugängliches Selbstwissen wäre solches, das in der Vergangenheit oft abgerufen wurde. Dieses Selbstwissen wird sich auf zentrale und wichtige Inhalte des Selbst beziehen. Da Geschlecht eines der wichtigsten Charakteristika der eigenen Person ist und Geschlechterschemata schon früh erworben werden, kann man auch annehmen, dass geschlechtsbezogenes Selbstwissen chronisch aktiviert ist. Situativ zugängliches Selbstwissen ist solches, das in einer bestimmten Situation durch dort auftretende Aktivierungsquellen zugänglich gemacht wird. Solche *Aktivierungsquellen* sind wahrscheinlich kognitiv assoziiert mit dem aktivierten Selbstkonzept. Z. B. könnte ein berufliches Setting mit dem maskulinen Rollen-Selbstkonzept assoziiert sein und somit eine Aktivierung von Maskulinität hervorrufen (vgl. Stake, 2000). Situativ bedingte Aktivierung von Selbstwissen ist umso stärker, je kürzer die Situation zurückliegt. Das in einem gegebenen Moment aktivierte Selbstwissen (auch *Arbeitsselbst* genannt) ist ein Resultat aus chronisch und situativ bedingter Aktivierung. Für chronisch zugängliche Inhalte besteht im Vergleich zu nicht chronisch zugänglichen Inhalten immer eine höhere Wahrscheinlichkeit, dass sie in einer Situation aktiviert werden. Diese chronischen Inhalte sorgen für eine Stabilität des Selbstkonzepts. Dadurch aber, dass Inhalte des Arbeitsselbst sich von Situation zu Situation ändern können, ist auch eine Variabilität gegeben. Das Selbstkonzept kann daher als stabil und variabel bezeichnet werden (Hannover, 1997a; 2000; Markus & Wurf, 1987).

Generell kann man annehmen, dass das Selbstkonzept kognitiv mit bestimmtem Verhalten assoziiert abgespeichert ist (Wheeler et al., 2007). Wird entsprechend ein bestimmter Selbstkonzeptinhalt aktiviert, dann wird Verhalten, das mit dem Selbstkonzept assoziiert abgespeichert ist, mit hoher Wahrscheinlichkeit gezeigt. Stereotypikalität spielt eine wesentliche Rolle. Stereotype können ideomotorisch für sich Verhalten auslösen (Wheeler & Petty, 2001), so dass ein Stereotypen-Priming dazu führt, dass Personen auch stereotypes Verhalten zeigen. Dieser Link ist noch wesentlich stärker, wenn die Stereotypen selbstrelevant sind (Wheeler et al., 2007). Für das Geschlechtsrollen-Selbstkonzept kann man annehmen, dass es mit geschlechtsstereotypem Verhalten assoziiert gespeichert ist. Demnach verhalten Personen sich maskuliner bzw. femininer, wenn ihr maskulines bzw. feminines Rollen-Selbstkonzept aktiviert ist. Hierzu gibt es noch kaum Studien. Allerdings konnten Athenstaedt, Macher und Horvath (2011) zeigen, dass chronisch zugängliches Geschlechtsrollen-Selbstkonzept geschlechtstypisches Kommunikationsverhalten von Personen vorhersagte, die in gleich- oder gemischtgeschlechtlichen Dyaden miteinander kommunizierten. Zum Verständnis sei hinzugefügt, dass das Geschlechtsrollen-Selbstkonzept im Durchschnitt eine Woche vor dem Gespräch erhoben worden war. Die Ergebnisse zeigten, dass unabhängig vom Geschlecht und der Art der Dyade (gleich- oder gemischtgeschlechtlich) Personen um so mehr redeten, je mehr sie sich vorab positiv maskulin beschrieben hatten. Personen, die sich vorab positiv feminin beschrieben hatten, nickten mehr und äußerten mehr soziale Unterstützung (wie z. B. „ich verstehe"). Dies zeigte sich auch für die Schnelligkeit der Zustimmung zu den Items. Je schneller Personen maskulinen Items zustimmten, umso mehr sprachen sie und je schneller sie positiven femininen Items zustimmten, desto mehr nickten sie und desto mehr Unterstützung äußerten sie. Letzteres Ergebnis verdeutlicht auch den oben genannten Zugänglichkeitsaspekt. Aktiviertes Selbstwissen sollte leichter zugänglich sein, was sich auch darin zeigt, dass Personen schneller zustimmen (Markus & Kunda, 1986).

Ein Forschungsbereich, der in diesem Zusammenhang erwähnt werden muss, ist die Stereotype threat (Stereotypenbedrohungs-)Forschung, die wir ausführlich in Kapitel 1.6.5 beschrieben haben. Diese lässt sich generell auch über eine Aktivierung des Geschlechtsrollen-Selbstkonzepts erklären. Und zwar ist es vorstellbar, dass, wenn Geschlecht salient gemacht wird, das Geschlechtsrollen-Selbstkonzept aktiviert wird, was zumindest bei den Personen, für die das Geschlechtsstereotyp von Nachteil ist (z. B. Frauen können nicht

Mathematik) zu einem stereotypen Verhalten führt (Frauen zeigen schlechte Mathematikleistung). Dies wurde allerdings bislang nur indirekt untersucht, ist aber naheliegend.

Es gibt bislang einige Studien, die Aktivierungsquellen für das Geschlechtsrollen-Selbstkonzept untersuchten (z. B. Haines & Kray, 2005; Hannover, 1997b; Miller, Lewy & Peckham, 1997; Smith, Noll & Bryant, 1999). Und zwar zeigten diese Arbeiten drei Arten von Aktivierungsquellen:

1. *Geschlechtstypikalität von Tätigkeiten:* Die Beschäftigung mit typisch femininen Tätigkeiten führte zu einer Aktivierung des femininen Rollen-Selbstkonzepts, die Beschäftigung mit typisch maskulinen Tätigkeiten zu einer Aktivierung des maskulinen Rollen-Selbstkonzepts (Hannover, 1997b; Miller et al., 1997).
2. *Geschlecht von Interaktionspartner/innen:* Smith et al. (1999) fanden etwa, dass Männer sich in einem gemischtgeschlechtlichen Setting femininer beschrieben als in einem reinen Männer-Setting. Auch Athenstaedt, Haas und Schwab (2004) fanden Zusammenhänge zwischen Geschlechtsrollen-Selbstkonzept und der Geschlechterzusammensetzung in Dyaden. Und zwar schrieben sich sowohl Männer als auch Frauen in einer gemischtgeschlechtlichen Dyade mehr positive maskuline Eigenschaften zu als in einer gleichgeschlechtlichen Dyade. Im Weiteren schrieben sich Frauen und Männer mehr negative maskuline Eigenschaften zu, wenn sie mit Männern interagierten, als wenn sie mit Frauen interagierten.
3. *Relativer Status in einer Interaktion:* Haines und Kray (2005) fanden, dass Frauen in statushohen Positionen stärkere Assoziationen zwischen maskulinen Stereotypen und Selbst zeigen als Frauen in statusniedrigen Positionen. Dies deutet darauf hin, dass Personen, die höheren Status in einer Interaktion einnehmen, unabhängig von ihrem Geschlecht Maskulinität aktivieren.

### 2.2.3 Status quo und Ausblick

Geschlecht und Geschlechterrollen sind maßgebliche Bausteine des Selbstkonzepts. Menschen verfügen über Geschlechterschemata, leben ihre Geschlechtsrolle, identifizieren sich mehr oder weniger mit ihrem Geschlecht und ihrer Rolle. Sie verwenden Geschlechterstereotype zur Selbstbeschreibung und verhalten sich entsprechend. Die Selbstbeschreibung mit Geschlechterstereotypen, das Geschlechtsrollen-Selbstkonzept ist ein multifaktorielles Konstrukt. Das Geschlechtsrollen-Selbstkonzept steht auch bei Erwachsenen im Zusammenhang mit Interessen (Athenstaedt, 2002; Bierhoff-Alfermann, 1989), und beeinflusst Berufswahlen und Karriereentscheidungen (Abele, 2003). Untersuchungen zeigten auch Zusammenhänge mit der kognitiven Informationsverarbeitung (Frable & Bem, 1985; Taylor, 1981), dem Interessensspektrum (Lippa, 2001) sowie mit sozialen Einstellungen (Alfermann, Turan & Reigber, 1999). Selbstbeschreibung mittels instrumenteller/maskuliner Stereotype beeinflusst Karrieremotivation, berufliche Zufriedenheit und berufliche Karriereentwicklung (Abele, 2003; Sieverding, 1990; Stiller & Busse, 2008). Selbstbeschreibung mittels expressiver/femininer Stereotype hängt mit Engagement für Familie und soziale Beziehungen zusammen (Alfermann, 1993). Umgekehrt ist aber auch festzustellen, dass langfristig wirkende Lebensveränderungen, wie Schwangerschaft und Geburt eines Kindes oder berufliche Karriereschritte, das Geschlechtsrollen-Selbstkonzept ebenfalls beeinflussen und verändern können (Abele, 2000; 2003).

Die wissenschaftliche Auseinandersetzung mit dem Geschlechtsrollen-Selbstkonzept ist vor allem deshalb von so großer Bedeutung, da sie eine Möglichkeit darstellt festzustellen, ob gefundene Geschlechterunterschiede über das biologische Geschlecht oder über die gesellschaftlich definierten Geschlechterrollen erklärt werden können. Wie bereits dargestellt, kann mittels regressionsanalytischer Methoden analysiert werden, inwieweit Unterschiede durch die Variable Geschlecht allein oder auch durch die Selbstzuschreibung von Geschlechterstereotypen aufgeklärt werden können. Oft ist es weniger das biologische Geschlecht als mehr das Geschlechtsrollen-Selbstkonzept der Probanden und Probandinnen, das zu interindividuellen Unterschieden beiträgt. Und wird ein Zusammenhang zwischen einer Variable und Geschlecht durch das Geschlechtsrollen-Selbstkonzept vermittelt, kann man daraus schließen, dass dieser Unterschied durch die gesellschaftlich bedingten Geschlechterrollen begründet ist. Simple Geschlechterunterschiede wurden ja für viele Variablen aufgezeigt. Oft werden sie aber als solche hingenommen und wenig darüber nachgedacht, woher sie kommen. Sind sie von Natur aus gegeben oder gesellschaftlich erzeugt? Geschlechtsrollen-Selbstkonzept-Skalen stellen ein Instrument dar, dessen Anwendung einen nicht unbedeutenden Beitrag für die Beantwortung dieser Frage leisten kann.

So könnte als Beispiel die Forschung zu der Selbstbeschreibung mit negativen femininen und maskulinen Eigenschaften (F- und M-) im Zusammenhang mit Geschlechterunterschieden im psychopathologischen Bereich gesehen werden (vgl. Kap. 5). Hier zeigte sich etwa, dass Frauen öfters als Männer sog. internalisierte Störungsbilder wie Depressivität oder Ängstlichkeitsstörungen zeigen. Auch Diagnosen wie Borderline Syndrom bzw. abhängige Persönlichkeitsstörungen werden eher an Frauen als an Männern diagnostiziert (vgl. Morey, Alexander & Box, 2005). Männer dagegen zeigen eher externalisierte Störungsbilder wie Aggression, Straffälligkeit oder Kontaktstörungen. Zusätzlich wird bei Männern öfter eine Diagnose für narzisstische oder obsessive Persönlichkeitsstörungen gestellt als bei Frauen. Hier gibt es noch kaum Forschung, die Zusammenhänge zwischen Geschlechtsrollen-Selbstkonzept und diesen Krankheitsbildern untersucht. Hoffman et al. (2004) fanden, dass positive Femininität den Zusammenhang zwischen internalisierten Störungsbildern und Geschlecht vermittelt. Positive Maskulinität konnte partiell den Zusammenhang zwischen externalisierten Störungsbildern und Geschlecht vermitteln. Sieverding (1999) fasst zusammen, dass ein positives maskulines Geschlechtsrollen-Selbstkonzept mit psychischer Gesundheit zusammenhängt. Die Studien zur Selbstbeschreibung mit negativen femininen und maskulinen

Eigenschaften legen zudem nahe, dass diese eventuell einen wesentlichen zusätzlichen Beitrag zur Erklärung von Geschlechterunterschieden in psychopathologischen Störungsbildern leisten könnten (Helgeson, 2003a).

Auch wäre eine weiterführende Diskussion von Interaktionsprozessen positiver und negativer Selbstkonzeptinhalte wichtig. Positive Implikationen von positiver Androgynie wurden bereits postuliert und untersucht (z. B. Bem, 1975; 1993; Stake, 2000). Zu negativer Androgynie, also die Selbstbeschreibung mit negativen femininen und maskulinen Eigenschaften, gibt es leider kaum Forschung (siehe aber Woodhill & Samuels, 2003).

## 2.3 Das Selbstbild als Independenz/Interdependenz

Während beim Geschlechtsrollen-Selbstkonzept der Fokus der Betrachtung auf solchen Merkmalsbereichen liegt (Eigenschaften, Verhaltensweisen, Interessen usw.), in denen sich Männer und Frauen unterscheiden und die somit als das Ergebnis geschlechtstypischer Entwicklung gelten, stellt der Ansatz des independenten und interdependenten Selbstbilds eine spezifische Form der Selbstkonstruktion heraus, die sich dadurch auszeichnet, dass sie kontextabhängige und kontextunabhängige Reaktionsvorlieben des Befindens und Verhaltens erklärt. Die Grundidee dieses Ansatzes wurde zunächst auf der Basis kulturvergleichender Forschung entwickelt.

Geert Hofstede (1983) hatte in einer Studie an IBM-Mitarbeitern unterschiedlicher Nationen herausgefunden, dass sich Kulturen unter anderem darin unterscheiden, wie sie Informationen gewichten und bewerten. Als eine zentrale kulturelle Dimension wurde die des *Individualismus/Kollektivismus* herausgestellt. In *individualistischen Gesellschaften* spielt die einzelne Person mit ihren Zielen, Erfolgen und in ihrer Einzigartigkeit eine herausragende Rolle. Informationen werden im Hinblick auf ihre Beziehung zur eigenen Person bewertet. Das Individuum steht im Mittelpunkt, die soziale Gruppe am Rand. Individualistische Gesellschaften findet man in westlichen Industrieländern, wie z. B. den USA oder Europa. In *kollektivistischen Gesellschaften* hingegen werden Informationen in ihrer Beziehung zur Gruppe bewertet. Die einzelne Person spielt nur in ihrer Beziehung zu sozialen Gruppen und Verbünden eine Rolle. Die Gruppe steht im Mittelpunkt, das Individuum am Rand. Kollektivistische Gesellschaften finden sich typischerweise in asiatischen Ländern wie z. B. Indien, Pakistan und China.

Die Gewichtung von Individualismus/Kollektivismus in einer Gesellschaft hat Konsequenzen für eine Reihe von psychologischen Merkmalen, insbesondere für das Selbst, das Wohlbefinden, für Ursachenerklärungen und für die sozialen Beziehungen (Oyserman, Coon & Kemmelmeier, 2002). Es würde den Rahmen sprengen, auf die Einzelheiten hierzu einzugehen. Interessant für unsere Thematik ist aber die Theorie und Empirie zum Selbstkonzept. Harry Triandis (1989) hat als Erster auf den Zusammenhang von

Kultur und Selbstkonzept aufmerksam gemacht und dabei die These entwickelt, dass individualistische und kollektivistische Gesellschaften sich auch in entsprechenden Selbstkonstruktionen widerspiegeln, die eher Unabhängigkeit oder gegenseitige Abhängigkeit von sozialen Gruppen betonen. Hazel Markus und Shinobu Kitayama (1991) entwickelten weiterführend die These, dass sich Individualismus und Kollektivismus insgesamt auf die psychische Entwicklung der Individuen in einer Kultur niederschlagen müssten. Von zentraler Bedeutung für unser Thema ist dabei der Gedanke, dass in einer individualistischen Kultur, wie sie eben prototypisch durch die USA repräsentiert ist, das Selbstkonzept eher als independent konstruiert wird, während in einer kollektivistischen Kultur, wie sie prototypisch in Asien zu finden ist, das Selbstkonzept eher als interdependent konstruiert wird. Singelis (1994) hat darauf aufbauend ein Messinstrument entwickelt, das diese beiden Formen der Selbstkonstruktion erfassen soll. Entsprechend der Definition des independenten Selbst als ein Bild der eigenen Person, die eigenständig und unabhängig von anderen und vom jeweiligen Kontext fühlt und handelt, wurde eine Skala entwickelt, die Items enthält wie „Ich handle immer gleich, egal mit wem ich zusammen bin“. Demgegenüber ist das interdependente Selbst dadurch gekennzeichnet, dass es auf den Kontext Rücksicht nimmt und die Bedeutung der Gruppenzugehörigkeit betont. Items wie „Der Umgang mit anderen Menschen bestimmt mein Verhalten“ spiegeln diese Gruppenbezogenheit des Selbst wider.

Während die Konstruktion des Selbst als independent versus interdependent zunächst vorwiegend als interkulturell unterschiedlich aber intrakulturell ähnlich angesehen wurde (Triandis, 1989), haben Markus und Kitayama (1991) auf die Möglichkeit aufmerksam gemacht, dass auch intrakulturelle Unterschiede auftreten könnten, die sie konkret am Beispiel von unterschiedlichen Konstruktionen des Selbst je nach Geschlecht vorgestellt haben. „Ein Bewusstsein von und eine Empfindsamkeit für andere Menschen wird als eine der bedeutsamsten psychologischen Charakteristika von Frauen beschrieben. Wenn das stimmt, dann dürften Selbstwertgefühl und Selbstbewertung nicht nur davon abhängen, ob man seine Arbeit gut macht, sondern auch davon, ob man soziale Beziehungen pflegt und erhält ... Es gibt ein Selbst, das sich in Bezug zu anderen definiert“ (S. 247). Damit weisen sie darauf hin, dass das Selbstkonzept als independent oder interdependent mit dem Geschlecht korreliert sein könnte. Cross und Madson (1997) untersuchten diese These unter dem Gesichtspunkt, ob Geschlechterunterschiede im Inhalt des Selbst (insbesondere Independenz/Interdependenz) und in den dazu gehörigen kognitiven Prozessen zu finden seien. Sie kamen dabei zu dem Schluss, dass US-amerikanische Frauen sich stärker als interdependent wahrnahmen und soziale Beziehungen als wichtiger für ihre Selbstdefinition erachteten als US-amerikanische Männer. Letztere wiederum betonten stärker Independenz in ihrem Selbstbild als die Frauen.

Diese Schlussfolgerung aus einigen wenigen vorliegenden Studien ist nicht unwidersprochen geblieben. Baumeister und Sommer (1997) beispielsweise sehen für beide Geschlechter eine hohe Bedeutung sozialer Beziehungen und damit auch für ihr Selbstbild, allerdings würden Frauen eher Beziehungen in kleinen Gruppen und Dyaden bevorzugen, Männer eher in größeren sozialen Gruppen. Daraus folgt, dass Männer in ihrem Selbstbild stärker ihre *Zugehörigkeit zu sozialen Gruppen* (z. B. Berufsgruppen, Sportmannschaften usw.) betonen müssten (kollektive Aspekte des Selbst), Frauen stärker die *soziale Beziehungsqualität* zu anderen Personen (Beziehungsaspekte des Selbst). Gabriel und Gardner (1999) konnten in fünf Studien diese These bestätigen: Das Eingehen von sozialen Bindungen wird als ein universelles Bedürfnis von Menschen angesehen. Für Männer wie Frauen ist Interdependenz ein wichtiger Aspekt ihres Selbstkonzepts und daraus resultierenden Erlebens und Verhaltens. Geschlechterunterschiede bestehen aber im Inhalt des interdependenten Selbstkonzepts. Männer betonen mehr ihre Zugehörigkeit zu Kollektiven und Gruppen, Frauen mehr ihre Beziehung zu anderen Personen. Insgesamt wird daraus abgeleitet, dass sich beide Geschlechter weniger in dem Ausmaß an Independenz oder Interdependenz ihres Selbstbilds unterscheiden, sondern in der Bedeutung, die sie spezifischen Aspekten von Interdependenz beimessen. Dieses sog. erweiterte Modell der Interdependenz wurde von Gardner und Gabriel (2004) dahingehend formuliert, dass Geschlechterunterschiede nicht im Ausmaß des interdependenten Selbstbilds in unserer Kultur zu erwarten seien, wohl aber im Inhalt. Neben ihrer eigenen Studie (Gabriel & Gardner, 1999) führten sie Belege zu dieser These aus unterschiedlichen Zusammenhängen an. So werden schon in der frühkindlichen Entwicklung Geschlechterunterschiede im Spielangebot und im Spielverhalten deutlich, die durch Eltern und andere Sozialisationsagenten gefördert werden. Mädchen lernen beim Spiel mit Puppen den fürsorglichen Umgang mit anderen, Jungen beim Spiel mit Baufahrzeugen und anderen leblosen Objekten sowie im Sportspiel den Umgang mit größeren Gruppen (Lytton & Romney, 1991). Jungen und Mädchen spielen zudem schon von klein an in getrennten Kontexten, wobei Mädchen mehr in kleinen, häufig dyadischen Beziehungen, Jungen mehr in größeren Gruppen spielen (Maccoby, 1990). Dies lässt sich beispielsweise an den Bewegungsspielen der Kinder zeigen, die bei Jungen typischerweise mehr das weiträumige Spiel in Mannschaften und Teams beinhalten, bei Mädchen mehr das eher platzsparende Spiel wie Seilchenspringen, Hüpfekästchen oder Gummitwist in kleinen Gruppen (Pfister, 1991). Auf Priming durch potentiell furchterregende Situationen reagieren Frauen eher mit der Betonung von engen sozialen Beziehungen (z. B. Ehebeziehung), Männer eher mit der Betonung kollektiver Beziehungen, wie z. B. die Zugehörigkeit zu größeren Gruppen (Arndt, Greenberg & Cook, 2002). Roeder und Hannover (2002) fanden an Stichproben deutscher Studentinnen und Studenten weder auf den Dimensionen der Independenz noch der Interdependenz die erwarteten Geschlechterunterschiede. In einer Reihe von Experimenten weisen Hannover und Kühnen (2004) zudem den Einfluss des situativen Kontextes auf das Selbstkonzept nach. Durch Aktivierung von Kontextinformationen versus Personeninformationen berichteten Probanden/innen ein stärker interdependentes bzw. independentes Selbstbild. Diese situative Aktivierung von Selbstmerkmalen wird unabhängig vom jeweiligen Geschlecht der Person wirksam. Die These eines stärker independenten Selbstkonzepts von Männern im Vergleich zu Frauen lässt sich somit bei Roeder und Hannover nicht nachweisen. Außerdem finden sie auch im interdependenten Selbst keine Geschlechterunterschiede. Ihre Ergebnisse stehen somit im Widerspruch zu denen von Gabriel und Gardner an amerikanischen Stichproben.

Nach dem derzeitigen Wissensstand bleibt nach wie vor die Wahrscheinlichkeit von Geschlechterunterschieden im *Inhalt, aber nicht im Ausmaß* des interdependenten Selbst, während im independenten Selbst Geschlechterunterschiede eher zu verneinen sind.

# 3 Geschlechtsrolleneinstellungen

Ähnlich wie sich ein Wandel der Geschlechterrollen vollzieht, sind auch Änderungen in den Geschlechtsrolleneinstellungen zu konstatieren. Sie beziehen sich auf die subjektive Sichtweise von Geschlechterrollen und den darauf bezogenen Geschlechtsrollenerwartungen. Geschlechtsrolleneinstellungen bezeichnen einen Satz von Annahmen (beliefs) über die *Angemessenheit* von Geschlechtsrollenerwartungen, wobei es vornehmlich um die Frage der geschlechtstypischen Arbeitsteilung und um Regeln des sozialen Umgangs von Männern und Frauen geht. Dabei wird unterschieden zwischen normativen Geschlechtsrolleneinstellungen und sexistischen Einstellungen. Letztere basieren auf der Arbeit von Glick und Fiske (1996; 1999), die sexistische Einstellungen auf der Basis der Machtbeziehungen von Männern und Frauen definieren und messen. Darauf wird in Kapitel 3.2 eingegangen. Im folgenden Abschnitt wenden wir uns den normativen Geschlechtsrolleneinstellungen zu, bei denen es um die Einstellungen zur Arbeitsteilung und zur Übernahme familialer Rollen geht.

## 3.1 Normative Geschlechtsrolleneinstellungen

Skalen zur Erfassung von normativen Geschlechtsrolleneinstellungen enthalten im Allgemeinen Items, die sich auf die genannten Aspekte der Arbeitsteilung und des sozialen Umgangs beziehen (z. B. „In einer Partnerschaft sollte die Frau zugunsten des Mannes auf eine eigene Karriere verzichten" oder „Frauen sollten nicht laut fluchen" (vgl. Krampen, 1979, und **Box 3.1**). Die Befragten werden dann gebeten, zu solchen Feststellungen ihre Zustimmung bzw. Ablehnung zu äußern. Der Summenwert der Antworten gibt Hinweise darauf, wie stark normative Geschlechtsrollenerwartungen als angemessen betrachtet werden. Die Skalen sind üblicherweise so konstruiert, dass sie eine Dimension der Traditionalität versus Egalitarismus erfassen. Dabei bedeutet der Pol der Traditionalität, dass die klassische Rollenaufteilung zwischen Mann und Frau bevorzugt wird, bei der der Mann die dominante Rolle spielt. Der Pol von Egalitarismus geht von einer gleichberechtigten Rollenaufteilung aus, in der Männern und Frauen gleiche Entfaltungsmöglichkeiten und Rollenübernahme zugestanden wird. Die Antworten der Befragten liefern Hinweise darauf, wie traditionell versus egalitär die Geschlechtsrolleneinstellungen sind.

Beispiele für solche Skalen finden sich in **Box 3.1**. Dabei ist zu berücksichtigen, dass die Skala von Krampen (1979) in den 1970er Jahren an deutschsprachigen Stichproben entwickelt und validiert wurde, während die Skala von Spence et al. (1973) in den Vereinigten Staaten und die von Williams und Best (1990b) in einer Untersuchung an 14 Nationen Verwendung fand. Da sich die Einstellungen über die Zeit zunehmend liberalisiert haben, müssen auch die Einstellungsskalen gelegentlich neu angepasst werden. Erfahrungen mit der Skala von Krampen (1979) zeigen beispielsweise, dass sie nicht mehr zeitgemäß ist, weil die Antwortverteilungen stark in Richtung des „egalitären" Pols verschoben sind.

Athenstaedt (2000) hat in einer Neufassung der Skala zur Normativen Geschlechtsrollenorientierung (NGRO) diese Deckeneffekte beseitigt. Allerdings konnte auch sie deutlich egalitärere Einstellungen von Studierenden als von Berufstätigen feststellen. Die Reliabilitätskoeffizienten (interne Konsistenz und Retest) liegen um .80 und höher, und die Validität ist ebenfalls zufriedenstellend. International hat die AWS eine hohe Verbreitung und sie findet nach wie vor auch in kulturvergleichenden Studien Verwendung, z. B. Frieze, Feligoj, Kogovišek, Rener, Horvat und Šarlija (2003). In vielen sozialwissenschaftlichen Studien, wie beispielsweise dem Eurobarometer oder dem International Social Survey Program (ISSP), werden erheblich kürzere Skalen mit 3, 4 oder 5 Items verwendet, die zudem meist nicht auf ihre Testgütekriterien getestet wurden, aber offenbar den Ansprüchen genügen, Kohortenvergleiche (Burt & Scott, 2002; Carter, Corra & Carter, 2009) oder längsschnittliche Vergleiche ziehen zu können (Corrigall & Konrad, 2007), die den Zusammenhang und den Erklärungswert von Geschlechtsrolleneinstellungen beispielsweise für Karriere, für Einkommen oder für Geschlechtsrollenübernahme untersuchen. Beispiele für solche Kurzskalen finden sich in **Box 3.1**.

**Box 3.1**

**Beispielitems aus verschiedenen Skalen zur Erfassung von Normativen Geschlechtsrolleneinstellungen**

*A. Kurzform der Attitudes toward Women Scale (AWS) von Spence, Helmreich und Stapp (1973): Insgesamt 15 Items mit jeweils vierstufigen Antwortskalen (von „stimme sehr zu" bis „stimme gar nicht zu")*

- Flüche und Obszönitäten klingen aus dem Mund einer Frau abstoßender als aus dem Mund eines Mannes.
- Eine Frau sollte sich weniger um ihre Rechte kümmern als mehr darum, eine gute Ehefrau und Mutter zu werden.
- Die intellektuelle Leitung einer Gemeinde sollte in den Händen von Männern liegen.
- Frauen sollten in den verschiedenen Berufen die gleichen Chancen wie Männer haben.
- Ökonomische und soziale Freiheiten sind für eine Frau erheblich wertvoller als das Ideal der Weiblichkeit, das Männer für sie aufgestellt haben.

***B.*** *Skala zur Messung der normativen Geschlechtsrollenorientierung (GRO) von Krampen (1979): Insgesamt 36 Items mit jeweils sechsstufigen Antwortskalen (von „trifft sehr zu" bis „trifft gar nicht zu")*

- Eine Frau sollte gegenüber Männern nicht zu strebsam sein.
- Ein Mann sollte in einer Familie für alle größeren Entscheidungen zuständig sein.
- Die Ehe ist eine Partnerschaft, in der Frau und Mann gleichermaßen für die Finanzen verantwortlich sein sollten.
- Es ist für eine Frau wichtiger, den Ehemann bei seiner Karriere zu unterstützen, als selbst Karriere zu machen.
- Frauen sollten auch traditionell männliche Berufe wie Maurer oder Pilot ergreifen.

*C. Sex-Role Ideology Scale (SRI) von Williams und Best (1990b): Insgesamt 30 Items mit jeweils siebenstufigen Antwortskalen (von keiner bis völliger Zustimmung)*

- Es ist ein überholter Brauch, dass die Frau den Familiennamen des Mannes annimmt, wenn sie heiratet.
- Eine Frau sollte auf ihr Äußeres achten, weil dies das Ansehen ihres Mannes steigert.
- Die völlige Erfüllung findet eine Frau erst, wenn sie Mutter wird.
- Es sollte mehr Kindertagesstätten geben, um Frauen von der Kinderbetreuungsarbeit zu befreien.
- Eine Heirat sollte die Frau nicht mehr in ihrer Karriere behindern als den Mann.

***D.*** *Skala zur Erfassung der Normativen Geschlechtsrollenorientierung (NGRO) von Athenstaedt (2000): Insgesamt 29 Items mit jeweils siebenstufigen Antwortskalen (von 1 = „trifft nicht zu" bis 7 = „trifft zu")*

- Es ist angenehmer, einen männlichen Vorgesetzten zu haben als einen weiblichen.
- Die Organisation des Haushalts ist Sache der Frau.
- Auch Hausmann ist für Männer ein erstrebenswerter Beruf.
- Männer sollten sich auch mit Handarbeit (z. B. nähen, stricken) beschäftigen.

***E.*** *Items zur Erfassung von Geschlechtsrolleneinstellungen in Survey-Studien*
Carter et al. (2009) verwendeten drei Items zur Erfassung der Einstelllungen zur Arbeitsteilung (vier Antwortmöglichkeiten von 0 = *stimme gar nicht zu* bis 3 = *stimme sehr zu*)

- Eine berufstätige Mutter kann eine genauso warme und sichere Bindung zu ihren Kindern entwickeln wie eine nicht berufstätige Mutter.
- Ein Kind im Vorschulalter leidet wahrscheinlich, wenn seine Mutter arbeiten geht.
- Es ist für alle Beteiligten besser, wenn der Mann einer Erwerbstätigkeit nachgeht und die Frau für Heim und Familie zuständig ist.

Stickney und Konrad (2007) verwendeten vier Items aus dem International Social Survey Program (ISSP; fünf Antwortmöglichkeiten von 1 = *stimme sehr zu* bis 5 = *stimme gar nicht zu*):

- Ein Kind im Vorschulalter leidet, wenn seine Mutter arbeiten geht.
- Das Familienleben leidet unter der Berufstätigkeit der Mutter.
- Die meisten Frauen wollen ein Heim und Kinder.
- Der Mann verdient das Geld und die Frau sieht nach Heim und Kindern.

Das charakteristische Ergebnisbild der Forschung zu den normativen Geschlechtsrolleneinstellungen lässt sich in folgenden Sätzen zusammenfassen:

1. Die Geschlechtsrolleneinstellungen sind in westlichen Industrienationen über die Jahrzehnte zunehmend egalitärer geworden (Brewster & Padavic, 2000; Carter et al., 2009), was vorwiegend mit der zunehmenden Partizipation der Frauen am bezahlten Arbeitsmarkt (Carter et al., 2009) und mit dem gestiegenen Bildungsniveau der Frauen begründet wird. Für Letzteres spricht, dass Bildung mit (liberaleren) Geschlechtsrolleneinstellungen korreliert (Athenstaedt, 2000), Frauen mit liberaleren Geschlechtsrolleneinstellungen langfristig auch häufiger berufliche Karrieren verfolgen (Corrigall & Konrad, 2007) und mehr verdienen (Stickney & Konrad, 2007). Auch in Panelstudien, z. B. bei amerikanischen College-Studenten und -Studentinnen über vier Jahre (Bryant, 2003), zeigt sich eine zunehmende Liberalisierung der Einstellungen im Studienverlauf, was mit dem gestiegenen Bildungsgrad begründet wird.
2. Die männlichen Befragten vertreten im Durchschnitt stets signifikant traditionellere Einstellungen als die weiblichen Befragten, unabhängig von Bildungsniveau und Alter (Athenstaedt, 2000; Burt & Scott, 2002; Frieze et al., 2003; Spence et al., 1985) und von der kulturellen Zugehörigkeit (Stickney & Konrad). Auch Williams und Best (1990b, S. 88ff.) stellten in einer vergleichenden Analyse der Geschlechtsrolleneinstellungen in 14 Nationen fast durchgängig etwas traditionellere Einstellungen der männlichen Befragten fest. In acht von 14 Staaten waren die Geschlechterunterschiede signifikant. In keiner Nation konnten signifikant traditionellere Einstellungen der Frauen festgestellt werden. Auch ist aufschlussreich, in welchen Items vorwiegend Geschlechterunterschiede auftraten. Frauen betonten stärker als Männer die Gleichberechtigung im beruflichen Bereich, Männer betonten stärker als Frauen den höheren Status und die größere Autorität von Männern. Sehr viel größer als der offensichtlich unterschiedliche Einfluss der Geschlechtsrollensozialisation auf die Einstellungen von Männern und Frauen war allerdings der kulturelle Einfluss. Während die Geschlechterunterschiede im Durchschnitt einen halben Skalenpunkt (einer siebenstufigen Skala) ausmachten, war die Streubreite der mittleren Skalenwerte zwischen den Nationen mehr als zwei Skalenpunkte. Die Unterschiede zwischen den Nationen waren somit signifikant größer als die zwischen den Geschlechtern, die Effekte der Kultur auf die Geschlechtsrolleneinstellungen somit größer als die der Geschlechtsrollensozialisation (s. **Abb. 3.1**).

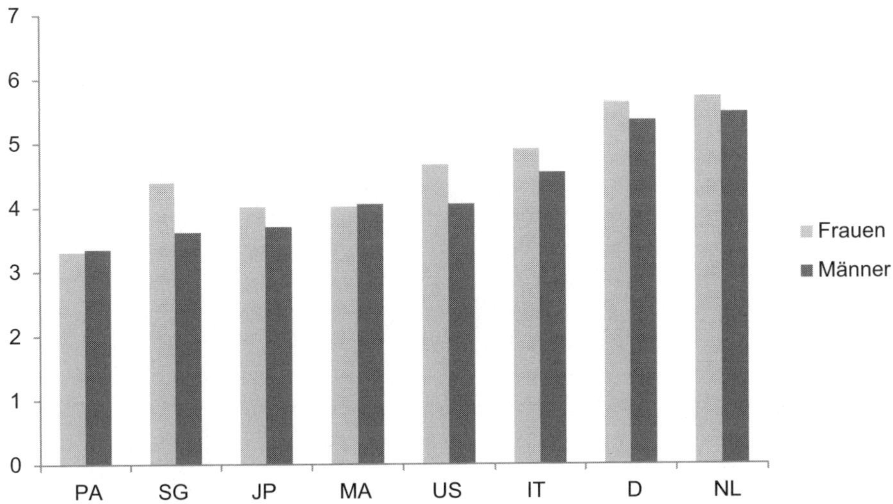


*Anmerkungen.* Skala variiert von 1 (traditionell) bis 7 (modern). PA = Pakistan, SG = Singapur, JP = Japan, MA = Malaysia, US = USA, IT = Italien, D = Deutschland; NL = Niederlande

**Abb. 3.1:** Geschlechtsrolleneinstellungen in verschiedenen Nationen (Williams & Best, 1990b)

Auch die ISSP-Studie von Stickney und Konrad (2007) weist immer noch größere Einstellungsunterschiede zwischen den verschiedenen Nationen als zwischen den Geschlechtern auf. Während die Mittelwertunterschiede der Geschlechter auf einer fünfstufigen Skala etwa 0.3 Skalenpunkte betragen und zwischen 0.002 (Philippinen) und 0.537 (Österreich) schwanken, sind die Mittelwerte zwischen Brasilien (dem Land mit der traditionellsten Einstellung) und Dänemark (dem Land mit der liberalsten Einstellung) etwa 1.8 Skalenpunkte auseinander. In **Abbildung 3.2** sind die Ergebnisse für einzelne Länder exemplarisch zusammengestellt. Es zeigt sich, dass südamerikanische Staaten und überraschenderweise auch Staaten des ehemaligen Ostblocks zu den Staaten mit eher traditionellen Einstellungen zu zählen sind, während in Staaten der westlichen Hemisphäre eher gleichberechtigte Einstellungen betont werden.

Vianello, Siemienska, Damian, Lupri et al. (1990) konnten in einer vergleichenden Untersuchung in vier Staaten (Italien, Kanada, Polen, Rumänien) ebenfalls die bekannten Geschlechterunterschiede, aber auch kulturelle Unterschiede in den Einstellungen feststellen. Dabei führte z. B. offensichtlich die (katholische) religiöse Sozialisation in Polen und Italien zu insgesamt traditionelleren Einstellungen als in den beiden anderen Ländern. Der (bremsende) Einfluss der Religion wird im Übrigen auch in anderen Arbeiten aufgezeigt (Frieze et al., 2003; Giele, 1988; Spence et al., 1985).

Spence et al. (1985) stellten für die US-amerikanische Gesellschaft einen Wandel der Geschlechtsrolleneinstellungen fest, der insbesondere in den sech-

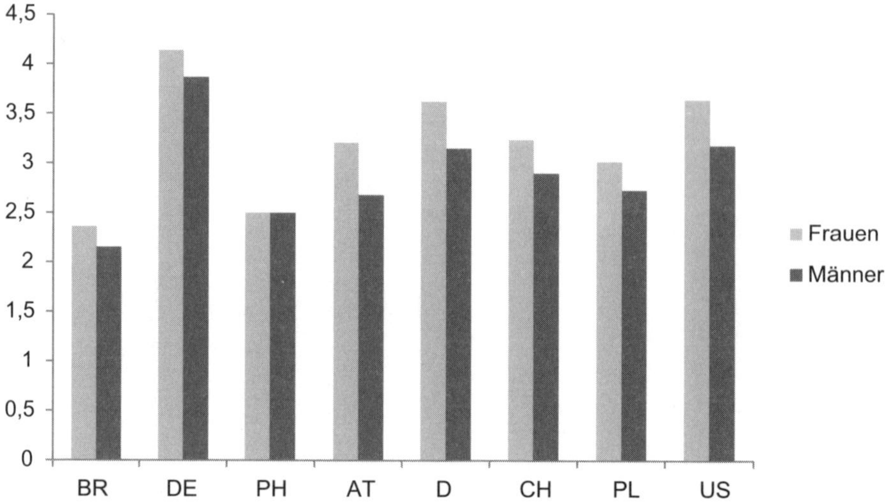


*Anmerkungen.* Skala variiert von 1 (*traditionell*) bis 5 (*gleichberechtigt*). BR = Brasilien, DE = Dänemark, PH = Philippinen, AT = Austria, D = Deutschland, CH = Schweiz, PL = Polen, US = USA

**Abb. 3.2:** Geschlechtsrolleneinstellungen in verschiedenen Nationen (Stickney & Konrad, 2007)

ziger und siebziger Jahren des letzten Jahrhunderts zu beobachten war. Lief davor noch die reale Entwicklung (in den Frauenerwerbsquoten, den Ausbildungsgängen usw.) den Einstellungen voraus, so lässt sich inzwischen eine eher gegenseitige Beeinflussung feststellen. Die Einstellungen sind stark auf Gleichberechtigung in Beruf und Familie ausgerichtet, wobei Ältere traditioneller eingestellt sind als Jüngere und Männer traditioneller als Frauen (Carter et al., 2009). Auch intraindividuell verändern sich die Einstellungen, was sich im Längsschnitt beobachten lässt. So waren die Eltern einer studentischen Stichprobe zwar traditioneller eingestellt als ihre Söhne und Töchter, aber in einer Follow up-Erhebung nach vier Jahren waren die Einstellungen der Eltern liberaler geworden (Helmreich, Spence & Gibson, 1982). Corrigall und Konrad (2007) stellen bei Frauen einen Einfluss von Geschlechtsrolleneinstellungen auf Berufstätigkeit und Karriereentwicklung fest. Je egalitärer Frauen eingestellt sind, desto wahrscheinlicher machen sie eine berufliche Karriere. Bei Männern hingegen zeigt sich dieser Zusammenhang nicht. Ihre Erwerbsbiographie ist unbeeinflusst von den Einstellungen. Im weiteren Verlauf der individuellen Entwicklung werden allerdings bei beiden Geschlechtern die Geschlechtsrolleneinstellungen dann traditioneller, wenn Kinder kommen. Die Ankunft von Kindern beeinflusst nicht nur die Erwerbsbiographie von Müttern in Richtung einer Reduktion von Arbeitszeit und gebremster Karriereentwicklung, sondern offenbar auch ihre Einstellungen zur Gleichberechtigung. Auch die Partner der Frauen werden traditioneller in ihren Einstellungen. In ähnlicher Weise zeigen Katz-Wise, Priess und Hyde (2010) die Entwicklung zu traditionelleren Einstellungen bei Eltern nach der Ankunft des ersten bzw. zweiten Kindes auf (s. **Box 3.2**). Dass aber normative Geschlechtsrolleneinstellungen auch in Ehen mit Kindern noch eine wesentliche Rolle im Zusammenhang mit der Arbeitsteilung der beiden Partner spielen, konnte eine Studie von Lothaller, Mikula und Schoebi (2009) zeigen. Die Analysen basierten auf Daten einer breit angelegten Europäischen Studie (vgl. www.eu-project-famwork.org), an der insgesamt sieben Länder (Belgien, Deutschland, Italien, Niederlande, Österreich, Portugal, Schweiz) beteiligt waren. Generell wurden Paare untersucht, die beide jeweils zumindest in einem Ausmaß von 15 Wochenstunden berufstätig waren und zumindest ein Kind hatten, das jünger als sechs Jahre bzw. kein Kind, das älter als zwölf Jahre alt war. Für die berichteten Analysen fassten die Autoren Daten aus drei Ländern (Niederlande, Österreich und Portugal) zusammen. Es zeigte sich, dass Geschlechtsrolleneinstellungen neben anderen Variablen wie Berufsarbeitszeit, Einkommen oder Bewertung der Hausarbeit bzw. der Kinderbetreuung einen wesentlichen Beitrag zu der Ausgewogenheit der Aufteilung von Haushaltsarbeit bzw. der Kinderbetreuungsarbeit betrug. Und zwar war die Aufteilung der Haushaltsarbeit umso ausgewogener, je egalitärer die Frauen und Männer eingestellt waren. Die Kinderbetreuungsarbeit war umso ausgeglichener, je egalitärer die Frauen eingestellt waren. Hier spielte die Einstellung der Männer eine geringere Rolle. Die Autoren interpretieren das Ergebnis so, dass Haushaltsarbeit noch immer als unangenehmer empfunden wird und daher auch die Arbeitsverteilung generell weniger balanciert ist, also Frauen viel mehr Arbeit verrichten als Männer. Nur egalitärer eingestellte Männer sind bereit, sich doch mehr daran zu beteiligen. Kinderbetreuungsarbeit wird als belohnender empfunden und hier sind sichtlich auch traditioneller eingestellte Männer bereit, sich zu engagieren.

**Box 3.2**

**Entwicklung von Geschlechtsrolleneinstellungen im Lebensverlauf in Abhängigkeit von Elternschaft und Geschlecht**

*A. Studie von Corrigall und Konrad (2007)*

In einer Längsschnittuntersuchung wurden US-amerikanische ehemalige Highschool-Schülerinnen und -Schüler zehn Jahre lang nach ihren Geschlechtsrolleneinstellungen befragt und ihre weitere Lebensentwicklung nach dem Schulabschluss erfasst. Die Befragten wurden viermal untersucht und waren beim ersten Mal (T1) 19/20 Jahre alt, beim letzten Mal (T4) 29/30 Jahre. Von den 1875 Frauen hatten bei der letzten Befragung 730 einen Bachelor oder höheren Abschluss und 814 hatten Kinder. Von den 1577 Männern hatten 665 mindestens einen Bachelorabschluss und 516 hatten Kinder. Die Studie sollte den Einfluss der Geschlechtsrolleneinstellungen auf die berufliche Entwicklung analysieren. Die Ergebnisse lassen sich wie folgt zusammenfassen:

1. Frauen mit egalitären Geschlechtsrolleneinstellungen zu den ersten beiden Messzeitpunkten erzielten zu T4 ein höheres Einkommen und arbeiteten mehr Stunden in ihrem Beruf als Frauen mit traditionellen Einstellungen. Diese Beziehung von Einstellungen und Berufskarriere zeigte sich bei den Männern nicht.

2. Eine Heirat im Untersuchungszeitraum korrelierte nicht mit Geschlechtsrolleneinstellungen, weder bei Männern noch bei Frauen, wohl aber eine Elternschaft. Diejenigen, die zwischen T1 und T3 Kinder bekommen hatten, änderten ihre Geschlechtsrolleneinstellungen zu T4 stärker in Richtung traditionelle Rollenverteilung als diejenigen ohne Kinder. Dieser Effekt fand sich für beide Geschlechter.
3. Die Zahl der Arbeitsstunden zu T4 korrelierte bei Frauen mit den Geschlechtsrolleneinstellungen (je mehr, desto egalitärer), nicht aber das Einkommen. Für Männer zeigten sich erneut keine Zusammenhänge von Einstellungen und Berufskarriere.

***B.** Studie von Katz-Wise et al. (2010)*
Eltern, die ein erstes oder ein zweites Kind erwarteten, wurden viermal entweder mündlich (Mütter) oder telefonisch (Väter) über einen Zeitraum von ca. zwei Jahren interviewt, wobei es vorwiegend um die Arbeitsteilung im Haushalt ging. Zusätzlich füllten die Mütter und Väter Fragebogen zur Geschlechtsrolleneinstellung und zur persönlichen Bedeutsamkeit von Beruf und Familie aus. Die Daten wurden im zweiten Drittel der Schwangerschaft erhoben (T1), sowie einen (T2), vier (T3) und 12 Monate nach der Geburt (T4). An der Studie nahmen 403 Paare bzw. Eltern teil, die alle in einer stabilen Partnerschaft lebten und von denen mindestens ein Partner einer Erwerbstätigkeit nachging. Von den 403 Paaren erwarteten 205 ihr erstes und 198 ihr zweites Kind. Die Studie sollte den Einfluss der Elternschaft auf die Geschlechtsrolleneinstellungen und das Rollenverhalten untersuchen. Die Ergebnisse lassen sich wie folgt zusammenfassen:

1. Die untersuchten Mütter hatten deutlich egalitärere Einstellungen als ihre Partner. Die Unterschiede betrugen etwa eine volle Standardabweichung.
2. Soziale Schicht korrelierte mit Geschlechtsrolleneinstellungen, indem sowohl Einkommen wie Bildungsniveau positiv mit egalitären Einstellungen korrelierten, bei beiden Geschlechtern.
3. Die Geburt des Kindes, egal ob erstes oder zweites Kind, führte zunächst zu einer traditionelleren Einstellung als zuvor, bei Männern wie Frauen. Allerdings änderte sich dies im Untersuchungszeitraum bei den Ersteltern. Zwölf Monate nach der Geburt waren die Geschlechtsrolleneinstellungen bei den Ersteltern wieder auf dem Niveau von T1, während bei den Eltern mit zweitem Kind die Einstellungen traditioneller als zuvor wurden, bei Männern wie Frauen.
4. Große Geschlechterunterschiede zeigten sich in der Entwicklung der Bedeutsamkeit von Beruf und Familie. Bei Müttern stieg die Bedeutsamkeit der Familie über den Untersuchungszeitraum an, bei den Vätern blieb sie insgesamt gleich. Anders entwickelte sich die subjektive Bedeutsamkeit des Berufs. Bei den Vätern fiel sie nur leicht ab, bei den Müttern fiel sie nach der Geburt stark ab und verblieb auf dem niedrigeren Niveau. Außerdem zeigten sich generell signifikante Geschlechterunterschiede, indem die untersuchten Männer dem Beruf eine deutlich höhere Bedeutung beimaßen als die Frauen.
5. Beide Studien weisen darauf hin, dass Geschlechtsrolleneinstellungen sich im Lebenszyklus verändern können und dass dabei die Geburt eines Kindes einen starken Einfluss ausübt. Darüber hinaus wird aus der Studie von Corrigall und Konrad sichtbar, dass Geschlechtsrolleneinstellungen bei Frauen einen prädiktiven Faktor für ihren beruflichen Erfolg darstellen. Bei Männern ließ sich dies hingegen nicht nachweisen.

Warum sind Männer interkulturell übereinstimmend traditioneller eingestellt als Frauen? Möglicherweise lässt sich dies damit erklären, dass sie durch die Entwicklung zu einer gleichberechtigten Partnerschaft und zu einer gleichen Arbeitsteilung mehr zu verlieren haben, indem sie Macht und Einfluss abgeben und auf ihren höheren Status verzichten sollen (Burt & Scott, 2002). Hinzu kommt der Anspruch an Arbeitsteilung auch im Haushalt, was oft nur schwer mit dem Selbstbild von Männern zu vereinbaren ist. Hausarbeit als Männersache widerspricht den bisher üblichen Geschlechtsrollenerwartungen. Die Arbeit im Haushalt ist zudem nicht mit demselben Ausmaß an Belohnungen (materiell wie ideell) versehen wie die berufliche Arbeit. Mehr Gleichberechtigung ist somit mit einem Rückgang an Rechten, Macht und Privilegien für Männer verbunden. Frauen hingegen haben von einer Liberalisierung der Geschlechterrollen mehr zu gewinnen, insbesondere mehr Rechte, mehr Einfluss und einen höheren Status.

In welcher Weise haben sich die Geschlechtsrolleneinstellungen verändert? Beginnen wir mit der Gleichberechtigung. Schon 1954 wurde in einer Allensbach-Umfrage die Frage nach gleichen Rechten in der Ehe gestellt. Aufgrund von Wiederholungsbefragungen in späteren Jahren lässt sich hier ein bemerkenswerter Einstellungswandel feststellen. Während 1954 sich nur 48 % der Bevölkerung (ab 16 Jahren) für gleiche Rechte von Mann und Frau in der Ehe aussprachen (davon 40 % der Männer und 54 % der Frauen!), waren es im Jahre 1979 bereits 75 % (70 % der Männer, 80 % der Frauen), wobei die Zustimmungsrate in den jüngeren Jahrgängen besonders hoch war (Noelle-Neumann & Piel, 1983). Charakteristisch an diesen Ergebnissen ist neben dem Wandel der Einstellungen, der im Weiteren auch noch an anderen Beispielen deutlich wird, die somit auch an deutschen Stichproben feststellbare Tatsache, dass die Männer konservativer als die Frauen sind, wenn es um Fragen der Gleichberechtigung geht. Sie sind darin offenbar änderungsresistenter. Der Ideologie der partnerschaftlichen Teilung von Arbeit und Macht stimmen männliche Befragte halbherziger zu als weibliche. Dies korrespondiert auch mit der Realität. Die partnerschaftliche Arbeitsteilung in Familie und Beruf wird mehrheitlich akzeptiert, aber wenig praktiziert (Horstkemper, 1993). Frauen tragen nach wie vor in erheblich stärkerem Maße zur Familienarbeit bei als Männer (vgl. Kap. 5).

Der Wandel in den Einstellungen wie auch die traditionellere Haltung der Männer zeigt sich auch in anderen Fragen, auf die hier nur ausschnitthaft eingegangen werden soll. Die zunehmende Akzeptanz der weiblichen Erwerbstätigkeit ist in den *Allensbach-Umfragen* deutlich zu erkennen. Auf die Frage, ob „eine verheiratete Frau – solange sie keine Kinder hat nebenbei berufstätig" sein darf, stimmen 1959 bereits 65 % der Befragten zu, 1979 sind es inzwischen 77 %, auch hier wieder mehr Frauen als Männer (Noelle-Neumann & Piel, 1983, S. 473). Wenn aber Kinder da sind, dann sinkt der Grad der Zustimmung. Zwar wollen schon im Jahre 1973 nur noch 30 % aller Befragten die Erwerbstätigkeit von Müttern mit Kindern unter 10 Jahren gesetzlich verbieten lassen, während es 1959 noch 59 % waren (Noelle & Neumann, 1966; 1975), aber als Regelfall wird doch lieber keine Erwerbstätigkeit gewünscht.

Insgesamt 80 % aller Befragten wollen am liebsten, dass eine Frau mit Kleinkind/ern zu Hause bleibt (Noelle-Neumann & Piel, 1983, S. 473). Diese Ansicht findet sich auch mehrheitlich bei Jugendlichen, bei Jungen allerdings häufiger als bei Mädchen (Allerbeck & Hoag, 1985; Bierhoff-Alfermann, 1989). Bei Allerbeck und Hoag äußerten zudem drei Viertel aller befragten (west-) deutschen Jugendlichen, dass mütterliche Erwerbstätigkeit schädlich für ein Kleinkind sei.

Sieht man sich aber die Antworten von Befragten aus den neuen Bundesländern an, so ergeben sich hier deutliche Unterschiede. Diese lassen sich nicht nur in der Lebensplanung im Hinblick auf eine Vereinbarkeit von Familie und Beruf nachweisen, sondern auch in der konkreten Realisierung von Mutterschaft und gleichzeitiger Erwerbstätigkeit. Dies äußert sich auch in den Geschlechtsrolleneinstellungen. So stellten Metz-Göckel, Müller und Nickel (1992) eine etwas traditionellere Einstellung der männlichen westdeutschen Jugendlichen im Vergleich zu den ostdeutschen fest. Horstkemper (1993) berichtet eine stärker an gleicher Arbeitsteilung (Erwerbstätigkeit und Familie) orientierte partnerschaftliche Einstellung ostdeutscher im Vergleich zu westdeutschen Frauen. In einer repräsentativen Befragung von 3000 Frauen im erwerbsfähigen Alter, die im Jahre 1992 stattfand, waren nicht nur deutlich weniger Frauen aus den neuen Bundesländern wegen ihrer Kinder ganz oder vorübergehend aus dem Beruf ausgeschieden, sondern es zeigten sich auch charakteristische Unterschiede in den Begründungen. So antworteten immerhin 54 % der westdeutschen Frauen, „kleine Kinder und Beruf lassen sich nicht vereinbaren“, was als wichtigster Grund für den Ausstieg aus dem Beruf genannt wurde. Für ostdeutsche Frauen spielte diese Auffassung eine eher untergeordnete Rolle. Sie folgte erst an vierter Stelle der Begründungen und wurde lediglich von 21 % genannt (Horstkemper, 1993). Dazu passt auch, dass Frauen aus den neuen Bundesländern eine Fremdbetreuung ihrer Kinder mehr bejahen als Frauen aus den alten Bundesländern. Denn eine Erwerbstätigkeit und gleichzeitige Mutterschaft erfordert ja üblicherweise eine Betreuung durch Dritte. Mütterliche Berufstätigkeit wird somit seltener als schädlich angesehen, zumal öffentliche Kinderbetreuungseinrichtungen genutzt wurden und werden.

Als Fazit lässt sich festhalten, dass die Geschlechtsrolleneinstellungen über die Jahrzehnte in westlichen Ländern liberaler geworden sind, was man daran erkennen kann, dass sie insbesondere die geschlechtstypische Arbeitsteilung in Beruf und Familie zunehmend infrage stellen und stattdessen eine egalitäre, gleichberechtigte Partnerschaft propagieren. Dabei lassen sich innerhalb einer Nation Subgruppen-Unterschiede erkennen. Kohortenunterschiede (Ältere vs. Jüngere) sind ebenso zu beobachten wie charakteristische Geschlechterunterschiede, da Männer traditioneller eingestellt sind. Schichtunterschiede bzw. Unterschiede zwischen unterschiedlichen Bildungsgruppen verweisen auf einen Zusammenhang von höherer Bildung mit egalitäreren Einstellungen.

Auch Unterschiede je nach Religionszugehörigkeit (Giele, 1988; Vianello et al., 1990) und Erwerbsstatus (Hausfrauen zeigten traditionellere Einstellungen als erwerbstätige Frauen: Vianello et al., 1990) deuten darauf hin, dass es neben den genannten noch weitere Sozialisationsvariablen gibt, die die Geschlechtsrolleneinstellungen beeinflussen. Nicht zuletzt spielt auch das Elternhaus eine Rolle, weil sich zeigt, dass sich elterliche Erziehung und Einstellungen auch auf die Einstellungen der Söhne und Töchter auswirken bzw. ihnen ähneln (Burt & Scott, 2002).

Kulturelle Einflüsse haben, wie nicht anders zu erwarten, ebenfalls eine hohe Bedeutung, wobei selbst innerhalb von Europa Unterschiede zu erkennen sind (s. **Abb. 3.1** und **3.2**).

## 3.2 Ambivalenter Sexismus

Wie eingangs dieses Kapitels angesprochen, sind Geschlechtsrolleneinstellungen seit Mitte der 1990er Jahre nicht mehr nur im Sinne von normativen Einstellungen gegenüber Geschlechterrollen in Beruf und Familie operationalisiert und untersucht worden, sondern auch in Form sexistischer Einstellungen. Janet Swim (2000, S. 232) definiert Sexismus als „geschlechtsbezogenes Vorurteil oder Diskriminierung" und hat in dem Zusammenhang das Konstrukt des *offenen* versus *verdeckten* Sexismus vorgeschlagen. Traditionelle Geschlechtsrolleneinstellungen seien als offene Form von Sexismus zu bewerten und von der verdeckten Form des Sexismus zu unterscheiden. Bei diesen werden diskriminierende Einstellungen gegenüber Frauen bzw. Männern nicht offen geäußert, sie treten nur dann zutage, wenn man sicher sein kann, dafür nicht getadelt zu werden. Auch subtile Formen ungleicher Geschlechterbehandlung fallen darunter, wie z. B. Jungen in einer Schulklasse mehr Aufmerksamkeit zu widmen oder die Kompetenz von Frauen nach ihrem Äußeren zu beurteilen. Skalen des modernen Sexismus enthalten insbesondere Items zur vermeintlichen Gleichstellung von Frau und Mann, die Diskriminierung negieren.

In der Tradition *moderner* Sexismus-Skalen haben Glick und Fiske (1996) einen Ansatz vorgelegt, der die bewertende Komponente der Einstellung besonders in den Blick nimmt. Sie gehen davon aus, dass Geschlechtsrolleneinstellungen nicht nur auf die Frage der Arbeitsteilung in Beruf und Familie gerichtet sind, sondern dass auch die persönlichen Beziehungen zwischen Männern und Frauen zu berücksichtigen sind. In ihrem Modell des *ambivalenten* Sexismus (ambivalent sexism) definieren sie zwei Formen des Sexismus, die sich insbesondere auf der Bewertungsdimension der Einstellung voneinander unterscheiden: den *feindseligen* (hostilen) und den *wohlwollenden* (benevolenten) Sexismus. Feindseliger Sexismus äußert sich in diskriminierenden und herabsetzenden Meinungen vor allem gegenüber Frauen, die nicht dem traditionellen Frauenbild entsprechen. Wohlwollender Sexismus wird definiert durch „einen Satz von miteinander zusammenhängenden Einstellungen gegenüber Frauen, der sexistisch in dem Sinne ist, dass Frauen stereotyp und in eingeschränkten Rollen wahrgenommen werden, der aber subjektiv positiv ist" (Glick & Fiske, S. 491). Diese positive Einstellung äußert sich in positiven Stereotypen („women are wonderful"), im emotionalen Erleben sowie in ritterlichen und hilfsbereiten Verhaltensweisen. Glick und Fiske (1996) haben dazu ein Messinstrument entwickelt (s. **Box 3.3**), das von Eckes und Six-Materna (1999) ins Deutsche übertragen wurde.

Beide Formen des Sexismus entstehen dadurch, dass die Beziehungen von Männern und Frauen durch zwei Formen von Macht definiert werden. Zum einen die *strukturelle Macht*, unter der „die Kontrolle über zentrale wirtschaftliche, politische und soziale Institutionen verstanden" wird und die „in nahezu allen menschlichen Gesellschaften in den Händen von Männern" liegt (Eckes & Six-Materna, 1999, S. 3). Diese strukturelle Macht trägt bis heute dazu bei, dass Männern in unserer Gesellschaft eine größere Bedeutung beigemessen wird, während Frauen das zweitrangige Geschlecht sind. Zum anderen gibt es die *dyadische Macht*, die eher den Frauen zukommt. Damit ist angesprochen, dass Frauen in Liebesbeziehungen Macht ausüben, weil Männer zur Befriedigung ihrer sexuellen, sozialen und Fortpflanzungsbedürfnisse auf sie angewiesen seien. Beide Formen der Macht trügen zu ambivalent-sexistischen Einstellungen bei, nämlich dem schon angesprochenen feindseligen (hostilen) Sexismus (HS) im Sinne des negativen Vorurteils gegenüber Frauen und dem wohlwollenden (benevolenten) Sexismus (BS). Ersterer zeichnet sich durch eine negative Sicht von Frauen aus, Letzterer durch eine positive. HS korreliert z. B. mit einer Vorliebe für Frauen diskriminierende Witze, etwa Blondinenwitze. BS kann sich z. B. in einer Vorliebe für Ritterlichkeitshandlungen äußern, etwa im Restaurant der Dame den Mantel abnehmen und den Stuhl zurechtrücken. Beide Formen des Sexismus sollen dazu dienen, die bestehenden patriarchalischen Strukturen aufrechtzuerhalten (Glick & Fiske, 2001), indem Statusunterschiede zwischen Männern und Frauen geleugnet oder als unbedeutend dargestellt werden.

**Box 3.3**

**Die ambivalente Sexismus-Skala (ASS) von Glick und Fiske (1996) in der deutschen Version von Eckes und Six-Materna (1999).**

Die Skala enthält insgesamt 22 Items, von denen jeweils elf Items zum benevolenten (BS) und zum feindseligen Sexismus (HS) zählen. Die Items werden in der ursprünglichen Fassung von Glick und Fiske auf sechsstufigen Likert-Skalen (von 0 = *stimme überhaupt nicht zu* bis 5 = *stimme sehr zu*) beantwortet. In der deutschsprachigen Fassung werden die Items auf siebenstufigen bipolaren Skalen von -3 (*stimme überhaupt nicht zu*) bis +3 (*stimme voll und ganz zu*) beantwortet. Die beiden Subskalen BS und HS sind nicht vollkommen unabhängig voneinander, sondern korrelieren leicht positiv, wobei die Höhe der Korrelation in verschiedenen Stichproben unterschiedlich ausfällt. In der kulturvergleichenden Studie von Glick, Fiske, Mladinic, Saiz, Abrams, Masser et al. (2000) schwankten die Korrelationen zwischen beiden Subskalen bei den Männern von ca. 0 (Botswana, Südafrika) bis .49 (Spanien), und bei den Frauen von ca. 0 (Südafrika) bis .64 (Spanien). In der deutschen Stichprobe lagen die Korrelationen bei .25 (Männer) und .31 (Frauen). Wie auch bei den normativen Geschlechtsrolleneinstellungen finden sich Geschlechterunterschiede, und zwar kulturübergreifend in allen 19 Nationen auf der HS-Skala. Feindseliger Sexismus wird von Männern konsistent stärker befürwortet als von Frauen. Demgegenüber finden sich erheblich geringere bis gar keine Geschlechterunterschiede auf der BS-Skala. Wohlwollender Sexismus wird in etlichen Ländern (darunter Deutschland) nicht unterschiedlich von Männern und Frauen gezeigt, in einigen wenigen Ländern (Kuba, afrikanische Staaten) sogar stärker von Frauen als von Männern. Insgesamt zeigt sich, dass Geschlechterunterschiede vorwiegend beim feindseligen Sexismus zu finden sind.

*Beispielitems der BS-Skala*

- Egal wie erfolgreich ein Mann auch sein mag, ohne eine Frau, die ihn liebt, fehlt ihm etwas sehr Wichtiges.
- Bei einer Katastrophe sollten Frauen vor Männern gerettet werden.
- Viele Frauen besitzen eine Art von Ehrlichkeit, die nur wenige Männer besitzen.

*Beispielitems der HS-Skala*

- Die meisten Frauen interpretieren harmlose Äußerungen oder Handlungen als frauenfeindlich.
- Die meisten Frauen sehen gar nicht, was Männer alles für sie tun.
- Wenn Frauen in einem fairen Wettkampf gegenüber Männern den Kürzeren ziehen, behaupten sie gern, sie seien diskriminiert worden.

Welche Zusammenhänge zeigt ambivalenter Sexismus gegenüber Frauen mit anderen Variablen? In der Validierungsstudie der HS- und BS-Skalen lässt sich zeigen, dass erwartungsgemäß feindseliger Sexismus mit negativen Einstellungen und Stereotypen gegenüber Frauen korreliert, während wohlwollender Sexismus mit positiven Einstellungen und Stereotypen gegenüber Frauen zusammen hängt (Glick & Fiske, 1996). Kulturübergreifend haben Frauen niedrigere Werte im feindseligen Sexismus als Männer (Glick et al, 2000) und wohlwollender Sexismus bei Männern wird von Frauen positiver eingeschätzt als feindseliger Sexismus und sogar positiver als nichtsexistische Einstellungen (Bohner, Ahlborn & Steiner, 2010). Allerdings ist wohlwollender Sexismus im Leistungskontext nicht unbedingt förderlich, im Gegenteil, er kann ähnlich negativ wie ein Stereotyp wirken und damit eine Stereotypenbedrohung darstellen (Kap. 1.6.5 Abschnitt „Stereotypenbedrohung"). Barreto, Ellemers, Piebinga und Moya (2010) stellten veränderte Selbstbeschreibungen bei Studentinnen fest, wenn sie Männern mit benevolentem Sexismus begegneten. Die Studentinnen betonten im Anschluss stärker ihre sozialen und Beziehungsqualitäten und weniger ihre intellektuelle Kompetenz als zuvor. Dieser Effekt war stärker ausgeprägt, wenn sie erwarteten, Männer mit BS als Kooperationspartner in einer Aufgabe zu haben. Dumont, Sarlet und Dardenne (2010) fanden ähnliche Effekte im Kontext eines Einstellungsgesprächs. Während hostiler Sexismus keinen Einfluss auf die Selbstwahrnehmung von studentischen Versuchsteilnehmerinnen ausübte, war BS mit einer negativen

Veränderung in der Wahrnehmung der eigenen Kompetenz beim Lösen einer intellektuellen Aufgabe verknüpft. Solche Befunde deuten darauf hin, dass hostiler Sexismus zumindest in unserem Kulturkreis von Frauen durchschaut und abgelehnt wird und sie in ihrem Selbstbild nicht erschüttert werden, während BS einschmeichelnder und subtiler daherkommt, aber dennoch diskriminierende Effekte hervorruft. Benevolenter Sexismus ist in der Lage, bei Frauen die erwarteten sozialen Qualitäten und weniger die intellektuellen Kompetenzen hervorzurufen. Ironischerweise ist BS damit „erfolgreicher" im stereotypen Einfluss auf Frauen als HS.

In einer späteren Arbeit haben Glick und Fiske (1999) ein weiteres Messinstrument des ambivalenten Sexismus vorgestellt, nämlich das *Ambivalence toward Men Inventory* (AMI), das den Sexismus gegenüber Männern zum Inhalt hat. Ähnlich wie die ASS den Sexismus gegenüber Frauen erfasst, ist auch das AMI auf dem theoretischen Modell des benevolenten und hostilen Sexismus aufgebaut. Beim AMI geht es darum, feindselige (negative) bzw. wohlwollende (positive) Einstellungen gegenüber Männern zu messen (HM und BM). AMI und ASS unterscheiden sich also lediglich in der Zielgruppe sexistischer Einstellungen. Beispielitems finden sich in **Box 3.4**. In einer kulturvergleichenden Studie haben Glick, Lameiras, Fiske, Eckes, Masser, Volpato et al. (2004) den AMI in 16 Nationen verwendet. Sie stellten dabei fest, dass Ambivalenter Sexismus, ob nun gegenüber Frauen oder gegenüber Männern, mit Geschlechterungleichheit korreliert. Je niedriger der Sexismus (bei Männern wie Frauen), desto größer die Geschlechtergleichstellung in einer Nation und umgekehrt, je höher der Sexismus, desto niedriger die Geschlechtergleichstellung (s. **Tab. 3.1**).

**Tab. 3.1:** Zusammenhang von benevolentem und hostilem Sexismus gegenüber Männern und Frauen mit nationalen Indices der Geschlechtergleichstellung (Glick et al., 2004)

| | Männer | | Frauen | |
|---|---|---|---|---|
| | GDI | GEM | GDI | GEM |
| HM | -.51* | -.45+ | -.65** | -.66** |
| BM | -.62** | -.63** | -.53* | -.56* |
| HS | -.41+ | -.50* | -.69** | -.46+ |
| BS | -.69** | -.44+ | -.69** | -.53* |

*Anmerkungen.* GDI = Gender Development Index der Vereinten Nationen: je niedriger, desto größer die Geschlechterungleichheit im Zugang zu nationalen Ressourcen wie Bildung und Einkommen; GEM = Gender Empowerment Measure der Vereinten Nationen: je niedriger, desto weniger Frauen sind in oberen Hierarchieebenen von Wirtschaft, Wissenschaft und Politik zu finden; HM = hostiler Sexismus gegenüber Männern; BM = benevolenter Sexismus gegenüber Männern; HS = hostiler Sexismus gegenüber Frauen; BS = benevolenter Sexismus gegenüber Frauen; $+p < .10$; $*p < .05$; $**p < .01$.

Auch konnten sie das aus der Stereotypenforschung bekannte Phänomen bestätigen, dass Frauen mit positiveren stereotypen Eigenschaften wahrgenommen werden als Männer (vgl. Kap. 1), dass aber Männer mit Stärke und Macht in Verbindung gebracht werden, Frauen hingegen mit Soziabilität und Emotionalität. Das insgesamt positivere Stereotyp von Frauen besteht also auf der Ebene der sozialen Kompetenzen, nicht etwa der Machtbeziehungen. Insgesamt zeigt sich, dass sexistische Einstellungen Geschlechterungleichheit unterstützen, indem sie Männern nach wie vor die strukturelle Macht zusichern.

**Box 3.4**

**Das Inventar des Ambivalenten Sexismus gegenüber Männern (AMI) von Glick und Fiske (1999) in der deutschen Fassung von Eckes (2001)**
Ähnlich dem ASS wurden zwei Subskalen zur Erfassung benevolenter und hostiler Einstellungen gegenüber Männern entwickelt. Die beiden Subskalen enthalten jeweils 10 Items, die auf sechsstufigen Likert-Skalen von 0 (*stimme überhaupt nicht zu*) bis 5 (*stimme sehr zu*) zu beantworten sind. Die interne Konsistenz der Skalen liegt zwischen .80 und .86. Frauen erreichen höhere Werte auf beiden Subskalen als Männer und höhere Werte in HM als in BM, während bei Männern die Werte auf beiden Subskalen ungefähr gleich hoch sind. Die Subskalen korrelieren bei beiden Geschlechtern und sie korrelieren auch mit den entsprechenden Subskalen der ASS. Insgesamt ergeben sich hohe Korrelationen mit Einstellungsskalen, die Traditionalismus versus Liberalismus erfassen. Glick et al. (2004) berichten für die männlichen Probanden der deutschen Stichprobe Korrelationen von .25 (HM-BS) bis .57 (HS-BM), lediglich HS-BS korrelierten nicht. Bei den weiblichen Probanden korrelierten die Skalen zwischen .31 (HM-BM) und .69 (BM-BS). Es zeigte sich außerdem, dass wohlwollender Sexismus bei Frauen stärker mit traditionellen Geschlechtsrolleneinstellungen korreliert war als bei Männern.

*Beispielitems der BM-Skala*
- Auch wenn beide Ehepartner berufstätig sind, sollte die Frau darauf achten, zu Hause für ihren Mann zu sorgen.
- Männer behalten bei Notfällen eher den Überblick als Frauen.
- Eine Frau kann im Leben erst richtig glücklich sein, wenn sie eine tiefe und dauerhafte Beziehung zu einem Mann hat.

*Beispielitems der HM-Skala*
- Männer wären in dieser Welt verloren, wenn Frauen ihnen nicht den Weg weisen würden.
- Männer versuchen üblicherweise, in Gesprächen mit Frauen die Oberhand zu gewinnen.
- Männer werden stets dafür kämpfen, mehr Macht in der Gesellschaft zu haben als Frauen.

Abschließend ist festzuhalten, dass Geschlechtsrolleneinstellungen sich auf unterschiedliche Bereiche beziehen können. Die größte Beachtung haben in der Vergangenheit zum einen die geschlechtstypische Arbeitsteilung in Beruf und Familie gefunden, und zum anderen die interpersonellen Beziehungen zwischen Männern und Frauen, die im Konstrukt des ambivalenten Sexismus Berücksichtigung fanden. Die entsprechenden Skalen korrelieren miteinander, messen also gemeinsame, aber dennoch je spezifische Aspekte (McHugh & Frieze, 1997).

# 4 Theoretische Ansätze zur Erklärung von Geschlechterunterschieden im Verhalten

Die Leser/innen dieses Buches mögen sich vielleicht die Frage stellen, inwieweit Geschlechterunterschiede im Verhalten im Wesentlichen durch gesellschaftliche Einflüsse erklärbar sind und/oder, ob nicht auch andere Erklärungsansätze von Bedeutung sind. Liegt es Frauen und Männern in den Genen? Hat sich geschlechtstypisches Verhalten im Laufe unserer Evolution entwickelt? Inwieweit beeinflussen Geschlechtshormone unser Verhalten? Oder sind die Verhaltensunterschiede das Ergebnis unterschiedlicher Sozialisation? Definieren Gesellschaften, was es bedeutet eine Frau oder ein Mann zu sein? Erziehen wir unsere Kinder entsprechend, belohnen wir rollenkonformes Verhalten, so dass Abweichungen erschwert werden? Wie in vielen anderen Bereichen der Psychologie lässt sich Verhalten auch im Zusammenhang mit Geschlecht nicht monokausal erklären.

Die unseres Erachtens umfassendste Theorie, mittels derer Geschlechterunterschiede im Verhalten erklärt werden können, ist die biosoziale Geschlechtsrollentheorie von Eagly und Wood (2011; Wood & Eagly, 2010). Diese Theorie behandelt verschiedene Verhaltensdeterminanten, die auf biologischer, gesellschaftlicher und auf individueller Ebene zu finden sind. Diese Determinanten sind in **Abbildung 4.2** (S. 99) schematisch dargestellt. Die Theorie entstand nicht in einem Schritt. Zunächst entwickelte Alice Eagly (1987) ihre „soziale Geschlechtsrollentheorie". Diese erklärt Geschlechterunterschiede im Verhalten über die Qualitäten von Geschlechterrollen, welche durch die Arbeitsteilung zwischen den Geschlechtern definiert werden (s. Kap. 4.3.1). Erst in einem zweiten Schritt begannen Eagly und Wood Ursachen für die Existenz der Arbeitsteilung der Geschlechter zu untersuchen. Es schien ihnen vor allem wichtig, sich mit evolutionspsychologischen (z. B. Buss & Kenrick, 1998; Kenrick, Trost & Sundie, 2004) und sozial konstruktivistischen (z. B. Gergen, 2001) Erklärungsansätzen auseinanderzusetzen, die jede für sich eine Reihe von Geschlechterunterschieden im Verhalten auf unterschiedliche Weise erklären.

## 4.1 Evolutionstheoretische Erklärungsansätze

Evolutionstheoretiker betrachten das Entstehen von Geschlechterunterschieden im Verhalten als eine Folge der Überlebens- und Reproduktionsstrategien unserer Vorfahren. Die Theorie wurde von Darwin (1859) begründet. Dieser formulierte folgende drei Annahmen: 1. Alle Lebewesen kämpfen um zu überleben. Dieser Überlebenskampf wird durch Ressourcenknappheit bedingt. Innerhalb einer Spezies sind Individuen im Überlebenskampf unterschiedlich erfolgreich. 2. Charakteristika werden innerhalb einer Spezies vererbt, wodurch es zu einer Differenzierung von Individuen hinsichtlich dieser Charakteristika kommt. 3. Vor allem die Individuen, die sich im Überlebenskampf durchsetzen, vererben ihre (Erfolg bringenden) Charakteristika an ihre Nachkommen. Die Nachkommenschaft mit den besten Charakteristika wird sich über Generationen leichter bewähren können und andere verdrängen. Diesen Prozess nannte Darwin *natürliche Selektion*. Anpassungsprozesse beziehen sich nicht nur auf Eigenschaften, sondern auch auf Verhalten. Spezies, deren Verhalten am besten zum Überleben und zur Reproduktion geeignet ist, werden sich im Vergleich zu anderen besser durchsetzen.

Die größten Unterschiede innerhalb einer Spezies sind generell im Zusammenhang mit Geschlecht zu erkennen (Kenrick et al., 2004), da sich über alle Lebewesen hinweg weibliche und männliche Individuen voneinander unterscheiden. Darwin (1859) zeigte auf, dass über viele Spezies hinweg männliche Individuen entweder größer oder auffälliger sind als weibliche Individuen. Männliche Individuen sind auch mit größerer Wahrscheinlichkeit aggressiver als weibliche Individuen und neigen eher dazu, um die Vorherrschaft in einer Gruppe zu konkurrieren. Diese Unterschiede werden damit erklärt, dass weibliche und männliche Individuen unterschiedlichen Reproduktionsbedingungen unterliegen. Weibliche Säugetiere müssen aufgrund der Schwangerschafts- und Säugezeit mehr Aufwand in ihren Nachwuchs investieren. Vor allem bei Menschen ist Schwangerschaft und Stillzeit sehr zeitaufwendig und Kinder brauchen sehr lange, bis sie autonom überlebensfähig sind. Männliche Individuen müssen im Allgemeinen weniger Aufwand betreiben, um sich zu reproduzieren. Für sie ist es wichtig, sexuellen Zugang zu weiblichen Individuen zu haben. Über die meiste Spezies hinweg betrachtet, haben männliche Individuen mehr Nachkommen als weibliche (Kenrick et al, 2004).

Darwin (1859) definierte das Konzept der *sexuellen Selektion*, die dadurch entsteht, dass männliche und weibliche Individuen in unterschiedlichem Ausmaß in ihre Nachkommenschaft investieren müssen. Gemeint ist damit im Wesentlichen, dass sich die Eigenschaften und Verhaltensweisen eher weitervererben, wenn sie sich bei der Partnerwahl bewähren. Bevorzugen weibliche Individuen eher bunte Partner im Vergleich zu weniger farbigen, dann wird auch die Nachkommenschaft bunter werden. Generell ist die Partnerwahl für weibliche Individuen wichtiger als für männliche. Ihre Nachkommenschaft wird umso überlebensfähiger sein, je bessere Eigenschaften sie durch den Vater mitbekommt.

Die menschliche Spezies ist insofern besonders, als Frauen für ihren Nachwuchs besonders viele Ressourcen und Schutz brauchen. Männer investieren in ihre Nachkommenschaft, indem sie diese mit den Ressourcen versorgen, die sie zum Überleben brauchen. Frauen tendieren dazu, sich Partner zu wählen, die ihnen diese Ressourcen zur Verfügung stellen können. Dies sind Männer mit hohem Ansehen und Macht. Männer bevorzugen bei der Partnerwahl Frauen, die ihnen gesunde Nachkommen gebären können. Dies sind Frauen im jungen Alter. Jugend und körperliche Gesundheit sind entsprechend wesentliche Eigenschaften von Frauen, die für Männer attraktiv sind. Dieselben Eigenschaften an Männern sollten für Frauen weniger wichtig sein. Da Männer relativ viel in das Wohlergehen ihrer Nachkommenschaft investieren, erscheint es sinnvoll, dass es ihnen wichtig ist, dass der Nachwuchs auch tatsächlich der ihre ist. Evolutionstheoretiker nehmen an, dass man so die typisch männliche Neigung zur sexuellen Eifersucht erklären kann. Frauen neigen dagegen eher zu einer emotionalen Eifersucht dann, wenn Männer anderen Frauen gegenüber Gefühle zeigen. Dies wird dadurch erklärt, dass eine emotionale Bindung des Mannes an eine andere Frau möglicherweise einen Abzug an Ressourcen und Schutz vom eigenen Nachwuchs bedeutet. Generell nehmen Evolutionstheoretiker an, dass die genannten Bedingungen für unsere Vorfahren universell gültig waren. Allerdings ist es auch möglich, dass spezifische Bedingungen Anpassungen erfordert haben, die wiederum für eine erfolgreiche Evolution von Vorteil waren. Dadurch kann erklärt werden, dass das Verhalten von Frauen und Männern in Abhängigkeit vom *Kontext* variiert. Auch Umweltfaktoren und die Lebensgeschichte können die durch die Evolution entstandene genetische Vorprogrammierung verändern.

## 4.2 Sozial-konstruktivistische Erklärungsansätze

Im Gegensatz zu den evolutionstheoretischen Erklärungen gehen sozial-konstruktivistische Ansätze davon aus, dass Geschlechterunterschiede im Verhalten gesellschaftlich „konstruiert" sind. Gergen (2001) nennt zwei zentrale Annahmen sozial-konstruktivistischer Theorien: 1. Unser Verständnis davon, wie unsere Welt ist, wird durch die Beziehungen zwischen Individuen produziert, wobei Sprache eine wesentliche Rolle spielt. 2. Durch Kommunikation wird soziale Realität entworfen, erhalten, verändert und zerstört. Demnach ist die Welt, wie wir sie sehen und verstehen, vorwiegend eine soziale Konstruktion. Auch Geschlecht als Kategorie sei eine rein gesellschaftliche Erfindung. Diese entsteht auf Basis von Sprache, die Menschen benutzen, um ihre Welt zu beschreiben. Es gibt keine Wahrheit unabhängig von gesellschaftlich geteiltem Wissen hinsichtlich der Bedeutung von Worten. Ungleichheiten der Geschlechter werden durch Sprache gefestigt und weitergegeben. Biologische Grundlagen spielen laut diesen Theorien keine wesentliche Rolle für die Erklärung von geschlechtstypischem Verhalten. Eine entsprechende Tradition in der Soziologie betont die Wichtigkeit von sozialen Rollen. Nehmen Personen eine Rolle ein, richtet sich ihr Verhalten nach den Erwartungen, die an die Rollenträger innerhalb einer Gesellschaft herangetragen werden. Frauen und Männer entsprechen demnach in ihrem Verhalten den gesellschaftlich vorgegebenen Rollen („doing gender"; vgl. West und Zimmermann, 1987). Alle sozial-konstruktivistischen Theorien verbindet die Annahme, dass es keine allgemeingültige Gesetzmäßigkeit für die gesellschaftliche Definition von Geschlecht gibt. Geschlechterrollen sind daher nur in ihrer spezifischen Zeit und Kultur zu sehen und können sich jederzeit ändern bzw. neu konstruiert werden.

## 4.3 Die biosoziale Geschlechtsrollentheorie

Die biosoziale Geschlechtsrollentheorie berücksichtigt sowohl biologische als auch soziale Determinanten für geschlechtstypisches Verhalten (Eagly & Wood, 2011; Wood & Eagly, 2002, 2010). Im Folgenden soll nun getrennt auf die verschiedenen Ebenen der Theorie eingegangen werden (s. **Abb. 4.2**). Zunächst wird das Herzstück der Theorie dargestellt, welches in der ursprünglich von Eagly (1987) formulierten sozialen Geschlechtsrollentheorie liegt (4.3.1). Anschließend erklären wir kurz, wie auf individueller Ebene selbstbezogene, sozial regulative und hormonelle Prozesse für die Entstehung von geschlechtstypischem Verhalten verantwortlich sind (4.3.2). Dabei werden wir nur mehr auf hormonelle Prozesse ausführlicher eingehen, da die anderen bereits in den Kapiteln 1 und 2 behandelt wurden. Unter 4.3.3 werden danach die als ursächlich angesehenen biologischen und gesellschaftlichen Bedingungen für die Entstehung einer Arbeitsteilung der Geschlechter und im Weiteren für die Entstehung von Geschlechterrollen und Geschlechterstereotypen ausführlich behandelt. Schließlich wird von einer kulturübergreifenden Studie berichtet (4.3.4), mittels derer die beiden Autorinnen ihre Theorie auf den Prüfstand gegen die beiden unter 4.1 und 4.2 beschriebenen theoretischen Ansätze stellten (Wood & Eagly, 2002). Diese Studie konnte demonstrieren, dass die biosoziale Geschlechtsrollentheorie vorrangig geeignet ist, Unterschiede und Ähnlichkeiten im Verhalten von Frauen und Männern zu erklären.

### 4.3.1 Geschlechterrollen als Determinanten von geschlechtstypischem Verhalten

Eagly (1987) basierte ihre Ausführungen auf den Ergebnissen einer Reihe von Metaanalysen, eine Methode, die gerade zu der Zeit in den 1970er und 1980er Jahren vermehrt Geschlechterunterschiede im Verhalten beleuchtete. Dabei werden die Ergebnisse von mehrerenStudien zu einer bestimmten Fragestellung (z. B. Geschlechterunterschiede im aggressiven Verhalten) zusammengefasst und die Stärke des Effekts (der Unterschiede) über einen standardisierten Differenzwert (z. B. *d*) quantifiziert (vgl. Kap. 5.1). Obwohl viele der analysierten Unterschiede eher gering waren, konnten sie dennoch nicht als trivial bezeichnet werden und es entstand Erklärungsbedarf. Vor allem hatte sich gezeigt, dass Geschlechterunterschiede kontextabhängig waren. So verhielten sich Frauen und Männer z. B. in gemischtgeschlechtlichen Gruppen anders als in gleichgeschlechtlichen. Bedeutsamkeit kann den gezeigten Geschlechterunterschieden im Verhalten trotz geringer Effektstärken deswegen zugesprochen werden, weil sie sich repliziert in einer Vielzahl von Studien zeigten. Es gab in den 1980er Jahren auch eine große Anzahl an Studien zu Geschlechterstereotypen, die zeigten, dass Frauen und Männern ganz spezifische Charakteristika bzw. Unterschiedlichkeiten zugesprochen werden (z. B. Rosenkrantz et al., 1968; Spence et al., 1974; vgl. auch Kap. 1). Die von Eagly formulierte Theorie baute ebenfalls auf diesen Befunden auf bzw. vor allem darauf, dass Geschlechterstereotype mit tatsächlich gefundenen Geschlechterunterschieden im sozialen Verhalten und in Eigenschaften von Frauen und Männern einhergehen (z. B. Eagly & Wood, 1991; Hall & Carter, 1999; Swim, 1994). Der Zusammenhang zwischen Geschlechterstereotypen und Verhalten bekommt besondere Bedeutung, wenn man bedenkt, dass im Allgemeinen Beobachtende dazu neigen, aus dem Verhalten auf stabile Persönlichkeitseigenschaften von Individuen zu schließen. Dieses bereits in Kapitel 1.3.2 beschriebene Phänomen wird als „Korrespondenzverzerrung" (correspondence bias) bezeichnet. Das führt dazu, dass Beurteiler gesellschaftlich bedingte Einflüsse (z. B. die Geschlechtsrollenerwartungen) oder kontextuelle Bedingungen (z. B. die Gruppenzusammensetzung) für die Beurteilung von Verhalten vernachlässigen. Dadurch werden stabile situationsübergreifende Erwartungen, wie es Stereotype sind, gestützt und bestätigt.

Ein weiterer wesentlicher Hintergrund für die Geschlechtsrollentheorie stellte die soziologische Wissenschaftstradition dar, die sich intensiv mit sozialen Rollen auseinandersetzte (vgl. Stryker & Statham, 1985). Soziale Rollen werden als zentrale integrative Konzepte definiert, die eine wesentliche Verbindung zwischen Individuum und Gesellschaft darstellen (Eagly & Wood, 2011). Innerhalb von Gesellschaften besteht sozialer Konsensus hinsichtlich der Erwartungen an Rollenträger. Solche Erwartungen haben normativen Charakter (siehe auch Kap. 1.2). Rollenträger sind sich dieser Erwartungen bewusst und richten sich mehr oder weniger in ihrem Verhalten danach. Insofern kann die Zugehörigkeit zu einer sozialen Rolle Verhalten determinieren. Vor allem die bereits in Kapitel 1.1 und 1.2 beschriebene Arbeit der Soziologen Parsons und Bales (1955) ist ein wesentlicher Hintergrund für die Entwicklung der Geschlechtsrollentheorie. Allerdings muss man klarstellen, dass die Geschlechterrollen, wie sie von diesen beiden Autoren beschrieben wurden, ein Bild zeichnen, das für die Zeit um 1950 Geltung hatte und für die heutige Zeit nur mehr bedingt anwendbar ist. Eine Annahme der sozialen Geschlechtsrollentheorie ist zudem, dass Rollen sich mit der Zeit ändern können, wenn sich die Anforderungen an Rollenträger und damit auch die gesellschaftlichen Erwartungen ändern. Allerdings gehen solche Änderungen nur schwerfällig vonstatten und vor allem die moderne Geschlechterstereotypenforschung zeigt, dass diese sich bis heute noch kaum geändert haben (z. B. Hosoda & Stone, 2000; Spence & Buckner, 2000).

Die soziale Geschlechtsrollentheorie erklärt Geschlechterunterschiede im Verhalten vorwiegend über die vorherrschende Arbeitsteilung der Geschlechter in einer Gesellschaft. Betrachtet man verschiedene soziale Rollen in heutigen westlichen Gesellschaften, so sind manche überwiegend Frauen zugeordnet, andere überwiegend Männern. Vor allem die Hausarbeit bzw. die Kinder- und Altenpflege liegt in Frauenhand. Männern wird herkömmlich die Rolle der Ernährer und Beschützer zugesprochen. Aber auch innerhalb der Berufswelt findet sich eine Geschlechtertrennung, da bestimmte Berufe stärker von Frauen und andere Berufe stärker von Männern frequentiert sind. Beruflicher Erfolg ist in diesen Sparten mit unterschiedlichen Eigenschaften verbunden (z. B. Cejka & Eagly, 1999). In von Männern dominierten Berufen gelten maskuline Eigenschaften als wichtig für Erfolg. In von Frauen dominierten Berufen sind feminine Eigenschaften wichtig. Hinzu kommen Statusunterschiede, die sich durch alle Gesellschaftsstrukturen ziehen. Frauen verdienen weniger als Männer, ihre Arbeit wird weniger geschätzt und man findet sie seltener in Führungspositionen (s. Kap. 5).

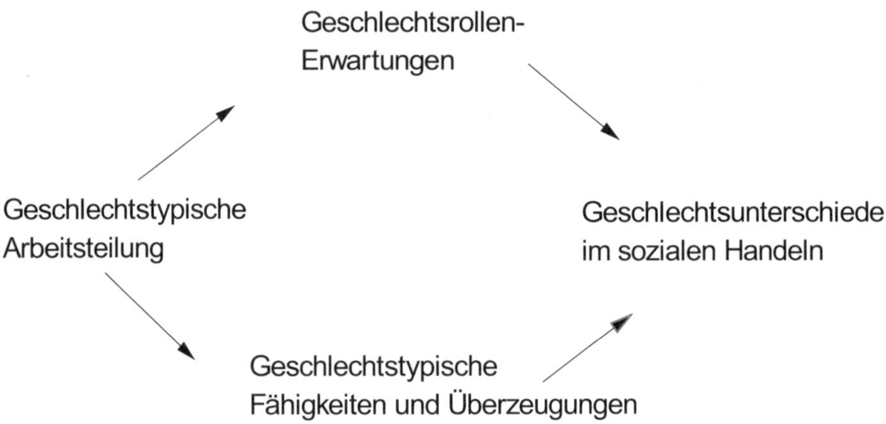


**Abb. 4.1:** Soziale Rollentheorie zur Erklärung von Geschlechterunterschieden im sozialen Handeln (nach Eagly, 1987, S. 32)

Eagly (1987; vgl. auch Eagly et al., 2000) postulierte, dass die gesellschaftlichen Gegebenheiten eine wesentliche Ursache für das Auftreten von geschlechtstypischem Verhalten sind (s. **Abb. 4.1**). Wichtig in diesem Zusammenhang ist, dass mit den Rollen bestimmte Handlungen und Verhaltensweisen verbunden sind. Männer und Frauen passen sich den sozialen Geschlechterrollen, die sie einnehmen, an und erwerben dadurch vor allem solche Fähigkeiten und Fertigkeiten, die sie dafür brauchen. Die Charakteristika, die für das Ausüben der Tätigkeiten notwendig sind, finden sich in den gesellschaftlich geteilten Geschlechterstereotypen wieder. Da Frauen etwa vorwiegend für die Erziehung und Pflege anderer verantwortlich sind, erlernen sie früh, sich um die Bedürfnisse anderer zu kümmern und sich fürsorglich zu verhalten. Sie werden auch generell als fürsorglich und beziehungsorientiert wahrgenommen. Männer, die herkömmlich vor allem für den Schutz und die Versorgung verantwortlich sind, lernen eher sich durchzusetzen und unabhängig zu sein. Entsprechende Charakteristika werden ihnen zugeschrieben.

### 4.3.2 Geschlechterrollen im Zusammenhang mit hormonellen, selbstbezogenen und sozialen Regulationsprozessen

Laut Wood und Eagly (2002, 2010; Eagly & Wood, 2011) gibt es drei vermittelnde Prozesse, die dafür verantwortlich sind, dass Geschlechterrollen zu Geschlechterunterschieden im Verhalten führen (vgl. **Abb. 4.2**). Diese sind 1. hormonelle, 2. selbstbezogene und 3. sozial regulative Prozesse. Zu selbstbezogenen und sozial regulativen Prozessen sind wir bereits ausführlich in den vorangegangenen Kapiteln eingegangen. Geschlechterrollen sind wesentlich für die Entwicklung von Selbstwissen (vgl. Kap. 2). Individuen internalisieren Geschlechterstereotype in unterschiedlichem Ausmaß. Je zugänglicher in einer Situation geschlechtsbezogenes Selbstwissen ist, desto wahrscheinlicher wird sich eine Person entsprechend verhalten (vgl. Wheeler et al., 2007). Zusätzlich ist es nach wie vor gegeben, dass Frauen und Männer sich in der chronischen Zugänglichkeit von geschlechtskongruentem Wissen unterscheiden (vgl. Hannover, 2000). Auch darin kann eine Ursache für Geschlechterunterschiede im Verhalten gesehen werden.

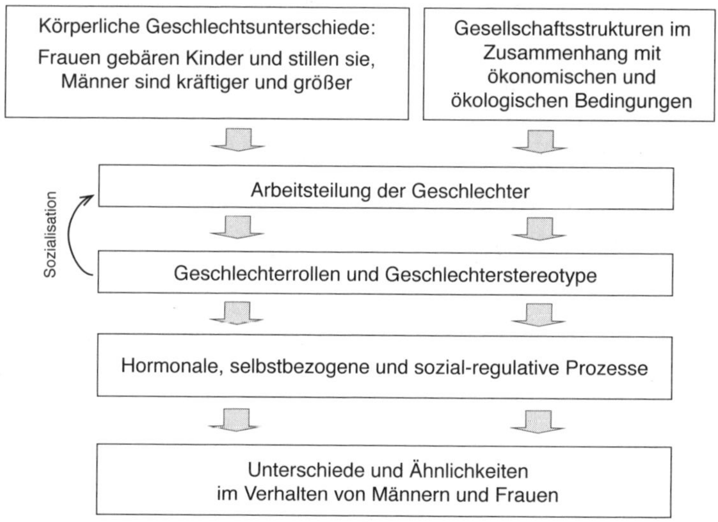


**Abb. 4.2:** Biosoziale Geschlechtsrollentheorie von Eagly und Wood (2011)

Ausführlich haben wir in Kapitel 1 über sozial regulative Prozesse berichtet, die dazu führen, dass Individuen sich geschlechtsrollenkonform verhalten. Von besonderer Bedeutung ist hier, dass Geschlechterstereotype präskriptiv wirken (Fiske & Steven, 1993) und daher Individuen fürchten müssen, sozial sanktioniert zu werden, wenn sie sich nicht geschlechtsrollenkonform verhalten. Ein Beispiel wäre der Backlash Effekt (Kap. 1.6.4), der besagt, dass Frauen und Männer soziale Sanktionen befürchten, was dazu führt, dass sie sich durch geschlechtsrollenkonformes Verhalten dagegen zu schützen suchen. Ein anderes Beispiel ist die Stereotypenbedrohung (Kap. 1.6.5, Abschnitt „Stereotypenbedrohung"). Auch hier wird durch die situative Aktivierung von Geschlechterstereotypen stereotypes Verhalten ausgelöst. Diese Beispiele zeigen die soziale Macht von geschlechtsstereotypen Erwartungen. Einerseits werden durch diese Prozesse Geschlechterstereotype stabilisiert und über die Zeit erhalten. Andererseits bedingen diese Prozesse das Entstehen von Geschlechterunterschieden im Verhalten.

*Hormonelle* Einflüsse haben wir bislang nicht betrachtet, da der Fokus dieses Buches eher auf soziale Prozesse und weniger auf biologische Prozesse gerichtet ist. Allerdings ist es wesentlich zu sagen, dass Geschlechterrollen Verhalten auch über die Steuerung der Sexualhormone Testosteron und Oxytocin beeinflussen können (Wood & Eagly, 2010). Man kann annehmen, dass Hormone nicht nur verhaltensauslösend wirken, sondern auch reaktiv ausgeschüttet werden als Folge von bestimmten situativen Gegebenheiten bzw. davon, wie Personen die Situation bewerten. *Testosteron* wird generell mit Verhalten, das zum Erwerb und zur Aufrechterhaltung von sozialem Status dient, sowie mit dominantem, aggressivem und riskantem Verhalten in Verbindung gesetzt. Diese Verhaltensweisen gelten allgemein als typisch männlich und sind mit Erwartungen an die männliche Geschlechterrolle verbunden. Situationen, die in diesem Zusammenhang relevant sind, können Veränderungen des Testosteronspiegels bewirken. So kann man z. B. davon ausgehen, dass der Testosteronspiegel sich in Abhängigkeit von der Statuswahrnehmung situativ verändert (vgl. Booth et al., 2006). Hausmann et al. (2009) fanden, dass die experimentelle Aktivierung von Geschlechterstereotypen bei Männern im Zusammenhang mit einer Erhöhung des Testosteronspiegels und in der Folge mit besseren kognitiven Leistungen stand. *Oxytocin* dagegen steht im Zusammenhang mit typisch weiblichem Beziehungsverhalten (Campbell, 2008). Individuen reagieren mit einer Erhöhung des Oxytocinspiegels in Situationen, die Beziehungsverhalten hervorrufen. Man darf annehmen, dass Individuen in Situationen, in denen geschlechtsstereotype Erwartungen an sie herangetragen werden bzw. in denen ihr Geschlechtsrollen-Selbstkonzept aktiviert wird, mit einer Veränderung des Sexualhormonspiegels reagieren. Diese Veränderung sollte dann die Auftretenswahrscheinlichkeit von Verhalten, das mit den Hormonen assoziiert wird, erhöhen oder verringern.

Abschließend kann resümiert werden, dass Geschlechterrollen über verschiedene Prozesse psychologisch wirksam werden. Erstens sind sie gesellschaftlich verankert und beeinflussen über interpersonale Erwartungshaltungen bzw. Belohnungen und Bestrafungen das Verhalten von Individuen. Zweitens sind sie wesentlicher Bestandteil des Selbstkonzepts und somit mit Verhalten assoziiert. Drittens sind hormonale Funktionen sensitiv auf geschlechtsrollenbezogene Wahrnehmungen und Reaktionen von Individuen. Diese drei Aspekte funktionieren interaktiv und sind alle relevant für das Entstehen von geschlechtstypischem Verhalten.

### 4.3.3 Ursachen der Entstehung einer Arbeitsteilung zwischen Frauen und Männern

Eagly und Wood (2011) postulieren zwei wesentliche Ursachen für das Entstehen herkömmlicher Geschlechterrollen. Diese liegen erstens in den körperlichen Unterschieden zwischen Frauen und Männern. Für Geschlechterrollen von besonderer Bedeutung ist zum einen, dass Frauen Kinder gebären und diese stillen und zum anderen, dass Männer größer und kräftiger als Frauen sind. Zweitens, so postulieren die Autorinnen, beeinflussen soziale, ökonomische, ökologische und technologische gesellschaftliche Bedingungen die Arbeitsteilung, da je nach Bedingungen bestimmte Aktivitäten effizienter von einem Geschlecht ausgeführt werden können als vom anderen.

Frauen sind durch die Zeit der Schwangerschaft und des Stillens nicht in der Lage, bestimmte Tätigkeiten genauso gut auszuführen wie Männer. Dies gilt vor allem für Tätigkeiten, die eine schnelle Fortbewegung, länger dauernde Zuwendung, extensives Training oder ein längeres Fernbleiben von zu Hause erfordern. In frühen Jäger- und Sammlerkulturen sowie in Gesellschaften, die vorwiegend vom Anbau oder Viehzucht lebten, konnten Frauen sich nicht so sehr an Tätigkeiten wie Großwildjagden, Kriegsführung oder Ackerbau beteiligen. Stattdessen führten Frauen vorwiegend Tätigkeiten aus, die mit der Kinderbetreuung vereinbar waren. Diese Tätigkeiten waren stärker an den Haushalt gebunden und schränkten ihre Mobilität ein. Die Arbeitsteilung zwischen Männern und Frauen richtete sich also grundsätzlich danach, welche Aufgaben diese aufgrund ihrer körperlichen Voraussetzungen besser verrichten konnten. Wie die Arbeitsaufteilung genau aussieht, richtet sich nach den gesellschaftlichen Bedingungen und kann sich über verschiedene Gesellschaften hinweg unterscheiden (vgl. Wood & Eagly, 2002).

Ein wesentlicher Aspekt von Geschlechterrollen ist eine hierarchische Ordnung, die im Allgemeinen das männliche Geschlecht als erstrangig, das weibliche Geschlecht als zweitrangig einstuft. Auch die Existenz einer Geschlechterhierarchie leitet sich nach der biosozialen Geschlechtsrollentheorie von den Arbeitsaufteilungen in vielen Gesellschaften ab. *Patriarchalische Systeme* entstanden erst in Gesellschaften mit höherer ökonomischer und technologischer Entwicklung (Wood & Eagly, 2002). Diese Entwicklung brachte es mit sich, dass die von Männern ausgeführten Tätigkeiten (z. B. Kriegsführung) einen höheren Stellenwert bekamen und ihnen auch leichteren Zugang zu Ressourcen sicherten. Die von Frauen ausgeführten Tätigkeiten verloren die bis dahin gängige Wertschätzung. Interessanterweise gab es vor allem in frühen Sammlerkulturen mit wenig entwickelter Technologie noch eher egalitäre Geschlechterstrukturen. In modernen westlichen Gesellschaften hat sich die Arbeitsteilung und Geschlechterhierarchie wieder gelockert. Der Grund dafür wird darin gesehen, dass körperliche Unterschiede von Frauen und Männern nicht mehr eine vorrangige Rolle spielen. Frauen haben die Möglichkeit, Empfängnis zu kontrollieren. Kinder müssen nicht unbedingt gestillt werden und viele Gesellschaften bieten Kinderbetreuung vom Babyalter an. Körpergröße und Stärke haben an Bedeutung verloren und so haben auch Frauen vermehrt

Zugang zu Status und Machtressourcen. Dennoch findet sich auch in modernen Gesellschafen noch immer eine Arbeitsteilung zwischen Frauen und Männern und auch eine Geschlechterhierarchie, wie wir bereits ausführlich in Kapitel 1 dargelegt haben.

### 4.3.4 Eine kulturvergleichende Studie von Wood und Eagly (2002)

Wood und Eagly (2002) betrachteten in einem Überblicksartikel kulturvergleichende Studien, denen gemeinsam war, dass sie geschlechtstypisches Sozialverhalten zum Inhalt hatten. Dieser Ansatz eignet sich gut, um evolutionstheoretische, sozial-konstruktivistische sowie die Annahmen der biosozialen Geschlechtsrollentheorie zu überprüfen. Evolutionstheorien würden ja eher annehmen, dass ihre Hypothesen kulturübergreifend zum Tragen kommen und sich wenige Unterschiede zwischen den Gesellschaften zeigen sollten (vgl. Kap 4.1). Sozial-konstruktivistische Theorien würden eher annehmen, dass jede Gesellschaft ihre eigenen Gesetzmäßigkeiten entwickelt und daher eher große Unterschiedlichkeiten existieren sollten (vgl. Kap. 4.2). Ein kulturübergreifender Vergleich von Geschlechterunterschieden im Verhalten zeigt demnach auf, inwieweit die Unterschiede konsistent und kulturunabhängig auftreten, was auf biologische Ursachen schließen lässt, oder aber ob Unterschiede sozial konstruiert sind.

Wood und Eagly (2002) basierten ihre Analysen auf ethnografischen Aufzeichnungen für nicht-industrielle Gesellschaften. Diese Daten wurden über viele Jahre von Anthropologen, die diese Gesellschaften besucht hatten, gesammelt und aufgezeichnet. Die vergleichenden Analysen durch Wood und Eagly bestätigten weitgehend und vorrangig die Annahmen der biosozialen Geschlechtsrollentheorie, wonach Geschlechterunterschiede im Verhalten einerseits auf körperliche Unterschiede von Männern und Frauen, andererseits auf ökonomisch bzw. ökologisch bedingte Gesellschaftsstrukturen zurückzuführen sind (s. **Tab. 4.1**). Der kulturübergreifende Vergleich verschiedener nicht-industrieller Gesellschaften zeigte, dass generell eine Arbeitsteilung zwischen Frauen und Männern gefunden werden kann. Diese Arbeitsteilung ist primär danach ausgerichtet, dass Frauen ihre Kinder zur Welt bringen und großziehen können. Sekundär richtet sich die Arbeitsteilung danach, dass ein Vorteil aus der körperlichen Größe und Stärke der Männer gezogen werden kann. Es zeigte sich allerdings zusätzlich, dass die spezifischen Aufgaben, die den beiden Geschlechtern zugeteilt waren, in Abhängigkeit von ökologischen und ökonomischen Gegebenheiten der Gesellschaften variierten. So verrichteten Frauen durchwegs auch „männliche" Arbeiten, wenn dadurch nicht Schwangerschaft und Pflege der Kinder gestört war. Zum Beispiel finden sich Gesellschaften, in denen Frauen sich auch an der Großwildjagd beteiligen, eine Tätigkeit, die sonst nahezu ausschließlich Männern vorbehalten ist. Eine solche Gesellschaft mit jagenden Frauen sind die Aeta, ein indigenes Volk, das hauptsächlich in den abgesonderten, isolierten Bergregionen der Insel Luzon auf den Philippinen lebt (Goodman et al., 1985). In dieser Gesellschaft gehen

**Tab. 4.1:** Durchschnittlicher prozentualer Anteil von männlicher Beteiligung an Tätigkeiten und Aufgaben in 185 Kulturen (Daten von Murdoch, aufbereitet von Wood und Eagly, 2002)

| Vorwiegend maskuline Aktivitäten | Index (%) | Quasi-maskuline Aktivitäten | Index (%) | Sowohl maskuline als feminine Aktivitäten | Index (%) | Quasi-feminine Aktivitäten | Index (%) |
|---|---|---|---|---|---|---|---|
| Jagen großer Wassertiere | 100 | Schlachten | 92.3 | Feuer machen | 62.3 | Brennmaterial sammeln | 27.2 |
| Schmelzen von Eisenerz | 100 | Imkern | 91.7 | Körpermodifikationen | 60.8 | Getränkeherstellung | 22.2 |
| Metallbearbeitung | 99.8 | Roden | 90.5 | Herstellung von Fellen | 54.6 | Sammeln von Pflanzen | 19.7 |
| Holzfällen | 99.4 | Fischen | 86.7 | Getreideanbau | 54.4 | Milchprodukte herstel-len | 14.3 |
| Jagen großer Landtiere | 99.3 | Viehzucht | 82.4 | Herstellung von Lederprodukten | 53.2 | Spinnen | 13.6 |
| Waldarbeit | 98.8 | Hausbau | 77.4 | Ernten | 45.0 | Wäsche waschen | 13.0 |
| Vogelfang | 98.3 | Ackerbau | 73.1 | Getreidebearbeitung | 44.6 | Wasser holen | 8.6 |
| Herstellung von Musikinstrumenten | 97.6 | Seile und Kordeln herstellen | 69.9 | Melken | 43.8 | Kochen | 8.3 |
| Fallen legen | 97.5 | Netze herstellen | 71.2 | Körbe flechten | 42.5 | Essen zubereiten | 5.7 |
| Schiffsbau | 96.6 | | | Lasten tragen | 39.3 | | |
| Steinmetz | 95.9 | | | Tierhaltung (kleine Tiere) | 35.9 | | |
| Bearbeiten von Kno-chen, Horn, Muscheln | 94.6 | | | Fleisch oder Fisch verarbeiten | 32.9 | | |
| Minenarbeit | 93.7 | | | Weben | 32.5 | | |
| Knocheneinrenken | 92.7 | | | Herstellung von Kleidung | 22.1 | | |

Frauen in jedem Reproduktionsstadium (ausgenommen kurz vor bzw. nach der Geburt) auf die Jagd, vorwiegend nach Wildschweinen und Hochwild. Die Frauen jagen in Gruppen und verwenden Jagdhunde zur Unterstützung. In einigen Gegenden verwenden sie Buschmesser, in anderen eher Pfeil und Bogen. Männer jagen im Allgemeinen allein. Die Jagdgruppen der Frauen bestehen vorwiegend aus weiblichen Verwandten und nur selten auch aus Männern. Erklärbar ist das Verhalten der Frauen dadurch, dass in dieser Region Wild bereits in der Nähe der Wohnsiedlungen zu finden ist, so dass die Frauen ihre Kinder nicht länger verlassen müssen, wenn sie zur Jagd gehen. Einige Frauen nehmen ihre Kinder mit zur Jagd oder andere schauen auf frisch vom Stillen entwöhnte Kinder, solange deren Mutter auf der Jagd ist. Somit lässt sich die Jagdtätigkeit mit der Kinderpflege verbinden.

Generell fanden Wood und Eagly (2002), dass soziale und umweltbezogene Faktoren die reproduktionsbedingten Einschränkungen der Möglichkeiten von Frauen, bestimmte Tätigkeiten auszuführen, moderierten. Zum Beispiel werden in manchen Gesellschaften die Babys relativ früh zugefüttert und somit ihren Müttern die Möglichkeit gegeben, sich auch Tätigkeiten zu widmen, die mit einer reinen Stillernährung nicht machbar wären (Nerlove, 1974). Die Ergebnisse legen nahe, dass biologische und sozial-strukturelle Gegebenheiten in Interaktion mit Umweltbedingungen die Arbeitsteilung der Geschlechter und damit die Geschlechterrollen definieren. Es zeigte sich, dass unabhängig von den geschlechtsbezogenen körperlichen Charakteristiken Frauen und Männer über die psychische Flexibilität verfügen, die sie befähigt, einen großen Umfang von sozialen Rollen auszufüllen.

Die Studie von Wood und Eagly (2002) ermöglichte auch interessante Einblicke in Determinanten patriarchalischer Gesellschaftsformen. Wesentlich in diesem Zusammenhang sind Gesellschaftsstrukturen, bei denen wichtige Produktionsprozesse nicht primär in den Haushalten stattfinden. Dies erschwert es Frauen, sich bei Produktionstätigkeiten einzubringen, womit sie im Vergleich zu Männern, die diese Tätigkeiten ausführen können, an Macht und Status verlieren. Das erklärt auch, warum weniger entwickelte Sammlerkulturen im Vergleich zu anderen nicht-industriellen, aber weiter entwickelten Kulturen eher zu egalitären Gesellschaftsformen tendieren. Entscheidend für die Ausprägung des Patriarchats ist auch, wie viel Anstrengung eine Gesellschaft in eine entsprechende Sozialisation ihrer Kinder legt. Je stärker ausgeprägt das Patriarchat in einer Gesellschaft, desto mehr werden Jungen dazu erzogen, sich dominant zu verhalten. Die Erziehung der Mädchen ist gänzlich auf deren zukünftige Mutterrolle und auf ihre Unterordnung gegenüber den Männern ausgerichtet. Es sind laut Wood und Eagly vor allem diese Sozialisationspraktiken einer Gesellschaft, welche die Rigidität der Geschlechterrollen und der Geschlechterhierarchie determinieren.

Die Analysen der Autorinnen fanden Ergebnisse von Untersuchungen, die sozial-konstruktivistische Annahmen bestätigen. So zeigte sich zum Beispiel, dass Macht- und Statushierarchien für die Größe der gefundenen Geschlechterunterschiede von Bedeutung sind. Auch die vorrangige Wichtigkeit von Sozialisationspraktiken für die Organisation der Geschlechter in einer Gesellschaft bestätigte sozial-konstruktivistische Annahmen. Allerdings weisen Wood und Eagly (2002) auch darauf hin, dass sozial-konstruktivistische Theorien keinen Beitrag zur Erklärung der Ursachen von Statushierarchien und Sozialisationspraktiken leisten, so wie es die biosoziale Geschlechtsrollentheorie tut.

Der kulturübergreifende Vergleich von nicht-industriellen Gesellschaften lieferte wenig Hinweise, die evolutionspsychologische Annahmen zur Entstehung von Geschlechterunterschieden im Verhalten stützen. Vor allem ließen sich keine generellen übergreifenden Verhaltensabläufe aufzeigen, die auf sexuelle Selektionsprozesse zurückzuführen wären, wie es Evolutionstheorien propagieren. Eine evolutionstheoretisch fundierte Annahme etwa ist, dass Frauen Männer als Partner auswählen, die ihnen für die Aufzucht ihrer Kinder Ressourcen zur Verfügung stellen und sie dabei unterstützen. Männer sollten daher bemüht sein, solche Ressourcen zu erwerben und im Wettstreit mit anderen Männern um die Gunst der Frauen stehen. Diese Annahmen entsprechen nicht den Befunden der kulturübergreifenden Studie, die zeigte, dass Frauen in vielen Gesellschaften wesentlich zum Unterhalt der Familie beitragen. Vor allem in Sammlergesellschaften waren es die Frauen, die vorrangig zur Versorgung beitrugen. Die Annahmen von Evolutionstheoretikern werden auch dadurch in Frage gestellt, dass patriarchalische Systeme nicht in allen Gesellschaften gelten, sondern sich erst in Begleitung von einer Vielzahl von ökonomischen und sozialen Gegebenheiten entwickelt haben, die Männer einen Status- und Machtvorteil brachten. Auch konnte die Annahme von Evolutionstheorien, dass Männer motiviert seien, die Sexualität von Frauen zu kontrollieren, um sich ihrer eigenen Vaterschaft zu versichern, nicht generell bestätigt werden. Vielmehr zeigte sich über die verschiedenen Gesellschaften diese Form der Kontrolle in unterschiedlichem Ausmaß. Es gab sogar Gesellschaften, in denen es Frauen freistand sexuelle Beziehungen mit mehreren Partnern zu pflegen. Die von Evolutionspsychologen/innen postulierten typischen Verhaltensweisen von Frauen und Männern scheinen demnach eher in höher entwickelten Gesellschaften aufzutreten als in weniger entwickelten Gesellschaften. Sexuelle Eifersucht und Kontrolle durch Männer entwickelte sich speziell in ökonomischen Strukturen, bei denen die Erbfolge über die männliche Linie definiert war. Dies machte es anscheinend erst wichtig, dass Männer sich ihrer Vaterschaft versichern mussten. Alternative evolutionspsychologische Theorien (z. B. Hrdy, 1997) werden durch die kulturvergleichende Studie allerdings unterstützt. Diese nehmen an, dass evolutionäre Prozesse in Interaktion mit sozialen Gegebenheiten das tatsächlich auftretende Verhalten von Individuen determinieren. Die im Rahmen der Evolution erworbenen Charakteristika sind demnach nur der Rahmen, innerhalb dessen sich Individuen in Abhängigkeit von ihrer vorgefundenen sozialen Umgebung bewegen können.

## 4.4 Die Theorie der Erwartungszustände (Expectation States Theory)

Die Arbeitsgruppe um den Soziologen Joseph Berger beschrieb bereits in den frühen 1970er Jahren die Theorie der Erwartungszustände (z. B. Berger, Cohen & Zelditch, 1972; Berger, Rosenholtz & Zelditch, 1980). Diese Theorie bezieht sich nicht auf Geschlechterunterschiede im Verhalten im engeren Sinne. Sie ist aber für die Erklärung von geschlechtstypischem bzw. statusrelevantem Verhalten wesentlich, da sie sich auf Verhalten in Abhängigkeit von Statusunterschieden und Hierarchien in Gruppen bezieht. Damit wird auch indirekt Geschlecht angesprochen, da bekanntlich Status- und Geschlechterstereotype im Zusammenhang stehen und Unterschiede in Gruppen auch auf die Geschlechtszugehörigkeit der Beteiligten zurückzuführen sind (Ridgeway & Bourg, 2004).

Die Theorie postuliert in ihrem Kern, dass Gruppenmitglieder Erwartungen darüber entwickeln, wie gut ihre eigenen Beiträge sowie die Beiträge der anderen Mitglieder für eine Zielerreichung geeignet sind. Diese Erwartungen definieren *Statusüberzeugungen*, also Überzeugungen z. B. darüber, wer in einer Gruppe gute Ideen hat, generell kompetent ist und wer die Führung übernehmen kann. Die Theorie überschneidet sich inhaltlich in manchen Dingen mit der biosozialen Geschlechtsrollentheorie von Eagly und Wood (2011), hat aber zu dieser einen Mehrwert, da sie das Zusammenspiel verschiedener statusrelevanter Charakteristika betrachtet. Entsprechend postulieren Berger und seine Mitarbeiter/innen, dass der tatsächliche Status einer Person in einer Situation ein Produkt aus verschiedenen statusrelevanten Charakteristika ist. Andere statusrelevante Charakteristika neben Geschlecht sind z.B. Ethnizität, Alter oder Berufszugehörigkeit. Insofern liefert die Theorie der Erwartungszustände Erklärungen für Prozesse, die zu einer Ungleichheit der Geschlechter in Gesellschaften in Interaktion mit anderen statusrelevanten Variablen führen. Sie liefert allerdings keine Erklärung für die Entstehung dieser Prozesse.

### 4.4.1 Statusüberzeugungen

Innerhalb verschiedener Gesellschaften gibt es im Allgemeinen übereinstimmende Meinungen darüber, wie verschiedene soziale Gruppen hierarchisch zueinander stehen. Statusüberzeugungen einer Gesellschaft beziehen sich auf Eigenschaften von Gruppenmitgliedern, die als wichtig für die Organisation sozialer Beziehungen angesehen werden. Statusüberzeugungen besagen, welchen Gruppen (bzw. ihren Mitgliedern) mehr Wertschätzung im Vergleich zu anderen Gruppen entgegengebracht wird. Auf diese Weise führen die Überzeugungen zusätzlich dazu, dass Ungleichheiten zwischen Gruppen innerhalb einer Gesellschaft legitimiert werden. Statusüberzeugungen beziehen sich vor allem auf Gruppen, deren Mitglieder kooperieren müssen, um Ziele zu erreichen. Dies gilt in besonderer Weise für die Geschlechtergruppen, da diese stärker voneinander abhängig sind, als dies bei anderen Gruppen der Fall ist (Rudman & Glick, 2008). Statusüberzeugungen werden im Laufe der Sozialisation erworben (Ridgeway & Bourg, 2004). Eigenschaften von Personen, die ihren Status in einer Interaktion aufgrund von Gruppenzugehörigkeiten definieren, werden als *Statuscharakteristika* bezeichnet (Berger, Ridgeway & Zelditch, 2002). Geschlecht ist ein wichtiges und gut sichtbares Statuscharakteristikum, wie wir bereits in den vorangegangenen Kapiteln ausführlich dargelegt haben.

Statusüberzeugungen werden im Allgemeinen über alle Gruppen hinweg geteilt und akzeptiert. Demnach sehen sowohl die bevorteilten als auch die benachteiligten Gruppenmitglieder die Statusunterschiede als soziale Realität und als gegeben an. Mitglieder der bevorteilten Gruppen befürworten die Unterschiede mehr als dies Mitglieder der benachteiligten Gruppen tun (Ridgeway et al., 1998). Ganz unabhängig davon, ob einzelne Individuen gegebene Statusunterschiede befürworten oder nicht, werden sie sich mit der Tatsache konfrontiert sehen, dass die meisten anderen sie auf Basis von Statusüberzeugungen bewerten. So lässt sich beispielsweise erklären, warum eine männliche Führungsperson erfolgreicher seine Anweisungen in einer Arbeitsgruppe durchsetzt als eine weibliche Führungsperson (**Box 4.1**).

**Box 4.1**

**Unterschiedliche Statuscharakteristika beeinflussen sich gegenseitig**
Ridgeway, Johnson und Diekema (1994) testeten in gleichgeschlechtlichen Dyaden die Hypothese, dass die Anweisungen einer Person mit nachgewiesenen hohen Fähigkeiten und zugleich hohem Ausbildungsstatus eher befolgt werden als die einer Person mit ebenfalls hohen Fähigkeiten, aber zugleich niedrigem Ausbildungsstatus. Die erste Bedingung enthielt zwei Personencharakteristika, die beide auf hohen Status hinweisen (statuskonsistent). Die zweite Bedingung enthielt ein statuserhöhendes und ein statusminderndes Charakteristikum (statusinkonsistent). In Dyaden wurden jeweils eine Versuchsperson und ein Confederate (Vertraute/r der Versuchsleitung) unter dem Vorwand eines Sprachtests zusammengebracht. Sie sollten gemeinsam für 18 englischsprachige Wörter entscheiden, mit welchen von vorgegebenen Wörtern einer angeblichen frühen Sprache diese inhaltlich übereinstimmten. In der statuskonsistenten Gruppe hatte der/die Confederate sowohl ein höheres Alter als auch eine höhere Bildung und eine höhere sprachliche Fähigkeit als die Versuchsperson. In der statusinkonsistenten Gruppe hatte der/die Confederate einen niedrigeren Bildungsgrad und dasselbe Alter wie die Versuchsperson, aber zugleich eine höhere sprachliche Fähigkeit. Als abhängige Maße dienten die erfolgreichen Überzeugungsversuche der/des Confederates gegenüber der Versuchsperson, sich für bestimmte sprachliche Übersetzungen zu entscheiden. Die Ergebnisse zeigten den erwarteten Statuseffekt in der statuskonsistenten Dyade. Hier war der/die Confederate signifikant durchsetzungsfähiger als in der statusinkonsistenten Dyade, wie sich an der relativen Anzahl von Zustimmungen der Versuchsperson zu Vorschlägen des/der Confederate und an der Differenz der Redezeit ablesen lässt. Insgesamt lässt sich schlussfolgern, dass Confederates in

statuskonsistenten Dyaden beiderlei Geschlechts überzeugender diskutierten und ihnen häufiger gefolgt wurde als in statusinkonsistenten Dyaden. In männlichen Dyaden zeigte sich außerdem eine größere Redezeit der Confederates als der Versuchspersonen.
Die Ergebnisse lassen sich laut Autorinnen generalisieren und zeigen auf, dass ein statusminderndes Charakteristikum einer Person deren Durchsetzungsfähigkeit in einer Situation beeinträchtigt. Dies betrifft z.B. weibliche Führungspersonen (Chefinnen), die generell mit dem statusmindernden Charakteristikum Geschlecht behaftet sind.

Statusüberzeugungen spiegeln sich in Gruppenstereotypen wider. Die Theorie der Erwartungszustände postuliert, dass es spezifische Fähigkeiten von Gruppenmitgliedern im Vergleich zu anderen Gruppen sind, die zu Statusunterschieden führen. Die Fähigkeiten finden sich in Stereotypen wieder und daher unterscheiden sich statusbezogene Stereotype zu Geschlecht, Ethnizitäten oder Berufsgruppen. Alle diese Stereotype enthalten aber zentrale Merkmale, durch die ein Vorteil oder ein Nachteil einer Gruppe gegenüber einer anderen Gruppe hinsichtlich deren Wertschätzung und Kompetenz zum Ausdruck kommt. Obwohl diese zentralen Merkmale zwischen den Gruppen unterschiedlich sein mögen, haben sie laut der Theorie der Erwartungszustände doch vergleichbare Effekte auf die Entstehung von Statusunterschieden in Gruppen. Bestimmte Gemeinsamkeiten zwischen den Statusstereotypen verschiedener Gruppen ergeben sich aus generellen Wahrnehmungsunterschieden von Personen mit hohem und niedrigem Status in sozialen Interaktionen. Personen, die mehr Status und damit mehr Einfluss auf andere haben, erscheinen aktiver, instrumenteller und problemorientierter. Personen mit niedrigem Status erscheinen eher passiv, unterstützend, expressiv und beziehungsorientiert (Ridgeway & Bourg, 2004). Hier zeigt sich die Überlappung mit Geschlechterstereotypen (vgl. Kap. 1).

### 4.4.2 Prozesse, die Statusunterschiede generieren

Die Theorie der Erwartungszustände geht davon aus, dass Personen in Gruppen, deren Mitglieder ein gemeinsames Ziel verfolgen, Erwartungen darüber entwickeln, welche Leistungen von den Einzelnen zu erwarten sind. Jede/r vergleicht sich selbst mit den anderen und schätzt den Wert der eigenen Kompetenzen zu dem der anderen ein. Davon hängt dann ab, ob Mitglieder z. B. sich zu Wort melden oder Lösungsvorschläge anbieten. Leistungserwartungen können auf einer unbewussten Ebene ablaufen. Sie werden durch die Salienz von wesentlichen Merkmalen anderer und durch die Art der Aufgabe bestimmt. Leistungserwartungen wirken wie selbsterfüllende Prophezeiungen, da den Gruppemitgliedern, an die höhere Erwartungen herangetragen werden, mehr Möglichkeiten gegeben wird, sich in den Problemlösungsprozess einzubringen. Insofern haben diese Personen einen Vorteil gegenüber Personen, von denen weniger erwartet wird. Das betrifft auch die Erwartungen an die eigene Person. Je geringere Leistungserwartungen man an sich selbst hat, desto weniger wird man Lösungsvorschläge einbringen, desto eher wird man andere nach ihrer Meinung fragen bzw. deren Vorschläge positiv beurteilen und desto eher wird man geneigt sein, sich von anderen beeinflussen zu lassen bzw. ihnen zuzustimmen. Personen dagegen, an die hohe Leistungserwartungen herangetragen werden und die hohe Erwartungen an sich selbst haben, bringen sich stark in das Gruppengeschehen ein, werden eher beachtet bzw. belohnt und können andere beeinflussen. Auf diese Weise erzeugen Leistungserwartungen der Gruppenmitglieder an sich selbst und an andere Verhaltensweisen, die Statushierarchien definieren.

Soziale Kategorien werden oft automatisch zur Bildung von Statuserwartungen herangezogen, sofern in einer Situation keine anderen expliziten Statushinweise gegeben sind. Geschlecht ist eine gut sichtbare und bedeutungsvolle soziale Kategorie (vgl. Kap. 1) und wird daher bevorzugt zur Kategorisierung anderer Personen herangezogen. Die Theorie der Erwartungszustände postuliert, dass Geschlecht nur dann als Basis für Statuserwartungen dient, wenn es in einer Situation salient und diagnostisch für Verhalten ist (Wagner & Berger, 1997). Und zwar sind Statuscharakteristika dann salient, also auffallend, wenn sich die anwesenden Personen entweder in diesem Merkmal voneinander unterscheiden oder das Merkmal auf Basis von Stereotypen mit der Aufgabenbewältigung in Zusammenhang steht. Geschlecht sollte daher vorwiegend in gemischtgeschlechtlichen Gruppen salient werden oder dann, wenn die Aufgabe bzw. eine Tätigkeit als geschlechtstypisch angesehen wird.

Eine weitere Annahme der Theorie ist, dass es zu *Statusgeneralisierungsprozessen* kommt, sobald Statuscharakteristika in einer Situation salient sind. Diese Prozesse führen dazu, dass die salienten Charakteristika generelle Leistungserwartungen auslösen, die das Verhalten und die Urteile der Beteiligten beeinflussen. Und zwar werden diese Prozesse durch jedes Statuscharakteristikum ausgelöst – auch dann, wenn es für die Aufgabenbewältigung irrelevant ist. Erst wenn ein Ereignis auftritt, das deutlich ein Charakteristikum als irrelevant für die Zielerreichung herausstellt, verliert dieses Charakteristikum an Bedeutung. Mit diesen Annahmen erklärt die Theorie etwa, warum in vielen gemischtgeschlechtlichen Situationen Geschlecht als Statusvariable wesentlich ist, obwohl es für die Aufgabenerreichung keine Bedeutung hat. Erst wenn eine Aufgabe als stereotyp feminin angesehen wird, erhalten Frauen einen Statusvorteil. Bei geschlechtsneutralen Aufgaben ist das nicht der Fall.

Neben Geschlecht spielen für die Bildung von Leistungserwartungen zusätzlich andere soziale Kategorien eine Rolle. Die Theorie der Erwartungszustände postuliert, dass alle zur Verfügung stehenden Informationen herangezogen werden, um Erwartungen an die eigene Person bzw. an die anderen Anwesenden zu entwickeln. Alle erkennbaren Statuscharakteristika werden zusammengefasst und bilden dann gemeinsam Leistungserwartungen. Erhalten Akteure neue Informationen über die anderen Anwesenden, so werden diese zu den bisherigen Informationen hinzugefügt und die Erwartungen angeglichen. Stellt sich z. B. in einer Situation heraus, dass eine der anwesenden Frauen Mathematikerin ist, so wird sie an Status gewinnen, wenn diese Kompetenz für eine Zielerreichung wichtig ist. Die revidierte Einschätzung auf Basis von neuen Kategorien ist durch erste Einschätzungen beeinflusst. So wird eine „Mathematikerin und Frau" anders gesehen als ein „Mathematiker und Mann". Generell sind in vielen Situationen andere Kategorien wesentlicher, als es das Geschlecht ist. Dennoch nimmt die Theorie an, dass in gemischtgeschlechtlichen oder geschlechtstypischen Situationen Geschlecht als Statuscharakteristikum zumindest unterschwellig bedeutsam bleibt und Leistungserwartungen beeinflusst.

Die dargestellten Annahmen der Theorie der Erwartungszustände sind auch geeignet, Prozesse zu erklären, die ablaufen, wenn etwa Personen, denen geringe Leistungserwartungen entgegengebracht werden (Frauen), dennoch nicht erwartungskonformes Verhalten zeigen (z. B. dominantes Verhalten). Diese Prozesse haben wir in Kapitel 1.6.4 als „Backlash Effekt" beschrieben. Damit sind generell soziale Sanktionen gemeint, mit denen Frauen und Männer rechnen müssen, wenn sie sich nicht rollenkonform verhalten. Im Zusammenhang mit Statuserwartungen postuliert die Theorie der Erwartungszustände, dass sich ein *Legitimitätsproblem* stellt. Wenn gesellschaftlich geteilte Leistungserwartungen suggerieren, dass eine Person weniger kompetent als andere Anwesende ist (z. B. eine Frau in einer gemischtgeschlechtlichen Gruppe), dann wird von dieser Person erwartet, dass sie sich entsprechend ihrem niedrigeren Status verhält. Tut sie das nicht und zeigt sie Verhalten, das eher einer statushöheren Person zukommt, dann wird das als nicht angemessen (nicht legitim) angesehen. Diese Person ist also nicht legitimiert Verhalten zu zeigen, das von den geteilten Statuserwartungen abweicht. Die Reaktion auf solches Verhalten ist wahrscheinlich negativ. Laut der Theorie der Erwartungszustände hängt der präskriptive Charakter von Geschlechterstereotypen (vgl. Kap. 1) direkt mit diesen gesellschaftlich geteilten Statusüberzeugungen zusammen. Auch Vorurteile, mit denen Frauen in Führungspositionen zu tun haben (vgl. Kap. 1.6.3, Abschnitt „Frauen in Führungspositionen") stehen in Einklang mit den Annahmen der Theorie der Erwartungszustände. Diese Annahmen sind aber nicht nur und nicht primär für Geschlecht gültig, sondern gelten generell für alle Mitglieder von Gruppen, denen ein geringerer Status zugesprochen wird (Ridgeway, Johnson & Diekema, 1994).

Zusammengefasst lassen sich aus der Theorie der Erwartungszustände Annahmen darüber ableiten, in welchen Situationen Statusunterschiede zwischen Männern und Frauen stärker oder weniger stark ausgeprägt sind. Vor allem in gemischtgeschlechtlichen Gruppen, die eine maskuline oder geschlechtsneutrale Aufgabe zu bearbeiten haben, ist für Männer ein genereller Statusvorteil zu erwarten. Dieser sollte bei femininen Aufgaben gemindert werden. In gleichgeschlechtlichen Situationen aber dürfte Geschlecht eigentlich kein Statuscharakteristikum sein. Daher wird kein Geschlechterunterschied im Verhalten von gleichgeschlechtlichen Gruppen erwartet. Die Theorie eignet sich vor allem, um Verhaltensunterschiede von Frauen und Männern über Situationen hinweg zu erklären, da sie verschiedenste Statuscharakteristika bzw. deren Interaktion als Verhaltensdeterminanten einbezieht. Ähnliche Vorhersagen gelten für andere soziale Kategorien wie Ethnizität, Alter oder Bildung.

Die Theorie bietet schließlich über ihre Annahmen nicht nur Erklärungen für Prozesse, die zu Benachteiligungen von Frauen führen, sondern zeigt auch Gegenmaßnahmen auf. Da Personen in einer Situation alle zur Verfügung stehenden Statusinformationen zusammenfassen, um Erwartungen zu bilden, kann es helfen, wenn außer dem Geschlecht noch andere Statuscharakteristika salient gemacht werden. Höhere Bildung etwa oder ein gleichwertiges Einkommen von Frauen und Männern, können die Wirkung von Geschlecht als Statusvariable für Frauen minimieren. Letzteres unterstreicht die Sinnhaftigkeit von politischen Aktionen, die darauf abzielen, dass Frauen für gleiche Arbeit gleichen Lohn bekommen. Dies hätte zur Folge, dass Leistungserwartungen eher über das Gehalt und weniger über Geschlecht per se definiert würden. Wären Informationen über Gehälter öffentlich zugänglich, hätten Frauen zudem auch eine bessere Vorstellung darüber, was ihnen auf Basis ihrer Leistung und Fähigkeit zustünde. Sie würden weniger leicht Gefahr laufen, sich mit geringem Gehalt abspeisen zu lassen, nur weil sie sich aufgrund ihres Geschlechts bescheidener geben.

# 5 Unterschiede und Ähnlichkeiten der Geschlechter

## 5.1 Der Mythos der Unterschiedlichkeit

Dass Frauen und Männer in vielerlei Hinsicht unterschiedlich sind, ist eine weitverbreitete Meinung, nicht nur fernab von Universitäten und Forschung, sondern auch unter Wissenschaftler/innen. Diese Meinung wird auch von populärwissenschaftlichen Büchern unterstützt mit Titeln wie „Männer sind anders. Frauen auch. Männer sind vom Mars. Frauen von der Venus" (Gray, 1998) oder „Du kannst mich einfach nicht verstehen. Warum Frauen und Männer aneinander vorbeireden" (Tannen, 1991). Diese Bücher stellen die beiden Geschlechter als Wesen von unterschiedlichen Planeten dar, die kaum miteinander kommunizieren können.

Die Frage ist, inwieweit diese Behauptungen durch wissenschaftliche Studien gestützt sind. Sind Männer und Frauen tatsächlich so verschieden? Damit wir einschätzen können, inwieweit berichtete Unterschiede zwischen Frauen und Männern bedeutsam sind, erscheint es zunächst vorteilhaft, einen kurzen Blick in die zugrunde liegenden statistischen Analysen zu werfen bzw. sich die Stichproben anzusehen, auf denen die statistischen Analysen basieren. Die meisten Studien wurden an weißen Personen aus westlichen Ländern durchgeführt (Aries, 2006). Weltweit gesehen sind aber Geschlechtergruppen sehr inhomogen. Ethnizität , Religion, Bildung, Beruf, sexuelle Orientierung sind nur einige Variablen, die für die gefundenen Unterschiede mitverantwortlich sein können. Zum Beispiel beschreiben sich schwarze Frauen in den USA maskuliner als weiße Frauen. Auch gibt es innerhalb von Freundschaften schwarzer Amerikaner andere Kommunikationsregeln als innerhalb der Freundschaften weißer Amerikaner.

Die meisten wissenschaftlichen Aussagen über Geschlechterunterschiede beruhen auf Statistiken, die einen Mittelwertunterschied zwischen den Geschlechtern ergeben. **Abbildung 5.1** zeigt die graphische Darstellung zweier Häufigkeitsverteilungen, die statistisch einen Mittelwertunterschied (M = Mittelwert) zwischen Frauen und Männern am Beispiel aggressiven Verhaltens ergeben würden. Die beiden Kurven stellen getrennte Häufigkeitsverteilungen für Frauen (links) und Männer (rechts) dar. Auf der x-Achse ist die fiktive Ausprägung einer gemessenen Variablen, in dem Beispiel aggressives Verhalten, aufgetragen. Auf der y-Achse sind Häufigkeiten aufgetragen. Je höher die Kurve steigt, desto häufiger wurde der darunterliegende Wert auf der x-Achse in einer Stichprobe von Personen vorgefunden. Wobei die aufgetragenen Werte rein fiktiv zu sehen sind. Die Werte ganz rechts bedeuten sehr stark aggressives Verhalten, die Werte ganz links sehr gering aggressives Verhalten. Beide Kurven haben die Form einer Normalverteilung (Gaußsche Glockenkurve), welche eine sehr häufig vorgefundene Verteilungsform psychischer Merkmale darstellt. Diese Verteilungsform hat ganz bestimmte Qualitäten. Schaut man sich nur die Kurve der Frauen an, so kann man erkennen, dass aggressives Verhalten, das dem Wert 0 an der x-Achse entspricht, am häufigsten von Frauen gezeigt wurde. Dieser Wert stellt den Mittelwert der Frauen dar. In einer Normalverteilung trennt der Mittelwert die untersuchte Stichprobe in zwei Hälften. Die eine Hälfte der Personen hat niedrigere, die andere Hälfte höhere Werte als der Mittelwert. Je weiter entfernt vom Mittelwert, desto weniger Personen finden sich. In unserem Beispiel haben also die Frauen einen Mittelwert von 0, die Männer einen Mittelwert von 1. Dieses Ergebnis bedeutet, dass Männer im Durchschnitt aggressiver sind als Frauen (ein Befund, der sich in vielen Studien gezeigt hat). Aber wie aussagekräftig ist der Befund?

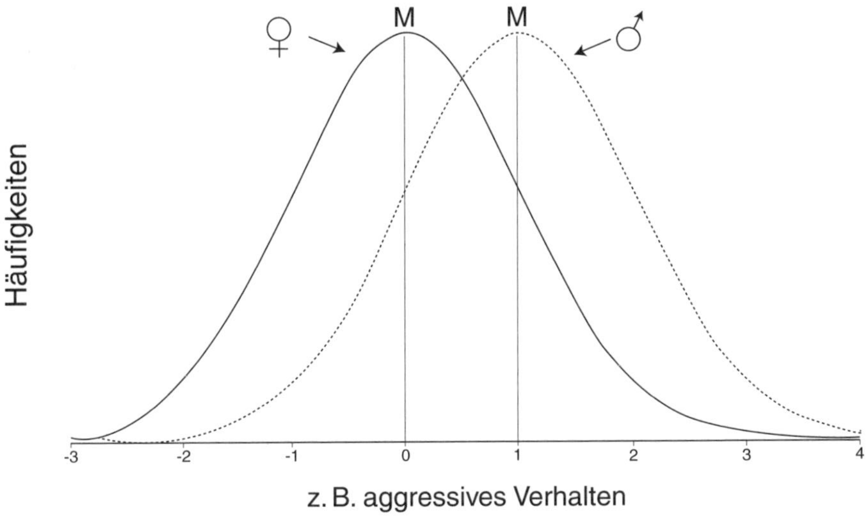


**Abb. 5.1:** Veranschaulichung von Geschlechterunterschieden anhand der Überlappung von Normalverteilungen

Um dieser Frage nachzugehen, ist es wichtig sich nicht nur die beiden Mittelwerte, sondern auch die Kurven anzusehen. Es fällt auf, dass sich die Kurven überlappen. In diesem Überlappungsbereich gibt es also Frauen und Männer, die im gleichen Ausmaß aggressives Verhalten zeigen. Generell kann man sagen, dass die Mittelwertunterschiede umso weniger aussagekräftig sind, je größer der Überlappungsbereich zwischen den beiden Kurven ist. Um den Unterschied bewerten zu können, ist es sinnvoll den von Cohen (1988) vorgestellten statistischen Parameter „d“ zu betrachten. Dieser Wert bezieht sich sowohl auf die Mittelwertunterschiede als auch auf den Überlappungsbereich zwischen den beiden Kurven. In dem Fall, dass sich beide Kurven völlig überlappen und somit kein Unterschied zwischen den beiden Gruppen besteht, ist der Wert d = 0. **Tabelle 5.1** zeigt, wie verschiedene Werte von d ein unterschiedlich großes Ausmaß an Überlappung der beiden Kurven darstellen. Das heißt, je größer der Wert d ist, desto eher kann man davon ausgehen, dass ein Mittelwertunterschied aussagekräftig ist. Den Wert d bezeichnet man auch als Effektstärke. Cohen setzte sich mit der Interpretation von d auseinander und definierte die Bedeutung der Wertebereiche von d, was in **Tabelle 5.1** erläutert wird.

**Tab. 5.1:** Einteilung der Größe von Geschlechterunterschieden in Metaanalysen

| | **Kurvenüberlappung** |
|---|---|
| d = 0 | 100 % |
| d = 0.20 | 85 % |
| d = 0.50 | 67 % |
| d = 0.80 | 53 % |
| | **Effektstärken** |
| 0.11 < d < 0.35 | gering |
| 0.36 < d < 0.65 | mittel |
| 0.66 < d < 1.00 | groß |
| d > 1.00 | sehr groß |

Geschlecht ist die wohl am meisten untersuchte Variable in der Psychologie. Jede Studie erhebt neben den tatsächlich interessierenden Variablen auch das Geschlecht der Untersuchungsteilnehmer/innen. Findet sich ein Geschlechterunterschied bei irgendeiner der erhobenen Variablen, wird dieser auch berichtet. Dieser Tatbestand kommt Metaanalysen zugute, was auch der Grund ist, dass die Anzahl an Metaanalysen zu Geschlechterunterschieden beträchtlich groß ist.

Janet Hyde (2005) veröffentlichte eine (Meta)Metaanalyse von Geschlechterunterschieden, die auf 46 bereits durchgeführten Metaanalysen beruhte. Auf diese Weise konnte sie Aussagen über die Effektstärke von einer großen Anzahl von Variablen machen. Es wurden etwa verschiedene kognitive Fähigkeiten (z. B. mathematisches Problemlösen, Wahrnehmungsgeschwindigkeit usw.), Kommunikationsverhalten (z. B. Unterbrechen, Lächeln), Sozialverhalten (z. B. aggressives Verhalten, Hilfeverhalten), Persönlichkeitsvariablen (z. B. Extraversion, Neurotizismus) und Variablen, die Ausdruck von psychischer Gesundheit sind (z. B. Selbstwertgefühl, Lebenszufriedenheit), analysiert. Das Ergebnis der umfassenden Metaanalyse veranlasste Janet Hyde zu der Empfehlung, in Zukunft eher die Hypothese einer Geschlechterähnlichkeit („gender similarities hypothesis") zu verfolgen, also die grundsätzliche Annahme, dass Frauen und Männer sich ähnlich sind und nicht, dass sie sich voneinander unterscheiden. Der Grund für diese Schlussfolgerung war, dass sich bei

78 %, also bei einem Großteil der untersuchten Variablen, Effektstärken (d) kleiner als 0.35 gezeigt hatten.

Zusammenfassend kann man sagen, dass die Unterschiedlichkeit *zwischen* Frauen und Männern bei Weitem überschätzt wird. Die Streuungen, also die Unterschiedlichkeiten *innerhalb* der Geschlechter, sind meistens so groß, dass man sagen kann, dass Frauen bzw. Männer untereinander teilweise unterschiedlicher sind, als sie sich vom anderen Geschlecht unterscheiden. Dennoch können Geschlechterunterschiede, besonders, wenn sie sich konstant über verschiedene Studien hinweg zeigen, nicht unbeachtet bleiben. Dafür ist das Merkmal Geschlecht in unserer Gesellschaft zu bedeutsam. Im Folgenden wollen wir uns daher ausführlich mit empirischen Ergebnissen über Ähnlichkeiten und Unterschiede der Geschlechter auseinandersetzen. Wir bitten dabei die Leserinnen und Leser die einführenden Worte zu beachten, sich Effektstärken anzusehen und auch mögliche Ursachen in Betracht zu ziehen. Viele der Unterschiede liegen in gesellschaftlichen Bedingungen und sind das Ergebnis von erlerntem Verhalten. Sie sind nicht von Natur aus Männern und Frauen eingepflanzt. Dies impliziert, dass sich Geschlechterunterschiede auch ändern können, sofern sich gesellschaftliche Bedingungen ändern.

## 5.2 Gesundheitsverhalten

### 5.2.1 Lebenserwartung, psychische Gesundheit und Selbstwertgefühl

#### Lebenserwartung und Mortalität

Die Lebenserwartung hat sich in den Industrienationen in den vergangenen Jahrzehnten deutlich verlängert und verlängert sich weiterhin. In den OECD-Staaten ist der größte Anstieg der Lebenserwartung seit 1960 in den Ländern Korea, Türkei, Mexiko, Japan und Portugal zu beobachten gewesen (OECD, 2006). Die Statistiken der WHO und der UN zeigen neben steigender durchschnittlicher Lebenserwartung und damit epochalen Unterschieden vor allem konsistente Intergruppenunterschiede, insbesondere je nach Schicht, Nation/Kultur und Geschlecht (WHO, 2008). Auf die Geschlechterunterschiede möchten wir im Folgenden genauer eingehen.

Weltweit ist das typische Muster, dass Frauen eine höhere Lebenserwartung haben als Männer, wobei die Größe der Unterschiede schwankt (s. **Tab. 5.2**). In Deutschland betrug die durchschnittliche Lebenserwartung neugeborener Jungen 72 Jahre in 1990 und 76.6 Jahre in 2006, die Lebenserwartung neugeborener Mädchen stieg in demselben Zeitraum von 78 auf 82 Jahre (Statistisches Bundesamt, 2008; WHO, 2008). Der epochale Trend steigender Lebenserwartung gilt somit für beide Geschlechter, der Unterschied

**Tab. 5.2:** Indikatoren der Lebenserwartung in ausgewählten Ländern und Regionen je nach Geschlecht (WHO, 2008)

| Nation | Lebenserwartung bei Geburt 2006 in Jahren | | Lebenserwartung „gesunder" Jahre bei Geburt 2002 | | Sterbequote in 2006 pro 1000 Personen bis 5 Jahre | | Sterbequote in 2006 pro 1000 Personen 15–60 Jahre | |
|---|---|---|---|---|---|---|---|---|
| | männlich | weiblich | männlich | weiblich | männlich | weiblich | männlich | weiblich |
| Deutschland | 77 | 82 | 70 | 74 | 5 | 4 | 106 | 55 |
| Österreich | 77 | 83 | 69 | 74 | 5 | 4 | 105 | 51 |
| Polen | 71 | 80 | 63 | 68 | 8 | 6 | 209 | 79 |
| Schweiz | 79 | 84 | 71 | 75 | 6 | 5 | 80 | 44 |
| Spanien | 78 | 84 | 70 | 75 | 5 | 4 | 105 | 44 |
| Vereinigtes Königreich | 77 | 81 | 69 | 72 | 6 | 5 | 98 | 61 |
| Russische Föderation | 60 | 73 | 53 | 64 | 15 | 11 | 432 | 158 |
| Brasilien | 68 | 75 | 57 | 62 | 22 | 18 | 230 | 121 |
| Mexiko | 72 | 77 | 63 | 68 | 38 | 32 | 155 | 89 |
| USA | 75 | 80 | 67 | 71 | 8 | 7 | 137 | 80 |
| Indien | 62 | 64 | 53 | 54 | 72 | 81 | 276 | 203 |
| Japan | 79 | 86 | 72 | 78 | 4 | 3 | 89 | 44 |
| Korea | 75 | 82 | 65 | 71 | 5 | 5 | 119 | 47 |
| Pakistan | 62 | 63 | 54 | 52 | 98 | 96 | 218 | 194 |
| Volksrepublik China | 72 | 75 | 63 | 65 | 21 | 27 | 143 | 87 |
| Afrika | 50 | 52 | 40 | 42 | 164 | 150 | 452 | 400 |
| Amerika | 72 | 78 | 62 | 67 | 23 | 19 | 170 | 95 |
| Europa | 70 | 78 | 62 | 68 | 18 | 14 | 219 | 94 |
| Östliches Mittelmeer | 63 | 66 | 53 | 54 | 85 | 82 | 227 | 174 |
| Südostasien | 63 | 65 | 54 | 55 | 66 | 71 | 267 | 203 |
| Westpazifik | 72 | 76 | 63 | 66 | 22 | 25 | 147 | 87 |

zwischen den Geschlechtern verringert sich leicht, ein Trend, der auch in einigen anderen Ländern zu beobachten ist und auf eine gesündere Lebensweise der Männer zurückgeführt wird (OECD, 2006). Dennoch bleibt in den Industrienationen eine höhere Lebenserwartung der Mädchen von durchschnittlich fünf bis sechs Jahren. Die Größe des Unterschieds aber schwankt. Beispielsweise liegt sie in der EU in den skandinavischen Ländern niedriger und in den osteuropäischen Ländern höher, insgesamt aber durchschnittlich bei 5.9 Jahren in der EU-15 und 6.4 Jahren in der EU-25 (Statistisches Bundesamt, 2008). Aber nicht nur in den Industrienationen haben Frauen eine höhere Lebenserwartung als Männer, sondern dieser Befund lässt sich weltweit beobachten. Seit Beginn der Aufzeichnungen durch die Vereinten Nationen gab es nur fünf Länder, in denen zeitweise eine höhere Lebenserwartung der Männer registriert wurde, nämlich Bangladesh, Indien, Nepal, Iran und die Malediven. Heute trifft diese Situation nur noch auf Bangladesh zu (Austad, 2006). Weltweit wird von einer etwa 6% höheren weiblichen Lebenserwartung ausgegangen (OECD, 2006). Und auch in Statistiken vergangener Jahrhunderte zeigt sich die längere Lebensdauer von Frauen im Vergleich zu Männern, wie z. B. in Schweden konsistent seit 1751 (Austad).

Es gibt aber Ausnahmen, sowohl im epochalen Trend wie auch in der Größe der unterschiedlichen Lebenserwartung der Geschlechter. Dies gilt auch für Europa. In Russland beispielsweise besteht nicht nur ein Trend zur Verringerung statt Anstieg der Lebenserwartung, der Unterschied zugunsten der Frauen hat sich seit der Perestroika weiter vergrößert und beträgt derzeit 13 Lebensjahre (WHO, 2008), in der Türkei hingegen nur zwei Jahre (Statistisches Bundesamt, 2008). In vielen Ländern des afrikanischen Kontinents und von Asien ist nicht nur die allgemeine Lebenserwartung geringer als in Europa oder den Industrienationen Asiens und Amerikas, auch die Geschlechterunterschiede sind deutlich geringer. Sie betragen höchstens ein bis zwei Jahre, was auf fundamental andere Lebensbedingungen schließen lässt. Die Zahl der gesunden Jahre unterscheidet sich kaum oder ist sogar höher für die Männer (z. B. Pakistan), und die Kindersterblichkeit ist – anders als in den entwickelten Ländern – bei den Mädchen und Jungen gleich oder sogar zuungunsten der Mädchen (Indien) (s. **Tab. 5.2**).

Wie lässt sich die höhere Lebenserwartung von Frauen erklären? Generell können drei Ursachengruppen genannt werden: Zum einen biologische/genetische Ursachen, zum zweiten Unterschiede in Lebensstilen und Gesundheitsverhalten, und zum dritten Unterschiede in den Lebensbedingungen bzw. den Lebensverhältnissen. Welchen Anteil jede dieser Einflussgrößen am Gesamtergebnis hat, ist schwer zu ermitteln. Sehr aufschlussreich für die Beantwortung dieser Frage ist allerdings die Klosterstudie von Luy (2002), die eine statistische Analyse der Sterbequoten von Nonnen und Mönchen in bayerischen Klöstern und den Vergleich mit der Allgemeinbevölkerung vornimmt. Der Autor kommt dabei zu dem Ergebnis, dass die durchschnittliche Lebenserwartung der Nonnen in Klöstern nur ein bis maximal zwei Jahre über der der Mönche liegt und sich im Übrigen aber nicht von der der weiblichen Allgemeinbevölkerung unterscheidet. Die Lebenserwartung der Mönche hingegen liegt deutlich, nämlich bis zu fünf Jahre höher als die der übrigen männlichen Bevölkerung. „Das Fazit dieser Arbeit lautet, dass sich die Unterschiede in der Lebenserwartung von Männern und Frauen unter identischen Lebensbedingungen, wie sie im Kloster vorzufinden sind, und bei gleichen Berechnungsverfahren im Zeitraum 1910–1985 eben nicht wie bei der Allgemeinbevölkerung kontinuierlich vergrößert haben, sondern konstant auf einem Niveau von 0–2 Jahren zugunsten der Frauen bestehen blieben“ (Luy, S. 120). Daraus schließt Luy, dass die Lebensbedingungen und die Lebensstile von Frauen innerhalb wie außerhalb von Klostermauern zwar nicht identisch sein mögen, aber offenbar in ähnlicher Weise die Lebenserwartung positiv beeinflussen. Anders sieht dies bei den Männern aus. Bis zu fünf Jahre Unterschied in der Lebenserwartung zwischen Mönchen und Männern der Allgemeinbevölkerung seien vorwiegend auf gesundheitsschädliche Lebensstile und Lebensbedingungen von Männern außerhalb der Klostermauern zurückzuführen. Der Geschlechterunterschied von ein bis zwei Jahren in der Lebenserwartung von Nonnen und Mönchen deute an, dass er auf biologischen Ursachen beruhe und hierin somit ein biologischer Vorteil der Frauen zum Ausdruck komme.

Worin könnte dieser biologische Vorteil bestehen? Zunächst ist festzustellen, dass Frauen nicht deshalb länger leben, weil sie langsamer altern, sondern weil sie in allen Lebensphasen seltener sterben als männliche Personen (s. **Tab. 5.2**). Und dies, obwohl paradoxerweise eine höhere Morbiditätsrate von Frauen als von Männern zu beobachten ist. Frauen sind häufiger krank, gehen häufiger zum Arzt und nehmen mehr Medikamente ein als Männer. Dennoch leben sie länger. Woran liegt das? Verschiedene biologische Erklärungen sind dafür bisher aufgestellt worden, die aber alle den Nachteil haben, dass sie schwer zu belegen sind (Austad, 2006). Diskutiert werden in dem Zusammenhang die These eines besseren weiblichen Immunsystems, die protektive Wirkung von Östrogen und/oder eine schädliche Wirkung von Testosteron, der kompensatorische Effekt des zweiten X-Chromosoms, die Reduktion von Wachstumshormonen und der Einfluss von (schädlichen) freien Radikalen als Reaktion auf Stress. Bis auf die Chromosomen-Theorie, so Austad, sei keine belegbar. Tatsächlich scheint – im Tierreich wie beim Menschen – das Geschlecht länger zu leben, das zwei von Größe und Ausstattung ähnliche Geschlechtschromosome hat. Diese sog. heterogametische Geschlechtstheorie besagt, verkürzt formuliert, dass zwei ungleiche Geschlechtschromosome (beim Menschen das Xy-Chromosom des Mannes) deshalb zu früherer Sterblichkeit führen, weil die genetischen Informationen auf dem X-Chromosom nicht so umfänglich durch die des y-Chromosoms wiedergegeben werden und Fehlbildungen/Störungen auch nicht hinlänglich durch das andere Chromosom ausgeglichen werden können. Damit könnte ein Teil der höheren Lebenserwartung von Frauen erklärt werden. Wenn Luy (2002) recht hat, dass maximal zwei Jahre der höheren Lebenserwartung von Frauen auf biologischen Faktoren beruhen, dann könnte dies das unterschiedliche Geschlechtschromosom sein. Die übrigen drei bis vier Jahre sollten aber durch nichtbiologische Faktoren beeinflusst sein. Konzentrieren wir uns somit auf die Annahme unterschiedlicher Lebensstile und Lebensbedingungen.

Tatsächlich liegt der Schlüssel zur Erklärung der höheren Lebenserwartung von Frauen in der von Austad (2006) berichteten Tatsache, dass Frauen in allen Lebensphasen seltener sterben als Männer. Dabei weisen die europäischen Sterbestatistiken mehrere Trends auf, die zusammengenommen darauf verweisen, dass männliche Personen größere Risiken eingehen (Byrnes, Miller & Schafer, 1999) und ihre Gesundheit stärker gefährden, insbesondere durch riskantes Sexualverhalten, Autofahren und riskante Freizeitaktivitäten, durch Selbstmord, hohen Alkohol- und Nikotinkonsum, sowie eine zu kalorische und fettreiche Ernährung. Darüber hinaus arbeiten mehr Männer als Frauen an gesundheitsschädlichen Arbeitsplätzen, insbesondere in Produktion, Holzverarbeitung und Baubranche. „Bei einem geschlechtsspezifischen Vergleich zeigt sich, dass bei einigen Krankheitsgruppen auf jede verstorbene Frau mehr als zwei verstorbene Männer kommen. Zu diesen Diagnosegruppen mit besonders hoher Übersterblichkeit der Männer gehören: psychische und Verhaltensstörungen, unter die auch der Gebrauch psychotroper Substanzen zählt; Verletzungen und Vergiftungen, einschließlich der Unfälle und Suizide; Krankheiten des Atmungssystems. Die unter Männern erhöhte Sterblichkeit bei Krankheiten des Verdauungssystems und bei Krebsleiden wird vor allem durch chronische Leberschäden sowie Lungenkrebs verursacht und lässt sich großteils auf einen gegenüber Frauen riskanteren Lebensstil mit erhöhtem Alkohol- und Zigarettenkonsum zurückführen. Insgesamt deutet das geschlechtsspezifische Sterblichkeitsprofil auf die höhere Risikobereitschaft von Männern im Umgang mit ihrem Körper sowie auf riskantere Arbeitsbedingungen hin" (Robert Koch-Institut, 2007, S. 73).

### Psychische Erkrankungen

In epidemiologischen Studien finden sich frauen- und männertypische Gesundheitsprobleme (Hurrelmann & Kolip, 2002, Abschnitte 3 und 4). Frauen sind anders krank als Männer. Insbesondere äußern Frauen mehr Beschwerden, leiden häufiger an Befindlichkeitsstörungen und psychischen Erkrankungen, nehmen medizinische Leistungen häufiger in Anspruch und bekommen mehr Medikamente verschrieben als Männer (Glaeske, 2002). Frauen nehmen doppelt so häufig Psychopharmaka ein wie Männer und leiden entsprechend häufiger an Tablettensucht (Ernst & Füller, 1988). Auch Essstörungen (Smolak & Murnen, 2001), posttraumatische Belastungsstörungen (Olff, Langeland, Draijer & Gersons, 2007; Tolin & Foa, 2006), Depression und Angststörungen finden sich erheblich häufiger bei weiblichen als bei männlichen Personen (Hankin & Abramson, 2001; Nolen-Hoeksema, 2001; Nolen-Hoeksema & Girgus, 1994). Posttraumatische Belastungsstörungen (PTSD) kommen etwa doppelt so häufig bei weiblichen wie bei männlichen Personen vor (Olff et al., 2007). Die Ursachen für die Geschlechterunterschiede sind noch wenig geklärt. Sie liegen entgegen den ursprünglichen Annahmen nicht in einer im Vergleich zu männlichen Personen häufigeren Exposition von Mädchen und Frauen gegenüber traumatischen und kritischen Lebensereignissen (Tolin & Foa, 2006), sie könnten eher in einer stärkeren Vulnerabilität von Frauen begründet liegen.

Ähnlich wie bei PTSD werden auch depressive Erkrankungen etwa doppelt so häufig bei weiblichen wie bei männlichen Personen diagnostiziert. Und dies wird bereits im Jugendalter deutlich. Zur Erklärung für die Entstehung einer größeren Depressionsneigung von Frauen wird von Hankin und Abramson (2001) ein komplexes, multikausales Modell entwickelt, das biologische, psychologische (insbesondere Coping-Strategien) und Umweltbedingungen berücksichtigt. Danach nehmen weibliche Jugendliche in höherem Maße psychische Belastungssituationen wahr, die zusammen mit biologischen Veränderungen in der Pubertät, unterschiedlicher Stressexposition und einer Neigung zu perseverierenden negativen Gedanken („rumination" nach Nolen-Hoeksema & Girgus, 1994) die häufigeren Depressionserkrankungen erklären helfen. Nolen-Hoeksema (2001) sieht weniger in der Stressexposition als solcher eine Ursache für die häufigere Depression von Frauen, als mehr in der unterschiedlichen Reaktivität auf Stress und in der Tendenz von Frauen, soziale Bewertungen als besonders wichtig zu erachten. Da dadurch eine Abhängigkeit von sozialen Urteilen entsteht, kann dies das Gefühl fehlender Kontrolle über das eigene Schicksal und in seiner Folge die Entstehung von Depression begünstigen.

Essstörungen entwickeln sich bereits im Jugendalter. In unserer Kultur hat sich ein sehr strenges Schlankheitsideal gerade für Frauen entwickelt, das zwar für die wenigsten Frauen real erreichbar ist, aber vor allem über die Medien verbreitet und beispielsweise von Models und jungen Schauspielerinnen vorgelebt wird. Je strenger das internalisierte Schlankheitsideal einer Person, desto höher ist das Risiko, an einer Essstörung zu erkranken (Stice, 2002). Bei Frauen beeinflusst der Konsum von Mediendarstellungen, die das Schlankheitsideal propagieren, das Körperbild: je häufiger der Medienkonsum, desto größer die Unzufriedenheit mit dem Körper (Grabe, Ward & Hyde, 2008). Diese Unzufriedenheit hat außerdem über die vergangenen Jahrzehnte bei Frauen dramatisch zugenommen (Feingold & Mazzella, 1998). In US-amerikanischen Untersuchungen zeigt sich zudem, dass dies vor allem auf weiße Frauen zutrifft, während afroamerikanische Frauen eine deutlich geringere Unzufriedenheit äußern (Roberts, Cash, Feingold & Johnson, 2006). In ähnlicher Weise berichten türkische Studentinnen eine höhere Akzeptanz ihres Körpers als deutsche (Aşçi, Alfermann, Çağlar & Stiller, 2008). Diese Befunde deuten auf die Kulturabhängigkeit des Schlankheitsideals, aber auch der Zufriedenheit mit dem Körper hin.

Etwa 90 % der Personen mit diagnostizierten *Essstörungen* sind weiblichen Geschlechts. Dazu passt, dass weibliche Personen, unabhängig vom BMI, ein strengeres Schlankheitsideal anstreben, mehr auf ihre Figur achten und sich häufiger zu dick fühlen als männliche Personen. Sie sind unzufriedener mit ihrem Körper, führen häufiger Diäten durch und entwickeln häufiger Essstörungen als Männer (Smolak & Murnen, 2001). Aus dem Blickwinkel der (bio-)sozialen Rollentheorie werden die Geschlechterunterschiede in der Körperzufriedenheit damit erklärt, dass physische Attraktivität bei Frauen ein wichtigeres Kriterium für ihren Lebenserfolg ist, und zwar sowohl auf dem Heiratsmarkt wie in der Arbeitswelt. Demgegenüber spielt bei Männern der berufliche

Erfolg bzw. der soziale Status eine große Rolle, sowohl für ihre Chancen auf dem Heiratsmarkt wie auch für ihr Selbstwertgefühl und ihre Lebenszufriedenheit (Eagly, Wood & Johannesen-Schmidt, 2004). Aus evolutionsbiologischer Sicht wird der Geschlechterunterschied in der Körperzufriedenheit mit der sexuellen Selektion und den unterschiedlichen Aufgaben der Geschlechter für die Fortpflanzung erklärt (Geary, 2010). Danach gilt physische Attraktivität von Frauen als Indikator für Fruchtbarkeit. Sozialer Status wird bei Männern als Indikator für ihre Fähigkeit angesehen, die finanzielle Versorgung der Familie und damit den Fortpflanzungserfolg zu sichern. Langlois, Kalakanis, Rubenstein, Larson, Hallam und Smoot (2000) haben in ihrer Metaanalyse zum Einfluss von Attraktivität auf Verhalten, Bewertung durch andere und Lebenserfolg keine Geschlechterunterschiede festgestellt. Zwar gab es unterschiedliche Kriterien für die Attraktivität beider Geschlechter, aber über den gesamten Lebenslauf ließ sich generell ein Vorteil der attraktiven Menschen erkennen, egal welchen Geschlechts. Dieser Vorteil bestand darin, dass attraktive Kinder und Erwachsene besser beurteilt wurden, mehr schulische/berufliche Anerkennung erfuhren und auch größere Popularität bei anderen besaßen. Die gewichteten d-Werte schwanken bei Kindern von $d = 0.32$ (soziale Anpassung) bis $d = 0.77$ (Popularität) und bei Erwachsenen von $d = 0.07$ (Intelligenz) bis $d = 0.76$ (Berufserfolg). Dieser Vorteil der Attraktivität ließ sich für beide Geschlechter gleichermaßen erkennen. Auch Judge, Hurst und Simon (2009) konnten in einer Längsschnittstudie an Erwachsenen aus dem Raum Boston in Massachusetts keine Geschlechterunterschiede in der Bedeutsamkeit von physischer Attraktivität feststellen. Für Männer wie Frauen ließ sich ein signifikanter Einfluss von Attraktivität auf das Selbstkonzept und auf beruflichen wie finanziellen Erfolg nachweisen. Gut aussehende Menschen erhielten nicht nur eine bessere Ausbildung als weniger attraktive, sie erzielten auch ein höheres Einkommen und hatten weniger finanzielle Einschränkungen in ihrem Leben, und dies galt für beide Geschlechter.

Wie kommt diese unterschiedliche Ergebnislage zustande? Schließlich lassen sich die weiter oben berichteten Unterschiede in Gewicht und Figur nicht leugnen, ebenso wenig wie die unterschiedliche Prävalenz von Essstörungen. Und es trifft auch zu, dass es mehr Frauen- als Männerberufe gibt, in denen es auf attraktives Äußeres ankommt, insbesondere im Dienstleistungssektor. Eine Erklärung für die unterschiedlichen Aussagen liegt in der Operationalisierung von Attraktivität. Während es in den Arbeiten von Langlois et al. (2000) und von Judge et al. (2009) jeweils um Gesichtsattraktivität geht, sind die obigen Aussagen insbesondere auf die Figur und den Körper bezogen. Die Schönheitskriterien für einen attraktiven Männerkörper haben sich seit der Antike nicht geändert, wohl aber für einen Frauenkörper. Hier finden sich wechselnde Anforderungen (Wespentaille, gebärfreudiges Becken, kurvenreich oder flach usw.), die zeigen, dass der Frauenkörper als Kapital anzusehen ist, dessen Wert vor allem aus dem Blickwinkel des männlichen Betrachters definiert wird. Die hohe Bedeutung, die der Schönheit der Frau beigemessen wird, spiegelt sich wider in dem berichteten problembehafteten Verhältnis von Frauen zum eigenen Körper.

Schließlich ist darauf hinzuweisen, dass die Internalisierung eines maskulinen bzw. femininen Geschlechtsrollen-Selbstkonzepts mit Essstörungen korreliert. Murnen und Smolak (1997) finden in einer Metaanalyse von 22 Studien einen positiven Zusammenhang von Essstörungen mit Femininität und einen negativen mit Maskulinität. Das bedeutet, je stärker Individuen sich feminine Eigenschaften zuschreiben und je weniger maskuline, desto größer ist ihre Affinität zu Essstörungen. Ein feminines Geschlechtsrollen-Selbstkonzept stellt somit einen Risikofaktor für Essstörungen dar.

Zusammenfassend ist festzustellen, dass Frauen stärker auf ihr Gewicht achten als Männer, aber zugleich auch anfälliger für Essstörungen und ein negatives Körperbild sind, insbesondere im Jugend- und jungen Erwachsenenalter (Striegel-Moore & Bulik, 2007) und bei vorwiegend femininem Selbstbild (Murnen & Smolak, 1997). Gesichtsattraktivität spielt bei beiden Geschlechtern eine positive Rolle für ihren Lebenserfolg.

### Subjektive Gesundheit

Bereits im Jugendalter werden die Geschlechterunterschiede im subjektiven Gesundheitszustand deutlich (Kolip, 1994). Mädchen beurteilen ihren Gesundheitszustand schlechter, sind unzufriedener mit ihrem Aussehen, insbesondere mit ihrer Figur, und berichten über mehr körperliche und psychosomatische Beschwerden, insbesondere über mehr Magenbeschwerden, Kopfschmerzen, Schwindelgefühl, Kreuz-/Rückenschmerzen und Nervosität/Unruhe (Kolip, 1994). Besonders krass fällt der Unterschied bei „Schwindelgefühlen" aus, wo das Verhältnis von Jungen zu Mädchen 1:5 beträgt. Entsprechend häufig sind bereits im Jugendalter die ärztlichen Verschreibungen für blutdrucksteigernde und Kreislauf stärkende Mittel bei Mädchen, die sich bis ins hohe Alter fortsetzen (Ernst & Füller, 1988; Glaeske, 2002). Hier werden stereotype Erwartungen von der passiven und körperlich schwachen Frau besonders deutlich.

Die selbst eingeschätzte Gesundheit (meist erhoben auf einer einfachen Ratingskala von 1 = sehr schlecht bis 5 = sehr gut) gilt als zuverlässiger Prädiktor für Langlebigkeit und Mortalität. Zwar ist die Mehrheit der Bevölkerung zufrieden mit ihrer Gesundheit und schätzt sie positiv ein, aber Männer schätzen ihre Gesundheit im Durchschnitt noch positiver ein als Frauen und sind zufriedener. „In den vergangenen zehn Jahren ist sowohl das Ausmaß der Zufriedenheit als auch der Geschlechterunterschied überaus stabil geblieben" (Robert Koch-Institut, 2007, S. 17).

Gibt es Geschlechterunterschiede in der subjektiven Bedeutung von Gesundheit? Verschiedene Autoren und Autorinnen postulieren in der Tat, dass Gesundheit für Männer auf anderen Kriterien beruhe als für Frauen. Insgesamt ist die Befundlage dazu aber eher uneindeutig und rechtfertigt nicht die Hypothese unterschiedlicher Kriterien für Gesundheit (Brunner, 2006). Auch eine groß angelegte Studie in Schweden kommt zu dem Ergebnis, dass die Gesundheitskriterien für beide Geschlechter relativ ähnlich sind (Undén & Elofsson, 2006). Eine weitere wichtige Frage ist die nach der prospektiven Relevanz für Langlebigkeit. Allgemein zeigt sich, dass die subjektive Gesundheit die Lebenserwartung und Sterblichkeit gut vorhersagen kann. Aber gilt dies für Männer und Frauen unterschiedlich? Auch hier zeigen die Befunde eher eine ähnliche Vorhersagekraft der subjektiven Gesundheit bei beiden Geschlechtern. „Es gibt Grund zu der Annahme, dass die subjektive Gesundheit als Mortalitätsprädiktor sich zwischen Männern und Frauen nicht groß unterscheidet" (Brunner, 2006, S. 293). Entwickelt sich die subjektive Gesundheit über die Lebensspanne unterschiedlich zwischen Männern und Frauen? McCullough und Laurenceau (2004) können in einer Längsschnittstudie über 59 Jahre zeigen, dass die subjektive Gesundheit zunächst bis zum Alter von 50 Jahren relativ stabil bleibt, dann aber absinkt, bei Männern stärker als bei Frauen. Für die Geschlechterunterschiede bedeutet dies, dass sie ebenfalls zunächst stabil bleiben (mit einer höheren Gesundheitseinschätzung der Männer), dann aber ab dem Alter von etwa 70 Jahren verschwunden sind. Erst mit Eintritt ins höhere Erwachsenenalter finden sich somit keine Geschlechterunterschiede mehr in der subjektiven Gesundheit (s. **Abb. 5.2**).

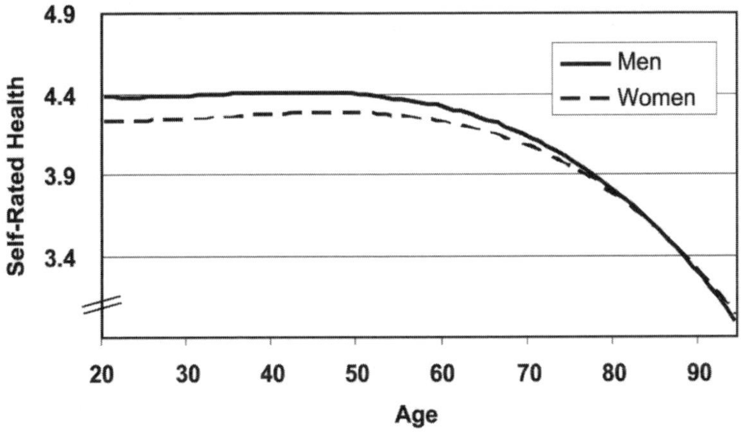


**Abb. 5.2:** Subjektive Gesundheit im Längsschnitt (aus McCullough & Laurenceau, 2004, S. 654)

## Selbstwertgefühl

Das allgemeine Selbstwertgefühl spiegelt die subjektive globale Bewertung einer Person wider. Metaanalysen weisen auf einen kleinen, aber konsistenten Geschlechterunterschied von etwa $d = 0.20$ zugunsten der Männer hin. Kling, Hyde, Showers und Buswell (1999) können sowohl in der Zusammenfassung von repräsentativen US-amerikanischen Stichproben (insgesamt 48 000 Personen) wie auch in unterschiedlichen anfallenden Stichproben (von fast 100 000 Personen) ein etwas höheres Selbstwertgefühl von Männern nachweisen. Als Ursachen kommen größere Bescheidenheit bzw. eine vorsichtigere Selbsteinschätzung von Frauen ebenso infrage wie größere Erfolgsrückmeldungen (insbesondere im beruflichen Erfolg) von Männern, die insgesamt zu den

Geschlechterunterschieden beitragen. Sehr gut belegt ist außerdem der Zusammenhang mit Maskulinität. Je stärker eine Person sich mit maskulinen Eigenschaften beschreibt, desto höher ihr Selbstwertgefühl. Da Maskulinität bei Männern etwas ausgeprägter ist als bei Frauen, könnte das maskuline Selbstkonzept auch die Geschlechterunterschiede im Selbstwertgefühl erklären helfen. Demgegenüber trägt Femininität nur wenig zur Varianzaufklärung im Selbstwertgefühl bei (zsf. Sieverding, 1999).

### Erklärungen für Geschlechterunterschiede in der Morbidität

Die Erklärungen für die Geschlechterunterschiede in der Morbidität laufen genau wie bei der Mortalität auf ein multikausales Geschehen hinaus. Neben biologischen Unterschieden, insbesondere den Unterschieden in Fortpflanzungsorganen und Hormonen, werden geschlechtstypische Erwartungen und Selbstkonzepte verantwortlich gemacht. Hinzu treten Unterschiede in den Umweltbedingungen. Zunächst soll die Bedeutung geschlechtstypischer Erwartungen für das unterschiedliche Gesundheitsverhalten und die Entstehung von Erkrankungen erläutert werden. Zu den Geschlechterstereotypen zählen neben akademischen (Intelligenz) und sozialen Kompetenzen (Fürsorglichkeit, Führungsfähigkeiten) auch emotionale Eigenschaften. Insbesondere wird Männern unterstellt, dass sie unemotional seien und sich nicht von ihren Gefühlen leiten lassen (dürfen), während Frauen ganz im Gegenteil als besonders gefühlvoll und emotional gelten. Diese Annahmen über weibliche Emotionalität betreffen ganz besonders Aspekte des subjektiven Wohlbefindens, das sich positiv in einer gehobenen bis fröhlichen Emotionalität und negativ in einer Neigung zu Befindlichkeitsstörungen bis hin zur Depressivität äußern soll. Die gesamte Valenzskala von emotionalen Befindlichkeiten wird somit Frauen unterstellt. Männer hingegen sollen eher Emotionskontrolle lernen und sich emotional gelassen zeigen. Fischer (1993) kommt in einem Überblick der vorliegenden Literatur zu dem Schluss, dass Frauen häufiger als Männer ihre Emotionen zeigen und darüber berichten (dürfen). Insbesondere sind sie weniger zurückhaltend im Ausdruck von Emotionen, die ihre Verwundbarkeit und ihre Hilflosigkeit demonstrieren. Sie zeigen stärker Trauer und Verletzbarkeit. Männer hingegen sind weniger bereit, ihre Verletzbarkeit zu zeigen, stattdessen eher bereit, Ärger zu zeigen, was ihre Durchsetzungsfähigkeit unterstützt. Wenn es um die Selbstbeschreibung von Gefühlen geht, dann deuten sich Geschlechterunterschiede in der Richtung an, wie sie vom Stereotyp her zu erwarten wären (Fischer). Frauen dürfen – wenn man so will – mehr Emotionalität zugeben und zeigen, sowohl in positiver Form als Glück und Zufriedenheit, wie auch in negativer Form als Beschwerden und Klagen, weniger allerdings in Form von Aggressionen. Männer hingegen müssen mehr Emotions- und Körperkontrolle beweisen, insbesondere durch die Unterdrückung von körperlichen Symptomen, die Negation von Schmerzen und das Nichtzulassen von Unwohlsein. Wood, Rhodes und Whelan (1989) können in einer Metaanalyse konsistente, aber kleine Geschlechterunterschiede in der zu erwartenden Richtung aufzeigen: Frauen schildern sich als glücklicher und zufriedener, als Männer es tun, ganz besonders gilt dies für verheiratete Frauen. Allerdings sind die Geschlechterunterschiede im positiven Wohlbefinden erheblich geringer als im negativen Befinden, insbesondere Depressivität. Die Autorinnen erklären die Geschlechterunterschiede mit den stereotypen Erwartungen, die es Frauen stärker als Männern erlauben, Emotionen zu äußern.

Die Stereotype über die weibliche Emotionalität einerseits und die männliche Aktivität und Durchsetzungsfähigkeit andererseits haben eine lange Tradition gerade in der Diagnostik von Erkrankungen. Denn die subjektiven Konzepte von Gesundheit und Krankheit sind mit geschlechtsstereotypen Annahmen verknüpft (Maschewsky-Schneider, Sonntag & Klesse, 1999). Dies gilt nicht nur für die sozialen Interaktionspartner und für Professionelle im Gesundheitssystem, sondern dies gilt auch für die Betroffenen selbst. Wenn von Frauen Emotionalität erwartet und damit sozial „erlaubt" wird, dann ist davon auszugehen, dass sie auch eher als Männer bereit sind, Emotionen zuzugeben, insbesondere negativ bewertete wie Ängstlichkeit und Depressivität. Geschlechterunterschiede in der Morbidität sind somit – neben biologischen Determinanten und sozialen/physischen Umweltgegebenheiten – auch auf geschlechtstypische Erwartungen zurückzuführen. Insbesondere Erwartungen an instrumentelles und expressives Rollenverhalten lassen unterschiedliche Gesundheitsprobleme entstehen (Helgeson, 1994) und beeinflussen das subjektive Wohlbefinden (Wood et al., 1989). Darauf soll zum Schluss dieses Abschnitts näher eingegangen werden.

Helgeson (1994) geht davon aus, dass vor allem *positive* Maskulinität und Femininität im Selbstkonzept eines Menschen ausgeprägt sein sollten (vgl. Kap. 2.2). Diese beiden Selbstkonzeptdimensionen werden in ihrer Terminologie mit Agency (sensu Maskulinität) und Communion (sensu Femininität) bezeichnet und betonen die Unabhängigkeit und Bedeutung der eigenen Person zum einen (Agency) sowie gegenseitige Abhängigkeit und die Bedeutung sozialer Beziehungen zum anderen (Communion). Dabei ist zwischen positiven und negativen Eigenschaften zu unterscheiden. Lediglich die positiven Eigenschaften führen auch zu positiven gesundheitlichen Wirkungen und Wohlbefinden. Überwiegt hingegen die negative Komponente auf Kosten der positiven Komponente, dann handelt es sich um unausgewogene und ungemilderte („unmitigated") Maskulinität/Agency (UA) oder Femininität/Communion (UC). „Whereas agency and communion are broad dimensions of personality, unmitigated agency is a specific personality trait that incorporates some aspects of agency (focus on the self) while actively dismissing communal traits (focusing on others). Similarly, unmitigated communion is not merely high communion and low agency. For example, high communion and low agency implies an emotional and helpful person who is not independent or self-confident. This is not equivalent to someone who places others' needs before one's own or gets overly involved in others' problems. Do not misunderstand our point: someone who scores high on communion and low on agency could score high on unmitigated communion, but it is not necessarily the case" (Helgeson & Fritz, 1999, S. 133).

So wird ausgewogene Agency mit einem positiven Fokus auf das eigene Selbst beschrieben, während UA die ausschließliche Betonung der eigenen Unabhängigkeit unter Ausschluss sozialer Beziehungen und Abhängigkeit meint. Ausgewogene Communion bedeutet die Betonung sozialer Beziehungen bei gleichzeitiger eigener Unabhängigkeit, UC hingegen beinhaltet die Betonung sozialer Beziehungen auf Kosten der eigenen Person. In einem Modell werden die gesundheitlichen Folgen der ausgewogenen und unausgewogenen Selbstkonzeptkomponenten dargestellt und am Beispiel von Herzinfarkt und Depression exemplifiziert. Die Erwartungen an Männer, stark, aktiv, unabhängig zu sein und keine Schwächen zu zeigen, können zu einem Selbstkonzept unausgewogener Agency führen und damit einen Lebensstil begünstigen, der Herzinfarkt-förderlich ist. Zudem gelingt die Bewältigung der Erkrankung bei UA schlechter als bei ausgewogener Agency (Helgeson, 1993). Höhere Femininität erweist sich bei Männern als protektiver Faktor gegen Herzinfarkterkrankungen, auch wenn andere Risikofaktoren (wie Alkoholkonsum, Rauchen oder Übergewicht) als Ursachen kontrolliert werden (Hunt, Lewars, Emslie & Batty, 2007). In der Längsschnittstudie an Hochbegabten von Terman korreliert Maskulinität bei beiden Geschlechtern mit erhöhter Mortalität und steht als Risikofaktor auf gleicher Stufe mit erhöhten Lipidwerten und Bluthochdruck (Lippa, Martin & Friedman, 2000).

Demgegenüber können die stereotypen Erwartungen an Frauen, schwach, passiv, abhängig und selbstlos zu sein zu einem Selbstkonzept unausgewogener Communion führen, was eher förderlich für die Selbst- und Fremdzuschreibung von Befindlichkeitsstörungen, insbesondere Angststörungen und Depression ist. In späteren Studien wurde der negative Einfluss eines unausgewogenen Geschlechtsrollen-Selbstkonzepts bei weiteren Erkrankungen belegt. So berichteten Männer mit Prostatakrebs eher eine positivere Lebensqualität, wenn sie über eine ausgewogene Agency verfügten, als wenn unausgewogene Agency vorlag (Helgeson & Lepore, 2004). Jugendliche mit juvenilem Diabetes hatten eine schlechtere Stoffwechseleinstellung und -kontrolle, wenn UC überwog, als wenn ausgewogene Communion vorlag (Helgeson, Escobar, Siminerio & Becker, 2007). Und Brustkrebspatientinnen mit UC zeigten nach der Diagnose eine schlechtere Anpassung und Bewältigung als solche mit ausgewogener Communion (Helgeson, 2003).

Als Fazit lässt sich festhalten, dass das Geschlechtsrollen-Selbstkonzept einen wichtigen Beitrag zur Erklärung von Geschlechterunterschieden in der Morbidität und in der Bewältigung von Erkrankungen leistet. Dies zeigt sich auch in anderen Aspekten der Gesundheit, etwa beim Selbstwertgefühl, das mit Maskulinität korreliert, oder bei Essstörungen, die mit hoher Femininität und niedriger Maskulinität korrelieren.

## 5.2.2 Gesundheitsverhalten, Sportliche Aktivität und Körperbild

### Gesundheitsverhalten

Wie schon zuvor berichtet, unterscheiden sich die Geschlechter in unserer Kultur im Gesundheitsverhalten, was als eine Ursache für die höhere Mortalität von Männern angesehen wird. Woran lässt sich Gesundheitsverhalten ablesen? Als Kriterien gelten allgemein solche, die Gesundheit fördern und/oder Morbidität und Mortalität vermindern. Dazu zählen neben einem ausgeglichenen Verhältnis von Belastung und Erholung (und dem damit verbundenen angemessenen Umgang mit Distress) vor allem Ernährung, Bewegung sowie der Verzicht auf schädliche Substanzen wie Nikotin und Alkohol und andere Risikoverhaltensweisen. Außerdem gilt die Teilnahme an Untersuchungen zur Früherkennung von Erkrankungen (insbesondere Herz-Kreislauf und Krebs) und an Maßnahmen zur Gesundheitsförderung als Gradmesser (z. B. Kurse zur Stressbewältigung, zum Gesundheitssport). Sieht man sich die relevanten Daten zum Gesundheitsverhalten an, die regelmäßig von der Europäischen Kommission, dem Statistischen Bundesamt oder dem Robert Koch-Institut veröffentlich werden, so zeigen sich deutliche Geschlechterunterschiede sowohl im Verhalten wie in der Informationssuche. Bewegung, Ernährung und Stress sind die häufigsten Themen von Präventionskursen, bei denen Männer aber nur 20 % der Teilnehmer stellen (Robert Koch-Institut, 2007, S. 131). Auch Untersuchungen zur Früherkennung von Erkrankungen werden von Frauen deutlich häufiger in Anspruch genommen als von Männern (Kolip & Koppelin, 2002). Und insgesamt erweisen sich Männer als weniger informiert über gesundheitliche Fragen als Frauen (Robert Koch-Institut, S. 139ff.).

Was die Ernährung betrifft, so stellt in Europa die Überernährung das größte Gesundheitsproblem dar, wobei auch hier wieder (neben Geschlechterunterschieden) Schicht- und Kulturunterschiede sowie epochale Trends zu beobachten sind. Die Daten zum Body-Mass-Index (BMI = $kg/m^2$) lassen erkennen, dass die Zahl der adipösen Frauen und Männer (BMI >30) etwa gleich ist, Frauen aber seltener als Männer zur Gruppe der Übergewichtigen zählen (BMI >25 <30). Deutschland liegt im Anteil der Adipösen und Übergewichtigen an der Spitze der EU-Länder (s. **Abb. 5.3**). „Lediglich ein Drittel der erwachsenen Männer wäre demnach als normalgewichtig einzustufen, bei den erwachsenen Frauen ist es knapp die Hälfte“ (Robert Koch-Institut, 2007, S. 115). In Österreich und der Schweiz hingegen sind mehr als 70 % der Frauen normalgewichtig. Was die Geschlechterunterschiede betrifft, so besteht europaweit eine ähnliche Situation: Adipositas kommt bei beiden Geschlechtern gleich häufig vor, Übergewicht aber erheblich häufiger bei Männern (Europäische Kommission, 2008).

Adipositas gilt als Risikofaktor für lebensstilabhängige Erkrankungen wie Diabetes, Schlaganfall und Bluthochdruck. Mit Adipositas gehen aber auch psychische Begleiterscheinungen einher. Ähnlich wie bei den Essstörungen liegt eine erhöhte Anfälligkeit für ein gestörtes Selbstkonzept vor, indem ins-

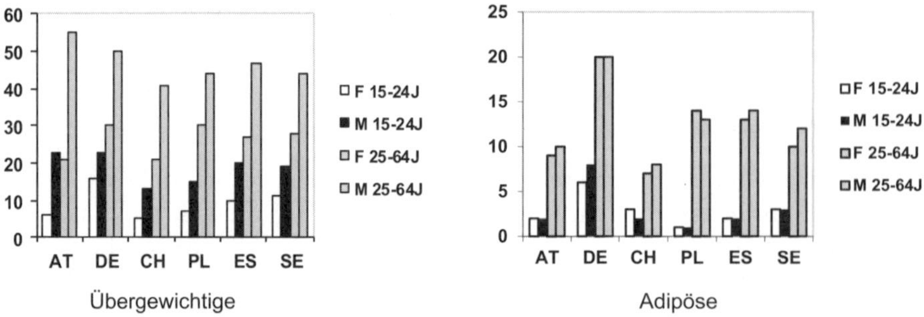


*Anmerkungen.* AT = Österreich, DE = Deutschland, CH = Schweiz, PL = Polen, ES = Spanien, SE = Schweden

**Abb. 5.3:** Anteil der übergewichtigen (BMI >25) und adipösen (BMI >30) Männer (M) und Frauen (F) in sechs europäischen Ländern (Europäische Kommission, 2008)

besondere das Selbstwertgefühl und das Körperselbstkonzept beeinträchtigt sind. Allerdings variiert dies je nach Geschlecht, Alter und kulturellen Schönheitsidealen. Selbstwertprobleme bei Übergewicht und Adipositas finden sich insbesondere im Jugend- und jungen Erwachsenenalter, bei weiblichen Personen (Franke, 2003), in höheren Schichten und in Kulturen mit einem strengen Schlankheitsideal (Schwartz & Brownell, 2004). Adipositas bekommt hier die Funktion eines sozialen Stigmas, das neben der physischen insbesondere die psychische und soziale Gesundheit beeinträchtigen kann. Die Unzufriedenheit mit der eigenen Figur stellt bei Frauen einen starken Motivationsfaktor für Maßnahmen zur Gewichtsreduktion dar. Frauen erleben somit nicht nur einen größeren sozialen Druck hin zu einer schlanken Figur, sie bemühen sich auch stärker darum, und das mit Erfolg: Sie sind seltener übergewichtig als Männer.

Der Konsum von Alkohol und Nikotin weist Geschlechterunterschiede auf, die auch die vorliegenden Sterblichkeitsraten mit bedingen. Mehr Männer als Frauen rauchen und sie zählen auch häufiger zu den Vielrauchern. Aber die Zahl der Raucherinnen ist über die vergangenen Jahrzehnte gestiegen und die Geschlechterunterschiede sind zugleich in etlichen europäischen Ländern gesunken, insbesondere in den jungen Altersgruppen (15–24 Jahre), und in Skandinavien und Westeuropa (Europäische Kommission, 2008, S. 48, S. 111). Dabei sind zugleich aber auch hohe Unterschiede im Ausmaß des Gesamtkonsums an Zigaretten zwischen den europäischen Ländern zu beobachten, wobei Deutschland und Österreich in der Zahl der Raucher und Raucherinnen Spitzenpositionen in Europa einnehmen, obwohl die Zahl in Deutschland insgesamt seit zwei Jahrzehnten sinkt, allerdings vor allem bei den Männern. Die Morbidität und Mortalität durch Rauchen ist hoch, in Deutschland nimmt Lungen- und Bronchialkrebs bei Frauen inzwischen Rang 7 und bei Männern Rang 3 in der Statistik der Todesursachen ein (Robert Koch-Institut, 2007, S. 72). In der Altersgruppe der 25–64-Jährigen finden sich größere Geschlechterunterschiede als bei den unter 25-Jährigen, aber auch hier sind wieder hohe Unterschiede zwischen den europäischen Ländern zu beobachten (Europäische Kommission, S. 111). Während in Skandinavien bei zugleich relativ niedriger Quote der rauchenden Personen (z. B. Schweden um 20 %, Norwegen um 30 %) keine Geschlechterunterschiede vorliegen, ist die Zahl der Raucherinnen bei den 25–65-Jährigen in Österreich mit 37 % (Deutschland: 25 %; Schweiz: 28 %) vergleichsweise hoch, aber etwas niedriger als die der Männer (42 % in AT, 32 % in D, 37 % in CH). Allerdings konsumieren Männer im Durchschnitt mehr Zigaretten pro Tag als Frauen (s. **Abb. 5.4**). Die unterschiedlichen Rauchgewohnheiten je nach Land und Geschlecht deuten vor allem darauf hin, dass die soziale Akzeptanz und die öffentlichen Maßnahmen einen Einfluss ausüben. Rauchen wird in Skandinavien als für beide Geschlechter gleichermaßen inakzeptabel angesehen. Darauf weisen sowohl die geringen Geschlechterunterschiede wie die relativ niedrige Quote der Raucher/innen hin. In Westeuropa besteht hingegen (bisher) eine höhere Akzeptanz

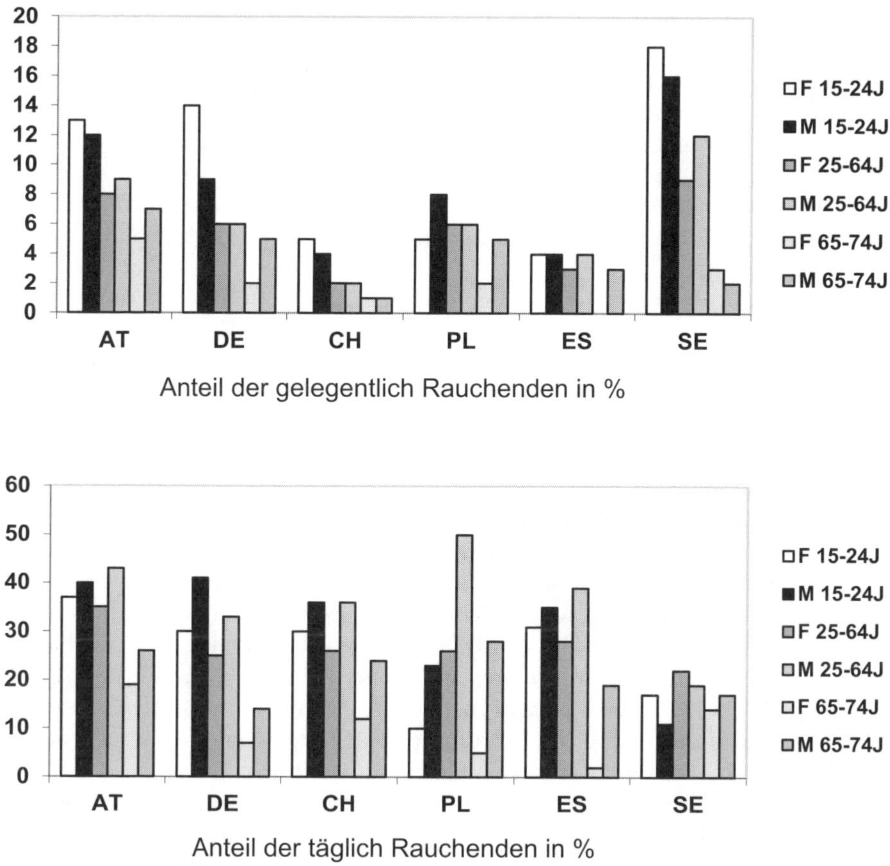


**Abb. 5.4:** Anteil der Raucherinnen und Raucher in sechs europäischen Ländern (Europäische Kommission, 2008)

gegenüber Rauchen allgemein. Darauf weisen die vergleichsweise hohen Quoten der rauchenden Personen und die geringen Geschlechterunterschiede hin. In Ost- und Südeuropa wird Rauchen deutlich häufiger von Männern als von Frauen akzeptiert, wobei auch hier die Zahl der Raucherinnen gestiegen ist.

Anders sieht es (derzeit noch) beim *Alkoholkonsum* aus, bei dem nach wie vor erhebliche Geschlechterunterschiede bestehen. Riskanter Alkoholkonsum (täglich mehr als 20–24 g reine Alkoholmenge bei Männern, 10–12 g bei Frauen) wird in Deutschland von etwa einem Drittel der erwachsenen Männer und einem Sechstel der Frauen berichtet. Alkohol trägt in erheblichem Maße zur früheren Sterblichkeit der Männer bei, und zwar sowohl durch die Entstehung von Erkrankungen wie auch durch eine höhere Unfallgefährdung.

## Sportliche Aktivität und Körperbild

Die Darstellung über Geschlechterstereotype ließ erkennen, dass Geschlecht im menschlichen Zusammenleben weniger eine biologische Funktion erfüllt, als vielmehr, dass Männer und Frauen sozial definierte Erwartungen erfüllen sollen, dass Geschlecht in einer gegebenen Situation somit sozial konstruiert wird (gendering). Diese Konstruktionen betreffen beispielsweise das Verhalten, Eigenschaften, aber auch den Körper. Die Folie, in die die Konstruktionen graviert werden, ist das biologische Geschlecht. Männliche und weibliche Körper sind nicht nur genetisch/hormonell determiniert, sondern es hängt auch von kulturellen und sozial gelernten Regeln ab, in welcher Weise Männer und Frauen ihren Körper präsentieren, einsetzen, wahrnehmen und wahrgenommen werden.

Männer und Frauen haben dabei unterschiedliche Standards zu erfüllen, um akzeptiert zu werden und erfolgreich zu sein. Und diese Standards sind das Resultat biologischer Prädispositionen *und* sozialer Normen, Erwartungen und Regeln, also von Stereotypen und Rollenerwartungen. Sie werden von früher Kindheit an vermittelt. Beispiele für männliche Körpernormen sind groß, muskulös, athletisch, rau, kräftig, stark und durchsetzungsfähig. Weiblich sein heißt hübsch, zart, anmutig und schlank. Diese unterschiedlichen Standards zur Bewertung männlicher und weiblicher Körper finden sich in der sportlichen Aktivität wieder. Das männliche Stereotyp entspricht sportlichen Anforderungen an Kraft, Schnelligkeit, Kampfeswille, Mut und Härte. Dazu passen Kampfsportarten, Risikosportarten, direkte körperliche Auseinandersetzung (Eishockey, Fußball), sowie Wettkampf. Das weibliche Stereotyp entspricht Anforderungen an Ästhetik, Anmut und Grazie. Dazu passen ästhetisch-kompositorische, schlanke, „schöne“ und Individualsportarten. Auseinandersetzung im Wettkampf war lange Zeit kein konstitutives Element des Frauensports, sondern galt als unweiblich. Deshalb ist die Geschichte des Frauensports voll von immer wiederkehrenden Beispielen über Hindernisse auf dem Weg zur gleichberechtigten Teilhabe von Frauen am Sport. Wie stark dabei geschlechtstypische Erwartungen wirken, kann man nämlich immer dann beobachten, wenn sie missachtet werden und beispielsweise Frauen mit einem „Männersport“ beginnen oder die Teilnahme am

Wettkampfsport einfordern. Welche Reaktionen seitens der sozialen Umgebung und der betroffenen Frauen selbst sind zu erwarten?

Typischerweise lassen sich zwei Varianten finden, die jede getrennt oder beide gleichzeitig vorkommen können. Variante 1 bedeutet versteckte oder offene Abwertung, z. B. durch lächerlich machen, Leistungsabwertung („Frauen spielen den schlechteren Fußball"; „diese Spielerin sieht aus wie ein Mann") und/oder durch offene Diskriminierung (z. B. Verbot der Sportart, geringere Bezahlung). Variante 2 besteht in einer Überbetonung des „Weiblichen". Diese kann durch die Akteurinnen selbst erfolgen, indem sie z. B. äußere Attribute wie Kleidung und körperliche Erscheinung besonders attraktiv und feminin gestalten. Sie kann aber auch durch Offizielle, Medien oder andere Außenstehende erfolgen, etwa wenn eine Anpassung der Regeln des Männersports an vermeintliche weibliche Schwächen erfolgt (z. B. kürzere Halbzeiten, geringere Streckenlänge, weniger Gewinnsätze). Beide Varianten laufen darauf hinaus, das stereotype Bild von Weiblichkeit wiederherzustellen.

Wie haben sich die Partizipationsraten von Männern und Frauen im Sport entwickelt? Galt der Sport lange Zeit als Männerdomäne, so muss dieses Bild heute revidiert werden. Frauen sind im aktiven Sport nicht mehr prinzipiell unterrepräsentiert. Die Studie von Breuer (2004) zeigt, dass Männer lediglich in der Kindheit, im Jugendalter und bis zu einem Alter von 34 Jahren häufiger regelmäßig sportlich aktiv sind als Frauen. Im mittleren Erwachsenenalter (34–64 Jahre) gleicht sich das Geschlechterverhältnis bei den Personen, die mindestens einmal pro Woche sportlich aktiv sind, immer mehr an. Im höheren Erwachsenenalter (ab 60 Jahren) sind kaum noch Geschlechterunterschiede zu beobachten (Breuer, 2003; 2004). Dieser Befund gilt insbesondere, wenn nicht – wie lange Zeit üblich – Querschnittstudien, sondern längsschnittliche Untersuchungsdesigns Verwendung finden. Breuer und Wicker (2007) kommen in einer Zusammenstellung der Befunde aus Längsschnittstudien zu dem Ergebnis, dass es a) keinen generellen Abfall sportlicher Aktivität über die Lebensspanne gibt und b) „bei Frauen die körperliche Aktivität sogar in bestimmten Lebensdekaden an(steigt), wohingegen sie bei Männern deutlich abnimmt" (S. 100).

Während sich also die Sportpartizipation von Männern und Frauen quantitativ nur noch wenig unterscheidet, finden sich aber weiterhin Unterschiede in den Präferenzen für Sportarten sowie in den Beweggründen für das Sporttreiben. Jungen und Männer wählen zunächst in erster Linie wettkampfbetonte Spielsportarten wie Fußball oder Handball. Mädchen und Frauen dagegen bevorzugen Individualsportarten und ästhetisch-kompositorische Sportarten wie Turnen, Schwimmen oder Gymnastik und wählen dagegen seltener die Sportspiele. Im mittleren Erwachsenenalter dominieren bei Frauen weiterhin Individualsportarten wie Gymnastik, Laufen, Fitness und Aerobic, aber auch bei Männern gewinnen diese an Bedeutung (Fitness, Laufen, Radfahren). Allerdings gehört Fußball bis zum Alter von 59 Jahren immer noch zu den am häufigsten betriebenen Sportarten der Männer. Bei den über 60-Jährigen zeigt sich für beide Geschlechter, dass gesundheitsorientierte Sportarten wie Wandern, Spazierengehen, Radfahren und Gymnastik im Vordergrund stehen (Breuer, 2004). Männer bevorzugen allerdings auch in dieser Altersklasse immer noch stärker die traditionellen Sportspiele als Frauen.

Um diese Unterschiede zu erklären, bieten die Beweggründe für das Sporttreiben einen Ansatzpunkt. Sie geben Auskunft darüber, welche Ziele beim Sport im Vordergrund stehen. Im Jugendalter betrifft dies Ziele wie „Spaß haben", „sich fit halten" und „die Leistung verbessern". Bereits in dieser Altersgruppe zeigt sich, dass Jungen eher Leistungsmotive und Leistungsvergleich nennen, während Mädchen „sich körperlich wohl fühlen", „Entspannung" und „etwas für die Figur tun" weit häufiger angeben als Jungen. Mit zunehmendem Alter gewinnt hingegen in der Regel das Gesundheitsmotiv für das regelmäßige Sporttreiben für beide Geschlechter an Bedeutung (Breuer & Wicker, 2007). Aber auch im mittleren und höheren Erwachsenenalter bleiben die im Jugendalter herausgebildeten Geschlechterunterschiede in den Beweggründen bestehen. Männer betonen weiterhin, Sport zur Stärkung der Kondition, der Muskel- und Widerstandskraft zu betreiben und möchten durch sportliche Aktivität ihre individuellen Leistungsgrenzen erfahren. Diese Leistungsorientierung nimmt zwar mit zunehmendem Alter ab, sie liegt aber auch im höheren Altersbereich noch über der der weiblichen Sporttreibenden. Frauen dagegen sind in erster Linie darauf bedacht, ihr Aussehen zu verbessern (Gewichtsreduktion) und stellen spezielles Figurtraining als Ziel in den Vordergrund. Auch Entspannung, Körper- und Bewegungserleben sind für Frauen von größerer Bedeutung als für Männer (Rulofs, Combrink & Borchers, 2002). Die unterschiedlichen Bewertungsmaßstäbe für männliche und weibliche Körper finden sich somit sowohl in den Sportartenpräferenzen wie auch in den Beweggründen des Sporttreibens wider. Frauen sind besorgter und zugleich unzufriedener mit ihrem Körper als Männer. Physische Attraktivität, also Schönheit, spielt im Leben einer Frau eine wichtigere Rolle als im Leben eines Mannes, insbesondere im Hinblick auf die Partnerwahl. Im Sport zeigt sich, dass erfolgreiche Athletinnen zusätzliche soziale Anerkennung bekommen, wenn sie nicht nur gute Leistungen zeigen, sondern auch attraktiv sind. Wir sprechen in dem Falle von einem „double standard", der darin besteht, dass für die Bewertung der Leistungen einer Frau nicht nur die Kompetenz und das Leistungsergebnis zählt, sondern zusätzlich auch ihre Schönheit. Weil die äußere Erscheinung für Frauen so wichtig ist, sind sie in großem Maße um ihr Äußeres bemüht. Da ihr Körper Gegenstand von Bewertungen ist, stehen Frauen ihrem Körper kritischer gegenüber und sind unzufriedener damit als Männer.

Warum neigen Frauen dazu, mit ihrem Körper unzufrieden zu sein? Zum einen besteht der soziokulturelle Standard darin, besonders schlank zu sein. Aber: Die biologische Entwicklung (der Körperfettanteil) einer Frau steht dem entgegen, da in Pubertät, Schwangerschaft und Menopause in erhöhtem Maße Körperfett eingelagert wird. Es besteht dadurch ein Gegensatz zwischen Anspruch (Schlankheit) und Wirklichkeit (Körperfettanteil). Zum zweiten wird der Körper für Frauen zum Kapital. Ihre Anerkennung hängt stark vom Äußeren ab. Die Pubertät und das junge Erwachsenenalter gelten dabei als besonders „kritische" Phase in Bezug auf die Einstellung zum eigenen Körper.

Damit erklärt sich auch das zuvor berichtete besonders negative Körperbild von übergewichtigen und adipösen jungen Frauen. Aber auch im klinisch unauffälligen Bereich sind Frauen unzufriedener mit ihrem Körper als Männer. Dies gilt insbesondere im Jugend- und jungen Erwachsenenalter (Alfermann & Stiller, 2005). Die unterschiedlich hohe Bedeutung des guten Aussehens zwischen Männern und Frauen zeigt sich auch darin, dass die äußere Erscheinung von Frauen mit der Zuschreibung von Femininität bzw. Maskulinität korreliert, bei Männern nicht. Attraktiveren Frauen wird mehr Femininität, weniger attraktiven mehr Maskulinität zugeschrieben (Lippa, 2001). Je nach Attraktivität werden Frauen somit weiblicher oder männlicher wahrgenommen. Im deutschen Alltagssprachgebrauch hat der Begriff des „Mannweibs" für Frauen, die dem gängigen Ideal der weiblichen Erscheinung nicht entsprechen, zudem einen eindeutig negativen Unterton.

Schlussfolgernd ist festzuhalten, dass im Bereich regelmäßiger körperlicher Aktivität, im Gegensatz zu anderen Gesundheitsverhaltensweisen (wie regelmäßige Vorsorgeuntersuchungen, Verwendung von Sonnenschutz, gesunde Ernährung, Alkoholkonsum, riskantes Autofahren), nicht prinzipiell davon ausgegangen werden kann, dass Männer sich weniger gesundheitsbewusst verhalten als Frauen. Männer sind ebenso häufig – in manchen Altersklassen sogar häufiger – sportlich aktiv wie Frauen, allerdings seltener mit dem Ziel der Gesundheitsförderung. Männer üben weit häufiger als Frauen Sportarten aus, die ihrerseits zum Gesundheitsrisiko werden können (vgl. Kap. 5.4 sowie Byrnes, Miller & Schafer, 1999). Diese Präferenz ist über alle Altersklassen stärker ausgeprägt als bei Frauen. Frauen dagegen scheinen solche Sportarten zu bevorzugen, die von vornherein in den Bereich des Gesundheitssports einzuordnen sind. Diese Geschlechterunterschiede resultieren aus unterschiedlichen Erwartungen an Männer und Frauen und dem daraus internalisierten Selbstkonzept: Stark und hart sein, sich nicht um Gesundheit oder Krankheitssymptome kümmern und Anzeichen von Schwäche ignorieren, dies alles wird eher von Männern erwartet. Hingegen dürfen Frauen Schwäche zeigen, Gesundheitsförderung betreiben und auf Körpersignale achten (vgl. Pfeffer & Alfermann, 2006).

Zusammenfassend lässt sich sagen, dass Frauen insgesamt einen gesünderen Lebensstil als Männer pflegen, sich stärker für Gesundheitsbelange interessieren, sich darüber informieren und stärker auf ihr Gewicht und ihre äußere Erscheinung achten als Männer, dabei aber unzufriedener mit ihrer äußeren Erscheinung sind (Feingold & Mazzella, 1998). Im Rauchverhalten nähern sich die Geschlechter an, und die sportliche Aktivität ist bis zum mittleren Erwachsenenalter bei männlichen Personen stärker verbreitet als bei weiblichen, erst danach gleichen sich die Aktivitätsraten der Geschlechter an. Allerdings entspricht die sportliche Aktivität von weiblichen Personen häufiger den Kriterien von Gesundheitssport, indem sie moderat erfolgt, die Verletzungsgefahren geringer sind und Wettkampf seltener eingeschlossen ist.

### 5.2.3 Soziale Beziehungen und ihr Einfluss auf Mortalität und Morbidität

Soziale Unterstützung gilt als eine wichtige psychologische Variable für den Erhalt und die Verbesserung psychischer und physischer Gesundheit (Schwarzer & Leppin, 1989). Aber nicht nur soziale Unterstützung, auch die soziale Integration und die sozialen Beziehungen insgesamt scheinen einen direkten wie indirekten Einfluss auf die Gesundheit auszuüben. Menschen, die in soziale Netzwerke eingebunden sind, haben eine höhere Lebenserwartung (House, Landis & Umberson, 1988). Da in unserer Kultur die Ehe bzw. die heterosexuelle Partnerschaft eine weit verbreitete Form der sozialen Beziehung ist, finden sich eine Reihe von Untersuchungen sowohl zum Zusammenhang von Familienstand und Mortalität (Umberson, 1992) wie auch zu den Auswirkungen von Zufriedenheit bzw. Konflikten in der Ehe/Partnerschaft auf unterschiedliche Indikatoren der Gesundheit (Kiecolt-Glaser & Newton, 2001).

Hinweise auf einen Zusammenhang von Familienstand und Langlebigkeit lassen sich aus den Sterbestatistiken herauslesen. Diese Daten zeigen, dass die Mortalität bei Verheirateten geringer ist als bei Unverheirateten (Höpflinger, 2002; Umberson, 1992). Vereinfacht gesagt wird dies durch zwei Mechanismen erklärt, nämlich einem Selektionseffekt (selection – die Gesünderen finden eher eine/n Lebenspartner/in) und einem Schutzeffekt (protection), indem die Ehe Gesundheitsverhalten fördern und vor krank machenden Einflüssen schützen soll, etwa durch weniger Stress, weniger Substanzkonsum und regelmäßige, gesunde Ernährung (Umberson, 1992). Bemerkenswert in unserem Zusammenhang ist dabei der Befund aus dem nordamerikanischen Raum, dass die Unterschiede in der Mortalität zwischen Verheirateten und Unverheirateten bei Männern höher ausfallen als bei Frauen. Als besonders beeindruckend wurde dabei der Unterschied in der Langlebigkeit angesehen (Ross, Mirowsky & Goldsteen, 1990). Anders gesagt, die Ehe soll sich für Männer gesundheitlich mehr auszahlen als für Frauen (Ross et al., 1990). Für deutsche Verhältnisse lässt sich dieser Geschlechterunterschied in der Langlebigkeit je nach Familienstatus aber nicht feststellen. Zwar trifft es zu, dass eine stabile Partnerschaft zu einer höheren Lebensdauer beiträgt, aber dies gilt für beide Geschlechter. Vergleicht man Verheiratete mit Verwitweten, so ist das Mortalitätsrisiko für Verwitwete beiden Geschlechts deutlich höher, nämlich etwa drei Jahre bei Männern und fünf Jahre bei Frauen (Höpflinger, 2002). Noch krasser fällt der Unterschied bei den Geschiedenen aus, wobei sich hier feststellen lässt, dass Scheidung die Lebenserwartung von Männern stärker senkt als die von Frauen. Während verheiratete Frauen eine um etwa sieben Jahre höhere Lebenserwartung haben als geschiedene, beträgt die Differenz bei den Männern mehr als elf Jahre. Man kann somit nicht sagen, dass Männer im Hinblick auf die Lebenserwartung von der Ehe grundsätzlich mehr profitieren als Frauen. Wenn Männer allerdings chronisch krank oder pflegebedürftig werden, dann sind sie in einer Ehe besser versorgt als Frauen (Höpflinger, 2002).

Kiecolt-Glaser und Newton (2001) argumentieren, dass der Familienstand als solcher noch nichts über seine Qualität aussagt. Eine unglückliche Ehe könne negativere Konsequenzen haben als gar keine Ehe. Die Ergebnisse zur relativ niedrigen Lebenserwartung von Geschiedenen wären ein Indiz für diese These. In der Tat haben Beziehungsstress, Konflikte und Probleme in der Partnerbeziehung negative Auswirkungen auf das Immunsystem, das kardio-vaskuläre System und auf andere Gesundheitsparameter. Dies gilt zunächst für beide Geschlechter. Aber es scheint Geschlechterunterschiede in der Reaktivität auf Beziehungsstress und Probleme in der Ehe zu geben. Frauen reagieren darauf stärker, was sich sowohl an einer stärkeren und länger andauernden physiologischen Reaktion wie auch an endokrinologischen und immunologischen Parametern ablesen lässt (Kiecolt-Glaser & Newton). Eine Erklärung dafür liegt in der größeren Bedeutsamkeit, die Frauen sozialen Beziehungen beimessen. Sowohl zum Selbstkonzept wie auch zu den Geschlechtsrollenerwartungen von Frauen zählen gerade soziale Eigenschaften wie Fürsorglichkeit und Einfühlungsvermögen (Kap. 1 und 2). Für die Lebensqualität von Frauen ist daher die Einbindung in ein soziales Netz und insbesondere in die Partnerbeziehung ein zentraler Punkt. Das bedeutet, dass Frauen einer Partnerbeziehung nicht nur mehr Bedeutung beimessen, sie ziehen auch mehr (positive wie negative) emotionale Konsequenzen daraus. Probleme in der Partnerbeziehung werden daher von Frauen als belastender erlebt, was sich an den stärkeren physiologischen und endokrinologischen Reaktionen zeigt.

Wenn der Familienstand einen Einfluss auf die Lebenserwartung hat, woran kann das liegen? Eine Reihe von Arbeiten hat sich mit den Auswirkungen von Verwitwung auf Lebensqualität, Morbidität und Mortalität beschäftigt. Unstrittig ist, dass Verwitwung eine Reihe von negativen Auswirkungen auf die Gesundheit und letztendlich auch die Mortalität hat. „Die relative Häufigkeit von Stresssymptomen und Depression, der Medikamentengebrauch, Indikatoren physischer Gesundheit (z. B. Krankheitstage und Arztbesuche) und sogar die Mortalität werden durchschnittlich häufiger für Verwitwete als für vergleichbare Verheiratete berichtet“ (Stroebe, Stroebe & Schut, 2001, S. 63). Betrachtet man das relative Morbiditäts- und Mortalitätsrisiko von verwitweten Männern und Frauen (also relativ zu nicht Verwitweten), so finden sich vergleichsweise höhere gesundheitliche Risiken für verwitwete Männer als für verwitwete Frauen. Verwitwete Männer zeigen im Vergleich häufiger Symptome von Stressbelastung, Depression und anderen psychischen Erkrankungen, und ebenfalls häufiger physische Erkrankungen, also insgesamt eine höhere Morbidität als Frauen (Stroebe & Stroebe, 1983; Stroebe et al., 2001). Die höhere Mortalität von verwitweten Männern beruht sowohl auf einer relativ größeren Häufigkeit von Selbstmord, als auch von schweren chronischen Erkrankungen, insbesondere des Herz-Kreislaufsystems und von Krebserkrankungen. So wurden über einen Beobachtungszeitraum von zwölf Jahren fünfmal häufiger Selbstmorde von verwitweten als von verheirateten Männern begangen, während die (sowieso niedrigere) Selbstmordrate von Frauen sich nicht unterschied (Li, 1995). In einer niederländischen Studie ließen sich 50 % der Todesfälle von verwitweten Männern, aber nur 36 % von Frauen auf Herz-Kreislauf- und auf Krebserkrankungen zurückführen (Joung, Glerum, van Poppel, Kardaun, & Mackenbach, 1996).

Insgesamt sind die Geschlechterunterschiede im relativen gesundheitlichen Risiko von Verwitweten im Vergleich zu Verheirateten empirisch gut belegt. Sie lassen sich dahingehend zusammenfassen, dass der Verlust der Ehepartnerin für Männer dramatischere Konsequenzen hat als der Verlust des Partners für Frauen. Warum das so ist, steht allerdings auf einem anderen Blatt. Hier sind die bisherigen Befunde wenig erhellend. Stroebe und Stroebe (1983) hatten die Hypothese aufgestellt, dass verwitwete Frauen mehr soziale Unterstützung erhalten als Männer. Dies scheint aber nicht ursächlich die unterschiedlichen Folgen der Verwitwung zu beeinflussen. Auch die Tatsache, dass Frauen ihre Emotionen mehr nach außen zeigen und verarbeiten als Männer, lässt sich nach bisherigen Erkenntnissen nicht als Ursache für die Geschlechterunterschiede im gesundheitlichen Risiko nach Verwitwung heranziehen. Stroebe et al. (2001) gehen davon aus, dass Frauen über bessere Bewältigungsstile nach dem Partnerverlust verfügen. Sie sind zunächst besser in der Lage, emotionales Coping, insbesondere die Trauerverarbeitung, zu leisten. Im weiteren Verlauf sollen sie auch bessere Ressourcen zur Bewältigung dadurch haben, dass sie stärker unter dem *Zwang* stehen, den Alltag zu bewältigen. Da Frauen im Allgemeinen gewohnt sind, den Haushalt und die Familie zu versorgen, was auch nach der Verwitwung notwendig ist, haben sie mehr Ablenkung von der Trauerarbeit. Diese Erklärungen sind aber vorläufig hypothetisch und sollten durch weitere empirische Studien abgesichert werden.

## 5.3 Erwerbstätigkeit und Berufswahl

Wenn in Kapitel 1 festgestellt wurde, dass wir auf der einen Seite relativ unveränderte Geschlechterstereotype *und* vergleichsweise universelle Dimensionen der Stereotype ausmachen können, so ist andererseits an dieser Stelle hervorzuheben, dass die *Übernahme* der Geschlechterrollen und die *Einstellungen* zu den Geschlechterrollen einem Wandel gefolgt sind. Auf die Geschlechtsrolleneinstellungen wurde in Kapitel 3 eingegangen, der sichtbare Wandel der Geschlechterrollen soll im Folgenden an Hand der schulischen/beruflichen Ausbildung sowie der Erwerbstätigkeit untersucht werden.

Der auffallendste Wandel in den europäischen Staaten ist zweifellos die per Verfassung hergestellte formale Gleichheit der Geschlechter. Die Machtungleichheit zugunsten der Männer ist von der Verfassung verboten. Dass wir de facto nach wie vor ein Machtungleichgewicht haben, steht auf einem anderen Blatt. Tatsache ist aber, dass die politische Entwicklung in den EU-Staaten eine Gleichberechtigung der Frauen insbesondere durch gleiche Bildungschancen und die (gleichberechtigte) Teilhabe am Berufsleben propagiert und gefördert hat. Bis heute laufen alle staatlichen Maßnahmen darauf hinaus, dass Frauen und Männer die gleichen Chancen haben sollen, Berufe und Berufspositionen ergreifen und erreichen zu können. Die Crux, die in der Realität damit verbunden ist, besteht insbesondere darin, dass sich trotzdem an der geschlechtstypischen Arbeitsteilung im Kern nichts geändert hat (so etwa die Überlegungen von Angelika Wetterer, 1994, zur Förderung von Wissenschaftlerinnen). Auch ist der Einfluss von Geschlechterstereotypen auf die „Vergeschlechtlichung" von Berufen (Wetterer, 1995) und die damit einhergehende geschlechtstypische Berufswahl immer noch hoch. Nach wie vor haben wir einen nach Geschlechtern separierten Arbeitsmarkt und ungleiche Einkommen. Dennoch können wir anhand von Berufsausbildung und Erwerbstätigkeit von einem Wandel der Geschlechterrollen sprechen. Etwas überspitzt ausgedrückt, stellt sich dieser allerdings vor allem als ein Wandel der *weiblichen* Rolle dar. Frauen haben – insbesondere im Verlauf des 20. Jahrhunderts – einen statistisch nachweisbaren Rollenwandel mitgemacht. Dies lässt sich an der Bildungsbeteiligung, der Berufsausbildung, der Erwerbsquote und der familialen Arbeitsteilung im Haushalt ablesen.

Eine nachweisbare Veränderung der Frauenrollen lässt sich über die Bildungsbeteiligung der Mädchen und Frauen sowie über die Erwerbsquote registrieren. Gilt für alle modernen Industrienationen, dass sie ihren Bürgerinnen und Bürgern eine immer bessere und anspruchsvollere Schul- und Berufsausbildung bieten, so hat dieser Trend zur Bildung als Massenphänomen sich vor allem für die Mädchen und Frauen ausgezahlt. Die heutige Generation von Jungen genießt keine bessere Schulausbildung mehr als die Mädchen. Im Gegenteil: Die Mädchen haben die Jungen überflügelt in der Zahl der höheren Bildungsabschlüsse und der erfolgreichen Schulabschlüsse insgesamt. Im Jahre 2006 verließen in Deutschland 10 % der Schüler und nur 6 % der Schülerinnen die Schule ohne Abschluss, 23 % der männlichen Schulabgänger und 31 % der weiblichen erlangten die Hochschulreife. Diese Geschlechterunterschiede im Schulerfolg sind seit 1995 konstant (Statistisches Bundesamt, 2008, S. 60). Sie lassen sich außerdem in allen Staaten der Europäischen Union beobachten (Europäische Kommission, 2008, S. 33). Die PISA-Ergebnisse zeigen zudem, dass die Leistungen von Jungen und Mädchen in der EU sich in Naturwissenschaften gar nicht, und in Mathematik lediglich zwischen 2 und 4 % zugunsten der Jungen unterscheiden. Im Lese-/Sprachverständnis liegen die Geschlechterunterschiede höher, und zwar zugunsten der Mädchen, besonders in Deutschland (10 %) und in Österreich (9 %). Allerdings weisen alle PISA-Ergebnisse auf höhere kulturelle als auf Geschlechterunterschiede hin. Dies spricht dafür, dass die genannten Leistungen stark von den sozialen Randbedingungen abhängig sind.

Was das berufliche Qualifikations*niveau* betrifft, so setzen sich die Unterschiede in der schulischen Ausbildung auch im beruflichen Qualifikationsniveau fort. Je nach Schulabschluss schließen Jungen und Mädchen eine Berufsausbildung in einem Betrieb ab, oder in einer Fachschule, oder sie absolvieren ein Studium an einer Hochschule. Bis zum Niveau des Bachelorabschlusses sind Mädchen in der Überzahl. Im Jahr 2006 betrug der Männeranteil an allen Studienanfängern in Deutschland 50,6%, an den Studierenden insgesamt 52,2%, und an den Absolventen 49,5 %. Damit bildet Deutschland eine Ausnahme in den EU-Staaten. Europaweit (mit Ausnahme der Türkei), studieren nämlich mehr Frauen als Männer (im EU-Durchschnitt 55% W zu 45% M) bis zum ersten Studienabschluss (analog dem Bachelor). Erst danach allerdings ändert sich das Bild. In weiterführenden Studiengängen hin zum Masterniveau sind 57 % der Absolventen männlichen Geschlechts (Europäische Kommission, 2008), in den USA nur 40 % (National Science Foundation, 2009). Der Männeranteil an allen Promotionen betrug im Jahr 2006 in Deutschland immerhin 60 % (Statistisches Bundesamt, 2008), in den USA lag er bei 50 %. Allerdings hat sich der Frauenteil an Masterabschlüssen und Promotionen in Europa einschließlich Deutschland seit Jahren kontinuierlich erhöht, so dass über kurz oder lang mit einer gleichen Relation der beiden Geschlechter auch hier zu rechnen ist. Während das Qualifikations*niveau* in Europa zunächst leicht unterschiedlich zugunsten der Frauen ausfällt und die Männer erst in weiterführenden Studienabschlüssen (noch) überwiegen – insgesamt also eher von einem vergleichbaren Niveau der beruflichen Abschlüsse auszugehen ist –, zeigen sich allerdings deutliche Geschlechterunterschiede in der gewählten Fachrichtung. In beruflichen Ausbildungsgängen konzentrieren sich die Mädchen zum einen stärker als die Jungen auf die zehn jeweils beliebtesten Ausbildungsberufe, nämlich 53 % bzw. 37 %. Zum zweiten erfolgt die Berufswahl deutlich geschlechtstypisch. Frauen wählen bevorzugt kaufmännische Berufe und Berufe im Sozial- und Gesundheitswesen. Männer hingegen entscheiden sich vorwiegend für handwerkliche Berufe und eine Ausbildung im IT-Bereich. Auch in den Studienfächern lassen sich deutliche Unterschiede erkennen. „In den Fächergruppen Veterinärmedizin (82 %), Sprach- und Kulturwissenschaften (74 %), Humanmedizin/Gesundheitswissenschaften (67 %) sowie Kunst/Kunstwissenschaft (64 %) waren die Studienanfängerinnen deutlich in der Mehrheit. In den Rechts-, Wirtschafts- und Sozialwissenschaften stellte sich das Geschlechterverhältnis mit einem Frauenanteil von 53 % nahezu ausgeglichen dar. In der Fächergruppe Ingenieurwissenschaften (22 %) waren Studienanfängerinnen hingegen deutlich unterrepräsentiert“ (Statistisches Bundesamt, 2008, S. 60). Dieselbe Feststellung lässt sich auch in der Europäischen Union treffen. „Während Frauen (...) die Mehrzahl der Absolventen in den Bereichen Gesundheit und Wohlfahrt, Lehramt und Pädagogik bilden und im Jahr 2004 Männer EU-weit um durchschnittlich das Dreifache überstiegen, ist bei Technik, Fertigung und Bauwesen das Gegenteil der Fall. Auch in naturwissenschaftlichen Studiengängen, Mathematik und Informatik war der Männeranteil 50 % höher als der Frauenanteil, während in den Betriebswirtschaftsstudiengängen der Frauenanteil fast 50 % und in Rechtswissenschaft 54 % höher als der Männeranteil war, sowie in Sozialwissenschaften, Publizistik, Geisteswissenschaften und Kunst doppelt so hoch oder noch höher war“ (Europäische Kommission, S. 36).

Auch wenn sich das Bildungs*niveau* zwischen den Geschlechtern kaum noch unterscheidet, die *Verteilung* auf die verschiedenen Studienfächer und Ausbildungsberufe ist zum Teil krass unterschiedlich. Die schon bei der Interessenentwicklung im Kindes- und Jugendalter zu beobachtende Orientierung an Geschlechtsrollenerwartungen (Todt, 1990; 1992) findet hier ihre Fortsetzung. Da von Frauen Fürsorglichkeit, Mütterlichkeit, Hilfsbereitschaft, aber auch Nachgiebigkeit und Dienstbarkeit erwartet wird, wählen sie vorwiegend soziale, Erziehungs- und Dienstleistungsberufe; Berufe, die somit in doppelter Hinsicht Frauenberufe sind: Sie werden vorwiegend von Frauen ausgeübt, und sie entsprechen der weiblichen Geschlechterrolle. Der Einsatz für und/oder der Umgang mit anderen Menschen steht in Frauenberufen im Vordergrund und ist damit kompatibel mit der Geschlechterrolle. Genauso verhält es sich mit Männerberufen: Wo es um abstrakte Intelligenz, um technisches und mechanisches Verständnis, um den Umgang mit leblosen Objekten geht, da sind Männer in der Überzahl. Dies lässt sich sowohl in akademischen Berufen (z. B. Ingenieurwissenschaften, Physik, Informatik) wie auch in Lehr- und Fachschulberufen beobachten. Die bevorzugten Lehrberufe der Jungen sind vorwiegend im handwerklichen und technischen Bereich angesiedelt, wo der Umgang mit Geräten und leblosen Objekten im Vordergrund steht.

In einer Reihe von Untersuchungen seit Beginn des 20. Jahrhunderts lässt sich dieser Geschlechterunterschied im Interesse an Personen versus an Dingen untermauern. Besonders deutlich zeigen sich die Unterschiede in Interesseninventaren. Lippa (2001) hat deshalb die Interessendimension Personen-Dinge (People-Things) zu einem konstitutiven Element von Maskulinität und Femininität im Sinne eines Gender-Merkmals erklärt. In einer Metaanalyse von sechs Studien mit insgesamt etwa 14 000 Untersuchungsteilnehmenden findet er konsistente und hohe Geschlechterunterschiede vor allem auf dieser Dimension, während auf der Interessendimension Daten-Ideen (Data-Ideas) kaum Geschlechterunterschiede bestehen (Lippa, 1998). Su, Rounds und Armstrong (2009) bestätigen dieses Ergebnis anhand einer deutlich größeren Zahl von Untersuchungen bzw. Effektstärken (s. **Tab. 5.3**). Während die durchschnittliche Effektstärke der Geschlechterunterschiede auf der Dimension Personen-Dinge ($d = 0.93$) sehr groß ist, fällt sie für die andere Dimension mit -0.10 kaum ins Gewicht. Frauen wählen also nicht nur sehr viel häufiger als Männer Berufe, in denen der Umgang mit Menschen im Mittelpunkt steht, sie zeigen auch ein stärkeres Interesse daran. Umgekehrt lässt sich für Männer feststellen, dass sie sowohl deutlich häufiger als Frauen Berufe wählen, die den Umgang mit Objekten beinhalten, wie auch ein größeres Interesse daran äußern. Betrachtet man im Einzelnen die sechs Interessenschwerpunkte gemäß dem *RIASEC* Hexagon von Holland (zuletzt 1996), so interessieren sich männliche Personen mehr als weibliche für *R*ealistische und *I*nvestigative Berufe, weibliche hingegen mehr für Künstlerische (*A*rtistic), *S*oziale und Konventionelle (*C*onventional) Berufe, was im Endeffekt auf die schon beschriebene Unterscheidung auf der Dimension Personen-Dinge hinausläuft. Realistische Interessen betreffen Objekte wie Werkzeuge und Maschinen, die dafür charakteristischen Berufe sind im Handwerk und in der Land- und Forstwirtschaft zu finden (z. B. Auto-Mechatroniker, Tischler, Fischer, Farmer). Investigative Interessen beziehen sich auf die Untersuchung physikalischer, biologischer und kultureller Phänomene mit dem Ziel ihrer besseren Kontrolle. Typische Berufsfelder dafür finden sich in Chemie, Biologie, Mathematik und Ökonomie. Künstlerische Interessen finden sich in kreativen Berufen wieder wie Schauspieler oder Designer. Soziale Interessen richten sich vor allem auf den Umgang mit Menschen und Lebewesen und spiegeln sich in

Berufen von Erziehung, Ausbildung und Beratung wider. Die sogenannten konventionellen Interessen hingegen richten sich auf das Bewahren, Ordnen und Verwalten von Vorhandenem, beispielsweise in Buchhaltung und Sekretariat. Keine Geschlechterunterschiede fanden sich im Interesse für Unternehmerisches Handeln (*E*nterprise), wie es sich beispielsweise in Management, Börsenhandel oder Unternehmensführung niederschlägt. Neben den RIASEC-Studien wurden auch die vorliegenden Untersuchungen zu Interessen für sogenannte *MINT*-Fächer (englisch *STEM*) berücksichtigt. Dabei handelt es sich um *M*athematik, *I*nformatik, *N*aturwissenschaften und *T*echnik. Hier zeigte sich der größte Geschlechterunterschied im Interesse für Technik (d = 1.11), während die Interessen für Mathematik/Informatik bzw. Naturwissenschaften jeweils kleine Geschlechterunterschiede erkennen ließen (d = 0.34 bzw. 0.36). Die in den beiden letzten Spalten von **Tabelle 5.3** berichteten Überlappungsbereiche und relativen Anteile von Männern und Frauen verweisen allerdings auf die altbekannte Tatsache, dass auch bei kleineren Geschlechterunterschieden der durchschnittlichen Werte die Verteilungen der beiden Geschlechter soweit auseinanderrücken, dass im oberen Quartil eine sehr ungleiche Zahl von männlichen und weiblichen Personen liegt. Wenn etwa Frauen sich im Durchschnitt etwas weniger für Berufe in Mathematik und Informatik interessieren als Männer (d = 0.34), so bedeutet das aber dennoch, dass sich im oberen Quartil der Population, die sich sehr für Mathematik und Informatik interessiert, zwei Drittel Männer und ein Drittel Frauen befinden. Noch krasser wird es bei großen Effektstärken. Nur 13.3 % der Frauen sind stärker an Technik interessiert als ein durchschnittlicher Mann, aber 74.9 % der Frauen haben stärkere soziale Interessen als ein durchschnittlicher Mann (d = -0.68). Die entsprechenden Relationen im oberen Quartil betragen 1:4 bzw. 5:2 Frauen zu Männern. An Berufswahlentscheidungen dürften solche Interessenunterschiede einen großen Anteil haben.

Wie lassen sich diese universell erscheinenden Präferenzen der Geschlechter erklären? Immer wieder wird nach möglichen biologischen Prädispositionen gesucht, die vor allem in den unterschiedlichen Fortpflanzungsfunktionen der Geschlechter gesehen werden. Damit ließe sich insbesondere erklären, warum Frauen sich so stark für Dienstleistungs- und soziale Berufe interessieren – Schwangerschaft und Geburt als Wegbereiter für soziales Interesse. Auch mögliche Fähigkeitsunterschiede werden diskutiert, vor allem für die Bevorzugung von Mathematik, Physik und Technik durch die Jungen. Allerdings zeigen die PISA-Ergebnisse, dass hier die Geschlechterunterschiede in den schulischen Testleistungen besonders gering sind. Zudem fällt bei der Studienfachwahl in der Europäischen Union auf, dass es deutliche Unterschiede je nach Nation gibt (Europäische Kommission, 2008). So ist der Frauenanteil an Studierenden in Mathematik und Informatik in einigen europäischen Ländern wie Italien, Schweden oder Kroatien 50 % und höher, in anderen Ländern wie Deutschland, Österreich und dem Vereinigten Königreich liegt er unter 40 %. Auch in den Ingenieurwissenschaften variieren die Zahlen je nach Nation. Den geringsten Studentinnenanteil im Bereich Technik, Fertigung und Bauwesen verzeichnen in der Europäischen Union Deutschland, das Vereinigte

**Tab. 5.3:** Ergebnisse der Metaanalyse von Su, Rounds und Armstrong (2009) zu Geschlechterunterschieden in beruflichen Interessen

| Interessen | *k* | *d* | *SD* | Überlappung männlich/ weiblich | Relation weiblich/ männlich in den oberen 25 % |
|---|---|---|---|---|---|
| Dimension Dinge-Menschen | 79 | **0.93** | 0.242 | 46.9 % | 0.287 |
| Dimension Daten-Ideen | 79 | **−0.10** | 0.217 | 92.3 % | 1.134 |
| RIASEC Interessen | | | | | |
| Realistisch | 80 | **0.84** | 0.207 | 50.9 % | 0.327 |
| Investigativ | 79 | **0.26** | 0.217 | 81.9 % | 0.720 |
| Künstlerisch | 80 | **−0.35** | 0.154 | 75.0 % | 1.556 |
| Sozial | 80 | **−0.68** | 0.236 | 58.4 % | 2.426 |
| Unternehmerisch | 79 | 0.04 | 0.182 | 96.9 % | 0.963 |
| Konventionell | 80 | **−0.33** | 0.272 | 76.8 % | 1.478 |
| Gesamt | 80 | **0.45** | 0.101 | 69.8 % | |
| MINT-Fächer | | | | | |
| *M*athematik/*I*nformatik | 30 | **0.34** | 0.169 | 75.0 % | 0.602 |
| *N*aturwissenschaften | 34 | **0.36** | 0.221 | 40.7 % | 0.195 |
| *T*echnik | 45 | **1.11** | 0.279 | 76.2 % | 0.638 |

*Anmerkungen. k* = Anzahl der Effektgrößen; *d* = gewichtete Effektstärken: Minus-Werte bedeuten, dass weibliche Personen ein stärkeres Interesse zeigen als männliche Personen, fett gedruckte d-Werte sind signifikant; Überlappung männlich/weiblich = Überlappung der beiden Geschlechterverteilungen; Relation weiblich/männlich = % männliche geteilt durch % weibliche Personen in den oberen 25 %; je höher die Zahl, desto höher der relative weibliche Anteil.

Königreich und Österreich (unter 20 %), den höchsten Bulgarien und Griechenland (38 bzw. 37 %). Selbst in den USA liegt der Frauenanteil beim Bachelor und bei den Promotionen leicht unter 20 %, beim Master bei 23 %. Auch wenn Ingenieurwissenschaft gemeinhin als Männerfach gilt, sind diese nationalen Unterschiede doch sehr erstaunlich. Sie lassen vermuten, dass soziale und kulturelle Anregungsbedingungen eine bedeutende Rolle spielen. Denn es ist nicht davon auszugehen, dass sich die genetischen Voraussetzungen in den verschiedenen Ländern so sehr unterscheiden. Erst recht wird dies deutlich, wenn man die Entwicklung über die vergangenen Jahrzehnte in einem einzelnen Land betrachtet, wo eine Zunahme weiblicher Absolventinnen im Allgemeinen und in Naturwissenschaften, Mathematik und Technik im Besonderen zu erkennen ist. In den USA beispielsweise stellen Frauen inzwischen 46 % beim Bachelor-, 43 % beim Masterabschluss und 29 % der Promovierenden in Mathematik, was einen enormen Anstieg über die letzten 30 Jahre bedeutet. Und auch in den Ingenieur- und Naturwissenschaften hat es einen deutlichen Anstieg weiblicher Absolventinnen gegeben. Inzwischen kann man für die USA feststellen, dass über alle Fächer zusammengenommen Frauen bei allen Hochschulabschlüssen in der Überzahl sind (National Science Foundation, 2009). Ceci, Williams und Barnett (2009) führen dies vor allem auf kulturelle Veränderungen zurück, insbesondere soziale Anregungsbedingungen und eine größere Akzeptanz und Förderung von Geschlechtergleichheit. Demgegenüber sehen sie biologische Faktoren als vergleichsweise unbedeutend an. Schließlich könne die genetische und hormonelle Ausstattung der Geschlechter sich in wenigen Jahrzehnten nicht so dramatisch verändert haben, dass sie die Veränderungen in den Fächerwahlen der Frauen erklären könnten. Dabei ist allerdings zu bedenken, dass die Wahl von Ausbildungsfächern auch in demokratischen Staaten nicht nur von individuellen Präferenzen und Interessen abhängt, sondern auch von anderen Faktoren, wie etwa der Erreichbarkeit eines Ausbildungsplatzes oder eines Studienplatzes, den späteren Berufschancen und den Verdienstmöglichkeiten. Tatsache ist, dass Berufe in Naturwissenschaften, Informatik und Technik als zukunftsträchtig gelten und ein höheres Einkommen versprechen als die klassischen „weiblichen“ Dienstleistungsberufe. Die positive Korrelation von Männeranteil in einem Beruf und den Einkommen kann erklären helfen, dass Frauen häufiger Ausbildungsgänge in männlichen Berufen wählen als umgekehrt Männer in weiblichen. Hinzu kommt, dass Männerberufe ein höheres Sozialprestige haben als Frauenberufe, auch dies eher ein Anreiz für Frauen, in einen Männerberuf zu wechseln als umgekehrt. Insgesamt sprechen die Veränderungen in Ausbildung und Erwerbstätigkeit über die letzten Jahrzehnte jedenfalls stark für den Einfluss veränderter sozialer Rollenerwartungen an Frauen.

Wie sieht es bei den Männern aus? Erstaunlich ist schon, dass die Anzahl der Männer mit erstem Studienabschluss (Bachelor) in den USA in den letzten vierzig Jahren (seit 1966) längst nicht so stark gestiegen ist wie die Anzahl der Frauen mit Bachelor und dass diese inzwischen die Männer überflügelt haben (s. **Abb. 5.5**). Diese Entwicklung gilt, wie schon zuvor berichtet, auch für Europa. Noch auffallender ist in den USA das Bild bei den Promotionen (s. **Abb. 5.6**). Hier hat sich die Zahl der Promotionen bei den Männern auf den (niedrigen) Stand von 1966 wieder eingependelt. Haben sich die Erwartungen an die Männerrolle geändert? Bleiben Männer in verstärkter Zahl als Hausmänner zu Hause? Es sieht nicht so aus, weder in Europa, noch in den USA. Vielmehr zeigt sich, dass das Ausbildungsniveau allein nicht für den Berufserfolg verantwortlich ist. Es kommt offenbar auch darauf an, in welchen Branchen gearbeitet wird. Große Unterschiede zeigen sich nämlich in der Wahl der Fächer und Berufssparten. Diese Wahl erfolgt vor allem in den beruflichen Ausbildungsgängen sehr geschlechtstypisch. In den Studienfächern finden sich neben den geschlechtstypischen Fächerwahlen auch markante Veränderungen in vormals männlichen Fächern (wie Naturwissenschaften), die vor allem auf einem Anstieg der Anzahl der Absolventinnen und einem Rückgang der Absolventen in zuvor männlich dominierten Studienfächern basieren.

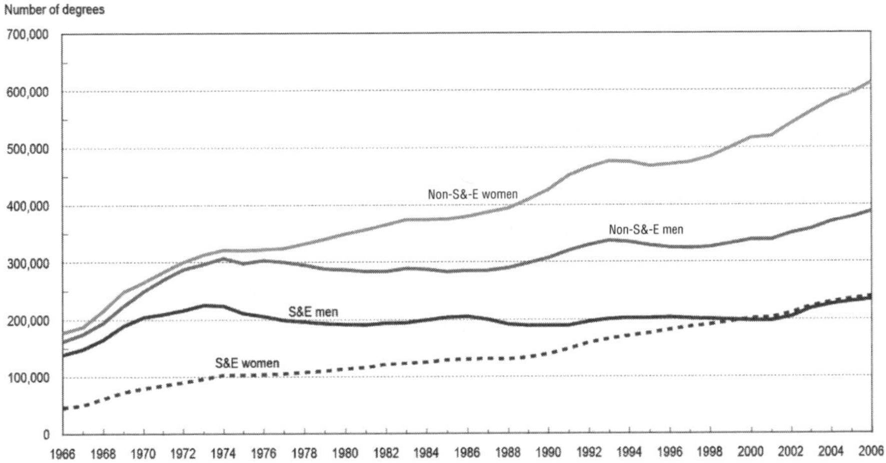


**Abb. 5.5:** Anzahl der Bachelorabschlüsse von Männern und Frauen in Natur- und Ingenieurwissenschaften (Science and Engineering – S & E) und Non-S & -E in den Vereinigten Staaten seit 1966 (National Science Foundation, 2009)

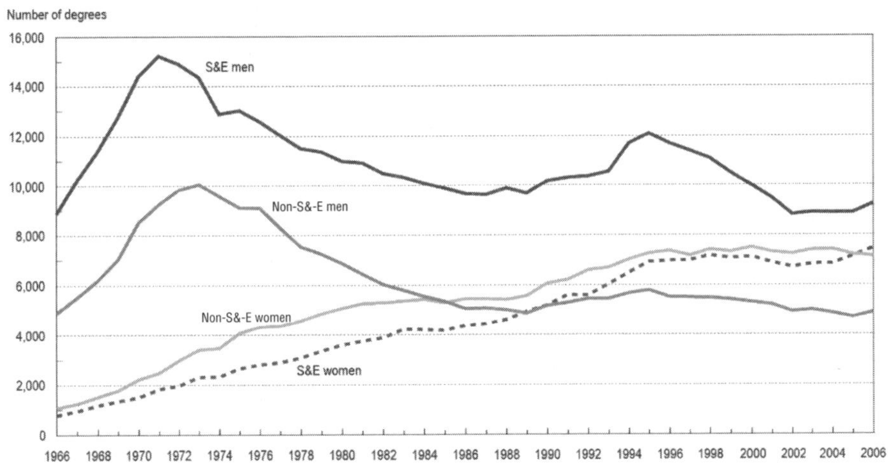


**Abb. 5.6:** Anzahl der Promotionen von Männern und Frauen in Natur- und Ingenieurwissenschaften (Science and Engineering – S & E) und Non-S & -E in den Vereinigten Staaten seit 1966 (National Science Foundation, 2009)

Wie sieht die Situation nach der Ausbildung aus? Hier zeigen sich zunehmende Geschlechterunterschiede, die sich an folgenden Indikatoren festmachen lassen: An der horizontalen und vertikalen Strukturierung des Arbeitsmarkts, an der Erwerbsquote und am Verdienst. Dies wird im Folgenden kurz vorgestellt.

Es kann nicht überraschen, dass entsprechend den Ausbildungsfächern sich auch die Erwerbstätigkeit von Männern und Frauen in teilweise unterschiedlichen Berufszweigen abspielt. Der Großteil der erwerbstätigen Frauen in Europa (61 %) ist auf nur sechs Wirtschaftszweige konzentriert, die alle dem Dienstleistungssektor zuzurechnen sind. Diese Konzentration auf nur wenige Bereiche hat sich seit 2000 eher verstärkt denn verringert. Bei Männern hingegen ist das Spektrum vielfältiger, hier sind nur 42 % auf sechs Wirtschaftszweige konzentriert, die zudem unterschiedlichen Sektoren zuzurechnen sind. Die horizontale Strukturierung, die sich in Männer- und Frauenberufen äußert, spiegelt sich vor allem im Dienstleistungssektor zum einen und im Industrie- und Techniksektor zum anderen wider. „Fast 80 % der Beschäftigten im Gesundheits- und Sozialwesen, über 70 % der im Bildungswesen Beschäftigten und über 60 % der Beschäftigten im Einzelhandel sind Frauen. Dagegen sind im Bauwesen und Bodentransport, also in Bereichen, in denen Männer sehr stark vertreten sind, lediglich 8 % bzw. 14 % Frauen tätig" (Europäische Kommission, 2008, S. 56). Wir haben es somit nach wie vor mit einem stark nach Geschlechtern segregierten Arbeitsmarkt zu tun.

Neben der horizontalen Strukturierung, also dem unterschiedlichen Anteil von Männern und Frauen in bestimmten Berufszweigen, finden sich aber auch große Geschlechterunterschiede im Umfang der Erwerbstätigkeit, in den Verdiensten und in Form der vertikalen Strukturierung, also dem steigenden Männeranteil mit steigender Hierarchie. Dabei finden sich Zusammenhänge zwischen den genannten Indikatoren. So sind in den skandinavischen Ländern die Beschäftigungsquoten von Frauen und der Frauenanteil in den Führungsetagen von Unternehmen besonders hoch, sowie die Lohnunterschiede zwischen den Geschlechtern besonders gering. In Japan, Südkorea und Deutschland hingegen haben wir die genau umgekehrte Situation: relativ hohe Geschlechterunterschiede in allen drei Indikatoren (OECD, 2006). Diese drei Nationen haben die höchsten Einkommensunterschiede aller OECD-Nationen zwischen den Geschlechtern (von 23 % in Deutschland bis zu 38 % in Südkorea; der OECD-Durchschnitt liegt bei 15 %). Dies deutet darauf hin, dass in den Ländern mit hoher Geschlechtergleichheit in Erwerbstätigkeit, Einkommen und Hierarchien sich die Geschlechterrollen einander annähern. Von Frauen wie Männern wird gleichermaßen erwartet, dass sie berufliche und familiäre Aufgaben erfüllen. Hingegen ist in den Ländern mit hoher Geschlechterungleichheit zu erwarten, dass dem Mann vorwiegend die traditionelle Ernährer- und Führungsrolle zugeschrieben wird, der Frau hingegen die Familienrolle der Unterstützerin von Mann und Kindern. Traditionelle Geschlechtsrollenerwartungen aber begünstigen Geschlechterungleichheit in der Bezahlung (Judge & Livingston, 2008) vor allem dann, wenn es sich um geschlechtstypische Berufe handelt.

Wie steht es mit der Erwerbsquote, die wir als ein Indiz für einen Wandel der Geschlechterrollen ansehen? In allen europäischen Ländern (mit Ausnahme der Türkei) hat sich die Erwerbsquote von Männern und Frauen angenähert, ohne allerdings Gleichheit zu erreichen. Dies beruht vor allem auf einer Zunahme der *weiblichen* Erwerbstätigen. Im EU-Durchschnitt sind 53,6 % der Frauen und 71,2 % der Männer im Alter von 15–64 Jahren erwerbstätig (Europäische Kommission, 2008). Nach wie vor sind also mehr Männer als

Frauen erwerbstätig, wobei die Unterschiede auch in den Industrienationen verschieden hoch ausfallen. Besonders groß sind sie beispielsweise in Japan und Südkorea (OECD, 2006), wo die Frauenrolle deutlich traditioneller definiert wird als in Europa. Aber nicht nur die Zahl, auch die Zusammensetzung der weiblichen Arbeitnehmerschaft hat sich stark verändert. Während weibliche Erwerbstätige bis zum Zweiten Weltkrieg noch vorwiegend unverheiratet waren, ist inzwischen die typische Arbeitnehmerin verheiratet bzw. mit Partner zusammenlebend und nicht selten Mutter von minderjährigen Kindern. Damit einher geht allerdings auch ein relativ hoher Anteil an Teilzeitbeschäftigten unter den Frauen. Zieht man den Umfang der Arbeitszeit mit in Betracht, dann fallen die Geschlechterunterschiede in den Beschäftigtenquoten noch viel höher aus. Dies gilt nicht nur für Deutschland, sondern auch für die meisten anderen europäischen Länder.

Betrachtet man die Einkommensunterschiede zwischen den Geschlechtern, so finden sich zwar große Unterschiede zwischen den Industrienationen (von 12 % in Frankreich bis zu 38 % in Südkorea), aber stets haben die Frauen die durchschnittlich niedrigeren Einkommen, und von keinem Land wird Lohngleichheit berichtet (OECD, 2006). Wie kommt es zu diesen Unterschieden, wo doch Frauen inzwischen ein so hohes Ausbildungsniveau aufweisen? An der Qualität der Ausbildung liegt es offenbar nicht. Stattdessen spielen andere Ursachen eine Rolle (Droßard, 2008). Erstens arbeiten Männer häufiger als Frauen in gut bezahlten Berufen. „In Berufen mit hohen Bruttojahresverdiensten, wie zum Beispiel Luftverkehrsberufen, arbeiten deutlich mehr Männer als Frauen. Gut bezahlte Berufe sind somit immer noch Männersache. In schlecht bezahlten Berufen arbeiten umgekehrt überwiegend Frauen" (Droßard, S. 1). Zweitens weisen Frauen seltener als Männer eine kontinuierliche Erwerbsbiographie auf. Unterbrechungen und auch Teilzeitbeschäftigungen aber führen zu schlechter bezahlten Positionen und niedrigeren Einkommen. Drittens nehmen Männer häufiger als Frauen Führungspositionen ein, die zudem besser bezahlt werden. „70 % der leitenden Arbeitnehmer/-innen waren im Jahr 2006 Männer. Während der durchschnittliche Bruttostundenverdienst über alle Beschäftigte 16,20 Euro betrug, wurden diese Führungskräfte mit 30,87 Euro entlohnt. Dies sind knapp 91 % mehr im Vergleich zum Durchschnittsverdiener" (Droßard, S. 4). Die horizontale wie die vertikale Strukturierung am Arbeitsmarkt tragen somit ganz wesentlich zu den Einkommensunterschieden der Geschlechter bei. Dies festigt mehr die Erwartung an Männer als Ernährer der Familie, als dass es sie mindert. Diese Erwartung wird besonders deutlich, wenn Kinder geboren werden und Väter ihr berufliches Engagement (inklusive Einkommen) eher erhöhen, während Mütter es reduzieren oder zumindest vorübergehend einstellen (Statistisches Bundesamt, 2008).

Zusammenfassend lässt sich feststellen, dass die Bildungsbeteiligung und die Erwerbstätigkeit dafür sprechen, dass Frauen in Europa und den USA neben den familiären Rollen in zunehmendem Maße auch die Rolle als Erwerbstätige einnehmen. Dies darf aber nicht darüber hinwegtäuschen, dass diese Erwerbsrolle gesellschaftlich als Zusatzrolle angesehen wird. Dafür spricht der hohe Anteil an Teilzeitarbeit bei Frauen und insbesondere Müttern, während Männer ihre Arbeitszeit nach der Geburt von Kindern eher erhöhen denn reduzieren. Dafür sprechen aber auch die Einkommensunterschiede zwischen den Geschlechtern. Und vor allem: Die Erwerbstätigkeit von Frauen ist von Diskontinuität begleitet. Berufsunterbrechungen und Teilzeitbeschäftigungen aus familiären Gründen sind ihre charakteristischen Merkmale. Damit ist die typische Erwerbsbiographie von Frauen eine diskontinuierliche, die von Männern hingegen eine kontinuierliche. Dies ergibt sich zwangsläufig aus der Rolle als Familienernährer. Dass die Veränderungen am Arbeitsmarkt inzwischen auch Männern diskontinuierliche Erwerbsbiographien und niedrige Verdienste aufzwingen, spricht nicht gegen die These von der primären Rolle des Mannes als Ernährer. Im Gegenteil: Denn genau diese Entwicklung am Arbeitsmarkt wird ja in der gesellschaftlichen und individuellen Wahrnehmung als problematisch und erzwungen angesehen.

Als Fazit lässt sich somit feststellen: *Das* charakteristische Merkmal der Nachkriegsentwicklung ist der Anstieg der Frauen in der Schulbildung, der Berufsausbildung und in der Erwerbsquote. Hinzu kommt die qualitative Veränderung der Erwerbsquote in der Weise, dass inzwischen vorwiegend verheiratete (und nicht mehr ledige) Frauen und zunehmend Mütter auf dem Arbeitsmarkt auftauchen. Auch steigt die Erwerbsquote gerade von Müttern, je höher der Bildungsgrad der Frauen ist. Von einer gleichberechtigten Partizipation der Frauen am Erwerbsleben sind wir aber noch weit entfernt. Dies äußert sich insbesondere in der vertikalen Richtung: Je höher die Berufshierarchie, desto seltener sind Frauen zu finden – ein interkulturell universeller Trend (Giele, 1988; OECD, 2006). „Während sich die Beteiligung von Frauen am wirtschaftlichen und politischen Leben mit der Zeit in ganz Europa deutlich erhöht hat, liegt ihre Präsenz in Macht- und Einflusspositionen noch immer weit unter der von Männern" (Europäische Kommission, 2008, S. 67). Auf die Gründe für die vertikale Strukturierung wurde bereits in Kapitel 1.6.2 eingegangen. Des Weiteren sind niedrigere Bezahlung und schließlich die häufigere Teilzeitarbeit von Frauen zu nennen. Die Gründe dafür wurden in diesem Abschnitt diskutiert.

## 5.4 Sozialverhalten

### 5.4.1 Aggressivität

Wie alle sozialen Verhaltensweisen kann auch Aggression als Rollenverhalten betrachtet werden, das sozialen Normen und Erwartungen unterliegt. Aus den unterschiedlichen Geschlechterrollen lassen sich Aussagen über Geschlechterunterschiede im aggressiven Verhalten machen. Da Männer eher dominante Rollen einnehmen sollen und Frauen eher dienende, könnten solche Erwartungen dazu führen, dass männliche Personen mehr als weibliche lernen, ihre

Ansprüche auch durchzusetzen, notfalls mit Gewalt. Wir haben zudem seit alters her klassische männliche Domänen, in denen Gewalt oder der Umgang mit Waffen gelernt wird, etwa Jagen, Schießen und insbesondere das Militär. In der klassischen Zusammenstellung geschlechtstypischer Arbeitsteilung in unterschiedlichen Kulturen von Murdock (1937) stellte sich heraus, dass die Herstellung von Waffen in 121 der 122 Kulturen eine ausschließlich und in einer Kultur eine vorwiegend männliche Angelegenheit war. Auch im Kulturvergleich wird also die Zuständigkeit des männlichen Geschlechts für Waffen deutlich. Auch die männlichen Geschlechterstereotype beschreiben den Mann als hart (tough) und aggressiv, was darauf hindeutet, dass von männlichen Personen mit größerer Wahrscheinlichkeit Aggressivität zu erwarten ist als von weiblichen. Frauen hingegen werden in den Stereotypen als sanft und einfühlsam beschrieben.

Die sozialen Erwartungen stützen somit die Annahme, dass Männer ein stärker aggressives Verhalten als Frauen entwickeln. Dabei dürfte aber der soziale Kontext eine wichtige Rolle spielen ebenso wie die Bewertung von Aggression. Wenn das soziale Umfeld oder gar die gesamte Kultur männliche Aggressivität als etwas Positives herausstellt, weibliche Aggressivität aber eher nicht, dann ist mit größeren Geschlechterunterschieden zu rechnen als in einer Kultur, die Aggressivität insgesamt ablehnt. Außerdem wird bei der Erklärung von Geschlechterunterschieden in der Aggressivität neben sozialen auch von biologischen Determinanten ausgegangen. Eine biosoziale Interaktion könnte z. B. eine größere Dominanz von Jungen als von Mädchen erklären. Kenrick (1987; Kenrick, Trost & Sundie, 2004) geht noch einen Schritt weiter und integriert soziale Lerntheorien, kognitive Theorien und biologische Theorien in eine interaktionistische Theorie von Organismus x Umgebungsbedingungen x kognitive Interpretationen. Danach könnte z. B. eine aggressive Handlung als Funktion von biologischen Charakteristika der Person angesehen werden (z. B. Testosteron), die in Interaktion treten mit den Situationscharakteristika sowie mit kognitiven Konzepten. Für biologische Determinanten spricht z. B. die Tatsache, dass Aggressionshemmschwellen als Funktion von geschlechtstypischen Charakteristika wie Testosteron-Niveau und Muskelmasse differieren. Dass Aggression kontextabhängig ist, zeigt sich z. B. in Kriegsgebieten, bei Massendemonstrationen, aber auch in sozialen Gruppen, bei denen Aggression als probates Mittel der Auseinandersetzung gilt. Auch im Sport gibt es Kontexte, in denen Aggression als angemessener gilt, beispielsweise in bestimmten Kampfsportarten. Auf der Ebene kognitiver Konzepte könnten Männer z. B. häufiger als Frauen kognitive Schemata von Aggressionshandlungen haben, sie könnten über mehr Erfahrungswissen, über aggressive Aktions-Reaktionsschemata verfügen und auch über mehr Sicherheit im Hinblick auf Handlungs-Folge-Erwartungen bei aggressiven Handlungen. Sowohl aus der sozialen Lerntheorie wie aus der biosozialen Rollentheorie (Kap. 4) resultiert somit die Vorhersage häufigeren aggressives Handelns durch männliche im Vergleich zu weiblichen Personen. Die biosoziale Rollentheorie betont auch biologische Bedingungen, die eine höhere Aggressivität von Männern begünstigen, beispielsweise das Testosteron-Niveau oder körperliche Überlegenheit. Wenn dann Männer in einem sozialen Kontext sind, der Aggressivität fördert, dürfte häufiger aggressives Verhalten gelernt und gezeigt werden, als wenn sich Frauen in einem solchen Kontext befinden. Hinzu kommt, dass Männer sich häufiger in solchen Kontexten aufhalten (z. B. in Gangs, in Gruppen von Hooligans oder beim Militär).

Wie sieht der Forschungsstand aus? In allen älteren wie neueren Übersichtsreferaten wird von einer höheren Aggressivität von männlichen Personen im Vergleich zu weiblichen berichtet. Auch Maccoby und Jacklin (1974) kamen in ihrem qualitativen Review zu diesem Ergebnis, das dann allerdings von Frodi, Macaulay und Thome (1977) etwas relativiert wurde. Nimmt man metaanalytische Befunde, so zeigt sich auch hier die zu erwartende höhere Aggressivität männlicher Personen, die Höhe der Unterschiede ist allerdings von verschiedenen Variablen abhängig (Hyde, 1986; Eagly & Steffen, 1986). So stellt Hyde (1986) die Bedeutung des Entwicklungsniveaus heraus. Während im Vorschulalter noch mittelgroße Geschlechterunterschiede auftreten (d = .58), sinken diese bis zum Erwachsenenalter deutlich ab (d = .27; Eagly & Steffen: d = .29). Insgesamt wäre damit von einem signifikanten und mittleren Geschlechterunterschied im Kindes- und Jugendalter sowie von einem geringen Geschlechterunterschied im Erwachsenenalter auszugehen, wo die erklärte Varianz dann noch höchstens 5 % beträgt. Knight, Fabes und Higgins (1996) stellen in ihrer Metaanalyse allerdings keine Verringerung der Geschlechterunterschiede über das Lebensalter fest, sondern sehen solche Befunde eher als das Ergebnis unterschiedlicher Untersuchungsparadigmen bei Kindern im Vergleich zu Erwachsenen an.

Neben dem Entwicklungsniveau sind aber weitere Variablen bedeutsam. So zeigt sich bei Kindern in einem naturalistischen Kontext (wie z. B. auf dem Schulhof oder auf Spielplätzen) ein höherer Geschlechterunterschied als in experimentellen Untersuchungen (Hyde, 1984: d = .54 vs. d = .27; fast identisch Hyde, 1986), bei Erwachsenen hingegen zeigt sich genau umgekehrt ein höherer Geschlechterunterschied in Laboruntersuchungen (d = .21 vs. d = .35), wobei diese vorwiegend die Applikation von Elektroschocks als Maß aggressiven Verhaltens beinhalten. Knight et al. (1996) finden über alle Altersgruppen zusammengenommen einen deutlich höheren Geschlechterunterschied in nichtexperimentellen als in experimentellen Studien (d = .37 vs. d = .77). Übereinstimmend findet sich bei Erwachsenen wie Kindern ein größerer Geschlechterunterschied bei physischer Aggressivität als bei anderen Aggressionsformen (Eagly & Steffen, 1986: d = 40 vs. d = .18; Hyde, 1986: d = .60 vs. d = .40), und wenn Aggression gefordert wird, wird der Geschlechterunterschied höher, als wenn die Untersuchungsteilnehmenden die Wahl haben, ob sie beispielsweise Elektroschocks applizieren oder nicht (Eagly & Steffen, 1986). Große Unterschiede finden sich auch je nach Art der Messmethode (Beobachtung: d = .83; Selbstberichte: d = .38) sowie je nach Art der Aggression (physisch: d = .91, verbal: d = .46) (Knight et al., 1996).

Bettencourt und Miller (1996) stellen als weitere modifizierende Bedingung den Auslöser für aggressives Verhalten fest, nämlich ob sich die Untersuchungsteilnehmenden provoziert fühlen oder nicht. Während in Situationen ohne

Provokation Männer aggressiver sind als Frauen (d = .33), verringert sich der Geschlechterunterschied in Situationen mit Provokation deutlich (d = .17). Allerdings kommt es auch auf die Art der Provokation an. In bisherigen Studien wurden vorwiegend vier Typen der Provokation operationalisiert: Beleidigung/negative Bewertung; physischer Angriff; Frustration; sowie negatives Feedback zur Intelligenz. Während Frauen auf Beleidigung sogar etwas stärker als Männer mit Aggression antworten (d = -.13), reagieren Männer etwas aggressiver als Frauen auf physischen Angriff (d = .12) und auf Frustration (d = .24) sowie deutlich aggressiver auf ein Infragestellen ihrer Intelligenz (d = .55). Zwar ist die Wahrscheinlichkeit aggressiver Reaktionen auf Provokation generell für beide Geschlechter höher als in neutralen Situationen, aber es zeigt sich doch ein deutlicher Interaktionseffekt mit der Art der Provokation. Dass gerade das Infragestellen der Intelligenz bei Männern so starke Reaktionen auslöst, kann damit erklärt werden, dass Intelligenz nicht nur ein *generell* wichtiges Attribut in unserer Kultur ist, sondern *besonders wichtig für Männer*, da Intelligenz Teil des männlichen Stereotyps ist. Hinzu kommt, dass Intelligenz als Wegbereiter beruflichen Erfolgs gilt und dieser gerade für Männer bedeutsam ist, denn er ist die Grundlage der männlichen Rolle des Familienernährers.

Byrnes et al. (1999) untersuchten in einer Metaanalyse Geschlechterunterschiede im Risikoverhalten. In 14 der 16 berücksichtigten Verhaltensweisen fanden sich niedrige, aber signifikante Geschlechterunterschiede – alle zugunsten männlicher Personen. Am höchsten fiel der Unterschied für physisches Risikoverhalten, z. B. im Sport, aus (d = .43) und für die Bereitschaft zur Teilnahme an Experimenten, in denen psychische oder physische Übergriffe auf andere geplant werden sollten (d = .41). Demgegenüber lässt sich eine höhere Risikobereitschaft von Frauen als von Männern erkennen, wenn es um Hilfeleistung für andere geht, z. B. Menschen vor dem Holocaust zu retten oder ärztliche/soziale Dienste in Kriegsgebieten zu leisten (Becker & Eagly, 2004). Darauf werden wir im folgenden Kapitel 5.4.2 noch genauer eingehen.

Zusammengenommen deuten die Ergebnisse bisheriger Studien und Metaanalysen auf eine durchgängig höhere Aggressivität männlicher als weiblicher Personen hin, mit modifizierenden Bedingungen wie Entwicklungsphase, Aggressionsmaß, situative Auslöser und Untersuchungskontext. Bemerkenswert – weil konträr zu allen anderen Befunden zur Aggressivität – ist die Metaanalyse von Archer (2000) zur Aggressivität in heterosexuellen Partnerschaften. Danach sind Frauen mindestens gleichermaßen, wenn nicht gar aggressiver gegenüber ihrem Partner als Männer gegenüber der Partnerin. Allerdings überschreiten die Unterschiede zugunsten höherer weiblicher Aggressivität kaum die Grenze von d = .10, während Unterschiede zugunsten höherer männlicher Aggressivität deutlich höher liegen. Die Feststellung von weiblicher Aggressivität in Partnerschaftskonflikten scheint so gar nicht zu der Tatsache zu passen, dass Frauen viel häufiger *Opfer* von Gewalt sind als selbst *Täterinnen* zu sein (O'Leary, 2000). Die Lösung dieses Paradoxons liegt darin, dass auch in der Metaanalyse von Archer physische Verletzungen häufiger durch Männer erfolgen als durch Frauen und umgekehrt Frauen häufigere und stärkere Verletzungen in Partnerauseinandersetzungen davontragen als Männer. Hier finden sich mittelgroße Unterschiede von d = .54 (Gewalt in der Ehe) und d = .49 (Verletzungen, die ärztliche Behandlung erfordern). Wenn es also um Körperverletzung und Gewalt in Partnerschaften geht, sind Männer häufiger die Täter und Frauen die Opfer.

Alles in allem kann man feststellen, dass zwar Geschlechterunterschiede im aggressiven Verhalten konsistent auch in Metaanalysen nachgewiesen werden können, ihre Höhe aber vom Kontext und vom Aggressionsmaß abhängt. Auch lässt sich eine Verringerung der Geschlechterunterschiede über die Lebensspanne beobachten (Hyde, 1986; Byrnes et al., 1999), da nach der Pubertät die Aggressivität und das Risikoverhalten von Männern im Durchschnitt nachlässt, und nicht weil Frauen im Laufe der Entwicklung aggressiver werden. Dies kann darauf beruhen, dass die Sozialisation in unserer Kultur darauf hinausläuft, aggressives Verhalten zu unterbinden, was somit die noch im Kindes- und Jugendalter zu beobachtende stärkere Aggressivität mindert. Jedenfalls wird im erzieherischen Kontext Aggressivität von Jungen *nicht* stärker toleriert als die von Mädchen (Huston, 1983; Lytton & Romney, 1991). Auch könnte es sein, dass Männer im Erwachsenenalter sozial akzeptablere Formen der Durchsetzung gelernt haben, die dann ebenfalls die Geschlechterunterschiede im aggressiven Handeln vermindern helfen. Die Selbstbeschreibung von Männern weist auf eine höhere Durchsetzungsfähigkeit als bei Frauen hin (Feingold, 1994). Wenn auch biologische, Aggression begünstigende Faktoren mit einer gewissen Wahrscheinlichkeit als Determinanten infrage kommen, so ist doch davon auszugehen, dass im alltäglichen Zusammenleben soziale Rollenerwartungen und gelernte Verhaltensstile (z. B. Aushandeln vs. Durchsetzen) eine herausragende Rolle spielen, weil sie die proximalen, sozusagen unmittelbaren Verhaltensdeterminanten darstellen, biologische Faktoren mehr die distalen. Die Verringerung der Geschlechterunterschiede im Erwachsenenalter könnte daher insbesondere das Ergebnis sozialer Lernprozesse und veränderter Rollenanforderungen sein und weniger auf einer Veränderung der biologischen Determinanten beruhen. Dafür spricht auch, dass situative Faktoren, wie z. B. die Art der Provokation oder die Freiheit der Wahl der Reaktion, die Geschlechterunterschiede verringern oder vergrößern können.

Wenn auch die Geschlechterunterschiede im aggressiven Handeln ein durchgängig auftretendes Ergebnis entwicklungs- und sozialpsychologischer Untersuchungen sind, so ist zu betonen, dass die Unterschiede im Durchschnitt klein bis mittelhoch sind. Anders sieht das Bild in den Statistiken zur Gewaltkriminalität aus. Betrachtet man die Kriminalstatistik, so ist hier in der Gruppe der Jugendlichen und jungen Erwachsenen eine vergleichsweise hohe Devianz, inklusive Gewaltkriminalität zu beobachten. Darüber hinaus sind Männer im Bereich der Gewaltkriminalität deutlich häufiger als Täter vertreten als Frauen. Etwa 90 % aller Tötungsdelikte werden von Männern begangen. Männer sind aber auch häufiger Opfer, mit Ausnahme der Sexualdelikte, wo Mädchen und Frauen die Mehrheit der Opfer stellen. Knight et al. (1996) verweisen darauf, dass auch Daten der Kriminalstatistik in Europa, die über mehrere Jahrhunderte zurückreichen, eine drei- bis viermal so häufige Beteiligung von Männern an Gewalttaten aufzeigen als von Frauen. Während also in psychologischen Untersuchungen der mittlere Geschlechterunterschied um d = .5 und kleiner liegt, liegt er bei Gewaltdelikten deutlich über d = 1. Der extrem hohe Anteil von männlichen Personen an Gewalttaten in unserer Gesellschaft wird aber dann besser nachvollziehbar, wenn man davon ausgeht, dass es sich hierbei um das obere Extrem der Datenverteilung handelt. Wenn die Verteilungskurven von männlichen und von weiblichen Untersuchungsteilnehmenden sich zwar stark überlappen (wie es bei einem d-Wert von etwa .3 der Fall ist), dann heißt dies aber dennoch, dass das oberste Ende der Verteilung von männlichen Personen dominiert wird. Wenn Mittelwertunterschiede zwischen beiden Geschlechtern vorliegen, dann ist zu erwarten, dass sich die Relation von männlichen zu weiblichen Personen immer mehr verschiebt, je weiter wir ans Ende der Verteilung gelangen. So könnten sich die extremen Unterschiede im Anteil männlicher und weiblicher Personen an Gewaltdelikten zunächst rein statistisch erklären lassen, ohne dadurch die Schlussfolgerungen aus psychologischen Untersuchungen infrage zu stellen. Außerdem zeigte sich auch in diesen Studien, dass die Geschlechterunterschiede in physischer Aggression erheblich höher sind als in anderen Aggressionsformen.

### 5.4.2 Hilfreiches Verhalten

Wie sehen die Befunde zum sozialen Handeln aus? Die Heterogenität der Befunde zur Aggression verweist auf vielfältige Einflussvariablen, wie beispielsweise das Aggressionsmaß oder die Salienz der Geschlechtsrollenerwartungen, die bereits weiter oben diskutiert wurden. Auch im hilfreichen Verhalten findet sich ein sehr unterschiedliches Ergebnisbild, das insbesondere auf der Art der Hilfeleistung beruht. Werden Fürsorglichkeit, Einfühlungsvermögen und Mitmenschlichkeit angesprochen, also stereotyp weibliche Attribute, dann sind Frauen häufiger zur Hilfeleistung bereit als Männer. Werden hingegen Tapferkeit, Mut und Risiko verlangt, dann finden sich häufiger Männer unter den Hilfeleistenden. Durchgängig zeigt sich allerdings, dass Frauen hilfsbereiter als Männer sind, wenn sie damit für andere da sein können, selbst unter Gefahr für das eigene Leben. Das Ergebnismuster spricht insbesondere für den Einfluss von sozialen Rollenerwartungen, die an Männer und Frauen unterschiedliche Verhaltensanforderungen stellen und sich im Übrigen auch in den Geschlechterstereotypen widerspiegeln.

Im Rahmen der Rollentheorie von Eagly (1987) wird davon ausgegangen, dass die geschlechtstypischen Rollenerwartungen Unterschiede im hilfreich
Verhalten, wie auch in anderen Bereichen sozialen Handelns, h
müssten. Sowohl die Geschlechterrolle als auch spezifisch
das hilfreiche Verhalten. Der Unterschied ist dabei in der
zu sehen: Die weibliche Rolle veranlasst Frauen dazu, e
handeln. Hierunter fallen die emotionale Betreuung ande
im Sinne von Pflege und Betreuung sowie das Spenden vo

fühl. Tapferkeit und Mut zeigen Frauen dann, wenn sie damit anderen helfen können, sei es, die eigenen Kinder zu verteidigen oder – wie von Becker und Eagly (2004) berichtet – Verfolgte zu unterstützen. Man(n) erwartet von Frauen, sich für andere aufzuopfern. Es hat sich entsprechend gezeigt, dass Frauen sich stärker als Männer für Hilfsbedürftige oder Unterdrückte engagieren (Eagly & Koenig, 2006). Und entsprechend den Geschlechterstereotypen sind Frauen häufig in sozialen Berufen und sozialen Diensten tätig (Kap. 5.3).

Männliche Hilfeleistungen hingegen sind hauptsächlich durch zwei Ideale geprägt: durch das Ideal des Helden oder das des Ritters (bzw. Kavaliers). Die männlichen Stereotype (Risikofreude, Abenteuerlust, Krisenfestigkeit und Kämpfernatur) sind die Voraussetzungen für heldenhaftes Verhalten. Von Männern wird erwartet, heroisches Verhalten an den Tag zu legen, wenn die Situation dieses erfordert (selbstverständlich gibt es auch Heldinnen; diese treten jedoch wesentlich seltener auf, da das spezifische Heldenverhalten von Frauen im Allgemeinen nicht erwartet wird). Eine heldenhafte Tat ist eine altruistische Tat zur Rettung anderer, die mit Risiken für die helfende Person verbunden ist. Wie diese Risiken eingeschätzt werden, könnte Ursache dafür sein, dass sich Männer häufiger heldenhaft verhalten: Frauen schätzen Situationen häufiger als „gefährlich“ ein, als Männer dies tun. Frauen werden dazu erzogen, sich nicht mit Fremden einzulassen. Besonders Situationen mit männlichen Fremden werden als gefährlich eingeschätzt, da diese für sie immer die potentielle Gefahr für sexuelle Zudringlichkeiten in sich birgt. Es kann davon ausgegangen werden, dass Frauen sich auch deshalb nicht dazu verpflichtet fühlen, sich selbst zu gefährden, weil auf ihnen nicht der soziale Druck lastet, heldenhaftes Verhalten ausüben zu müssen, wie ihm Männer unterliegen.

Ein weiterer Aspekt für heldenhaftes Verhalten ist die Anwesenheit weiterer potentieller Helfer. Denn ein Held kann nur dann ein Held sein, wenn er Öffentlichkeit hat. Die soziale Anerkennung, die ein Held erfährt, beruht oftmals darauf, dass er „einer von vielen“ war, der Bereitschaft zeigte, sich einzusetzen, um andere zu retten. Der ideale Mann, den die Geschlechterrolle vorschreibt, ist nicht nur ein Held, er ist auch ein Ritter oder Kavalier, was viele Hilfeleistungen beinhaltet. Das überlieferte ritterliche Ideal verlangt das Beschützen Schwacher und Schutzloser, das Respektieren der Ehre der Frau, das Streben nach Ehre und Ruhm und den Kampf für das Wohlergehen aller. Reminiszenzen dieses Rittertums zeigen sich noch heute in Form des gesellschaftlichen Anspruchs an Männer, sich als Kavaliere zu verhalten. Ritterlichkeit ist hierbei nicht identisch mit dem Begriff der Höflichkeit. Sie betrifft nämlich nur bestimmte Aspekte von Höflichkeit (wie z. B. Frauen schwere Gegenstände abzunehmen, ihnen in den Mantel zu helfen, ihren Koffer ins Gepäckfach zu stemmen etc.). Ritterliche Tugenden kommen hauptsächlich beim Umgang mit Frauen zur Anwendung, denn jene gelten als eben diese schwachen und unterdrückten Menschen, denen sich Ritter verpflichtet fühlen. Es ist hierbei vielleicht noch zu erwähnen, dass Ritterlichkeit in höheren Schichten eher erwartet wird als in unteren Schichten.

Die unterschiedlichen spezifischen Rollen der Geschlechter (wie z. B. die ·fe der Krankenschwester oder des Feuerwehrmanns) und die Erwartungen an die Geschlechterrollen führen zu unterschiedlichen Fähigkeiten, die sich in Geschlechterunterschieden im hilfreichen Verhalten äußern müssten (Eagly, 1987; Eagly & Crowley, 1986). Insbesondere ist zu erwarten, dass Frauen häufiger Zielpersonen von Hilfeleistungen sind als Männer, weil sie als schwach und verletzlich gelten, dass sie häufiger Hilfe in Form von sozialer Unterstützung leisten, während Männer eher Hilfe in Notsituationen und in Form von Kavaliersverhalten erwarten lassen (Eagly). Während in früheren Sammelreferaten der 1970er Jahre der Schluss gezogen wurde, dass systematische Geschlechterunterschiede im hilfreichen Verhalten nicht zu beobachten seien, zeigen sich in späteren Analysen Geschlechterunterschiede, die vor allem vom Kontext und von der Art der Aufgabe abhängen. Geschlechterunterschiede im hilfreichen Verhalten lassen sich dabei insbesondere von den Rollenerwartungen her bestimmen. Bierhoff-Alfermann (1980) analysierte in einem Sammelreferat Untersuchungen zum hilfreichen Verhalten von Kindern und Erwachsenen und stellte fest, dass Untersuchungen an Kindern vorwiegend das Spendeverhalten (z. B. Geschenke oder Geld an arme Kinder abgeben) erfassten. Hierbei zeigten sich überwiegend keine Geschlechterunterschiede. Hingegen sind Empathie (Hoffman, 1977; Hoffman & Levine, 1976) und fürsorgliches Verhalten im alltäglichen Kontext, etwa im Sinne einer Betreuung von Geschwistern und anderen Kindern, bei Mädchen ausgeprägter, auch im interkulturellen Vergleich (Whiting & Edwards, 1988). Bei Erwachsenen wurde sowohl das Hilfehandeln in alltäglichen Situationen (z. B. den Weg zeigen, die Uhrzeit sagen usw.) wie auch in Notsituationen erfasst, bei denen im Allgemeinen eher typisch männliche Fähigkeiten angesprochen werden (Autopanne beheben, einem Bewusstlosen helfen). Dementsprechend finden sich keine Geschlechterunterschiede in alltäglichen Situationen, wohl aber in Notsituationen, da Männer im Durchschnitt häufiger und schneller eingreifen, wenn sich andere Personen in Not befinden. Dieses Ergebnis, das von Bierhoff-Alfermann in einem Sammelreferat gefunden wird und bei Eagly und Crowley in einer Metaanalyse Bestätigung findet, deutet darauf hin, dass in der Tat geschlechtstypische Rollenerwartungen hilfreiches Verhalten bei Männern und Frauen beeinflussen. Eagly und Crowley stellen zwar einen durchschnittlichen d-Wert von 0.34 fest, der auf eine etwas höhere Hilfsbereitschaft von Männern hinweist, sie weisen aber zugleich auch auf die Inhomogenität dieses Effekts hin: Keine Geschlechterunterschiede oder sogar eine etwas höhere Hilfsbereitschaft von Frauen tritt in Studien auf, die im Laboratorium ($d = -0.18$) oder auf dem Campusgelände durchgeführt werden ($d = -0.04$), wenn keine weiteren Helfer vorhanden sind ($d = 0.20$), wenn sich die Untersuchungsteilnehmenden unbeobachtet fühlen ($d = -0.02$) und wenn eine direkte Bitte um Hilfe erfolgt ($d = 0.07$). Hingegen findet sich eine deutlich höhere Hilfsbereitschaft von Männern als von Frauen, wenn es sich um Situationen außerhalb des Campus handelt, wie z. B. im Straßenverkehr, in U-Bahnen ($d = 0.50$), wenn noch weitere potentielle Helfer zugegen sind ($d = 0.42$), wenn sich die Untersuchungsteilnehmenden beobachtet fühlen ($d = 0.74$) und wenn keine direkte Bitte ausgesprochen, sondern die Hilfsbedürftigkeit lediglich signalisiert wird, wie z. B.

durch eine offene Motorhaube oder die scheinbare Bewusstlosigkeit eines Opfers (d = 0.55).

Diese Ergebnisse lassen sich dahingehend interpretieren, dass Hilfeleistung von subjektiven Kompetenzen wie auch von Rollenerwartungen abhängt. Piliavin und Unger (1985) gehen davon aus, dass Männer und Frauen unterschiedliche Konsequenzen, insbesondere in Form von Kosten wahrnehmen. Dafür spricht die Tatsache, dass in Notsituationen Männer eher helfen als Frauen, da die hier angesprochenen subjektiven Kompetenzen (z. B. bei einer Autopanne) häufiger bei Männern vorkommen dürften und die Kosten (z. B. einer persönlichen Gefährdung) für Frauen höher liegen. Dass Männer deutlich eher bereit sind zu helfen, wenn noch andere dabei sind bzw. wenn sie sich beobachtet fühlen, als wenn keine Zeugen zugegen sind, spricht dafür, dass durch diese öffentliche Situation Rollenerwartungen im Sinne eines aktiven Eingreifens aktiviert werden. Auch die Tatsache, dass Frauen häufiger die Empfängerinnen von Hilfeleistung sind (insbesondere Hilfe durch Männer), lässt sich rollentheoretisch erklären. Frauen gelten als schwächer, und umgekehrt sind die Regeln des Kavalierstums dergestalt, dass Männer häufiger helfen müssten. Sowohl in einem narrativen Sammelreferat (Bierhoff-Alfermann, 1980) wie auch in der Metaanalyse von Eagly und Crowley finden sich Geschlechterunterschiede (d = 0.46), die darauf hindeuten, dass Frauen häufiger geholfen wird als Männern. Kritisch bleibt anzumerken, dass der situative Kontext der Experimente zum hilfreichen Verhalten eher die Hilfeleistung von Männern als die von Frauen hervorruft (vgl. dazu Bierhoff-Alfermann sowie Eagly & Crowley). Dieser „männliche Bias" in der Untersuchungstechnik wird bei Eagly und Crowley auch in den Einschätzungen von Studierenden über die Untersuchungssituationen bestätigt: Wenn eher männliche Fähigkeiten angesprochen werden und wenn die Situation als gefährlich eingestuft wird, dann helfen deutlich häufiger männliche als weibliche Untersuchungsteilnehmende. Eine größere Hilfsbereitschaft von Frauen konnte in den bis dato vorliegenden Untersuchungen nicht beobachtet werden, da die Versuchsanordnungen selten Situationen beinhalteten, die an weibliche Kompetenzen und Geschlechtsrollenerwartungen anknüpfen. Die Generalisierbarkeit der vorliegenden Ergebnisse auf andere Situationstypen darf jedenfalls bezweifelt werden. In einem Kontext, in dem es auf Fürsorglichkeit in Alltagssituationen ankommt, ist z. B. eine größere Hilfsbereitschaft von Frauen zu vermuten. Die vorliegenden Ergebnisse zum höheren Einfühlungsvermögen von Mädchen und Frauen (z. B. Eisenberg & Lennon, 1983; Feingold, 1994) sowie zu einer stärkeren moralischen Orientierung, wenn es um soziale Fürsorge geht (Jaffee & Hyde, 2000), sprechen ebenfalls für diese Hypothese. Geschlechterunterschiede im hilfreichen Verhalten sind somit in Abhängigkeit vom situativen Kontext und den dabei aktivierten geschlechtstypischen Fähigkeiten und Rollenerwartungen (wie z. B. Kavalierstum, „Mannhaftigkeit" vs. Einfühlungsvermögen, Mitgefühl) wie auch in Abhängigkeit von den wahrgenommenen Kosten zu interpretieren (vgl. auch Bierhoff, 2010; Piliavin & Unger, 1985).

Becker und Eagly (2004) untersuchten unterschiedliche Kontexte möglichen Heldentums von Männern und Frauen. Dabei stellte sich heraus, dass amerikanische Männer zwar sehr viel häufiger die Tapferkeitsmedaille erhielten (für die man(n) vorgeschlagen werden muss), aber in den vier anderen untersuchten Kontexten mehr Frauen als Männer heroisches Verhalten zeigten. Frauen engagierten sich häufiger als Männer für verfolgte Juden in der Nazizeit, sie meldeten sich häufiger für eine Arbeit im Friedenscorps, in der Organisation „Ärzte ohne Grenzen“ und waren eher bereit, ihre Niere für eine Transplantation zu spenden als Männer. Auch diese Ergebnisse sprechen dafür, dass Frauen dann eher bereit sind, Hilfe zu leisten, wenn sie damit für das Wohl anderer eintreten und ein eher „stilles“ Heldentum zeigen können. Demgegenüber zeigten Männer häufiger ein spektakuläres Heldentum, das die Rettung anderer aus unmittelbarer Gefahr unter Einsatz des eigenen Lebens bedeutet. Insgesamt lässt sich somit sagen, dass beide Geschlechter gleichermaßen zu Hilfeleistung bereit sind, aber sich entsprechend den Geschlechtsrollenerwartungen in unterschiedlichen Kontexten engagieren (Eagly & Koenig, 2006). Männer helfen häufiger in öffentlichen Situationen und vermitteln den Eindruck des Retters in der Not, Frauen leisten eher unspektakuläre und stille Hilfe, die aber nicht weniger wichtig und auch gefahrenträchtig sein kann, wie etwa ihr Einsatz für verfolgte Juden in der Nazizeit.

### 5.4.3 Soziale Interaktion

#### Nonverbales Verhalten

Kaum ein Bereich sozialen Handelns ist so gründlich auf Geschlechterunterschiede hin untersucht worden wie das nonverbale Verhalten. Dies betrifft sowohl die Frage, ob Mädchen und Frauen bessere bzw. genauere Dekodierer von nonverbalen Signalen sind, wie auch die Frage, ob weibliche und männliche Personen unterschiedliches nonverbales Verhalten zeigen. Auch haben die vorliegenden Ergebnisse unterschiedliche theoretische Erklärungen gefunden. Auf beides, die Ergebnisse wie die Erklärungen soll im Folgenden eingegangen werden.

Aus den Geschlechterstereotypen und -rollen lassen sich auch hierzu einige Hypothesen herleiten, die darauf hinauslaufen, dass Frauen mehr Einfühlungsvermögen unterstellt wird und dass sie freundlich und liebenswürdig sein sollen. Überträgt man diese Vorstellungen auf den Bereich des nonverbalen Verhaltens, so wäre danach zu erwarten, dass Mädchen und Frauen besser dekodieren können, also einfühlsamer und sozial sensibler sind, und dass sie in ihrem nonverbalen Verhalten mehr Wärme und soziale Nähe ausdrücken als Jungen und Männer. Diese Geschlechterunterschiede lassen sich zwar von den Geschlechterrollen herleiten, sie lassen sich aber auch damit begründen, dass Männer und Frauen in unserer Kultur unterschiedliche Statuspositionen innehaben (Ridgeway & Diekema, 1992). Danach wäre von Frauen, als der Gruppe mit dem niedrigeren sozialen Status, deshalb größere soziale Sensibilität zu erwarten, weil dies für Menschen mit niedrigem Status für ihr Überleben und ihr Auskommen in der Gesellschaft wichtiger ist als für Menschen mit hohem Status. Das richtige Erkennen nonverbaler Signale wäre somit eine wichtige Voraussetzung, um in der Welt zurechtzukommen. Menschen mit höherem Status hingegen können sich auch Fehlinterpretationen erlauben, ohne gleich Gefahr zu laufen, dabei anzuecken bzw. zurückgewiesen zu werden. Genauso lassen sich aus den Statusunterschieden auch Hypothesen über Geschlechterunterschiede im nonverbalen Verhalten ableiten. Männer als die dominante Gruppe könnten es sich danach z. B. eher leisten, Distanzregeln zu verletzen und Frauen zu berühren bzw. ihnen nahe zu kommen als umgekehrt. Auch wäre zu erwarten, dass sie auf Lächeln und andere Signale von sozialem Austausch eher verzichten können als Frauen, weil sie als die dominante Gruppe in der Gesellschaft solche „Beschwichtigungsgesten", wie sie in der Verhaltensforschung bezeichnet werden, nicht nötig haben. Die Hypothesen zum nonverbalen Verhalten lassen sich zwar sowohl aus rollentheoretischen Überlegungen (Eagly, 1987) wie auch aus Überlegungen zu Statusunterschieden und daraus resultierendem unterschiedlichem Dominanzverhalten ableiten (Porter & Geis, 1981), die Ergebnisse lassen sich häufig aber auch aus beiden theoretischen Richtungen her interpretieren. LaFrance und Hecht (1999) gehen davon aus, dass es insbesondere situative Hinweisreize auf geschlechtsangemessenes Verhalten sind, die das nonverbale Verhalten beeinflussen. Diese betreffen geschlechtsabhängige Normen, situative Zwänge und die Salienz von Emotionen. Diese Hinweisreize führen dazu, dass in einer gegebenen Situation ein nonverbales Verhalten an den Tag gelegt wird, das als für das eigene Geschlecht angemessen gilt. Die Richtung der Erwartungen und die Hinweisreize selbst können je nach Kultur variieren. In Übereinstimmung mit diesen Überlegungen finden LaFrance, Hecht und Paluck (2003) eine durchschnittlich größere Häufigkeit des *Lächelns* von weiblichen als von männlichen Personen ($d = 0.41$), aber diese Unterschiede werden durch die genannten situativen Variablen modifiziert. Wenn Personen beobachtet und somit geschlechtstypische Erwartungen besonders hervorgehoben wurden, vergrößerten sich die Geschlechterunterschiede in der Häufigkeit des Lächelns ($d = 0.46$), wenn sich die Personen unbeobachtet fühlten, verringerten sie sich ($d = 0.19$). In Gegenwart von fremden Personen lächelten Frauen deutlich häufiger als Männer ($d = 0.45$), in Gegenwart von vertrauten Personen war der Geschlechterunterschied geringer ($d = 0.24$). Erwartungskonträr fielen allerdings die Ergebnisse aus, wenn die Gegenwart anderer berücksichtigt wurde. In Gruppen waren geringe Unterschiede im Lächeln zu beobachten ($d = 0.11$), in der Allein-Bedingung die größten ($d = 0.50$). LaFrance et al. führen dies darauf zurück, dass die Allein-Bedingung in Wirklichkeit eine Situation beinhaltete, wo die Untersuchungsteilnehmenden sich die Gegenwart einer anderen Person vorstellten. Dies kann somit Geschlechtsrollenerwartungen salient gemacht haben.

Situative Zwänge, insbesondere solche, die durch die eingenommenen Rollen hervorgerufen werden, führen zu einer Verringerung der Geschlechterunterschiede. Dies liegt daran, dass Berufsrollen oder andere Statusrollen einen größeren Einfluss auf das nonverbale Verhalten haben als Geschlechterrollen. So verringerten sich die Geschlechterunterschiede in der Häufigkeit des Lächelns, wenn beispielsweise Frauen und Männer in helfenden Berufen, bei Betreuungsaufgaben oder in Rollen mit gleichem Status betrachtet wurden.

Schließlich konnte auch gezeigt werden, dass die emotionale Salienz die Geschlechterunterschiede verändern kann. Da von Frauen erwartet wird, dass sie ein angenehmes soziales Klima schaffen, wäre anzunehmen, dass in peinlichen Situationen Frauen deutlich häufiger lächeln als Männer, um der Peinlichkeit die Brisanz zu nehmen. Dies war auch der Fall. In peinlichen Situationen fiel der Geschlechterunterschied (d = 0.70) höher aus als in normalen Situationen (d = 0.40). In Situationen mit sozialen Spannungen und in Situationen mit Selbstenthüllung zeigten sich ebenfalls höhere Geschlechterunterschiede, während andere emotionale Zustände die Geschlechterunterschiede nicht veränderten. Insgesamt kann festgehalten werden, dass Geschlechterunterschiede im Lächeln klein bis mittelgroß sind und dies sich auch nicht über die vergangenen Jahrzehnte verändert hat (Hall, 2006; Hall & Halberstadt, 1986; LaFrance et al., 2003). Allerdings gibt es neben den geschilderten situativen Moderatoren noch eine Reihe von anderen Moderatorvariablen, die mit der Höhe der Geschlechterunterschiede korrelieren, wie Geschlecht des Autors und des Versuchsleiters, Nationalität sowie das Alter der Untersuchungsteilnehmenden, mit den größten Unterschieden im Jugendalter und im jungen Erwachsenenalter (LaFrance et al.).

Betrachten wir die Geschlechterunterschiede in der *sozialen Sensibilität.* Hall (1978) stellte die größere Genauigkeit von Frauen im Erkennen nonverbaler Signale heraus. In einer späteren Arbeit konnte sie dieses Ergebnis weiter differenzieren und quantifizieren (Hall, 1984). Danach gibt es Geschlechterunterschiede in den nonverbalen Dekodierfähigkeiten (d = 0.43) und im richtigen Erkennen des Gesichtsausdrucks (d = 0.34) von mittelgroßer Höhe. McClure (2000) kann das Ergebnis besserer Dekodierfähigkeiten von nonverbalen Signalen auch für Mädchen vom Kindesalter an bestätigen. Für Kleinkinder beträgt das gewichtete d = 0.25, für Kinder und Jugendliche d = 0.13. Übersetzt man diese Zahlen in prozentuale Anteile von Mädchen und Jungen, so bedeuten sie, dass ungefähr 54 % der Mädchen sowie 46 % der Jungen überdurchschnittlich gut nonverbale Signale dechiffrieren können.

Wie sieht es beim *Senden nonverbaler Signale* aus? In den meisten Variablen finden sich mittlere bis große Geschlechterunterschiede (Hall, 1984): Frauen lächeln häufiger (siehe oben), sehen ihre Gesprächspartner mehr an und werden mehr angeschaut (d = 0.68, 0.65) und sie zeigen einen intensiveren Gesichtsausdruck (d = 1.0). Männer verhalten sich distanzierter, indem sie im Alltag mehr Distanz zu anderen einhalten (d = 0.56) wie auch umgekehrt von anderen größere räumliche Distanz zu ihnen eingehalten wird (d = 0.95). Männer sind raumgreifender, indem sie mehr Platz beim Sitzen und Stehen beanspruchen (d = 1.0) und motorisch unruhiger sind (durch Bewegen von Armen und Beinen, Umherlaufen usw.) (d = 0.72). Und schließlich zeigen sich Unterschiede im *Sprachverhalten*, indem Männer mehr Sprechpausen machen, die sie mit Füllworten (äh usw.) überspielen (d = 1.19), und häufiger Sprechfehler machen als Frauen (d = 0.70). In weiteren Analysen wurde außerdem das *Berührungsverhalten* untersucht (Hall & Vecchia, 1992; Major, 1981; Stier &

Hall, 1984). Allerdings sind die Ergebnisse hier nicht so eindeutig wie in den anderen berichteten Variablen. So stellen Stier und Hall fest, dass Frauen mehr Berührungen initiieren als Männer, sie zeigen häufiger Berührungen gegenüber Frauen als gegenüber Männern, und generell treten Berührungen in gleichgeschlechtlichen Dyaden häufiger auf als in gemischtgeschlechtlichen. Außerdem sind Frauen häufiger Zielpersonen von Berührungen als Männer, aber sie werden nicht grundsätzlich häufiger von Männern berührt als umgekehrt Männer von Frauen. Lediglich für Berührungen mit der Hand lässt sich feststellen, dass Frauen hier von Männern mehr berührt werden als umgekehrt (Hall & Vecchia; Major, Schmidlin & Williams, 1990). Major berichtet von einer höheren Rate von gegengeschlechtlichen Berührungen bei Erwachsenen, verglichen mit Kindern, bei denen vorwiegend gleichgeschlechtliche Berührungen stattfinden. Darüber hinaus kommt sie zu dem Schluss, dass in gegengeschlechtlichen Dyaden Frauen insgesamt häufiger berührt werden als Männer.

Darüber hinaus gilt für die Ergebnisse zum nonverbalen Verhalten, dass die *Geschlechterzusammensetzung von Dyaden* eine wichtige Rolle spielt. Die größten Unterschiede zwischen Männern und Frauen für nicht statusrelevantes Verhalten liegen vor, wenn es sich um gleichgeschlechtliche Dyaden handelt. Für statusrelevantes Verhalten zeigen sich eher Geschlechterunterschiede in gemischtgeschlechtlichen Dyaden. Zweifelsohne sind die hier berichteten Geschlechterunterschiede im Durchschnitt deutlich höher als in anderen psychologischen Variablen. So berichten Hall und Halberstadt (1986), dass sie für 47 psychologische Variablen (Intelligenz und Persönlichkeitsmerkmale) lediglich in 2 Variablen d-Werte >0.60 fanden. Im nonverbalen Verhalten hingegen sind erheblich häufiger d-Werte dieser Größenordnung und höher zu finden. Dennoch betont Hall (1987), dass die erklärte Varianz nicht so besonders hoch ausfalle, auch wenn die meisten d-Werte Unterschiede von niedriger bis mittlerer Höhe anzeigen. Selbst der größte Geschlechterunterschied in einem Aspekt nonverbalen Verhaltens (Pausen) erklärt nur 26 % der Varianz, die meisten anderen Variablen weniger. Allerdings finden sich modifizierende Einflüsse, wenn man sich die Mühe einer genaueren Analyse macht. So zeigen sich im Kindesalter noch keine Geschlechterunterschiede in der Häufigkeit des Lächelns, während im Erwachsenenalter die Geschlechterunterschiede bei d = 0.63 liegen, wenn man nur die Studien zugrunde legt, bei denen die Effektgrößen bekannt sind. Nimmt man alle ausgewerteten Untersuchungen (24), dann reduziert sich die Effektgröße auf d = 0.39, was aber eher eine Unterschätzung darstellt (Hall & Halberstadt). Untersucht man, wie häufig männliche und weibliche Personen andere Anwesende anschauen bzw. anstarren (gazing), dann finden sich schon im Kindesalter signifikante Geschlechterunterschiede (d = 0.43 als obere Schätzung), die sich im Erwachsenenalter noch vergrößern (d = 0.68). Diese Geschlechterunterschiede im Sich-Anschauen sind relativ robust gegenüber situativen Einflüssen. Egal ob damit positive Affekte gezeigt oder Statusunterschiede angedeutet werden oder soziale Spannungen zum Ausdruck kommen sollen. Stets schauen Frauen ihre Gesprächspartner/innen bzw. andere Anwesende mehr an als Männer dies tun (Hall & Halberstadt). Insgesamt kann man somit sagen, dass im Bereich der nonverbalen Interaktion Geschlechterunterschiede in der Weise auftreten, dass Frauen eine größere soziale Sensibilität offenbaren, die schon im Kleinkindalter offensichtlich wird. Sie senden auch mehr nonverbale Signale gegenüber Interaktionspartnern und zeigen mehr emotionalen Ausdruck. Und sie verhalten sich weniger distanziert und weniger raumgreifend als Männer.

Dies alles ist auch aus Alltagsbeobachtungen gut bekannt, etwa das häufigere Lächeln der Frauen in Gesprächen oder bei Begrüßungen, oder die raumgreifende und unruhigere Körperhaltung von Männern. Die Frage ist nur, wie lassen sich diese Unterschiede erklären? Wie schon eingangs angedeutet, lässt sich eine theoretische Erklärungslinie von der Grundannahme ableiten, dass Frauen weniger Macht und Einfluss, also den niedrigeren Status haben. Geschlechterunterschiede im nonverbalen Verhalten sind danach Ausdruck von geringerer Macht der Frauen und größerer Dominanz der Männer. Damit wird z. B. das häufigere Lächeln, die bessere Dekodierfähigkeit, ihr geringerer Bewegungsradius und ihre geringere Distanz zu anderen erklärt. Henley (1977) gehört zu den Protagonistinnen dieses Ansatzes. Auch das verbale Verhalten, wie es z. B. von Aries (1976; 1987; 2006) untersucht wurde, lässt sich auf diese Weise deuten. Die Interaktionen von Männern sind aufgabenorientierter, direktiver, dominanter und hierarchischer. Frauen verhalten sich in Gesprächen kooperativer, unterstützender und kümmern sich mehr um das sozial-emotionale Klima. Wenn somit die soziale Interaktion in Gruppen bzw. von Gesprächspartnern von Statusunterschieden bestimmt wird, dann heißt dies auch, dass die Funktion der Verhaltensweisen auch darauf hinausläuft, Status zu signalisieren. Danach wären z. B. Berührungen weniger Ausdruck von emotionaler Wärme und Nähe, sondern mehr von Hierarchie: Berührung geschieht vom Ranghöheren zum Rangniedrigeren, aber selten umgekehrt.

Ein anderer Ansatz zur Erklärung der Geschlechterunterschiede im nonverbalen Verhalten geht von der Annahme aus, dass Männer und Frauen unterschiedliche Erwartungen an ihr Verhalten signalisiert bekommen. Sie erwerben somit im Laufe ihrer Sozialisation Vorstellungen darüber, was von ihnen als Männer und Frauen erwartet wird. Dabei handelt es sich um Verhaltensregeln, die ihren Ursprung in den stereotypen Vorstellungen von männlichem und weiblichem Verhalten haben. Frauen und Männer zeigen somit deshalb unterschiedliches Verhalten, weil sie die an sie gerichteten Geschlechtsrollenerwartungen verinnerlicht haben. Die soziale Rollentheorie von Eagly (1987) versucht, die Geschlechterunterschiede in der sozialen Interaktion auf diese Weise zu erklären. Daneben gibt es auch Sozialisationstheorien, deren Annahmen auf den Erwerb unterschiedlicher Regeln von Mädchen und Jungen im zwischenmenschlichen Umgang hinauslaufen. Bekannt ist etwa die These, dass Jungen und Mädchen unterschiedliche Gesprächsstile und -regeln lernen würden, was dann auch zu Kommunikationsproblemen führen könne. So versuchen Frauen, mit gelegentlichen „hm, hm" ein Gespräch nur in Gang zu halten, während Männer dies als Zustimmung auffassen. Geschlechterunterschiede im verbalen und nonverbalen Verhalten wären danach nicht das Ergebnis und Ausdruck von Dominanz und Unterwerfung, sondern vielmehr das Resultat unterschiedlicher Lernumwelten in gleichgeschlechtlichen Gruppen. Jungen lernen in Jungengruppen insbesondere Regeln, die den Aufbau einer stabilen Hierarchie stützen (vgl. dazu auch Bischof-Köhler, 2006). Mädchen lernen eher, auf Gleichberechtigung und Harmonie zu achten und Statusunterschiede zu egalisieren (vgl. auch Maccoby, 1990.) Generell könnte dies dafür sprechen, dass Jungen und Mädchen unterschiedliche Kommunikationsregeln und Regeln des sozialen Umgangs lernen. Betrachtet man die Geschlechterunterschiede im nonverbalen und verbalen Verhalten, so hat man in der Tat den Eindruck, dass sie sich mit der Annahme der expressiven vs. instrumentellen Rollenerwartungen ganz gut erklären lassen. Denn die wesentlichen Unterschiede liegen auf diesen Dimensionen. Für die Annahme sozialer Rollenerwartungen spräche außerdem, dass Männer sich als deutlich durchsetzungsfähiger/dominanter als Frauen beschreiben, während Frauen sich als fürsorglicher, empathischer schildern (Feingold, 1994).

### Soziale Interaktion und Kommunikation in Gruppen

Die Geschlechterzusammensetzung einer Gruppe übt offenbar einen Einfluss auf die soziale Wahrnehmung und auf das Interaktionsgeschehen aus (Dion, 1985). Diese Tatsache ist aus Untersuchungen an gemischt- und gleichgeschlechtlichen Gruppen in Schulen und beim Spiel sattsam bekannt, wobei typischerweise Mädchen in gemischtgeschlechtlichen Gruppen weniger zum Zuge kommen als Jungen (Alfermann, 1992; Kessels, 2002; Maccoby, 1988). Shelley Taylor (zsf. Taylor, 1981) konnte in Untersuchungen zum sog. *Solo-Status* zeigen, dass eine einzelne Frau in einer ansonsten mit Männern besetzten Gruppe bzw. ein einzelner Mann in einer ansonsten mit Frauen besetzten Gruppe – also eine Solo-Person – nicht nur mehr Aufmerksamkeit hervorruft, sondern auch geschlechtsstereotyper charakterisiert wird (vgl. Kap. 1). Eine Solo-Person wird darüber hinaus auch weniger positiv bewertet, als wenn mindestens *zwei* Personen desselben Geschlechts in einer Gruppe sind. Die Wahrnehmung der gesamten Gruppe hängt ebenfalls von der Geschlechterzusammensetzung ab: Je mehr Männer in der (6er-)Gruppe, desto mehr wird die Gruppe als kompetent und effizient eingeschätzt, je mehr Frauen in der Gruppe, desto mehr wird die Gruppe als inkompetent, unorganisiert und unharmonisch angesehen. Männer in einer Gruppe – so scheint es – aktivieren in den Augen anderer das Stereotyp der Kompetenz, Frauen hingegen rufen das negative Stereotyp des Zickenkriegs hervor.

Eine Reihe von Studien hat sich mit der Frage befasst, ob in Gruppen das Ausmaß an mehr *aufgabenorientierter* und mehr *sozial-emotional orientierter* Interaktion je nach Geschlechterzusammensetzung variiert (Aries, 2006; Dion, 1985; Wood & Rhodes, 1992). Interaktionen in reinen Männergruppen betreffen die Themen Status, Macht, Konkurrenz und zeigen die Tendenz, eine Rangordnung zu etablieren. Ferner wird Wert darauf gelegt, die Gruppe als Ganzes anzusprechen. Die benutzten Sätze bilden vorwiegend Sachberichte. Die Interaktion ist vorwiegend aufgabenorientiert. Da in reinen Männergruppen mehr Wettbewerb um die Rangposition herrscht, kann dies zu

Ineffizienz führen. Reine Frauengruppen zeichnen sich stärker durch sozial-emotional orientierte Interaktionen aus. Die Mitglieder interagieren persönlicher, intimer und demokratischer miteinander. Auch entwickelt sich nicht so häufig eine Rangordnung. Die benutzten Sätze kennzeichnen sich durch Wiederholungen und Gedankenfortführung. Frauen stellen mehr Fragen an die Gesprächspartnerinnen bzw. -partner als Männer. Gesprächsthemen sind häufiger persönliche Belange, Beziehungen und Gefühle. Da Frauen nicht so sehr bestrebt sind, eine Hierarchie aufzubauen und Kompetenzen zu verteilen, kann dies in einer Arbeitsgruppe, in der Hierarchie nötig wäre, zu Ineffizienz führen. In gemischtgeschlechtlichen Gruppen haben Männer den größeren Anteil an der Interaktion, gemessen an der Redezeit und dem Einfluss auf die Gruppenthemen und -entscheidungen (Dion, 1985; Lockheed, 1985). Allerdings zeigt sich auch eine Angleichung der Interaktionsformen: Männer zeigen eine stärkere Berücksichtigung der sozial-emotionalen Interaktion, Frauen der aufgabenorientierten Interaktion im Vergleich zu geschlechterhomogenen Gruppen. Männer fühlen sich in gemischtgeschlechtlichen Gruppen wohler als in reinen Männergruppen, Frauen fühlen sich eher umgekehrt wohler in einer reinen Frauengruppe als in einer gemischtgeschlechtlichen Gruppe. Was die Führungsposition betrifft, so übernehmen typischerweise Männer die Führungsrolle und erhalten auch häufiger die Führungsrolle zugeschrieben. Personen mit einem *habituellen Dominanzstreben* übernehmen in Gruppen normalerweise die Führungsposition. Dies gilt in Ad-hoc-Gruppen aber nur für Männer: Dominante Männer übernehmen in geschlechterhomogenen wie -heterogenen Gruppen normalerweise die Führungsposition. Wenn aber eine dominante Frau in einer Ad-hoc-Gruppe arbeitet, dann übernimmt sie nur in einer reinen Frauengruppe die Führungsposition (Megargee, 1969; Nyquist & Spence, 1986). In einer gemischtgeschlechtlichen Gruppe lässt sich hingegen beobachten, dass sie in der Mehrzahl der Fälle die Führungsposition einem Mann überlässt. In einer Untersuchung an Dyaden übernahm die dominante Frau in einer gemischtgeschlechtlichen Dyade nur in 20 % der Fälle die Führungsposition, in gleichgeschlechtlichen hingegen in 80–90 % der Fälle. Dieses Ergebnis beruht nicht etwa nur darauf, dass die Frau von dem männlichen Interaktionspartner quasi unterdrückt wurde, sondern dass die Frau freiwillig auf ihre Führungsposition verzichtete. Allerdings ist festzustellen, dass eine dominante Frau, wenn sie diese Eigenschaft konsequent in der Gruppensituation umsetzt und ihre Führungsposition behauptet, dann nicht unbedingt abgewertet wird (Eagly, Makhijani & Klonsky, 1992; Nyquist & Spence, 1986). Allerdings muss eine Legitimation für ihre Führungsposition gegeben sein (z. B. Expertentum, Berufsrolle, vgl. Kap. 1). Über die Ausübung der Führungsrolle und ihre Bewertung wird im nächsten Abschnitt berichtet.

Untersuchungen von Elizabeth Aries, die oben bereits angesprochen wurden, zeigten die eher wettbewerbs- und hierarchieorientierte Kommunikation der Männer in reinen Männergruppen und die eher auf soziale Beziehungen und persönliche Bindungen gerichtete Kommunikation von Frauen in reinen Frauengruppen. In gemischtgeschlechtlichen Gruppen war neben der Tatsache, dass beide Geschlechter in ihrem Kommunikationsverhalten stärker auch die „Gegenseite“ zeigten (also Frauen mehr aufgabenorientierte Interaktion, Männer mehr sozio-emotional orientierte Interaktion), auch auffallend, dass Frauen ihre Kommentare mehr an Männer als an Frauen richteten, was insgesamt zu einem höheren Anteil an gemischtgeschlechtlicher als gleichgeschlechtlicher Interaktion beitrug (Aries, 2006). Unterschiede im weiblichen und männlichen Gesprächsverhalten zeigen sich auch schon bei Kindern: So wurde in Gruppen von 8–13jährigen Jungen beobachtet, dass sie ihren Kameraden gegenüber häufiger Befehle in Form von direkt an jemand anderen gerichtete Handlungsanweisungen geben, während Mädchen in Mädchengruppen eher Vorschläge an die ganze Gruppe einbringen und sich dabei selbst auch mit einbeziehen (Maccoby, 1990). Männer gehen auch bei relativ ruhigen Gesprächsthemen davon aus, dass kontrovers diskutiert werden muss, während Frauen eher auf Gemeinsamkeiten hinstreben und Konsens suchen. Frauen geben mehr positive Bewertungen und Komplimente in einer Diskussion ab als Männer. Bei allen diesen Aussagen darf nicht übersehen werden, dass die berichteten Geschlechterunterschiede nicht allzu groß sind, auch wenn sie so gut zu unseren stereotypen Vorstellungen zu passen scheinen. Typisch ist dafür auch das Ergebnis von Dindia und Allen (1992). Während unsere Alltagsvorstellungen davon ausgehen, dass Frauen mehr über sich erzählen als Männer, also mehr Bereitschaft zur Selbstenthüllung (self-disclosure) zeigen, konnte in einer Metaanalyse nachgewiesen werden, dass dies nur schwach zutrifft. Die postulierte höhere Bereitschaft von Frauen als von Männern, über sich selbst zu berichten, konnte zwar nachgewiesen werden, aber in geringem Maße ($d = 0.18$).

Warum gibt es die beschriebenen Geschlechterunterschiede in der Kommunikation? Wie schon im vorhergehenden Abschnitt berichtet, so lassen sich auch hier im Wesentlichen zwei Erklärungsansätze heranziehen. Zum einen unterschiedliche Sozialisationserfahrungen und zum anderen unterschiedliche Machtpositionen (siehe auch Kap. 4). Der Sozialisationsansatz geht davon aus, dass Frauen und Männer zu bestimmten Rollen erzogen bzw. sozialisiert werden (Fagot, Rodgers & Leinbach, 2000). Bei Frauen liegt dabei die Betonung mehr auf interpersonellen Beziehungen, bei Männern eher auf Aktivität und Leistung. Der Machtansatz legt die Betonung auf unterschiedliche Statuspositionen: Männern wird in unserer Gesellschaft ein höherer Status eingeräumt als Frauen. Die männliche Rolle beinhaltet daher auch den Wettstreit, das Behaupten des Status. Die Aufmerksamkeit der Frauen in gemischtgeschlechtlichen Gruppen richtet sich deshalb mehr auf Männer, weil sie die ranghöheren Personen repräsentieren.

Der Machtansatz wird auch zur Erklärung der Geschlechterunterschiede im Konfliktverhalten in heterosexuellen Partnerschaften herangezogen. Zwar finden sich insgesamt große Ähnlichkeiten zwischen Männern und Frauen, aber auch ein paar Unterschiede. Typischerweise neigen Frauen dazu, Konflikte anzusprechen und dabei häufiger als Männer negative Rückmeldung zu geben (durch Nörgeln, Sich-Beschweren, Schimpfen) und emotionale Botschaften zu senden, während Männer auf das Ansprechen von Konflikten eher ausweichend reagieren oder ungern über das Problem diskutieren wollen. Dieses

Muster von weiblichem Fordern und männlichem Rückzug wird vor allem deutlich, wenn es sich um weibliche Themen handelt (also wenn Frauen ihre wahrgenommenen Probleme ansprechen), und weniger, wenn Männer ein Problem ansprechen (Canary & Emmers-Sommer, 1997). Als Erklärung bieten sich strukturelle Unterschiede an, weil Frauen als die weniger Mächtigen eine stärkere Motivation haben, ihre Probleme anzusprechen und daran auch etwas zu ändern (Sagrestano, Heavey & Christensen, 2006). Es könnte auch auf unterschiedliches Rollenverhalten zurückzuführen sein, da Frauen aufgrund der Erwartungen an die weibliche Geschlechterrolle stärker für die Gestaltung von Beziehungen zuständig sind als Männer und zudem die Zufriedenheit in einer Partnerbeziehung stärker von den Bemühungen der Frau um Aufrechterhaltung der Beziehung abhängt als von den Bemühungen des Mannes. Insgesamt aber verschwinden die Unterschiede im Beziehungsverhalten der Geschlechter umso mehr, je egalitärer die Partnerbeziehung definiert und erlebt wird (Canary & Wahba, 2006).

### 5.4.4 Führungsverhalten

Eagly und Karau (1991) untersuchten in einer Metaanalyse von insgesamt 75 Studien, ob sich eher Männer oder eher Frauen als Führungspersonen in Ad-hoc-Gruppen entwickeln. Dabei handelte es sich um 51 Labor- und 24 Feldexperimente. Als Maße für die Übernahme einer Führungsposition wurde unterschieden zwischen einer *aufgabenorientierten Führungsrolle (task leadership)* und einer *sozial orientierten Führungsrolle (social leadership)*, die auch den beiden bekannten Dimensionen des Führungsverhaltens von *initiating structure* und *consideration* entsprechen. Nach den Annahmen der sozialen Rollentheorie wäre zu erwarten, dass Frauen häufiger die soziale und Männer die aufgabenorientierte Führungsposition übernehmen. Dies würde sich darin zeigen, dass Männer mehr verbale Äußerungen machen, die der Lösung der Gruppenaufgabe dienen und die als direkte Beiträge zur Gruppenaufgabe zu verstehen sind (z. B. Antworten initiieren, Fragen stellen, Problemlösungsvorschläge machen). Frauen würden entsprechend mehr verbale Äußerungen machen, die sich mit den sozialen Prozessen in der Gruppe befassen bzw. die soziale Atmosphäre (positiv) beeinflussen sollen. Dazu zählen etwa Äußerungen, die eine positive emotionale Atmosphäre schaffen, Spannungen abbauen, Zustimmung und Unterstützung signalisieren. Aufgrund der Tatsache, dass Frauen stärker die expressive und Männer die instrumentelle Rolle lernen, sind auch in ihrem Führungsverhalten und in der Häufigkeit der übernommenen Führungsrolle Geschlechterunterschiede zu erwarten. In den von Eagly und Karau berücksichtigten 75 Studien wurde 34-mal die aufgabenbezogene und 15-mal die soziale Führungsposition erfasst, 61-mal wurde die Art der Führungsrolle nicht spezifiziert. Die Ergebnisse zeigen insgesamt wie erwartet, dass Männer häufiger die aufgabenbezogene ($d = 0.41$) und die unspezifizierte Führungsposition übernehmen als Frauen ($d = 0.29$), Frauen häufiger die soziale Führungsposition ($d = 0.18$). Über alle Studien zusammen betrachtet führt dies zu einem overall-Effekt zugunsten der Männer (d = 0.32). Diese Geschlechterunterschiede sind unabhängig davon, mit welchem Maß die Führungsposition erfasst wurde: Sowohl das Maß der quantitativen Häufigkeit der Beiträge und der Produktivität (Beobachtungsmaß) wie auch das Maß der Einschätzung durch die Gruppenmitglieder (entweder Wahl der Führungsperson oder subjektive Einschätzung bzw. Wahrnehmung der Führungsperson) zeigen in die gleiche Richtung. Männer wurden nicht einfach deshalb häufiger als Leiter gewählt, weil sie bevorzugt wurden, sondern weil sie auch mehr aufgabenbezogene Beiträge lieferten, also sich auch anders verhielten als Frauen. Umgekehrt ist daraus aber auch zu schließen, dass Führungspositionen stärker mit aufgabenorientierter denn sozial orientierter Führung verknüpft sind, während sozial orientierte Beiträge – also zum Beispiel die Gruppenatmosphäre entspannen, die Zufriedenheit der Gruppenmitglieder stärken usw. – seltener in der Wahl zum Leiter/zur Leiterin resultieren.

Die gefundenen Geschlechterunterschiede werden durch einige Setting-Variablen modifiziert. Die Wahrscheinlichkeit, dass ein Mann die Leitung einer Gruppe übernimmt, ist höher, wenn die Gruppeninteraktion von kurzer Dauer ist (bis zu 20 min.) und wenn die Interaktion relativ einfach strukturiert ist. Je komplizierter die Aufgabe bzw. je komplexer die zu ihrer Lösung erforderlichen Interaktionsprozesse (z. B. Finden von Kompromissen bei divergierenden Standpunkten, Aushandeln von Interessen und Lösung von interpersonellen Konflikten), desto wahrscheinlicher ist es, dass eine Frau zur Leiterin bestimmt wird. Eine Möglichkeit, die Wahrscheinlichkeit zu erhöhen, dass eine Frau zur Leiterin bestimmt wird, besteht somit darin, a) ihr Expertentum mehr zu betonen und b) soziale Qualitäten als wichtig und notwendig für die Leitung von Gruppen hervorzuheben. In der Tat finden sich solche Ansätze in Werbespots von Firmen, die sich für eine Erhöhung des Frauenanteils in Führungspositionen einsetzen.

Zur Annahme eines aufgrund der Geschlechterrollen zu erwartenden geschlechtstypischen Führungsstils haben Eagly und Johnson (1990) eine Metaanalyse durchgeführt. Die Hypothese bestand darin, dass Frauen mehr zu einem interpersonell/sozial orientierten Führungsstil neigen, Männer mehr zu einem aufgabenorientierten Stil. Darüber hinaus wurde die Hypothese aufgestellt, dass Frauen eher einen *demokratischen*, d. h. mitbestimmungsorientierten Führungsstil bevorzugen, Männer einen eher *autokratischen*, d. h. direktiven Führungsstil. Insgesamt 370 Geschlechtervergleiche im Führungsstil zeigen, dass Frauen wie erwartet eher einen demokratischen, Männer eher einen autokratischen Führungsstil bevorzugen, während die anderen Vergleiche nicht signifikant ausfallen. Unter Auslassen von outliers, also extrem abweichenden Resultaten, wird dieses Ergebnis noch deutlicher und zeigt darüber hinaus, dass Frauen mehr einen interpersonellen Stil zeigen als Männer und – unerwartet – dass sie auch mehr aufgabenorientierten Führungsstil zeigen. Die Tatsache, dass Frauen stärker einen demokratischen Stil pflegen als Männer, kann an zwei Gründen liegen. Zum einen kann die Selektion dazu führen, dass eher solche Frauen in Führungspositionen aufsteigen, die einen demokratischen Stil pflegen und damit den Geschlechtsrollenerwartungen entsprechen. Zum anderen könnten subtile Statusunterschiede vorhanden sein, indem die weibliche Führungsposition nicht denselben Status wie die männliche Führungsposition hat und daher auch eher soziale Qualitäten „erlaubt" sind. Nach der Rollenkongruenztheorie von Eagly und Karau (2002) wäre ein demokratischer Führungsstil für Frauen in jedem Fall eine Möglichkeit, der Geschlechtsrollenfalle zu entkommen. Denn von Frauen werden eher soziale Fähigkeiten erwartet, von Führungspersonen aber Durchsetzungsfähigkeit. Tatsächlich müssen Frauen, die selbstbewusst und bestimmt auftreten und damit den Erwartungen an Führungspositionen entsprechen, nicht aber den weiblichen Rollenerwartungen, mit Abwertung rechnen (vgl. Kap. 1; Eagly & Carli, 2003; Eagly, Makhijani & Klonsky, 1992; Rudman & Glick, 1999), insbesondere in einem männlichen Berufsfeld (Heilman, Wallen, Fuchs & Tamkins, 2004), so dass ein demokratischer Führungsstil für Frauen einen guten Kompromiss darstellen könnte zwischen den an sie gerichteten Erwartungen als Frau und als Führungsperson.

Die Frage ist natürlich, wie effizient die verschiedenen Führungsstile sind bzw. wie sie bewertet werden. Dies wurde bei Eagly und Johnson (1990) nicht untersucht bzw. war auch nicht Gegenstand der berücksichtigten Studien. In einer weiteren Metaanalyse mit 45 Studien stellte sich heraus, dass Frauen nicht nur stärker einen demokratischen und einen aufgabenorientierten, sondern auch stärker einen *transformationalen Führungsstil* als Männer bevorzugen (Eagly, Johannesen-Schmidt & van Engen, 2003). Dieser Führungsstil versucht, innovativ in einem Unternehmen zu wirken und die Untergebenen in die Zielplanung und die Zielverwirklichung aktiv mit einzubeziehen. Er korreliert positiv mit Führungseffektivität.

Lässt sich die Annahme bestätigen, dass Frauen einen demokratischen und auf die soziale Atmosphäre bedachten Führungsstil pflegen sollten, um effizienter zu sein? Wood (1987) analysierte die Effizienz von Gruppen- und Individualleistungen in Abhängigkeit vom Geschlecht und der Geschlechterzusammensetzung der Gruppe. Dabei zeigte sich, dass bei Aufgaben, die eine hohe Aufgaben- und Leistungsorientierung verlangten, Männer den Frauen in ihrer Effizienz überlegen waren. Dies galt für Gruppen- wie Individualleistungen. Ganz anders sah aber das Bild aus, wenn es sich um Aufgaben handelte, die ein hohes Maß an sozialen Aktivitäten und gegenseitiger Absprache erforderten. Hier waren Frauengruppen den Männergruppen in ihren Leistungen überlegen, wobei es offensichtlich der Interaktionsstil in den Frauengruppen war, der diese höhere Leistung begünstigte. Aufgrund des auf gegenseitige Absprache ausgerichteten und an der Förderung des sozialen Klimas orientierten Interaktionsstils erzielten Frauen- im Vergleich zu Männergruppen signifikant bessere Ergebnisse. Mussten die Aufgaben individuell gelöst werden, so zeigte sich kein Geschlechterunterschied.

Eagly, Karau und Makhijani (1995) sind der Frage nach der Effizienz von Männern und Frauen in Führungspositionen noch genauer nachgegangen. Sie konnten zeigen, dass Männer und Frauen im Gesamtvergleich gleichermaßen erfolgreich sind, aber dass modifizierende Bedingungen dabei zu berücksichtigen sind. Dies betrifft insbesondere das geschlechtstypische bzw. untypische

Setting. In Organisationen und Kontexten, wo eher maskuline Rollenerwartungen vorherrschen (vorwiegend aufgrund der zahlenmäßigen Dominanz von Männern), wie z. B. im Sport (Eagly et al., 1992), in der Politik oder beim Militär, werden Männer grundsätzlich erfolgreicher als Frauen eingeschätzt. In Kontexten mit femininen Rollenerwartungen (z. B. im Erziehungsbereich oder in sozialen Diensten) erweisen sich hingegen Frauen als erfolgreicher. Insgesamt spricht dies dafür, dass die Bewertung und die Erwartungen an Führungskräfte nicht nur aufgabenabhängig sind, sondern dass auch Geschlechtsrollenerwartungen sowie Geschlechterstereotype aktiviert werden (vgl. Kap. 1). Wenn diese zur Führungsrolle passen, dann finden sich auch geschlechtskongruente Bewertungen: Frauen werden besser in Frauenberufen, Männer in Männerberufen bewertet. Wollen Frauen in Männerberufen reüssieren, dann verstoßen sie damit doppelt gegen Rollenerwartungen. Zum einen weil eine Führungsrolle grundsätzlich nicht zur Frauenrolle passt, zum anderen weil eine Führungsrolle in einer Männerdomäne diesen Widerspruch noch verschärft. Auch spielt das Geschlecht der Untergebenen dabei eine wichtige Rolle. Ayman, Korabik und Scott (2009) stellten fest, dass männliche Untergebene eine weibliche Führungsperson negativer bewerteten als eine männliche, während weibliche Untergebene hier keinen Unterschied machten, ein Ergebnis, das bereits Eagly et al. (1992) berichteten. Damit könnte auch zu erklären sein, warum nach der Bundestagswahl 2005 in Deutschland wochenlang eine Debatte tobte, ob die Kanzlerkandidatin überhaupt zur Führung des Landes fähig sei und zur Kanzlerin gewählt werden sollte. Diese Debatte wurde selbst in den eigenen Parteigremien geführt, und auf allen Fotos bzw. Fernsehbildern erschien die Kandidatin stets mit zwei Ministerpräsidenten ihrer Partei rechts und links an ihrer Seite. Natürlich hätte man daraus schließen können, dass hier ein Team antritt. Man könnte aber auch daraus schließen, dass es den Parteifreunden darum ging, deutlich zu machen, dass sie an der Führungsfähigkeit der eigenen Parteikandidatin zweifelten und sie selbst daher zur Unterstützung herbeieilen mussten.

Noch einen Schritt weiter in diese Richtung führt die Überlegung, dass auch der Führungsstil selbst geschlechtstypischen Erwartungen entsprechen muss, um akzeptiert zu werden, insbesondere bei Frauen. Dies konnten Eagly und Johnson (1990) bestätigen. Eagly et al. (1992) untersuchten weiterführend in einer Metaanalyse die Frage, ob Frauen als Führungskräfte in Abhängigkeit vom Aufgabenfeld und vom Führungsstil anders bewertet werden als Männer. Es zeigte sich anhand der Ergebnisse von 147 Studien, dass overall keine Geschlechterunterschiede in der Bewertung auftraten (gew. $d = .05$, ungew. $d = .07$), dass aber in einigen spezifischen Settings Geschlechterunterschiede zu beobachten waren. Dies betrifft insbesondere die Geschlechterverteilung: Frauen wurden dann negativer in ihrem Führungsverhalten bewertet, wenn sie in einer Männerdomäne tätig waren. Dieser Befund wird auch von Eagly et al. (1995) berichtet. Darüber hinaus konnten Eagly et al. (1992) nachweisen, dass ein geschlechtskongruenter Führungsstil zu einer besseren Bewertung führt: Frauen mit demokratischem und Männer mit autokratischem Stil. Auch andere modifizierende Bedingungen spielten eine Rolle. So wurden Frauen mit vorwiegend männlichen Untergebenen schlechter bewertet. Auch hing das Ergebnis vom Geschlecht der Beurteiler ab: Männer bewerteten Frauen weniger positiv als Frauen dies taten. Diese Unterschiede sind allerdings insgesamt relativ gering im Vergleich zum sozialen Kontext, der den Hauptausschlag gibt. Die Alltagsmeinung, dass Frauen es in Männerdomänen besonders schwer haben, anerkannt zu werden, findet danach Bestätigung (siehe auch **Box 5.1**). Wenn man bedenkt, dass die Mehrzahl der Führungspositionen in Männerdomänen liegt und diese mehrheitlich auch von Männern eingenommen werden, dann lässt sich gut erklären, warum diese Meinung zustande kommt. Die Geschlechterrelation in einem Berufszweig erweist sich somit als vorrangige modifizierende Bedingung bei der Bewertung der Effizienz von Führungspersonen. Darüber hinaus ist auch ein geschlechtskongruenter Führungsstil für eine positive Bewertung des Führungsverhaltens von Nutzen. Und schließlich gibt es auch Anzeichen für eine diskriminierende Bewertung weiblicher Leistungen in männlichen Leistungskontexten.

**Box 5.1**

**Gibt es Geschlechterdiskriminierung bei der Bewertung von Leistungen?**
Goldberg (1968) hat als Erster eine Studie vorgelegt, die sich mit der Frage einer unterschiedlichen Bewertung von Leistungen je nach Geschlecht der Akteure beschäftigte. Seine Arbeit löste eine Reihe von Folgeuntersuchen aus, deren Grundansatz sich dahingehend zusammenfassen lässt, dass Beurteilerinnen und Beurteiler die Qualität und Güte einer Leistung, eines Produktes (z.B. eines künstlerischen Werks, eines theoretischen Aufsatzes usw.) bewerten sollen. Dabei wird das Geschlecht der Stimulusperson experimentell variiert, indem das zu beurteilende Produkt vorgeblich entweder von einer Frau oder von einem Mann stammt. Dieser Untersuchungsansatz ist als „Goldberg-Paradigma" bekannt geworden. Unter der Annahme, dass das Geschlecht des Herstellers des Produkts das Urteil in stereotypenkonformer Weise beeinflusst, müsste das von einer Frau stammende Produkt niedriger bewertet werden als das von einem Mann stammende Produkt, um so mehr, wenn es eher typisch männlichen Feldern entstammt (wie z. B. Bildhauerei, Informatik oder Physik). Swim, Borgida, Maruyama und Myers (1989) wie auch Top (1991) haben die bis dato vorliegenden Studien mit dem Goldberg-Paradigma zusammengestellt und danach analysiert, ob eine bevorzugte Bewertung männlicher Leistungen nachgewiesen werden kann. Beide Analysen kommen im Kern zum selben Ergebnis. Eine unterschiedliche Bewertung von identischen Leistungen je nach Geschlecht lässt sich nicht durchgehend aufzeigen, also auch keine Bewertung, die die Leistungen von Frauen abwertet. Allerdings wird sowohl von Top wie von Swim et al. betont, dass durchaus in einigen Studien die Leistungen von Frauen schlechter beurteilt wurden als die von Männern, dass aber diese Abwertung als solche stark kontextgebunden und abhängig von einer Reihe von Faktoren sei, wie z. B. von den beurteilenden Personen und ihren Stereotypen. „Gender-biased evaluations indeed occur, but ... the complexity of the conditions under which such evaluations occur and the flexibility of perceivers' thinking must be taken into consideration" (Swim et al., 1989, S. 424).

Eine Erklärung für die Popularität der These der Frauendiskriminierung einerseits, nämlich dass Frauen mehr als Männer leisten müssen, um zum gleichen Ziel zu gelangen, und ihre mangelnde empirische Evidenz nach dem Goldberg-Paradigma andererseits könnte darin liegen, dass die Wirklichkeit einfach komplizierter ist, als es in diesen Studien zum Ausdruck kommt. Schließlich werden häufig vergleichsweise künstliche Situationen untersucht. Wie aber sieht es aus, wenn lebensnahe Leistungen von Männern und Frauen bewertet werden? Die Frage der Frauendiskriminierung spielt nämlich überall dort eine wichtige Rolle, wo es um berufliche Karrieren geht. Lässt sich der geringe Frauenanteil an Führungspositionen mit Diskriminierung und Missachtung ihrer Leistung erklären? Brauchen Frauen tatsächlich mehr Nachweise ihrer Leistungen, um zum gleichen Erfolg wie Männer zu kommen? Oder werden Frauen gar qua Frauen diskriminiert, etwa durch niedrigere Löhne, schlechtere Bewertungen oder häufigere Ablehnung ihrer Bewerbungen oder ihrer Forschungsanträge? Steinpreis, Anders und Ritzke (1999) konnten in einer experimentellen Studie mit männlichen und weiblichen Stellenbewerbern im universitären Bereich der USA eine Bevorzugung männlicher Bewerber nachweisen, und Trix und Psenka (2003) fanden heraus, dass die Empfehlungsschreiben für männliche Stellenbewerber an einer medizinischen Fakultät positiver formuliert waren als die für weibliche Bewerber. Zudem fanden sich stereotype Zuschreibungen, die den Frauen mehr Kompetenz in Lehre und Studium, den Männern mehr Kompetenz in Forschung und Wissenschaft zuschrieben. Auch im Fall wissenschaftlicher Forschungsanträge wurde diese Frage untersucht. Ausgangspunkt dafür war die Studie von Christine Wennerås und Agnes Wold (1997), die ein mittleres Erdbeben im Wissenschaftsbetrieb auslöste. Die Autorinnen untersuchten alle 114 Anträge auf Habilitationsstipendien, die im Jahre 1995 von 52 weiblichen und 62 männlichen Wissenschaftlern an den Schwedischen Wissenschaftsrat Medizin (Medical Research Council MRC) gerichtet worden waren. Diese Anträge wurden, wie in der Wissenschaft üblich, von Gutachtern bewertet (peer reviews), im vorliegenden Falle von jeweils fünf Gutachtern. Den Gutachtern waren die Namen (und damit auch das Geschlecht) der Antragsteller und Antragstellerinnen bekannt, aber nicht umgekehrt. Die Bewertungen erfolgten nach drei Kriterien (wissenschaftliche Kompetenz des Antragstellers/der Antragstellerin; Relevanz des Forschungsantrags; Qualität der vorgeschlagenen Methode) jeweils auf einer Skala von 0 (niedrig) bis 4 (hoch). Die 5 (Gutachter) x 3 (Kriterien) Bewertungen werden gemittelt und führen zu einem Ranking über alle Antragsteller/innen hinweg. Dieses Ranking entscheidet über die Bewilligung. Im Jahr 1995 wurden 20 Anträge bewilligt, davon vier von Frauen und 16 von Männern, ein klares Ungleichgewicht zugunsten der männlichen Antragsteller. Woran lag das? Frauen erhielten auf allen drei Kriterien niedrigere Werte als Männer, aber war dieses Ergebnis auch gerechtfertigt? Die Autorinnen stellten eigene Berechnungen über die wissenschaftlichen Leistungen und die Produktivität der Antragstellerinnen und Antragsteller an und fanden heraus, dass die Leistungen der weiblichen Antragsteller durchgängig unterschätzt wurden. Bei gleicher Produktivität erhielten Frauen geringere Kompetenzwerte durch die Gutachtergruppe als Männer. Andersherum ausgedrückt: „Um denselben Kompetenzwert zu erhalten wie ein männlicher Antragsteller muss eine Frau

zusätzliche 64 Produktivitätspunkte aufweisen" (Wennerås & Wold, S. 342). Je nach Renommee der Zeitschrift bedeutet das zwischen 2 und 20 zusätzliche Veröffentlichungen. Neben dem Geschlecht spielte aber auch eine Rolle, ob die Antragsteller/innen mit den Gutachtern persönlich bekannt waren. Dieser Effekt, der sog. Nepotismus-Faktor, war etwa so hoch wie der Geschlechtereffekt, so dass z. B. eine Antragstellerin, die den Gutachtern persönlich bekannt war, dadurch den Nachteil ihres Geschlechts ausgleichen konnte, aber im Falle keiner persönlichen Bekanntschaft doppelt benachteiligt war.
Die Untersuchung von Wennerås und Wold (1997) hat zu unmittelbaren Konsequenzen im Gutachtensystem von Wissenschaftsorganisationen geführt. Denn nicht nur der Geschlechterfaktor, auch der Nepotismusfaktor bedeutet ja eine Bedrohung für unvoreingenommene Begutachtung. Sandström und Hällsten (2008) können gut zehn Jahre später bei der Analyse der schwedischen Forschungsanträge zwar keine Benachteiligung der Anträge von Frauen mehr feststellen, aber nach wie vor einen Einfluss des Nepotismusfaktors. Die Europäische Union hat eine Expertise für die Chancengleichheit der Geschlechter bei Forschungsanträgen in Europa durchführen lassen und dabei unterschiedliche Ergebnisse in den einzelnen Ländern vorgefunden. In den deutschsprachigen Ländern fand sich keine Chancenungleichheit der Geschlechter, wohl aber eine niedrigere Antragsquote von Frauen (Europäische Kommission, 2009). Bornmann, Mutz und Daniel (2007) führten eine Metaanalyse von 21 Studien zur Chancengleichheit bei Forschungsanträgen durch. Die 21 Studien wurden von 1987 bis 2005 in englischsprachigen Organen publiziert. Die Ergebnisse variieren zwischen 22,1 % zugunsten der Männer und 22,9 % zugunsten der Frauen, wobei allerdings mehr Studien eine bessere Bewertung der Anträge von Männern nachweisen. Insgesamt finden Bornmann et al. eine durchschnittlich höhere Erfolgsquote von 7 % bei den Anträgen von Männern. In absoluten Zahlen bedeutet das z. B. bei 50 000 Forschungsanträgen, die je zur Hälfte (25000) von Männern und Frauen gestellt werden, eine Erfolgsquote von 26 000 Anträgen von Männern und 24 000 Anträgen von Frauen, also ein Unterschied von 2000 Anträgen, der nur auf dem Geschlecht beruht. Die Ursachen dafür lassen sich aber nicht durch andere Faktoren aufklären, wie z. B. Fach oder Gutachternähe, so dass tatsächlich von einer niedrigeren Bewertung weiblicher Kompetenz ausgegangen werden muss. Wissenschaft ist nach wie vor eine männliche Domäne, und zusammen mit den Ergebnissen zur Bewertung von Führungsverhalten (Eagly et al., 1992) und von erfolgreichen Frauen in männlichen Settings (Heilman et al., 2004) zeigt sich hier klar die Wirkung von Geschlechterstereotypen, die zur Benachteiligung von Frauen führen (vgl. Kap. 1). Möglicherweise tragen sie auch zur niedrigeren Bezahlung im Beruf bei (vgl. Kap. 5.3).

### 5.4.5 Attraktivität und Sexualität

In der sozialpsychologischen Forschung wird physische Attraktivität als eine Determinante der interpersonellen Attraktion erforscht. Dass physische Attraktivität offenbar das Leben leichter macht, das zeigen die zahlreichen Untersuchungen zum Zusammenhang von physischer Attraktivität und verschiedenen Indikatoren der beruflichen und sozialen Anerkennung (Judge et al., 2009). Eine nahe liegende Erklärung für die positiven Auswirkungen von physischer Attraktivität ist die stereotype Zuschreibung von positiven Eigenschaften gegenüber attraktiven Personen. Das Stereotyp der physischen Attraktivität – auch als implizite Persönlichkeitstheorie bezeichnet – lässt sich frei übersetzen mit „Wer schön ist, ist auch gut" und findet sich bereits im antiken Griechenland (kakos e agathos). Eagly, Ashmore, Makhijani und Longo (1991) stellten dazu auf der Basis von 76 Studien fest, dass das Stereotyp nicht so global Verwendung findet, wie früher angenommen. Die in den meisten Untersuchungen mittels einer Art Passfoto (Kopf-Schulter-Foto) dargestellte Stimulusperson war entweder besonders schön oder besonders hässlich und sollte von Beurteilern bewertet werden. Dabei zeigte sich, dass attraktive Personen signifikant positiver und sympathischer eingeschätzt werden als unattraktive Personen ($d = 0.57$). Wenn man aber über die globale Bewertung hinaus auch nach inhaltlichen Beurteilungen fragt, so zeigt sich ein differenziertes Bild. Auf den Dimensionen der sozialen Kompetenz (soziale Kontaktfähigkeit und Popularität), der intellektuellen Kompetenz, der psychischen Stabilität und Gesundheit sowie der Dominanz wurden attraktive Personen positiver eingeschätzt als unattraktive Personen. Das Stereotyp der physischen Attraktivität konnte auf diesen Dimensionen somit Bestätigung finden. Schönen Menschen wurde eine größere soziale Anerkennung ($d = 0.68$), eine höhere Intelligenz ($d = 0.52$), eine höhere psychische Stabilität und Gesundheit ($d = 0.49$) und eine höhere Dominanz ($d = 0.46$) zugeschrieben. Anders auf Dimensionen der sozialen Fürsorglichkeit. Keine unterschiedlichen Zuschreibungen fanden sich für Hilfsbereitschaft, Fürsorglichkeit und soziale Integrität (Ehrlichkeit, Gesetzestreue). Hier lagen die d-Werte zwischen 0.01 und 0.13. Die Ergebnisse der Metaanalyse von Eagly et al. zeigen somit, dass das Stereotyp der physischen Attraktivität zwar existiert und auch angewendet wird, dass es aber nicht auf allen Ebenen wirksam ist. Für beruflichen Erfolg findet sich allerdings ein deutlicher Zusammenhang mit physischer Attraktivität, unabhängig vom Geschlecht (Kap. 5.2.1; Judge et al., 2009; Langlois et al., 2000). Mit den Befunden von Eagly et al. und Judge et al. lässt sich recht gut erklären, warum attraktivere Personen im Leben erfolgreicher sind. Da ihnen von vornherein eine höhere Intelligenz und Führungseigenschaften zugeschrieben werden, und da sie eine höhere soziale Anerkennung bei anderen genießen, weil sie attraktiv sind, wirken diese stereotypen Erwartungen wie sich selbst erfüllende Prophezeiungen.

Feingold (1992b) hat darüber hinaus untersucht, ob das Stereotyp auch ein Körnchen Wahrheit beinhaltet. Anders gewendet, lässt sich bei Testuntersuchungen (Persönlichkeitstests, Selbst- und Fremdbeurteilungen) an attraktiven Menschen „tatsächlich" eine höhere Intelligenz, Sozialkompetenz usw. nachweisen? In Übereinstimmung mit Eagly et al. (1991) konnte er nachweisen, dass attraktive Personen für intelligenter, sozial kompetenter, psychisch stabiler und dominanter gehalten werden als unattraktive Personen (somit das Stereotyp sich in der Fremdbeurteilung wiederfindet), aber dass in objektiven Persönlichkeitstests und in Intelligenztests keine Unterschiede zwischen schönen und hässlichen Menschen zu beobachten sind. Unterschiede zeigten sich aber auf den Maßen der *sozialen* und der *sexuellen* Kontaktfähigkeit: Attraktive Personen schildern sich als weniger einsam, weniger schüchtern, als beliebter, sozial aufgeschlossener und sexuell erfahrener als unattraktive Menschen. Schönheit führt offenbar zu einem höheren und positiveren Maß an sozialen und sexuellen Kontakten und Erfahrungen. Dabei sind die Ergebnisse deutlicher, wenn man die selbst eingeschätzte Schönheit zugrunde legt. Es kommt somit mehr darauf an, wie schön ein Mensch sich selbst findet, als darauf, wie andere die Attraktivität einschätzen.

Nun interessiert im vorliegenden Zusammenhang insbesondere die Frage, ob physische Attraktivität für die Geschlechter unterschiedlich bedeutsam ist (z. B. für ihren Lebenserfolg oder für ihre Anerkennung beim anderen Geschlecht) und ob physische Attraktivität die Partnerwahl in unterschiedlichem Maße determiniert (Feingold, 1990; 1992a; Sieverding, 1988). Wenn auch physische Attraktivität für *beide* Geschlechter offenbar das Leben leichter macht und den beruflichen Erfolg mit beeinflusst, so gibt es doch eine Reihe von Hinweisen darauf, dass physische Attraktivität für die Popularität, die persönliche Zufriedenheit und den Erfolg beim anderen Geschlecht bei Frauen eine noch größere Bedeutung hat als bei Männern. Indizien dafür sind:

- Bei Frauen findet sich ein Zusammenhang von Selbstwertgefühl und wahrgenommener Attraktivität, bei Männern nicht (Rodin, Silberstein & Striegel-Moore, 1985).
- Mehr Frauen als Männer sind unzufrieden mit ihrem Körper und insbesondere mit ihrer Figur (Gewicht), versuchen Schlankheitsdiäten, zeigen pathologische Essstörungen. Diese Geschlechterunterschiede sind bereits im Jugendalter sichtbar (Kolip, 1994; Mrazek, 1987; Rodin et al., 1985; vgl. auch weiter oben Kapitel 5.2.2).
- Darüber hinaus zeigt sich eine unterschiedliche Sozialisation des Körpers, die bei Mädchen und Frauen die Präsentation der körperlichen Schönheit und Anmut, bei Jungen und Männern die der Kraft in den Vordergrund stellt (Baur, 1988; siehe oben Kapitel 5.2.2).
- Frauen werden stärker als Männer von anderen nach ihrem Äußeren bewertet. So zeigen Darstellungen von Sportlerinnen in den Medien, dass sie erheblich häufiger in Verbindung mit Schönheitsattributen (bzw. dem Fehlen derselben) gebracht werden als Männer (z. B. Hartmann-Tews & Rulofs, 2003; Klein & Pfister, 1985). Für die frauentypischen „expressiven" Sportarten (Eiskunstlauf, Tanzen, Gymnastik, Ballett ...) ist die äußere Erscheinung im Übrigen ein wichtiges Bewertungskriterium.

- In vielen Frauenberufen ist ein attraktives Äußeres ein wichtiges Selektions-Merkmal (Stewardess; Hostess; „Präsentierteller"-Positionen wie Chef-Sekretärin).
- Die Wahl von Schönheitsköniginnen, der schönsten Sportlerin usw. lässt sich ebenfalls als Indiz für die höhere Bedeutung der äußeren Erscheinung bei Frauen ansehen; vergleichbare Vorgänge bei Männern treten vereinzelt erst in jüngster Zeit auf.
- Auf dem Heiratsmarkt ist die äußere Erscheinung von Frauen ein wesentlicheres Auswahlkriterium als die Schönheit von Männern (Feingold, 1990). Dies zeigt sich insbesondere dann, wenn man subjektive Einschätzungen und Angaben der Befragten zugrunde legt, weniger stark, wenn man Verhaltensdaten zugrunde legt. Allerdings spielt die Schönheit von Frauen nur dann eine wichtigere Rolle als die von Männern, wenn es um die heterosexuelle Liebesbeziehung geht. Die physische Attraktivität von Männern ist hingegen eine wichtigere Variable als die Attraktivität von Frauen bei platonischen gegengeschlechtlichen Freundschaften und bei Männerfreundschaften im Vergleich zu Frauenfreundschaften (Feingold, 1990).

Welche Merkmale schätzen Frauen besonders hoch in ihrer Bedeutung für ihre *Partnerwahl* ein? Feingold (1992a) konnte in Metaanalysen von Fragebogen- und von Kontaktanzeigen-Untersuchungen feststellen, dass Frauen bei der Partnerwahl deutlich mehr Gewicht auf den sozioökonomischen Status und berufliches Leistungsstreben ($d = 0.69$ und $0.67$) und etwas mehr Gewicht auf Intelligenz und Charakter legen ($d = 0.30$ und $0.35$) als Männer, während Humor und Persönlichkeitsmerkmale nicht unterschiedlich häufig gefordert werden. Hassebrauck (1990) stellte in gleicher Weise fest, dass in Kontaktanzeigen in westdeutschen Zeitungen Frauen häufiger am ökonomischen und beruflichen Status orientierte Forderungen an die potentiellen Partner stellten als Männer, umgekehrt Männer sich selbst auch häufiger mit solchen Merkmalen beschrieben. Letzteres ließ sich auch schon in einer Analyse von Anzeigen westdeutscher Zeitungen in den siebziger Jahren erkennen (Bierhoff-Alfermann, 1977, S. 20f.). Auch wurden in derselben Analyse Geschlechterunterschiede in der Betonung von physischer Attraktivität gefunden: „Die Forderung nach gutem Aussehen wird in größerem Maße an Frauen als an Männer gerichtet, ebenso wie Frauen sich selbst häufiger in Termini physischer Attraktivität beschreiben als Männer" (Bierhoff-Alfermann, S. 21). In der Analyse von Hassebrauck hingegen beschrieben sich Männer wie Frauen selbst am häufigsten mit auf ihr Aussehen bezogenen Merkmalen, stellten aber vergleichsweise selten auf das Aussehen bezogene Forderungen an potentielle Partner auf. Anders als bei Feingold (1990) und bei Bierhoff-Alfermann zeigten sich somit in den von Hassebrauck analysierten Kontaktanzeigen keine Geschlechterunterschiede in der Betonung der physischen Attraktivität.

Die beschriebenen Geschlechterunterschiede in der Betonung von Merkmalen bei der Partnerwahl lassen sich mit einem evolutionsbiologischen Modell der parentalen Investition (parental investment) erklären, wonach Frauen Partner suchen, die ihnen eine maximale Sicherheit für die erfolgreiche Erziehung ihres Nachwuchses gewährleisten, während Männer zur Sicherung ihrer Gene eher möglichst viel Nachwuchs brauchen und deshalb auch zu einer höheren Promiskuität neigen sollen. Der Befund, dass Frauen Kriterien beruflicher und finanzieller Sicherheit bei der Wahl ihres männlichen Partners mehr betonen als umgekehrt Männer bei Frauen, könnte sich aus dem evolutionsbiologischen Modell herleiten lassen. Ebenso kann der Befund in der Metaanalyse von Feingold (1992a), dass Männer mehr auf die äußere Erscheinung bei Frauen achten, die sexuelle Wärme signalisiert, auf das geschilderte evolutionsbiologische Modell zurückgeführt werden.

Die Ergebnisse lassen sich aber auch mit einem Modell der soziokulturellen Rollenübernahme erklären (Kap. 4.1), wonach die Ernährerrolle zur zentralen Rolle eines männlichen Partners wird. Die in Kapitel 1 angesprochene gängige Rollenübernahme der Geschlechter weist dem Mann die Funktion des Familienernährers und der Frau die Funktion der Pflege der Familienbeziehungen zu. Mit der Ernährerrolle des Mannes lassen sich die berichteten Ergebnisse zum sozioökonomischen Status bei Hassebrauck (1990) gut in Einklang bringen. Ebenso die Befunde von Feingold (1992a) und eine Reihe früherer Untersuchungen zur romantischen Liebe (zsf. Peplau & Gordon, 1985, S. 263ff.). In einer Kultur mit keiner eindeutig dem Mann zugeschriebenen Ernährerrolle müssten sich nach rollentheoretischen Annahmen auch die Partnerwahlkriterien verändern. Dazu passt, dass in Kontaktanzeigen der ehemaligen DDR keine Geschlechterunterschiede in der Betonung des beruflichen Status des Partners/der Partnerin auftraten, solange dort Frauen wie Männer gleichermaßen erwerbstätig und jeweils selbst für ihren Lebensunterhalt verantwortlich waren (Pfister & Voigt, 1982).

Wie steht es mit der unterschiedlichen Betonung der physischen Attraktivität? Für die den Frauen zugeschriebene expressive Rolle ist physische Attraktivität nur bedingt wichtig. Dennoch werden sie offenbar stärker als Männer nach ihrem Aussehen bewertet, wie weiter oben berichtet wurde. Als Kriterium der Partnerwahl sind die Untersuchungsergebnisse bisher nicht so eindeutig. So findet Hassebrauck (1990) wie berichtet keine unterschiedliche Betonung der physischen Attraktivität zwischen beiden Geschlechtern. Vielmehr ist die äußere Erscheinung für *beide* Geschlechter ein wichtiges Kriterium gegenseitiger Anziehung. Auch Pfister und Voigt (1982) können physische Attraktivität nicht als geschlechtstypisches Partnerwahlkriterium ausfindig machen. Judge et al. (2009) finden zwar einen Einfluss von physischer Attraktivität auf beruflichen Erfolg, aber für beide Geschlechter gleichermaßen. Möglicherweise deutet sich somit auch hier die Veränderung in den sozialen Lebensbedingungen von Männern und Frauen an: In unserer Mediengesellschaft wird physische Attraktivität zunehmend für beide Geschlechter wichtig. Erwartungen an die äußere Erscheinung gelten somit für Männer wie Frauen. Evolutionsbiologisch ließe sich dies nicht erklären, wohl aber rollentheoretisch.

Nun spielt aus evolutionsbiologischer Sicht der Bereich der Fortpflanzung eine zentrale Rolle. Wenn Geschlechterunterschiede in den Attraktivitätskriterien auf der Basis der Fortpflanzungsfunktionen diskutiert werden, dann bietet es sich unter dem Gesichtspunkt auch an, Geschlechterunterschiede im Sexualverhalten zu betrachten (Medicus & Hopf, 1995; Oliver & Hyde, 1993). Dasselbe trifft auf rollentheoretische Überlegungen zu. Da die Geschlechterrollen aufeinander bezogen sind, könnten sich unterschiedliche Rollenerwartungen an Männer und Frauen gerade in der direkten Interaktion, und hier erst recht im sexuellen Verhalten auswirken. Auch wenn biologische Ursachen naheliegend sind (Collaer & Hines, 1995; Medicus & Hopf, 1995), schon allein die Tatsache kultureller Unterschiede in der Gestaltung sexueller Beziehungen zeigt, wie sehr Sexualität durch Normen und soziale Sanktionen geregelt wird. Auch die Tatsache, dass nur Frauen eine Schwangerschaft erleben (und u. U. verhindern müssen), kann zu erheblichen Unterschieden im sexuellen Verhalten von Männern und Frauen beitragen. Aufgrund der gerade im Bereich der Sexualität so gern propagierten „natürlichen" Unterschiede zwischen Männern und Frauen, erscheint es besonders reizvoll, in einer Metaanalyse auch mögliche epochale Trends im Sexualverhalten und in den Einstellungen zur Sexualität zu untersuchen. In dem Maße, wie sich die sozialen Erwartungen ändern, in dem Maße müssten auch epochale Trends im Sexualverhalten zu beobachten sein.

Betrachten wir zunächst einmal eine Zusammenstellung der als geschlechtstypisch angesehenen sexuellen Verhaltensweisen, wie sie aus verhaltensbiologischer Sicht geäußert wurden. Danach sind Partnerwahlen und sexuelle Verhaltensweisen der Geschlechter im Wesentlichen vom Fortpflanzungsnutzen beeinflusst (Vogel, 1988; Voland, 1993; Kap. 3). Die größere sexuelle Freizügigkeit und Promiskuität von Männern erklärt sich danach damit, dass sie durch die Begattung möglichst vieler Frauen den größtmöglichen Fortpflanzungsnutzen ziehen können, während Frauen eher auf Qualität achten, da ihre Fortpflanzungsmöglichkeiten auf biologische Grenzen stoßen. Männliche Untreue und Doppelmoral wären somit biologisch unausweichlich. Damit verbunden ist aber auch die Tatsache, dass Frauen an einer festen Bindung ein größeres Interesse haben als Männer. Sie brauchen diese für die Erziehung des Nachwuchses. „Vielen Frauen sind vor allem soziale Qualitäten, soziale Sicherheit, Vermittlung von Schutz, Vertrauenswürdigkeit, Ressourcen und Status bei ihren Partnern wichtig. Wenn der Freund sozusagen in seine Partnerin sozial ‚investiert' und sich gebunden fühlt, kann sie erwarten, dass er sich auch bei der Versorgung der Kinder beteiligen wird" (Medicus & Hopf, 1995, S. 160). Wie schon in Kapitel 4 berichtet, wird verhaltensbiologisch auch die größere Dominanz und Höherwertigkeit des Mannes begründbar. Sie dient der Partnerfindung und insbesondere der besseren Sicherung des Nachwuchses: „Und in der Tat finden viele Frauen männliche Stärke anziehend und bevorzugen auch hochrangige Männer, sicherlich z. T. wegen der Ressourcen, z. T. weil die Frauen eher den Rang des Mannes übernehmen und damit bei hochrangigen Vätern die Kinder bessere Startchancen bekommen" (Medicus & Hopf, S. 161).

Das Schwierige an verhaltensbiologischen Erklärungsmustern ist ihr scheinbar strikter Determinismus, auch wenn dies nicht so gemeint sein mag (z. B. Medicus & Hopf, 1995, S. 162f.). Warum sollen Frauen Männer mit höherem Status bevorzugen, nur weil sie ihren Nachwuchs besser sichern? In einer Zeit, in der es nicht mehr nur auf Fortpflanzung ankommt, sondern Sexualität einen Verhaltensbereich des Menschen mit einem eigenständigen Wert darstellt, in einer solchen Zeit werden andere Erklärungsansätze bedeutsamer. Auch ist festzuhalten, dass Frauen in den meisten Kulturen einen großen Anteil zum Familieneinkommen beitragen. Hinzu kommt, dass eine fundierte empirische Grundlage auf der Basis größerer Untersuchungen an Menschen des heutigen Zeitalters im Allgemeinen fehlt. Generalisierte Aussagen der zitierten Art basieren zwar auf der Annahme eines stammesgeschichtlichen „Erbes" in unserer menschlichen Entwicklung, sie wurden aber auf der Grundlage von Gesellschaften entwickelt, in der die natürliche Selektion eine wichtige Rolle spielte, aber mit unseren heutigen Industriegesellschaften kaum noch etwas gemein hat. Was Not tut, sind somit zum einen empirische Daten über sexuelle Einstellungen und Verhaltensweisen der Geschlechter in unserer heutigen Gesellschaft und zum anderen theoretische Modelle. Während Feingold (1992a) neben dem evolutionsbiologischen Modell nur das der Geschlechterrollen diskutierte, gehen Oliver und Hyde (1993) von vier weiteren Modellen aus, die aber mehr oder weniger ähnliche Voraussagen treffen. Ob nun soziobiologisch erklärbar (wie z. B. Medicus & Hopf; Voland, 1993) oder aufgrund von sozialisations- und rollentheoretischen Annahmen: Zu erwarten ist, dass Frauen eine durchschnittlich geringere Anzahl von Sexualpartnern haben als Männer, und dass Frauen eine negativere und stärker ablehnende Haltung gegenüber wechselnden Partnern und Gelegenheitssex an den Tag legen. Im Gegensatz zu soziobiologischen Annahmen gehen sozialisations- ebenso wie rollentheoretische Modelle davon aus, dass Einstellungen und Verhalten sich aufgrund geänderter Erwartungen und Normen ändern. So wäre zu erwarten, dass im Zeitvergleich sich sexuelle Einstellungen und Verhaltensweisen der Geschlechter immer mehr annähern. Dies umso mehr, als Empfängnisverhütungsmethoden es erlauben, Sexualität von der Fortpflanzung abzukoppeln. Auch ist aufgrund der sowohl biologischen wie kulturellen Determiniertheit von Sexualität davon auszugehen, dass diese auch zu Geschlechterunterschieden in sexuellen Einstellungen und Verhaltensweisen beitragen kann. Aber wie so häufig fällt es schwer zu entscheiden, ob eher biologische oder sozialkulturelle Determinanten dafür verantwortlich sind. Baumeister (2000) geht davon aus, dass durch die evolutionäre Entwicklung und durch biologische Erfordernisse die weibliche Sexualität flexibler und stärker durch andere beeinflussbar sei (erotic plasticity) als die männliche Sexualität. Im Ergebnis führe dies dazu, dass Frauen eine größere intraindividuelle Variabilität in ihrer Sexualität zeigen, dass sie stärker auf soziale Veränderungen (z. B. durch die sog. sexuelle Revolution) reagieren und eine höhere Anpassungsfähigkeit an den Tag legen können, und dass sie aufgrund ihrer größeren Beeinflussbarkeit durch äußere Umstände eine niedrigere Einstellungs-Verhaltens-Konsistenz zeigen als Männer. Hyde und Durik (2000) hingegen führen die größere sexuelle Plastizität von Frauen eher auf Machtunterschiede zwischen den Geschlechtern und damit auf soziokulturelle Faktoren zurück. Andersen, Cyranowski und Aarestad (2000) wiederum verweisen auf die vergleichsweise hohe Ähnlichkeit der Sexualität von Männern und Frauen.

Wie sehen die Ergebnisse von Metaanalysen in diesem Lichte aus? Oliver und Hyde (1993) analysierten mögliche Geschlechterunterschiede in 21 Variablen, die sexuelle Einstellungen und (berichtete) Verhaltensweisen zum Gegenstand hatten. Nicht für alle Variablen erreichte allerdings die Anzahl der berücksichtigten Untersuchungen und Untersuchungsteilnehmenden eine ausreichende Größe. Betrachtet man nur die Variablen, zu denen mindestens 10 Untersuchungen vorliegen, so reduziert sich die Anzahl der Variablen auf 18. Auch muss bedacht werden, dass es sich vorwiegend um amerikanische Arbeiten handelt. Vom Umfang der Studien und Untersuchungsteilnehmenden her betrachtet, wäre eine solche Metaanalyse aber in Europa, oder gar nur in Westeuropa, nicht zu leisten. Immerhin wurden 239 Stichproben mit insgesamt 128 000 Untersuchungsteilnehmenden berücksichtigt. Vom Trend her dürften die Ergebnisse auch für weite Teile Europas eine aussagefähige Basis liefern. Wie sehen nun die Ergebnisse aus? Die deutlichsten Geschlechterunterschiede zeigen sich bei zwei Variablen, nämlich der Häufigkeit von Masturbation (bei Männern häufiger, $d = 0.96$) und den Einstellungen zu Gelegenheitssex vor der Ehe (bei Männern permissiver, $d = 0.81$). In beiden Variablen werden somit große Geschlechterunterschiede sichtbar. Geschlechterunterschiede von mittlerer Größe (um $d = 0.5$) finden sich für „Einstellungen zum vorehelichen Geschlechtsverkehr in Partnerschaften" ($d = 0.49$) und „Permissive Einstellungen zur Sexualität" ($d = 0.57$), wo Männer jeweils permissivere Einstellungen äußern als Frauen. Alle übrigen der 18 hier berücksichtigen Variablen zeigen geringe (also $d = 0.2$ bis $0.3$) oder gar keine Geschlechterunterschiede. Darüber hinaus ist hervorzuheben, dass sich epochale Trends in der Weise beobachten lassen, dass ältere Untersuchungen (1960er und 1970er Jahre) signifikant größere Geschlechterunterschiede offenbaren als jüngere Studien (1980er und 1990er Jahre). Dies gilt insbesondere für die Häufigkeit der Masturbation, für die Einstellungen zum vorehelichen Geschlechtsverkehr, sowie für die Häufigkeit vor- und außerehelicher sexueller Beziehungen. Betrachtet man die epochalen Trends und die mit der Veränderung der Sexualität einhergehenden sozialen und insbesondere medizinischen Veränderungen in nordamerikanischen (und europäischen Industrie-)Nationen bis heute (wie z. B. Empfängnisverhütung, Legalisierung der Abtreibung, Gleichstellung von Mann und Frau, Anstieg der Scheidungsraten), so werden die erstaunlich geringen Geschlechterunterschiede in der Sexualität auf dem Hintergrund rollen- und sozialisationstheoretischer Modelle verständlich. Darüber hinaus ist hervorzuheben, dass die größten Geschlechterunterschiede in sexuellen *Einstellungen* auftreten (wo geschlechtstypische soziale Normen am deutlichsten sichtbar werden). Whitley und Kite (1995) sowie Kite und Whitley (1996) finden liberalere Einstellungen von Frauen als von Männern zur Homosexualität. Diese Geschlechterunterschiede sind besonders prägnant, wenn männliche Homosexuelle bewertet werden ($d = 0.52$) oder wenn das Geschlecht der Zielperson nicht spezifiziert wird ($d = .57$). Hier sind also Unterschiede von mittlerer Höhe zu beobachten, die zudem über den beobachteten Zeitraum von 1970 bis 1990 größer werden ($d = .30$ bzw. $d = .68$). Hingegen werden weibliche Homosexuelle (lesbische Frauen) von beiden Geschlechtern positiver als männliche Homosexuelle bewertet. Der Geschlechterunterschied in den Einstellungen verschwindet gegenüber lesbischen Frauen ganz (d = 0). In den Einstellungen zu homosexuellem *Verhalten* sind Frauen toleranter als Männer, allerdings fallen die Unterschiede hier geringer aus als in den Einstellungen zu homosexuellen Männern (d = 0.26). Keine Geschlechterunterschiede finden sich in Einstellungen zu Bürgerrechten von Homosexuellen. Allerdings haben die berücksichtigten Studien einige Schwächen. Zum einen wird nicht die sexuelle Orientierung der Befragten erfasst. Es bleibt daher unbekannt, ob es sich um Einstellungen von Heterosexuellen gegenüber Homosexuellen handelt (was vermutet werden kann) oder ob auch homosexuelle Untersuchungsteilnehmende mit eingeschlossen waren. Zum anderen differenzieren viele Untersuchungen nicht nach dem Geschlecht der Zielperson (Schwule oder Lesben). Dies macht aber einen erheblichen Unterschied in den Einstellungen, wie weiter oben gezeigt wurde.

Wenn es um (berichtetes) sexuelles *Verhalten* geht (Oliver & Hyde, 1993), dann bleibt allein der Geschlechterunterschied in der Masturbationshäufigkeit bemerkenswert, der allerdings vorwiegend in jüngeren Altersgruppen auftritt, die (noch) ohne Sexualpartner sind. Da Masturbation nun gerade nicht der Fortpflanzung dient und auch keine geschlechtstypischen Erwartungen an Masturbationsverhalten in unserer Gesellschaft bekannt sind, scheint keine der gängigen Geschlechtertheorien eine gute Erklärung zu liefern. Möglicherweise spielen Libidounterschiede insbesondere in der Adoleszenz eine Rolle.

Nun ist Sexualität nur ein Aspekt von Partnerschaft und Fortpflanzung nur einer von einer Reihe von Beweggründen. In unserer heutigen Kultur spielen bei der Partnerwahl insbesondere *Liebe* und *interpersonelle Anziehung* eine Rolle. Es spricht wenig dafür, dass in den Erwartungen an Partnerschaft und Ehe besonders auffallende Geschlechterunterschiede bestehen (Canary & Emmers-Sommer, 1997; Peplau & Gordon, 1985). Allerdings finden sich Unterschiede in der Bedeutsamkeit der Sexualität. Während Männer Sexualität höher gewichten als Frauen, betonen Frauen Liebe als wichtigeren Wert für eine Partnerschaft (Peplau & Gordon, 1985). Wie groß die Geschlechterunterschiede in der Gewichtung dieser beiden Aspekte sind, darüber lässt sich keine Angabe machen. Betrachtet man die Ergebnisse von Oliver und Hyde (1993), so kann man allerdings vermuten, dass sie nicht allzu hoch ausfallen. Für Frauen ist Sexualität in der Partnerschaft stärker mit emotionaler Bindung und dem Bekenntnis zur Partnerschaft verbunden, für Männer hat Sexualität weniger eine zusätzliche Funktion für die Betonung des Zusammenhalts in der Partnerschaft, sondern mehr die Funktion der sexuellen Befriedigung (Canary & Emmers-Sommer, 1997). Dass Liebe eine brüchige Grundlage für dauerhafte heterosexuelle Beziehungen darstellt, das zeigen die hohen Scheidungsziffern. Als Ursache wird insbesondere damit argumentiert, dass durch die gesunkene Kinderzahl und die größere ökonomische Unabhängigkeit der Frauen Scheidungen „leichter" fallen (vgl. Bierhoff, 2006). Wenn dies zutrifft, und die Fakten sprechen dafür, dann gewinnen Theorien, die Partnerwahl und Sexualität auf soziokulturelle Grundlagen stellen, insbesondere auf geschlechtstypische Rollenerwartungen und Sozialisationserfahrungen, an Aussagekraft, während soziobiologische Annahmen an Bedeutung verlieren. Die von Oliver und Hyde aufgezeigten epochalen Trends in der Sexualität sprechen ebenso für soziokulturelle Einflüsse wie die Befunde zu Bekanntschaftsanzeigen von Hassebrauck (1990) und von Pfister und Voigt (1982). Das stammesgeschichtliche Erbe bleibt von kulturellen Veränderungen nicht unbeeinflusst.

## 5.5 Zusammenfassende Diskussion

Der auffallendste Befund zu Geschlechterunterschieden besteht darin, dass sie sich in den vergangenen Jahrzehnten weiter verringert haben. Diese Tatsache lässt sich für viele Verhaltensmerkmale feststellen (vgl. zusammenfassend auch Collaer & Hines, 1995). Am deutlichsten wird dies in Intelligenzmaßen sichtbar, wo nur noch in bestimmten Aspekten räumlichen Denkens (insbesondere bei Aufgaben, die ein gedankliches Rotieren von Würfeln erfordern) von Geschlechterunterschieden gesprochen werden kann. Stellt man einmal alle Variablen zusammen, in denen sich keine ($d < 0.20$) oder geringe Geschlechterunterschiede ($0.20 < d < 0.40$) zeigen, und vergleicht diese mit den Variablen, in denen sich mittelgroße (um $d = 0.50$) bis große Unterschiede ($d => 0.80$) finden lassen, so ist zunächst die größere Anzahl von Ergebnissen auffallend, die keine Unterschiede finden (s. **Box 5.2**). Diese Feststellung allein reicht aber nicht, um eine angemessene Beschreibung und schlüssige Erklärung für das Ergebnismuster zu liefern. Es erscheint daher sinnvoller, nach Verhaltensbereichen zu differenzieren, soweit sie in der Psychologie der Geschlechterunterschiede Berücksichtigung fanden.

**Box 5.2**

**Zusammenfassung von Ergebnissen zu Ähnlichkeiten und Unterschieden zwischen den Geschlechtern**

| Variable | Richtung der Geschlechterunterschiede | Differenz[1)] |
|---|---|---|
| *Gesundheit* | | |
| • Langlebigkeit | **Frauen > Männer** | **hoch** |
| • Risikoverhalten | Männer > Frauen | niedrig/mittel |
| • Selbstmord | **Männer > Frauen** | **hoch** |
| • Positives Befinden | Männer > Frauen | null/niedrig |
| • Zufriedenheit mit Körper | **Männer > Frauen** | **mittel** |
| • Essstörungen | **Frauen > Männer** | **hoch** |
| *Leistungsmotivation* | Frauen mehr intrinsisch | null/niedrig |
| *Leistungsbewertung* | in maskulinen Aufgaben Frauen niedriger bewertet als Männer | niedrig |

| Variable | Richtung der Geschlechterunterschiede | Differenz[1)] |
|---|---|---|
| *Kausalattribution* | | |
| • Selbstzuschreibung | | null |
| • Fremdzuschreibung | Frauen mehr Anstrengung, Männer mehr Fähigkeit | null/niedrig |
| *Verbale Intelligenz* | | null |
| *Mathematische Intelligenz* | Männer > Frauen | null/niedrig |
| *Räumliche Intelligenz* | | |
| • Figuren erkennen | | null |
| • Zweidimensionale Figuren drehen | | null |
| • **Mentales Rotieren** | **Männer > Frauen** | **hoch** |
| *Motorische Fähigkeiten* | | |
| • Gleichgewicht | | null |
| • Handgeschicklichkeit | | null |
| • Reaktionsfähigkeit | | null |
| • Beweglichkeit | Frauen > Männer | niedrig |
| • Antizipationsfähigkeit | Männer > Frauen | niedrig |
| • Auge-Hand-Koordination | Frauen > Männer | niedrig |
| • Flexibilität | Frauen > Männer | niedrig |
| • **Kraft ab Pubertät** | **Männer > Frauen** | **hoch** |
| • **Schnelligkeit ab Pubertät** | **Männer > Frauen** | **hoch** |
| • **Ausdauer ab Pubertät** | **Männer > Frauen** | **hoch** |
| • **Werfen ab Kindesalter** | **Männer > Frauen** | **hoch** |
| • **Aktivitätsniveau bis 7. Lebensjahr** | **Jungen > Mädchen** | **mittel** |
| *Persönlichkeitsmerkmale* | | |
| • Trait-Angst | Frauen > Männer | niedrig |
| • Geselligkeitsstreben | Frauen > Männer | niedrig |
| • Vertrauen | Frauen > Männer | niedrig |
| • **Fürsorglichkeit** | **Frauen > Männer** | **hoch** |
| • **Durchsetzungsfähigkeit** | **Männer > Frauen** | **hoch** |
| • Selbstenthüllung | Frauen > Männer | niedrig |
| • Selbstwertgefühl | Männer > Frauen | niedrig |
| *Aggression* | | |
| • **Kinder/Jugendliche** | **Jungen > Mädchen** | **mittel** |
| • Aggression insgesamt | Männer > Frauen | niedrig |
| • **physische Aggression** | **Männer > Frauen** | **mittel** |
| • **Gewaltkriminalität** | **Männer > Frauen** | hoch |
| • Aggression in Partnerschaft | Frauen > Männer | null/niedrig |
| • **physische Verletzungen gegenüber Partner/in** | **Männer > Frauen** | **mittel** |

| **Variable** | **Richtung der Geschlechterunterschiede** | **Differenz**[1] |
|---|---|---|
| *Helfen* | | |
| • insgesamt | Männer > Frauen | niedrig |
| • im Campus | Männer > Frauen | null/niedrig |
| • **außerhalb Campus** | **Männer > Frauen** | **mittel** |
| • **Rettung anderer** (Tapferkeitsmedaille) | **Männer > Frauen** | **hoch** |
| • **Hilfe für Juden** (Nazizeit) | **Frauen > Männer** | **mittel**<br>**mittel** |
| • **Friedenscorps** | **Frauen > Männer** | **mittel** |
| • **Ärzte ohne Grenzen** | **Frauen > Männer** | **mittel** |
| • **Nierenspende** | **Frauen > Männer** | **null/niedrig** |
| • Moralische Orientierung | Frauen > Männer in Fürsorge-Orientierung<br>Männer > Frauen im Gleichheitsgrundsatz | |
| *Nonverbales Verhalten* | | |
| • Berührungen gleichgeschlechtlich | Frauen > Männer | null/niedrig |
| • **Lächeln, Ansehen, Ausdrucksintensität** | **Frauen > Männer** | **mittel/hoch** |
| • **Distanz** | **Männer > Frauen** | **mittel/hoch** |
| • **Raumgebrauch, motorische Unruhe, Sprechpausen, Füllsel** | **Männer > Frauen** | **hoch** |
| *Konformität* | Geschlechterunterschiede abhängig von Aufgabe | null/niedrig |
| *Interessen/Berufswahlen* | | |
| • Umgang mit **Menschen** | **Frauen > Männer** | **hoch** |
| • Umgang mit **Material** | **Männer > Frauen** | **hoch** |
| • Berufliche Werte | Männer: Einkommen, Status<br>Frauen: soziale Beziehungen | null/niedrig |
| *Führungsverhalten* | | |
| • Übernahme Führungsfunktion | Männer > Frauen | niedrig |
| • Bewertung der Führung | Frauen negativer bewertet in Männerberufen und von Männern | niedrig<br>niedrig |
| • Führungsstil autokratisch | Männer > Frauen | |
| • Führungsstil transformational und demokratisch | Frauen > Männer | niedrig |

| Variable | Richtung der Geschlechterunterschiede | Differenz[1)] |
|---|---|---|
| *Sexualität* | | |
| • Einstellungen allgemein | Höhere Bedeutung für Männer | null/niedrig |
| **• Promiskuität** | **Männer > Frauen** | **mittel/hoch** |
| **• Masturbation** | **Männer > Frauen** | **hoch** |
| *Partnerwahlkriterien* | | |
| • Charakter | | null |
| • Aussehen | betonen Männer > Frauen | niedrig |
| **• Sozialprestige/Beruf** | **betonen Frauen > Männer** | **mittel/hoch** |

*Anmerkungen:* 1) Entsprechend metaanalytischen Befunden entsprechen niedrige Unterschiede einem d-Wert von ca. 0.2, mittlere einem d-Wert von ca. 0.5 und hohe einem d-Wert von ca. > 0.80. Mittlere und hohe Geschlechterunterschiede sind **fett** gedruckt.

*Quellen:* Alfermann (1996; 2005); Archer (2000); Becker & Eagly (2004); Byrnes, Miller & Schafer (1999); Eagly, Wood & Johannesen-Schmidt (2004); Jaffee & Hyde (2000); Kling, Hyde, Showers & Buswell (1999); Konrad, Ritchie, Lieb & Corrigall (2000).

Beginnen wir mit kognitiven Fähigkeiten. Hier hat sich ein deutlicher Wandel in der Weise gezeigt, dass Frauen und Männer in Tests zur Erfassung des verbalen, des mathematischen und des räumlichen Denkens bis auf eine Ausnahme im Durchschnitt annähernd vergleichbare Ergebnisse erzielen. Auch in Leistungsmotivation, Leistungsbewertung und Ursachenerklärung von Leistungen sind die Geschlechterunterschiede zu vernachlässigen. Die Tatsache, dass die Angleichung der kognitiven Leistungen der Geschlechter in Stichproben mit vergleichbarem Bildungsniveau besonders auffallend ist, lässt pure Bildungs- und Sozialisationsunterschiede als Erklärung für die früher zu beobachtenden Geschlechterunterschiede annehmen. Die zu erwähnende Ausnahme betrifft einen Aspekt des räumlichen Denkens. Dabei handelt es sich um die Fähigkeit, gedanklich, also in der Vorstellung, Würfel bzw. dreidimensionale Gebilde zu drehen. Eine Fähigkeit also, die z. B. in der Physik und in manchen handwerklichen Berufen notwendig ist. Ein Unterschied in Höhe einer Standardabweichung von 0.7 bedeutet aber immer noch eine deutliche Überlappung der Verteilungen (vgl. **Abb. 5.1** und **Tab. 5.1**).

Daraus wird auch ersichtlich, dass am oberen und unteren Ende der Verteilung die Relation von männlichen und weiblichen Personen extremer ausfallen muss. Die höchsten Werte im räumlichen Vorstellungsvermögen werden von männlichen Untersuchungsteilnehmenden erzielt, weswegen hier am obersten Ende der Verteilung vorwiegend männliche Untersuchungsteilnehmer zu finden sind. Aufgrund der Tatsache, dass kognitive Fähigkeitsunterschiede zwischen den Geschlechtern in weiten Bereichen verschwunden sind, bleibt die nach wie vor bestehende große Ungleichheit im beruflichen Bereich erklärungsbedürftig. Sie hängt offenbar nicht von Fähigkeiten allein ab. Auch die Annahme von Motivationsdefiziten auf Seiten der Frauen steht auf wackligen Füßen. In vorwiegend männlichen Berufssparten muss allerdings von einer diskriminierenden Bewertung ausgegangen werden, sei es der Leistungen, sei es der Führungsqualitäten von Frauen. Einen ganz wichtigen Faktor stellt die unterschiedliche Prioritätensetzung bzw. Wertvorstellung in der Entwicklung von Männern und Frauen dar. Die Vereinbarkeit von Familie und Beruf bleibt ein Hauptanliegen von Frauen, aber nicht von Männern. Durch die Zuständigkeit der Frauen nicht nur für Schwangerschaft und Geburt, sondern auch danach für Kindererziehung und den häuslichen Bereich, bleibt es bei der bestehenden beruflichen Ungleichheit. Gerade nach der Promotionsphase „verschwinden" immer mehr Frauen aus der Wissenschaft, was von Ceci et al. (2009) insbesondere mit der Familienplanung begründet wird. Und dies nicht etwa nur deshalb, weil Kinder Zeit kosten, die nicht in den Beruf investiert werden kann, sondern auch, weil aus den geschlechtstypischen Rollenerwartungen eine Berufswahl resultiert, die schließlich zu einem nach Geschlechtern segregierten Arbeitsmarkt führt. Und dieser wiederum entwickelt sich „als Folge dessen, dass Männer und Frauen verschieden sind". „Was wir hier vor uns haben, ist auch ein Musterbeispiel dafür, dass und wie in zweigeschlechtlich strukturierten Gesellschaften die alltägliche soziale Konstruktion von Geschlechtszugehörigkeit und die Vergeschlechtlichung von Berufsarbeit einander wechselseitig bestätigen, verstärken und damit letztlich auch naturalisieren" (Wetterer, 1995, S. 203). Anders gesagt: Geschlechtsrollenerwartungen und Beruf stehen in einer engen Wechselwirkung. Durch die Höherwertigkeit der männlichen Rolle haben zudem Männerberufe ein höheres Ansehen. Rollentheoretische Ansätze scheinen daher für die Erklärung der beruflichen Unterschiede besonders gut geeignet. Dies trifft aber auch noch auf andere Bereiche zu, wie wir gleich sehen werden.

In motorischen Fähigkeiten zeigt sich ein großer bis sehr großer Geschlechterunterschied in allen Tests, die Schnelligkeit, Kraft und Ausdauer erfordern. Durchschnittliche d-Werte von 1, von 2 und sogar größer sind die Regel. Die Ursachen sind biologischer Art, werden aber durch entsprechende Sozialisationsbemühungen noch verstärkt. Im Bereich der Feinmotorik und anderer Fähigkeiten sind die Unterschiede zwischen männlichen und weiblichen Personen null bis gering. Die Ursachen für Geschlechterunterschiede liegen hier in Lernerfahrungen. Die motorischen Fähigkeiten liefern somit eine gute Erklärung dafür, dass in sogenannten primitiven Kulturen Frauen für die Feldarbeit und Männer für die Jagd zuständig waren (neben der Tatsache, dass Frauen durch die Kinderaufzucht stärker an den häuslichen Bereich gebunden waren). Auch lässt sich – historisch betrachtet – die Entwicklung von geschlechtstypischen Berufen damit zum Teil erklären (Wood & Eagly, 2002). Tätigkeiten, die Körperkraft verlang(t)en zum einen und feinmotorische Arbeiten zum anderen sind häufig Männer- bzw. Frauenberufe.

Betrachtet man nun die übrigen in **Box 5.2** aufgeführten Variablen, die mittlere bis große Geschlechterunterschiede aufweisen, so lassen sich die bekannten Geschlechtsrollenerwartungen für mehrere Unterschiede als ursächlich anführen. Anders gesagt: Aufgrund der Erwartungen an eine männliche (instrumentelle) und eine weibliche (expressive) Rolle entstehen Geschlechterunterschiede in solchen Verhaltensbereichen, wo soziale Rollenerwartungen einen Einfluss ausüben. Unterschiede in den Interessen, den Persönlichkeitsmerkmalen, im nonverbalen Verhalten (Verhaltensweisen, die Wärme und Sympathie signalisieren sowie Durchsetzung und Machtdemonstration), im sozialen Handeln, in Partnerwahlkriterien und in sexuellen Einstellungen spiegeln geschlechtstypische Rollenerwartungen wider (Kap. 1).

Für andere Verhaltensbereiche haben rollentheoretische Ansätze einen geringeren Erklärungswert. So sind die unterschiedlichen Erkrankungsrisiken und die Lebenserwartung Ergebnis eines Zusammenspiels von biologischen (insbesondere hormonellen) Ursachen, von unterschiedlichen Lebensbedingungen und von Rollenerwartungen. Die höhere Aggressivität von Jungen ist ebenfalls interaktionistisch und nicht nur mit Rollenerwartungen zu erklären. Die Verringerung der Aggressivität im Erwachsenenalter spricht für den Einfluss von Erziehungsbemühungen. Die verbreitete Unzufriedenheit von Frauen mit der Figur und dem Aussehen, die schon in der Adoleszenz sichtbar wird, lässt sich, ebenso wie die unterschiedlichen Partnerwahlkriterien, mit Geschlechtsrollenerwartungen erklären. Aber auch evolutions- bzw. soziobiologische Ansätze sind erwägenswert, insbesondere wenn im Kulturvergleich gleichgerichtete Geschlechterunterschiede auftreten. Dies betrifft zum einen die verbreitete männliche Dominanz und den höheren Status, den Männer einnehmen, zum zweiten die weibliche Fürsorglichkeit und Sorge für den Nachwuchs. Da aber zugleich auch Rollenerwartungen in die gleiche Richtung weisen, ist zunächst Raum für beide theoretische Ansätze. Ändern sich allerdings Geschlechterdifferenzen über die Epoche oder bei Veränderung des kulturellen Kontextes, wie dies bei den Partnerwahlkriterien und bei der Sexualität der Fall ist, dann spricht viel für andere Erklärungsansätze. Das gleiche gilt im Falle veränderter gesellschaftlicher Rahmenbedingungen. Die Sicherung der Nachkommen ist in westlichen Industrienationen längst nicht mehr eine lebenslange Aufgabe der Frauen. Und bei Bereitstellung entsprechender Anreize lassen sich zudem auch Männer sehr viel häufiger für Kindererziehung begeistern. So ist erklärlich, warum in Schweden die höchste Beteiligung von Vätern an der Kinderpflege und -erziehung in allen europäischen Ländern zu registrieren ist: Schweden bietet die vergleichsweise günstigsten Bedingungen (z. B. hinsichtlich Lohnfortzahlung, Fortbildungsmaßnahmen, beruflichem Wiedereinstieg) an.

Fassen wir zusammen: Geschlechterstereotype und Geschlechtsrollenerwartungen spielen in unserer Gesellschaft und im menschlichen Zusammenleben eine wichtige Rolle. Sie führen aber in einer Reihe von psychologischen Merkmalen nicht zu gravierenden Geschlechterunterschieden, offenbar weil Geschlecht als individuelles Merkmal fungiert. Oder anders gesagt: Nicht die Geschlechtsgruppenzugehörigkeit wird in der sozialen Interaktion bedeutsam, sondern z. B. die Sympathie oder die gezeigte Leistung. Vielmehr kommt es darauf an, dass Geschlecht als soziale Kategorie aktiviert wird, um Auswirkungen auf Interaktionsprozesse und Bewertungen zu haben (vgl. auch Kap. 1).

In einer zweigeschlechtlich strukturierten Gesellschaft wird dies besonders deutlich, wenn man den beruflichen Bereich betrachtet. Hier bietet sich das Bild einer nach Geschlechtern segregierten Arbeitswelt, horizontal (nach Berufsklassen) wie vertikal (nach Hierarchien). Sie erscheint als sichtbarster Ausdruck einer Kategorisierung nach Geschlecht, die nicht einmal biologisch zutrifft, psychologisch noch weniger, wie wir zeigen konnten: Dass nämlich Männer und Frauen angeblich zwei unterschiedliche Kategorien darstellen. Die Geschlechtsrollenerwartungen liefern aber für diese Situation die passende Folie. Je bedeutsamer somit die Geschlechtsgruppenzugehörigkeit in der Interaktion, in Entscheidungsprozessen usw. wird, desto stärker kommen Geschlechtsrollenerwartungen ins Spiel. Und desto höher werden dann die Geschlechterunterschiede (Eagly et al., 2000). Frauen sollen zuständig sein für soziale Fürsorglichkeit und Unterstützung, für emotionale Wärme und fürs Dienen; Männer für Durchsetzung und Wettbewerb, für das Erzielen von (sozial definierten) Fortschritten und Leistungen. Dass biologische und soziobiologische Erklärungsansätze für einzelne Verhaltensbereiche dieselben Vorhersagen treffen, wie sie auch auf der Basis von rollentheoretischen Überlegungen möglich sind, zeigt, dass interaktionistische Erklärungsansätze hier naheliegend sind. Aber die epochalen (Beispiele Intelligenz und Sexualität) wie auch die ontogenetischen Veränderungen der Geschlechterunterschiede (Beispiel Aggression) in manchen psychologischen Merkmalen machen deutlich, dass soziale Lernprozesse in allen menschlichen Bereichen eine wichtige Rolle spielen. Eine Veränderung der Geschlechterrollen ist in Industrienationen deutlich zu beobachten. Dass sie auch zu Veränderungen der Rollenerwartungen und des Selbstkonzepts führen, haben wir in den vorangegangenen Ausführungen zeigen können. Die Arbeitswelt ist ein auffallendes Reservat einer zweigeschlechtlichen Welt. Rollenerwartungen allein können diese Situation nicht verändern, vielmehr Veränderungen in ökonomischen und Machtinteressen. Dies wäre ein neues Thema, das hier aber nur angedeutet werden kann. Im folgenden Kapitel sollen stattdessen abschließend die Folgerungen betrachtet werden, die sich aus dem bisher Gesagten ergeben.

# 6 Geschlechterrollen und ihre Folgen: Abschließende Bemerkungen

Wir hoffen, dass es uns gelungen ist, den Leserinnen und Lesern einen Einblick in die umfangreiche, psychologisch orientierte Geschlechterforschung zu vermitteln. Wir haben dies aus einem vorwiegend sozialpsychologischen Blickwinkel getan. Gerade diese Befunde zeigen, wie wir im sozialen Miteinander bzw. wie Gesellschaften und Kulturen mit dem Phänomen der Zweigeschlechtlichkeit umgehen: An männliche und weibliche Personen werden geschlechtsstereotype Erwartungen gerichtet, die alle Lebensbereiche durchziehen und in Geschlechterrollen münden. Die Folgen der Existenz von Geschlechterrollen scheinen ziemlich umfangreich, obwohl sich zumindest in westlichen Ländern in den letzten Jahrzehnten eine Entwicklung abzeichnet, die diskriminierende und negative Folgen für eines der beiden Geschlechter vermindert. Denn nur dann ist ja eine Unterschiedlichkeit zwischen den Geschlechtern ein Problem.

Die inhaltliche Auseinandersetzung mit dieser Thematik hinterlässt oft ein großes Fragezeichen. Kann man überhaupt problematische Ungleichheiten zwischen den Geschlechtern verändern? Sind die Stereotype und Vorurteile nicht so tief in uns verhaftet, dass man eigentlich kaum Hoffnung auf Änderung hat? Wir hätten kaum dieses Buch geschrieben, wenn wir das Gefühl gehabt hätten, dass Leser/innen dadurch in Hoffnungslosigkeit gestürzt werden. Vielmehr sind wir der Meinung, dass die bloße Auseinandersetzung mit den Forschungsergebnissen, die Wahrnehmung des Status quo und die Bewusstwerdung des eigenen Umgangs damit die ersten wichtigen Schritte sind. Als Wissenschaftler/innen müssen wir möglichst wertneutral an unsere Forschungsfragen herangehen. Wir müssen die richtigen Methoden zu ihrer Untersuchung verwenden und müssen bei der Sichtung der Literatur die Spreu vom Weizen trennen. Heutzutage gibt es eine kaum überschaubare Fülle von Literatur und Studien zu der Thematik. Aber Etliches entspricht nicht den oben genannten Forderungen. Es war uns ein Anliegen, Forschung aufzuzeigen, die vertrauenswürdig ist und die Menschen, die möglicherweise änderungsbereit sind, als brauchbar empfinden könnten.

Im Folgenden wollen wir auf zwei Aspekte näher eingehen, die uns, nachdem wir dieses Buch verfasst haben, als besonders wesentlich erscheinen. Diese sind zunächst der problematische Umgang mit berichteten Geschlechterunterschieden. Als Forscher/in würde man die gern von sich schieben, da auf den ersten Blick eine so große Kategorie, die doch eine ziemlich grobe Einteilung der Menschheit vornimmt, wenig Informationsgewinn verspricht. Es ist erst der gesellschaftliche und psycho-soziale Umgang mit dieser Kategorie, der sie wieder interessant macht. Aus diesem Blickwinkel heraus werden wir im Folgenden noch einmal die Problematik von Geschlechterunterschieden diskutieren. Ein weiterer Aspekt, der uns vor allem deshalb wesentlich erscheint, weil wir annehmen, dass unser Buch für angehende Wissenschaftler/innen von Interesse sein könnte, ist der, inwieweit Forschung tatsächlich ihren Auftrag im gerade beschriebenen Sinne erfüllt. Wie sollte Geschlechterforschung aussehen? Welche Fehler sollten vermieden werden und welche Forschung sollten wir als besonders kritisch betrachten? Dazu werden wir im Kapitel 6.2 einige Empfehlungen geben.

## 6.1 Geschlechterunterschiede sind quantitativ, nicht qualitativ

In Kapitel 5 wurde deutlich, dass es sowohl große Ähnlichkeiten als auch Unterschiede zwischen den Geschlechtern gibt, die von eher klein bis sehr groß reichen. Das hier vertretene Modell von Geschlechterunterschieden ist dabei das eines *quantitativen Unterschiedsmodells* (Rudinger & Bierhoff-Alfermann, 1979, S. 213f.). Das bedeutet, Mädchen und Frauen sind nicht grundsätzlich anders als Jungen und Männer, was der Idee vom unterschiedlichen „Wesen der Geschlechter" entspräche, somit einem *qualitativen* Unterschiedsmodell. Vielmehr sind sie auf denselben Dimensionen vergleichbar. Geschlechterunterschiede sind somit quantitativer Art (so wie es in **Abb. 5.1**) vorgestellt wurde. Männer sind (etwas) aggressiv*er* als Frauen, Männer und Frauen unterscheiden sich also im *Ausmaß* der (physischen) Aggressivität. Deshalb sprechen wir auch von geschlechts*typischem* und nicht von geschlechts*spezifischem* Verhalten. Das impliziert zugleich, dass wir von überlappenden Verteilungen auszugehen haben. Stünde hingegen das Modell qualitativer Unterschiede zu Debatte, so hätten wir es nicht mit überlappenden Verteilungen zu tun, sondern mit völlig getrennten, dichotomen Verteilungen. Männer und Frauen hätten dann ganz unterschiedliche Merkmale oder kämen, um es mit Gray (1998) auszudrücken, von unterschiedlichen Planeten. Also Mars oder Venus, Rationalität oder Emotionalität, Maskulinität oder Femininität. Oder – biologisch gesehen – *entweder* Mann *oder* Frau. So ist zumindest oft die Alltagsvorstellung. Dass auch biologische Geschlechtsmerkmale bei genauerer Betrachtung quantitative Unterschiede offenbaren, daran sei hier kurz erinnert (Christiansen, 1995). Im Alltag aber ist die Unterscheidung in zwei biologische Geschlechter die Grundlage menschlichen Zusammenlebens. Und sie ist von enormer Tragweite. Und das, obwohl wir auf psychologischer Ebene eher abnehmende Geschlechterunterschiede und offenbar mehr Ähnlichkeiten denn Unterschiede beobachten können (Hyde, 2005).

Einerseits bestehen somit große Ähnlichkeiten zwischen den Geschlechtern, andererseits aber ist zu konstatieren, dass das biologische Geschlecht doch erheblich bedeutsamer auch für die individuelle Lebensentwicklung und -gestaltung ist, als es aufgrund der vorliegenden Ergebnisse zur Psychologie der Geschlechterunterschiede erscheinen mag. Auf Basis der Geschlechterzugehörigkeit werden insbesondere die *sozialen Chancen* in einer Kultur verteilt, und das unterschiedlich. Es ist keine Kultur bekannt, die dabei den Frauen den Vortritt ließe. Die Erklärung also für die soziale Ungleichheit der Geschlechter liegt vorwiegend in der Betrachtung des Geschlechts als sozialer Kategorie. Das biologische Geschlecht ist ein Merkmal, das die Lebensplanung und die Lebensentwicklung deshalb entscheidend mitbestimmt, weil an Männer und Frauen unterschiedliche Erwartungen im Hinblick auf ihre Lebensgestaltung gerichtet werden. Und diese Erwartungen haben ihre Basis in den unterschiedlichen Fortpflanzungsfunktionen von Männern und Frauen – und in der Tatsache, dass Männer die dominante Gruppe sind und damit üblicherweise Männer diese Erwartungen definieren und definiert haben. Geschlechtsrollenerwartungen konzentrieren sich in ihrem Kern auf die Rolle des Ernährers (breadwinner) zum einen und auf die der Mutter zum anderen, was dazu führt, dass die Lebensentwicklung der Geschlechter unterschiedlicher verläuft, als es aufgrund psychologischer Erkenntnisse zu erwarten wäre. Männer und Frauen reagieren auf die an sie gesetzten Erwartungen und setzen entsprechende Prioritäten.

Die Hochbegabten-Stichprobe von Terman, die – beginnend in den 1920er Jahren – in regelmäßigen Abständen untersucht wurde, zeigt die unterschiedliche Entwicklung der Geschlechter ganz deutlich: Obwohl beide das gleiche hohe intellektuelle Ausgangsniveau hatten, blieben die Frauen im Vergleich zu den Männern hinter diesem intellektuellen Potential zurück. Sie waren beruflich weniger erfolgreich, weil sie sich mehr um die Familie kümmerten (Oden, 1968). Fazit: Obwohl Geschlechterunterschiede in psychologischen Merkmalen in unserer Kultur eher niedrig ausfallen (s. **Box 5.2**), sind die sozialen Konsequenzen der biologischen Geschlechtszugehörigkeit groß. Insbesondere lässt sich zeigen, dass die Geschlechterrollen einen bedeutenden Einfluss auf die individuelle Entwicklung haben. Diese Tatsache bedeutet, dass die Untersuchung von Geschlechterunterschieden nicht nur ein Aufzeigen der Unterschiede ist, sondern auch, wie bereits erwähnt, ein erster Schritt für eventuelle politische Maßnahmen. Es gibt allerdings Stimmen, die behaupten, dass die Wissenschaft Unterschiede erst konstruiert und sie durch die Dokumentation festigt. Dies ist nicht ganz von der Hand zu weisen, wie in Kapitel 6.2 ersichtlich wird. Dennoch sind wir der Meinung, dass man sich der Befundlage nicht verschließen darf, allerdings nicht, ohne kritische Methoden und den wissenschaftlichen Hintergrund zu beachten. Generell schließen wir uns daher der Forderung von Alice Eagly (1995) an, Geschlechterunterschiede zu untersuchen und zu berichten. Nur durch die Kenntnis der Geschlechterunterschiede ist es auch möglich, eine Erziehung hin zur Gleichstellung der Geschlechter zu erreichen. Allerdings muss auch der politische Wille da sein, Veränderungen herbeizuführen. Die Wissenschaft der Geschlechterunterschiede kann dazu Daten liefern und entsprechende Konsequenzen fordern. Die Umsetzung hat sie häufig nicht in der Hand, aber sie kann sie begleiten. In Kapitel 5 (s. **Box 5.1**) haben wir dies am Beispiel der Bemühungen um Gleichstellung der Geschlechter bei der Beurteilung von Forschung dargestellt (Europäische Kommission, 2009).

## 6.2 Auf dem Weg zu einer geschlechtergerechten Forschung

Ein Ziel jedes/jeder ernstzunehmenden Wissenschaftlers/in ist es, wertneutral an eine Fragestellung heranzugehen. Voraussetzungen dafür sind eine hohe Kompetenz und die Anwendung adäquater Methoden. Das Ziel ist, den Status quo aufzuzeigen und zu erklären. Allerdings müssen wir uns selbst und auch der Öffentlichkeit gegenüber ehrlich sein. Oft genügen wir diesen hehren Zielen eben nicht. So ist es etwa falsch zu glauben, sozial- und humanwissenschaftliche Erkenntnisse über Geschlechterunterschiede seien unbeeinflusst von Zeitgeistströmungen. Ferner ist anzunehmen, dass die eigene Geschlechtszugehörigkeit und die Auffassung von der eigenen Geschlechterrolle oder etwa auch die Biographie von Forscherinnen und Forschern einen Einfluss auf den wissenschaftlichen Prozess hat. Die in Kapitel 1 angesprochenen konfirmatorischen Strategien, die Menschen bei der Testung ihrer Alltagshypothesen bevorzugen, somit die Tendenz zur Bestätigung (und nicht Widerlegung) der eigenen Hypothesen, diese Tendenz trifft natürlich auch auf den Bereich wissenschaftlicher Untersuchungen zu. Der als Versuchsleiter-Effekt durch Robert Rosenthal (z. B. 1966) bekannt gewordene, (zumeist) unwissentliche Einfluss der Versuchsleiterinnen und -leiter auf das Handeln der Untersuchungsteilnehmenden und damit auf die Forschungsergebnisse ist vielfach belegt. Dies gilt natürlich generell, nicht nur im Hinblick auf Geschlechterunterschiede. Aber da eben auch. Eagly und Carli (1981) konnten zeigen, dass männliche wie weibliche Versuchsleiter dazu neigen, eher solche Ergebnisse zu „produzieren“, die für ihr eigenes Geschlecht günstiger, weil sozial erwünschter, sind. Dies lässt erahnen, wie sehr das bisherige zahlenmäßige Übergewicht von männlichen Forschern in der Wissenschaft eine Schieflage in der Forschung hervorgerufen haben mag. Hat möglicherweise der „männliche Blick“ Geschlechterunterschiede produziert und insbesondere die Interpretation ihrer Ursachen beeinflusst? Und neigt der „weibliche Blick“ vielleicht dazu, Geschlechterunterschiede lieber zu übersehen? Ganz so einfach ist es nicht. Vielmehr zeigen Ergebnisse aus der Stereotypenforschung (Kap. 1), dass wir alle dazu neigen geschlechtstypische Erwartungen an andere Menschen heranzutragen und diese in unsere Urteile einfließen zu lassen. Deshalb hat die Universität Wisconsin einen Fragenkatalog herausgegeben, der Schieflagen im Urteilsprozess bei Bewerbungen begegnen soll (**Box 6.1**).

**Box 6.1**

**Fragenkatalog zur Vermeidung des Einflusses von Stereotypen auf Urteilsprozesse bei der Auswahl von Stellenbewerberinnen und -bewerbern (in Anlehnung an WISELI, 2006)**

1. Gibt es unterschiedliche Erwartungen an Männer und Frauen im Hinblick auf ihre bisherigen nachweisbaren Leistungen oder den Bekanntheitsgrad des Mentors/der Mentorin?
2. Spielt das Renommee der Herkunftsuniversität eine ungebührliche Rolle bei der Beurteilung und benachteiligt damit womöglich ein Geschlecht?
3. Werden die Leistungen, Ideen und Befunde je nach Geschlecht der Bewerberin/des Bewerbers unterschiedlich berücksichtigt und bewertet?
4. Werden Führungsqualitäten je nach Geschlecht unterschiedlich zugeschrieben und erwartet?
5. Werden Familienpflichten und Kinder bei Frauen als abträglich für die weitere Karriere und bei Männern als zuträglich angesehen?
6. Spielt das Geschlecht eine Rolle bei der Frage, wie gut jemand in die Personalstruktur einer Einrichtung passt?

Die eingangs von Kapitel 5 geschilderte Diskussion um Sinn und Zweck der Geschlechterunterschiedsforschung hat deutlich gemacht, wie politisch diese Forschungsrichtung ist. Es ist daher nur folgerichtig, dass die Geschlechterunterschiedsforschung sich auch mit Schieflagen im Wissenschaftsprozess beschäftigt und auf Lösungsmöglichkeiten hingewiesen hat (Rudinger & Bierhoff-Alfermann, 1979; Denmark, Russo, Frieze & Sechzer, 1988; McHugh, Koeske & Frieze, 1986). Die unangenehmen Folgen dieser Schieflagen sind inzwischen insbesondere durch die Gesundheitsforschung deutlich geworden. Medikamentenforschung ohne weibliche Untersuchungsteilnehmerinnen ist zwar seltener geworden, aber es zeigen sich nach wie vor Tendenzen zu einer nicht geschlechtergerechten Gesundheitsforschung und -praxis. Dies betrifft sowohl Männer wie Frauen. In der Politik und in öffentlichen Einrichtungen, zunehmend aber auch in der Privatwirtschaft wird das Konzept des *Gender Mainstreaming* verfolgt, also die Berücksichtigung männlicher und weiblicher Lebenslagen und Sozialisation in allen Entscheidungsprozessen, etwa bei Planung oder Bau von öffentlichen Einrichtungen, bei Gesetzesvorhaben und bei Stellenbesetzungen. Als Konsequenz soll sowohl Gleichstellung wie Gleichwertigkeit der Geschlechter eintreten.

Wie aber steht es mit der Forschung? Geschlechtstypische Voreingenommenheit kann in allen Stadien des Forschungsprozesses auftreten und Einfluss nehmen, also von der Planung bis hin zur praktischen Anwendung der Ergebnisse. Dies soll im Folgenden exemplarisch aufgezeigt werden. Zusätzlich werden Empfehlungen zusammengestellt, die helfen sollen, Einseitigkeit im Forschungsprozess zu vermeiden und zu einer geschlechtergerechten Forschung beizutragen.

Geschlechterstereotype und geschlechtstypische Voreingenommenheiten wirken häufig schon auf die *Formulierung der Forschungsfrage* und die Wahl der *theoretischen Modelle* ein. So kann die (stereotype) Annahme, dass Frauen ängstlicher sind, dazu führen, dass Wettkampfangst häufiger bei Frauen untersucht wird. Auch die Annahme, dass Essstörungen eher ein Frauenproblem sind, Alkoholprobleme eher ein Männerproblem, kann dazu führen, dass die Forschungsfrage einseitig (z. B. an jeweils nur einer Gruppe) untersucht wird. Bis heute wissen wir z. B. wenig über die Ursachen und Folgen von Essstörungen bei Männern.

Ein Forschungsproblem kann auch dadurch entstehen, dass ein Geschlecht, meist Männer, als die Norm und das andere, meist Frauen, als die Abweichung von der Norm betrachtet wird. Die Betrachtung von Frauen als thematischen Sonderfall findet sich nicht selten in Lehrbüchern, etwa wenn zunächst (sog. allgemeine) sportliche Trainingsmethoden geschildert und vorgestellt werden, um dann in einem Sonderkapitel spezifische Ratschläge für das Training mit Frauen zu geben. Offensichtlich steckt dahinter die Annahme, dass Männer keine spezifischen Trainingsmethoden brauchen, weil sie die allgemeine Norm sind, während die Frauen als Spezialfall aufzufassen sind.

Das Thema Aggression ist ein weiteres Beispiel für eine gendertypische Betrachtung. Da Aggression das sozial auffällige und problematische Verhalten ist, gibt es sehr viel mehr Forschung zu Aggression als zu Passivität und Schüchternheit. Aggression ist aber nun mal häufiger ein jungentypisches Phänomen, so dass wir im Endeffekt mehr über die Probleme von Jungen als von Mädchen erfahren.

Weitere typische Beispiele für die Einseitigkeit von Forschungsthemen sind die Doppelrolle der Frau, die berufstätige Mutter und die geringe Berücksichtigung des Vaters als Erziehungsperson. Eine Lösung des Problems der Einseitigkeit schon bei der Formulierung der Forschungsfrage besteht darin, die stereotypen Einflüsse darauf im (möglichst gemischtgeschlechtlichen) Team zu überprüfen und gegebenenfalls zu korrigieren. Dies betrifft auch die Vorarbeiten, also die Literaturrecherche. Wenn bisherige Untersuchungen primär an nur einer Geschlechtergruppe durchgeführt wurden, so sollte die Limitierung dieses Ergebnisses auch deutlich gemacht und bei der Formulierung der Forschungsfrage zugrundegelegt werden (vgl. **Box 6.2**).

Die häufigsten Fehler bei der Untersuchung von Geschlechterunterschieden werden bei der Wahl der *Forschungsmethoden* und bei der *Auswahl der Stichprobe* gemacht. Zu Letzterem zählt die einseitige Auswahl von Untersuchungsteilnehmenden nur eines Geschlechts, häufig in Kombination mit bestimmten Forschungsfragen, wie etwa Aggression bei Jungen und Ängstlichkeit bei Mädchen. Eine Lösung muss sein, Untersuchungsteilnehmende beiderlei Geschlechts in gleicher Häufigkeit (gemessen am Bevölkerungsanteil) zu untersuchen. Wie steht es mit der Berücksichtigung von männlichen und weiblichen Personen in psychologischen und sozialwissenschaftlichen Publikationen? Moon und Hoffman (2000) konnten feststellen, dass sich in den 1960er Jahren die Tendenz zu einer häufigeren Berücksichtigung von männlichen Personen umdrehte hin zu der von weiblichen Personen (s. **Abb. 6.1**). Inzwischen beziehen zwei Drittel aller in der Datenbank PsychInfo erfassten Beiträge weibliche Personen ein und nur ein Drittel männliche. Von einer anfänglichen Vernachläs-

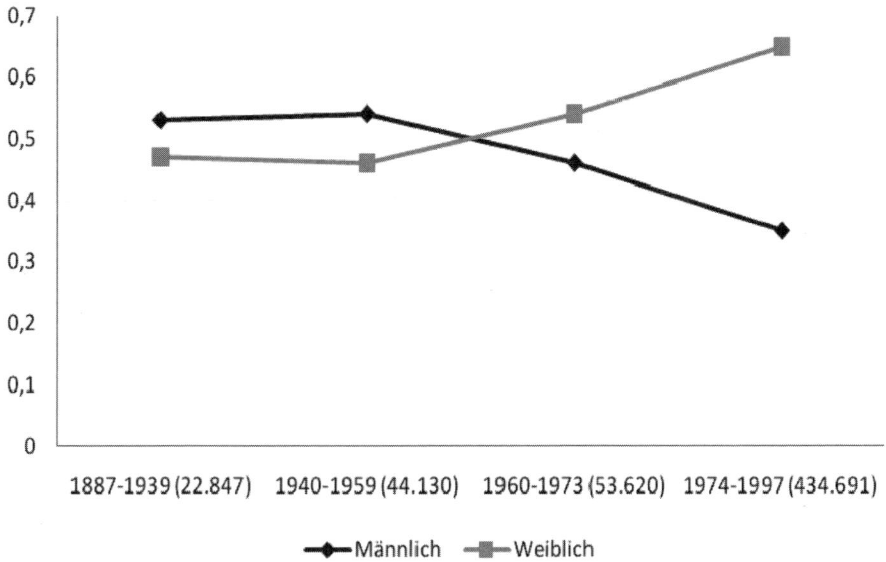


*Anmerkung:* Grundlage war die Datenbank PsychInfo der American Psychological Association (Anzahl der berücksichtigten Artikel in Klammern)

**Abb. 6.1:** Durchschnittliche relative Anzahl von Aufsätzen in psychologisch orientierten Fachzeitschriften, die Bezug auf männliche bzw. weibliche Personen nehmen zwischen 1887 und 1997 (Moon & Hoffman, 2000)

sigung weiblicher Untersuchungsteilnehmenden und Lebenswirklichkeiten richtet sich nun zumindest in Psychologie und Soziologie der Fokus überproportional häufig auf weibliche Personen. Wir können somit feststellen, dass wir nunmehr männliche Personen wieder mehr als Zielgruppe von Forschung in den Blick nehmen müssen.

Aber nicht nur eine einseitige Stichprobenwahl ist problematisch, mindestens ebenso ist es die *Auswahl und die Operationalisierung von Variablen.* Die in Kapitel 5.4.2 geschilderten Operationalisierungen von Notsituationen und die daraus resultierenden Geschlechterunterschiede im hilfreichen Verhalten sind hier als Beispiel zu nennen. Und nicht nur die Gestaltung der unabhängigen Variablen kann einen Bias enthalten, auch die abhängigen Variablen sind oft nicht frei von einer geschlechtstypischen Voreingenommenheit. Dies gilt sowohl für die Variablenauswahl, die z. B. einseitig an männlichem oder weiblichem Verhalten orientiert sein kann, wie auch für die Bedeutung einer Variablen. Hat z. B. der Begriff „aggressiv", wenn auf Frauen bezogen, eine andere Bedeutung, als wenn er auf Männer angewendet wird, wie es das Shifting Standard Modell von Monica Biernat (2003) postuliert? Oft „produziert" die Art der Operationalisierung geschlechtstypische Ergebnisse. Wenn in der Forschung zum hilfreichen Verhalten vorwiegend solche Situationen provoziert werden, die für Frauen eine größere Gefährdung bedeuten, wenn sie helfen, als für Männer, dann ist es nicht verwunderlich, wenn Männer häufiger als Frauen helfen. Oder wenn in Untersuchungen zur Lebensentwicklung die Definition von „Lebenserfolg" vorwiegend an Kriterien des Berufserfolgs festgemacht wird (Oden, 1968), dann wird dies vielen Frauen nicht gerecht. Auch die Beantwortung der Frage, ob Mädchen weniger wettbewerbsorientiert sind als Jungen, kann durch die Art der Operationalisierung beeinflusst sein. So kommt es darauf an, ob der Wettbewerb als selbstwertrelevant erlebt wird, und dies kann bei Mädchen und Jungen unterschiedlich sein. Die Art der Aufgabe nämlich spielt eine wichtige Rolle für die Motivation.

**Box 6.2**

**Empfehlungen für eine geschlechtergerechte Forschung (nach McHugh et al., 1986)**

*I. Kein übertriebenes Vertrauen in traditionelle Methoden*

1. Zugrundeliegende Werte und Annahmen in der Forschung untersuchen und explizit machen.
2. Alle Arten von Forschungsansätzen verwenden, also sowohl nichtexperimentelle für die explorative Phase als auch experimentelle und quasi-experimentelle für die Hypothesentestung.
3. Methodische Stärken und Schwächen der verwendeten Verfahren kennen, beachten und berücksichtigen.
4. Bei Literaturanalysen auf methodische Stringenz und unentdeckten Sexismus achten.

*II. Erklärungsmodelle untersuchen*

1. Sorgfalt walten lassen bei der Verwendung von Termini zur Beschreibung und Erklärung von Ergebnissen.
2. Alle möglichen Erklärungsmodelle in Betracht ziehen (Anlage, Umwelt, Situation).
3. Komplexere Erklärungsmodelle entwickeln und berücksichtigen.
4. Nicht voreilig biologische Ursachen annehmen, nur weil Informationen über alternative Erklärungsmöglichkeiten fehlen.
5. Unterschied zwischen Konstrukt und Operationalisierung beachten.
6. Sprachliche Genauigkeit bei der Darstellung und Interpretation der Geschlechterunterschiede.
7. Statistische Genauigkeit (z. B. durch Maße der praktischen Signifikanz) herstellen.
8. In Untersuchungen auch potentielle Geschlechterunterschiede analysieren und Ergebnisse dazu berichten.
9. Keine einseitige Publikation von Geschlechterunterschieden, auch Ähnlichkeiten sollten berichtet werden.

*III. Interpretation ohne Schiefe*

1. Benennung und Etikettierung der untersuchten Eigenschaften und Verhaltensweisen.
2. Bei der Interpretation muss nicht nur das untersuchte Verhalten, sondern auch der situative Kontext Berücksichtigung finden.
3. Situative Kontexte sollten in Untersuchungen hinreichend variiert werden, um die Generalisierbarkeit der Ergebnisse auf unterschiedliche Situationen zu überprüfen.
4. Möglichen Einfluss der an der Forschung beteiligten Personen (z. B. Versuchsleiter/in) auf die Untersuchungsteilnehmenden berücksichtigen.
5. Verwendete Theorien sollten für beide Geschlechter relevant sein und an Untersuchungsteilnehmende beider Geschlechter überprüft werden.
6. Frauenthemen sollten dasselbe wissenschaftliche Prestige haben wie Männerthemen.
7. Stichprobenspezifika bei der Interpretation beachten.

Schließlich sind *Datenanalyse und Interpretation* als Stationen des Forschungsprozesses zu nennen, die von geschlechtstypischer Voreingenommenheit beeinflusst sein können. Bei der Datenanalyse tauchen zwei klassische Probleme auf. Das eine Problem betrifft die vorrangige Suche nach Unterschieden (wie sie in Kap. 5.1 diskutiert wird). Dieser einseitige Blick auf die Unterschiede (und nicht auch auf die Ähnlichkeiten) führt dazu, dass nur solche Ergebnisse für berichtenswert gehalten werden, die Geschlechter*unterschiede* aufweisen. Demgegenüber werden Ergebnisse, die keine Unterschiede erbringen, nicht veröffentlicht, nicht berichtet oder aber als möglicherweise unwichtig dargestellt. Häufig finden sich dann auch eine Reihe von post hoc-Erklärungen für die fehlenden Unterschiede, während das Ergebnis signifikanter Geschlechterunterschiede ohne weitere Zusatzannahmen berichtet wird. Ein zweites klassisches Problem betrifft die Frage, wie groß die gefundenen Unterschiede sind. Auch „signifikante" Unterschiede können – bei entsprechender Stichprobengröße – auf minimalen Mittelwertunterschieden basieren. Es hat sich daher inzwischen durchgesetzt, auch Maße der praktischen Signifikanz (eta-Werte, Determinationskoeffizienten usw.) zu berichten, die – ähnlich wie d-Werte bei der Metaanalyse – ungefähr erkennen lassen, wie groß die Unterschiede sind, zu wie viel Prozent der Variation beispielsweise der Faktor Geschlecht beiträgt. Die beste Methode – sofern genügend Forschungsergebnisse vorliegen – besteht sicher in der Metaanalyse. Die Größe der Unterschiede lässt sich auch recht gut anhand der Überlappung der Datenverteilungen von Männern und Frauen demonstrieren. Die Unterschiede sind umso größer, je weniger sich die Verteilungen überlappen (vgl. **Abb. 5.1**). Allerdings kommt es nicht nur auf die Mittelwerte an, sondern auch auf die Variabilität der Werte. Deshalb sollten stets nicht nur Mittelwerte, sondern auch Standardabweichungen der Daten *beider* Geschlechter berichtet werden.

Hegarty und Buechel (2006) kritisieren die androzentrische Darstellung von *Ergebnissen*. In einer Analyse von 1837 Aufsätzen in vier amerikanischen psychologischen Fachzeitschriften (Journal of Personality and Social

Psychology, Developmental Psychology, Journal of Abnormal Psychology, Psychology of Women Quarterly) über vier Jahrzehnte von 1965 bis 2004 stellen sie zwar ein Verschwinden des maskulinen Sprachgebrauchs fest, wenn eigentlich beide Geschlechter gemeint sind (also z. B. Mensch statt Mann; Lehrperson statt Lehrer), aber die Darstellung der Ergebnisse vermittele immer noch den Eindruck, dass der Mann die Norm und die Frau die Abweichung oder das zweitrangige Geschlecht sei. Dies ließ sich an verschiedenen Indikatoren ablesen. 1. Geschlechterunterschiede wurden in der Weise verbalisiert, dass häufiger die relative Position von Frauen auf einer Dimension berichtet wurde als die von Männern (*Frauen* helfen, lächeln usw. häufiger *als Männer*). 2. Die Darstellung in Figuren vermittelte die geringere Bedeutung des weiblichen als des männlichen Geschlechts, indem häufiger zuerst die Daten der Männer als die der Frauen vorgestellt wurden. Dies änderte sich dann, wenn die Daten von Eltern berichtet wurden. Hier wurden häufiger die Ergebnisse der Mütter denen der Väter vorangestellt als umgekehrt, vermutlich weil Mütter und nicht Väter als die psychologische Norm gelten. 3. Schließlich zeigte sich auch in den Abstracts ein androzentrischer Bias. Bei einer Analyse aller Abstracts psychologischer Fachzeitschriften aus den vier Jahrzehnten wurden im Falle von Geschlechterunterschieden in zwei Drittel der Abstracts die Frauen im Vergleich zu Männern hervorgehoben, und nur in einem Drittel der Fälle die Männer im Vergleich zu Frauen. Alle drei Indikatoren zeigten keine epochalen Trends, sondern blieben unverändert über die vier beobachteten Jahrzehnte.

Auch im Sport werden Männer häufig als die Norm hingestellt, von denen Frauen abweichen. Die Forschung zu motorischen Leistungen beispielsweise unterstreicht diesen Eindruck, indem sie die Leistungsfähigkeit von Männern mit 100 % setzt oder in anderer Weise als die Norm bzw. die normale Leistung vorstellt. Dadurch entsteht zwangsläufig der Eindruck, dass Frauen zweitklassig sind (vgl. Alfermann, 2009). Selbst in neueren deutschsprachigen Veröffentlichungen finden sich nach wie vor tabellarische oder verbale Darstellungen, die die durchschnittliche Leistung von Frauen in Prozent der Leistung von Männern setzen oder negativ bewerten (z. B. Bös & Schneider, 2006, Abb. 3; Werle, Woll & Tittlbach, 2006, S. 75: „dass ... die Kraft bei Frauen ... immer noch um 23 % geringer ist als bei gleichaltrigen Männern"). Interessant ist dabei, dass solche prozentualen Vergleiche nur bei der Darstellung von Geschlechterunterschieden zu finden sind, nicht aber – was ja ebenso nahe läge – bei Altersunterschieden oder bei Unterschieden zwischen Trainierten und Untrainierten. Dies spricht für die These, dass Geschlechterunterschiede in der Motorik nicht wertneutral betrachtet werden, sondern im Gegenteil einer deutlichen Bewertung unterliegen.

Die *Interpretation* der Daten ist besonders häufig von geschlechtstypischer Voreingenommenheit betroffen. So werden (erwartete) Unterschiede in ihrer Größe übertrieben und überinterpretiert. Auch ist Voreingenommenheit in der theoretischen Begründung von Geschlechterunterschieden ein klassisches Kapitel der Geschlechterunterschiedsforschung. Die alte Streitfrage von *angeborenen* oder *erworbenen* Unterschieden (nature or nurture) wird bei der

Interpretation der Daten hochstilisiert. Sind Frauen häufiger die Betreuungspersonen für ihre Kinder, weil sie eine angeborene Disposition dazu haben („Brutpflegeinstinkt“) oder weil sie ihre Erzieherinnenaufgabe als gesellschaftliche Normvorgabe akzeptieren („Ein Kind gehört zu seiner Mutter“)? Und immer geht es eben auch um eine Antwort auf die Frage, wer das „bessere“ Geschlecht sei. „Als man wusste, dass die Männer absolut gesehen ein größeres Gehirn hatten als Frauen, war die Gehirngröße entscheidend für intellektuelle Kapazität. Als man feststellte, dass Frauen ein relativ (zum Körpergewicht) größeres Gehirn als Männer hatten, waren die Frontallappen der Sitz höherer geistiger Funktionen, denn Männer hatten relativ größere Frontallappen als Frauen. Als die Theorie lautete: Die Parietallappen seien von größerer Bedeutung für Intellekt, stellte man fest, dass Frauen tatsächlich kleinere Parietallappen hatten. Theorie (und Daten) machten alle notwendigen Mutationen mit, um die männliche Überlegenheit zu ‘beweisen’” (Rudinger & Bierhoff-Alfermann, 1979, S. 215).

Nicht selten werden Ergebnisse, die zugunsten von Männern ausfallen, als natürlich bzw. biologisch und damit – scheinbar – unverrückbar hingestellt, während Unterschiede zugunsten der Frauen als eher unbedeutend und dann außerdem veränderbar angesehen werden (Männer haben mehr Kraft, laufen schneller usw., aufgrund ihrer biologischen Ausstattung; Mädchen sind – etwas – geschickter im Seilchen springen, weil sie dies auch mehr üben als Jungen). Ein besonders brisantes Kapitel im Forschungsprozess sind die *Schlussfolgerungen für praktische Anwendungen*. Hier werden auf der Basis von (meist geringen) Mittelwertunterschieden zwischen den Geschlechtern, und nicht aufgrund individueller Fähigkeiten, Empfehlungen z. B. für die Eignung für bestimmte berufliche Laufbahnen, für Führungsstile oder für pädagogische Maßnahmen abgegeben. Weil es sich um ein Mädchen handelt, sollte der Lehrer/die Lehrerin mehr Ermutigung geben, weil es sich um einen Jungen handelt, sollte er/sie ihn „härter rannehmen“. Unverständlich ist auch, warum die durchschnittlich schlechteren Schulleistungen von Jungen mit der Feminisierung des Lehrerberufs begründet werden, ohne dass dafür entsprechende Erkenntnisse vorliegen. Es ist völlig klar, dass Gruppenunterschiede, also auch Geschlechterunterschiede, keine prinzipiellen Empfehlungen, und schon gar nicht Empfehlungen für den individuellen Einzelfall rechtfertigen. Selbstverständlich verbietet es sich auch, Ergebnisse, die ausschließlich an männlichen Untersuchungsteilnehmenden ermittelt wurden, auf weibliche zu generalisieren und umgekehrt. *Fazit*: Die Forschung zu Geschlechterunterschieden findet nicht unbeeinflusst von sozialen Wertvorstellungen statt. Die Forderung, vorhandene Schieflagen im Forschungsprozess zu erkennen und zu minimieren, ist eine praktische Schlussfolgerung aus dieser Erkenntnis.

## 6.3 Schlussfolgerungen und Ausblick

Die in diesem Buch berichteten Ergebnisse zum Einfluss von Stereotypen, Rollenerwartungen (Kap. 1) und Selbstkonzept (Kap. 2) sind eine wichtige Möglichkeit, sowohl Voreingenommenheit im Forschungsprozess als auch in der Praxis (in Beruf, Familie und Alltag) zu minimieren. Die im vorliegenden Buch vorgestellte Schlussfolgerung der hohen Ähnlichkeit der Geschlechter im psychischen Bereich und der demgegenüber hohen Unähnlichkeit in Status und Lebensentwicklung (Kap. 5) basiert auf den berichteten Erkenntnissen. Auch über die Ursachen dafür wurde im vorliegenden Buch berichtet. Die Schlussfolgerung, dass normative Erwartungen einen vorrangigen Beitrag leisten, ist das Ergebnis entwicklungs- und sozialpsychologischer Untersuchungen und Theorien. Dass auch genetische Faktoren eine Rolle spielen, wurde in Kapitel 4 diskutiert. Angesichts der Plastizität der menschlichen Entwicklung wird ihr aber für die Erklärung von psychologischen und sozialen Geschlechterunterschieden ein geringerer Anteil zugestanden.

Welche Entwicklungen in der Forschung sind seit der Veröffentlichung der ersten Auflage des vorliegenden Lehrbuchs (Alfermann, 1996) besonders augenfällig? Zum einen ist es die enorme Zunahme an Publikationen zur psychologischen Geschlechterforschung. Susan Basow (2010), eine prominente Autorin eines einschlägigen Lehrbuchs, hat berichtet, dass sie es nach der dritten Auflage (1992) aufgegeben hatte, eine vierte hinzuzufügen, weil sie das Gefühl hatte, der Menge an Publikationen nicht mehr gewachsen zu sein. Wir haben uns dennoch an eine neue Auflage gewagt, sind uns aber bewusst, dass wir eine Auswahl getroffen haben, treffen mussten, wobei wir insbesondere aus einer sozialpsychologischen Perspektive berichten. Eine weitere augenfällige Entwicklung betrifft die Verbesserung der theoretischen Grundlagen für die Erklärung von Geschlechterunterschieden (Kap. 4). Dazu haben insbesondere die Forschung zu sozialen Kognitionen (Kap. 1) und die Selbstkonzeptforschung (Kap. 2) beigetragen. Hinzu treten zunehmend Studien mit Kultur- und Nationenvergleichen (Kap. 3, Kap. 5). In Europa haben wir dazu eine hervorragende Ausgangsbasis durch die Zusammenarbeit von Forscherinnen und Forschern im europäischen Forschungsraum, die aber noch weiter gestärkt werden könnte. In zukünftigen Studien sollten Einwanderungsgruppen und Minoritäten stärker berücksichtigt werden als dies bisher der Fall ist.

Eine Verbesserung unserer Erkenntnisse in der Zukunft ist auch durch eine Verstärkung der interdisziplinären Zusammenarbeit von Neurowissenschaften, Biologie und Psychologie zu erwarten. Hier geht es vor allem um die *Erklärung der Entstehung* von Ähnlichkeiten und Unterschieden der Geschlechter.

Welche Entwicklungen im gesellschaftlichen Zusammenleben der Geschlechter, in Stereotypen, Rollen und Einstellungen lassen sich seit den 1990er Jahren konstatieren? Betrachtet man Europa, so haben sich die Lebensbedingungen von Männern und Frauen weiter deutlich angenähert. Auch wenn die in Kapitel 5 berichteten Daten auf deutliche Geschlechterunterschiede in Lebenserwartung, Gesundheit und beruflichen Erfolg verweisen, so ist zugleich auch zu konstatieren, dass sich die Unterschiede verringern. Wir konnten feststellen, dass das weibliche Stereotyp positiver geworden ist, die Geschlechtsrolleneinstellungen zunehmend egalitärer werden und das berufliche Ausbildungsniveau von jungen Männern nur wenig unter dem der jungen Frauen liegt. Dem entspricht der Befund kaum vorhandener Fähigkeitsunterschiede. Viel zu tun gibt es aber immer noch auf dem Weg in die Führungsetagen. Entscheidende Faktoren werden dabei die politische Unterstützung, die Sensibilität für Geschlechterstereotype und Diskriminierung sowie die Bereitschaft zu Geschlechtergerechtigkeit am Arbeitsplatz und in den Familien sein. Die Vereinbarkeit von Familie und Beruf muss für beide Geschlechter eine zentrale Rolle spielen, nicht nur für Frauen. Dies muss sich in den Familien (z. B. bei der häuslichen Arbeitsteilung) und im Beruf auswirken. Der Einfluss von Geschlechterstereotypen am Arbeitsplatz kann durch Bewusstmachung und durch Gendertraining minimiert werden. Dies bedeutet die Umsetzung der Forschungsergebnisse in die Praxis. Packen wir es an.

# Literatur


Abele, A. E. (2000). A dual impact model of gender and career related processes. In T. Eckes & H. M. Trautner (Eds.), *The developmental social psychology of gender* (pp. 361–388). Hillsdale, NJ: Lawrence Erlbaum.

Abele, A. E. (2003). The dynamics of masculine-agentic and feminine-expressive traits: Findings from a prospective study. *Journal of Personality and Social Psychology, 85*, 768–776.

Abele, A. E. & Petzold, P. (1998). Pragmatic use of categorical information in impression formation. *Journal of Personality and Social Psychology, 75*, 347–358.

Abele, A. E. & Wojciszke, B. (2007). Agency and Communion from the perspective of self versus other. *Journal of Personality and Social Psychology, 93*, 751–763.

Alfermann, D. (1992). Koedukation im Sportunterricht. *Sportwissenschaft, 22*, 323–343.

Alfermann, D. (1993). Androgynie. In D. Reigber (Hrsg.), *Frauen-Welten* (S. 147–200). Düsseldorf: Econ-Verlag.

Alfermann, D. (1996). Geschlechterrollen und geschlechtstypisches Verhalten. Stuttgart: Kohlhammer.

Alfermann, D. (2005). Geschlechterunterschiede. In H. Weber & T. Rammsayer (Hrsg.), *Handbuch der Persönlichkeitspsychologie und der Differentiellen Psychologie* (S. 305–317). Göttingen: Hogrefe.

Alfermann, D. (2009). Geschlechtstypik der motorischen Entwicklung. In J. Baur, K. Bös, A. Conzelmann & R. Singer (Hrsg.), *Handbuch motorische Entwicklung* (2. Aufl., S. 251–260). Schorndorf: Hofmann.

Alfermann, D., Reigber, D. & Turan, J. (1999). Androgynie, soziale Einstellungen und psychische Gesundheit. Zwei Untersuchungen an Frauen im Zeitvergleich. In U. Bock & D. Alfermann (Hrsg.), *Querelles. Jahrbuch für Frauenforschung 1999, Bd.4. Androgynie. Vielfalt der Möglichkeiten* (S. 142–155). Stuttgart: Verlag J. B. Metzler.

Alfermann, D. & Stiller, J. (2005). Geschlecht und Körper. In I. Wender (Hrsg.), *Psychologinnen als Grenzgängerinnen im Fokus Geschlecht* (S. 85–100). Bielefeld: Kleine.

Alfieri, T., Ruble, D. N. & Higgins, E. T. (1996). Gender stereotypes during adolescence: Developmental changes and the transition to junior high school. *Developmental Psychology, 32*, 1129–1137.

Allerbeck, K. & Hoag, W. (1985). *Jugend ohne Zukunft? Einstellungen, Umwelt, Lebensperspektiven.* München-Zürich: Piper.

Altstötter-Gleich, C. (2004). Expressivität, Instrumentalität und psychische Gesundheit. Ein Beitrag zur Validierung einer Skala zur Erfassung des geschlechtsrollenbezogenen Selbstkonzeptes. *Zeitschrift für Differentielle und Diagnostische Psychologie, 25*, 123–139.

Ambady, N., Paik, S. K., Steele, J., Owen-Smith, A. & Mitchell, J. P. (2004). Deflecting negative self-relevant stereotype activation: The effects of individuation. *Journal of Experimental Social Psychology, 40*, 401–408.
American Psychological Association (2006). Answers to your questions about transgender individuals and gender identity. Washington, DC (http://www.apa.org; Zugriff am 08.01.2009).
Amt für amtliche Veröffentlichungen der Europäischen Gemeinschaften (2002). *Schlüsselzahlen zum Bildungswesen in Europa 2002*. Europäische Kommission, Eurydice, Eurostat Luxemburg.
Andersen, B. L., Cyranowski, J. M. & Aarestad, S. (2000). Beyond artificial, sex-linked distinctions to conceptualize female sexuality: Comment on Baumeister (2000). *Psychological Bulletin, 126*, 380–384.
Archer, J. (1989). The relationship between gender-role measures: A review. *British Journal of Social Psychology, 28*, 173–184.
Archer, J. (2000). Sex differences in aggression between heterosexual partners: A meta-analytic review. *Psychological Bulletin, 126*, 651–680.
Aries, E. (1976). Interaction patterns and themes of male, female, and mixed groups. *Small Group Behavior, 7*, 7–18.
Aries, E. (1987). Gender and communication. In P. Shaver & C. Hendrick (Eds.), *Sex and gender* (pp. 149–176). Newbury Park, CA: Sage.
Aries, E. (2006). Sex differences in interaction: A reexamination. In K. Dindia & D. J. Canary (Eds.), *Sex differences and similarities in communication* (2nd ed., pp. 21–35). New York-London: Lawrence Erlbaum.
Arndt, J., Greenberg, J. & Cook, A. (2002). Mortality salience and the spreading activation of worldview-relevant constructs: Exploring the cognitive architecture of terror management. *Journal of Experimental Psychology – General, 131*, 307–324.
Aşçi, F. H., Alfermann, D., Çağlar, E. & Stiller, J. (2008). Physical self-concept in adolescence and young adulthood: A comparison of Turkish and German students. *International Journal of Sport Psychology, 39*, 217–236.
Athenstaedt, U. (2000). Normative Geschlechtsrollenorientierung: Entwicklung und Validierung eines Fragebogens. *Zeitschrift für Differentielle und Diagnostische Psychologie, 21*, 91–104.
Athenstaedt, U. (2002). Gender role self-concept, gender role attitudes and the participation in gender typed vocational and sport courses. *Psychologische Beiträge, 44*, 585–595.
Athenstaedt, U. (2003). On the content and structure of the gender role self-concept: Including gender-stereotypical behaviors in addition to attributes. *Psychology of Women Quarterly, 27*, 309–318.
Athenstaedt, U. & Altstötter-Gleich, C. (2011). The four facets of the gender role attribute self-concept. Unveröffentlichtes Manuskript, Universität Graz.
Athenstaedt, U., Haas, E. & Schwab, S. (2004). Gender role self-concept and gender-typed communication behavior in mixed-sex and same-sex dyads. *Sex Roles, 50*, 37–52.
Athenstaedt, U., Heinzle, C. & Lerchbaumer, G. (2008). Gender-subgroup self-categorization and gender role self-concept. *Sex Roles, 58*, 266–278.
Athenstaedt, U., Macher, S. & Horvath, L. (2011). How is chronically vs. situationally activated gender role self-concept linked to gender-typed communication behavior? Unveröffentlichtes Manuskript, Universität Graz.
Athenstaedt, U. & Mikula, G. (2008). Haben es männliche Führungspersonen bei der Bekanntgabe negativer Entscheidungen leichter als weibliche? Zu den Folgen von

Gerechtigkeitsvorstellungen und geschlechtsstereotypen Erwartungen an Führungskräfte. *Wirtschaftspsychologie, 2*, 65–75.

Athenstaedt, U., Mikula, G. & Bredt, C. (2009). Gender role self-concept and leisure activities of adolescents. *Sex Roles, 60*, 399–409.

Austad, S. N. (2006). Why women live longer than men: Sex differences in longevity. *Gender Medicine, 3*, 79–92.

Ayman, R., Korabik, K. & Scott, M. (2009). Is transformational leadership always perceived as effective? Male subordinates' devaluation of female transformational leaders. *Journal of Applied Social Psychology, 39*, 852–879.

Bakan, D. (1966). *The duality of human existence.* Chicago: Rand McNally.

Banaji, M. R. & Hardin, C. D. (1996). Automatic stereotyping. *Psychological Science, 7*, 136–141.

Bandura, A. (1986). *Social foundations of thought and actions: A social cognitive theory.* Englewood, NJ: Prentice Hall.

Bandura, A. (1997). *Self-efficacy: The exercise of control.* New York: Freeman.

Bargh, J. A., Chaiken, S., Govender, R. & Pratto, F. (1992). The generality of the automatic attitude activation effect. *Journal of Personality and Social Psychology, 62*, 893–912.

Bargh, J. A., Chen, M. & Burrows, L. (1996). Automaticity of social behavior: Direct effects of trait construct and stereotype activation on action. *Journal of Personality and Social Psychology, 71*, 230–244.

Barreto, M., Ellemers, N., Piebinga, L. & Moya, M. (2010). How nice of us and how dumb of me: The effect of exposure to benevolent sexism on women's task and relational self-descriptions. *Sex Roles, 62*, 532–544.

Basow, S. A. (1992). *Gender: Stereotypes and roles* (3rd ed.). Pacific Grove: Brooks/Cole.

Basow, S. A. (2010). Changes in psychology of women and psychology of gender textbooks (1975–2010). *Sex Roles, 62*, 151–152.

Baumeister, R. F. & Sommer, K. L. (1997). What do men want? Gender differences and two spheres of belongingness: Comment on Cross and Madsen (1997). *Psychological Bulletin, 122*, 38–44.

Baumeister, R. F. (2000). Gender differences in erotic plasticity: The female sex drive as socially flexible and responsive. *Psychological Bulletin, 126*, 347–374.

Baur, J. (1988). Über die geschlechtsspezifische Sozialisation des Körpers. Ein Literaturüberblick. *Zeitschrift für Sozialisationsforschung und Erziehungssoziologie, 8*, 152–160.

Becker, S. W. & Eagly, A. H. (2004). The heroism of women and men. *American Psychologist, 59*, 163–178.

Bem, S. L. (1974). The measurement of psychological androgyny. *Journal of Consulting and Clinical Psychology*, 42, 155–162.

Bem, S. L. (1981). Gender schema theory: A cognitive account of sex typing. *Psychological Review, 88*, 354–364.

Bem, S. L. (1993). *The lenses of gender.* New Haven, CT: Yale University Press.

Berger, J., Cohen, B. P. & Zelditch, M., Jr. (1972). Status characteristics and social interaction. *American Sociological Review, 37*, 241–255.

Berger, J., Ridgeway, C. L & Zelditch, M., Jr. (2002). Construction of status and referential structures. *Sociological Theory, 20*, 157–179.

Berger, J., Rosenholtz, S. J. & Zelditch, M., Jr. (1980). Status organizing processes. *Annual Review of Sociology, 6*, 479–508.

Bettencourt, B. A. & Miller, N. (1996). Gender differences in aggression as a function of provocation: A meta-analysis. *Psychological Bulletin, 119*, 422–447.
Bierhoff, H. W. (2006). *Sozialpsychologie. Ein Lehrbuch* (6. Aufl.). Stuttgart: Kohlhammer.
Bierhoff, H. W. (2010). *Psychologie hilfreichen Verhaltens* (2. Aufl.). Stuttgart: Kohlhammer.
Bierhoff-Alfermann, D. (1977). *Psychologie der Geschlechtsunterschiede*. Köln: Kiepenheuer & Witsch.
Bierhoff-Alfermann, D. (1980). Geschlecht und hilfreiches Verhalten. In H. W. Bierhoff, *Hilfreiches Verhalten* (S. 244–294). Darmstadt: Steinkopff.
Bierhoff-Alfermann, D. (1989). *Androgynie. Möglichkeiten und Grenzen der Geschlechterrollen*. Opladen: Westdeutscher Verlag.
Biernat, M. (2003). Toward a broader view of social stereotyping. *American Psychologist, 58*, 1019–1027.
Biernat, M. & Eidelman, S. (2007). Standards. In A. W. Kruglanski & E. T. Higgins (Eds.), *Social psychology. Handbook of basic priniciples* (2nd ed, pp. 308–333). New York: Guilford Press.
Biernat, M. & Kobrynowicz, D. (1997). Gender- and race-based standards of competence: Lower minimum standards but higher ability standards for devalued groups. *Journal of Personality and Social Psychology, 72*, 544–557.
Biernat, M. & Manis, M. (1994). Shifting standards and steretoype-based judgements. *Journal of Personality and Social Psychology, 66*, 5–20.
Biernat, M. & Vescio, T. K. (2002). She swings, she hits, she's great, she's benched: Implications of gender-based shifting standards for judgment and behavior. *Personality and Social Psychology Bulletin, 28*, 66–77.
Bischof-Köhler, D. (2006). *Von Natur aus anders. Die Psychologie der Geschlechtsunterschiede* (3. Aufl.). Stuttgart: Kohlhammer.
Blair, I. V. & Banaji, M. R. (1996). Automatic and controlled processes in stereotype priming. *Journal of Personality and Social Psychology, 70*, 1142–1163.
Bös, K. & Schneider, F. J. (2006). Differentielle Aspekte motorischer Entwicklung in Abhängigkeit vom Geschlecht. In I. Hartmann-Tews & B. Rulofs (Hrsg.), *Handbuch Sport und Geschlecht* (S. 56–67). Schorndorf: Hofmann.
Bohner, G., Ahlborn, K. & Steiner, R. (2010). How sexy are sexist men? Women's perception of male response profiles in the Ambivalent Sexism Inventory. *Sex Roles, 62*, 568–582.
Booth, A., Granger, D. A., Mazur, A. & Kivlighan, K. T. (2006). Testosterone and social behavior. *Social Forces, 85*, 167–191.
Bornmann, L., Mutz, R. & Daniel, H.-D. (2007). Gender differences in grant peer review: A meta-analysis. *Journal of Informetrics, 1*, 226–238.
Bosson, J. K., Taylor, J. N. & Prewitt-Freilino, J. L. (2006). Gender role violations and identity misclassification: The roles of audience and actor variables. *Sex Roles, 55*, 13–24.
Braun, F., Oelkers, S., Rogalski, K., Bosak, J. & Sczesny, S. (2007). „Aus Gründen der Verständlichkeit…": Der Einfluss generisch maskuliner und alternativer Personenbezeichnungen auf die kognitive Verarbeitung von Texten. *Psychologische Rundschau, 58*, 183–189.
Breuer, C. (2003). Entwicklung und Stabilität sportlicher Aktivität im Lebenslauf. *Sportwissenschaft, 33*, 263–279.
Breuer, C. (2004). Zur Dynamik der Sportnachfrage im Lebenslauf. *Sport und Gesellschaft – Sport and Society, 1*, 50–72.

Breuer, C. & Wicker, P. (2007). Körperliche Aktivität über die Lebensspanne. In R. Fuchs, W. Göhner & H. Seelig (Hrsg.), *Aufbau eines körperlich-aktiven Lebensstils* (S. 89–107). Göttingen: Hogrefe.

Brewster, K. L. & Padavic, I. (2000). Change in gender-ideology, 1977–1996: The contribution of intracohort change and population turnover. *Journal of Marriage and Family, 62*, 477–487.

Brunner, R. L. (2006). Understanding gender factors affecting self-rated health. *Gender Medicine, 3*, 292–294.

Bryant, A. N. (2003). Changes in attitudes toward women's roles: Predicting gender-role traditionalism among college students. *Sex Roles, 48*, 131–142.

Burt, K. B. & Scott, J. (2002). Parent and adolescent gender role attitudes in 1990s Great Britain. *Sex Roles, 46*, 239–245.

Buss, D. M. & Kenrick, D. T. (1998). Evolutionary social psychology. In D. T. Gilbert, S. T. Fiske & G. Lindzey (Eds.), *Handbook of social psychology* (4th ed., Vol. 2, pp. 982–1026). Boston: McGraw-Hill.

Bussey, K. & Bandura, A. (1999). Social cognitive theory of gender development and differentiation. *Psychological Review, 106*, 676–713.

Bussey, K. & Bandura, A. (2004). Social cognitive theory of gender development and functioning. In A. H. Eagly, A. E. Beall & R. J. Sternberg (Eds.), *The psychology of gender* (2nd ed., pp. 92–119). New York: Guilford Press.

Bussey, K. & Perry, D. G. (1982). Same-sex imitation: The avoidance of cross-sex models or the acceptance of same-sex models? *Sex Roles, 8*, 773–794.

Byrnes, J. P., Miller, D. C. & Schafer, W. D. (1999). Gender differences in risk-taking: A meta-analysis. *Psychological Bulletin, 125*, 367–383.

Cadinu, M., Maass, A., Lombardo, M. & Frigerio, S. (2006). Stereotype threat: The moderating role of locus of control beliefs. *European Journal of Social Psychology, 36*, 183–197.

Cadinu, M., Maass, A., Rosabianca, A. & Kiesner, J. (2005). Why do women underperform under stereotype threat? Evidence for the role of negative thinking. *Psychological Science, 16*, 572–578.

Campbell, A. (2008). Attachment, aggression and affiliation: The role of oxytocin in female social behavior. *Biological Psychology, 77*, 1–10.

Canary, D. J. & Emmers-Sommer, T. M. (1997). *Sex and gender differences in personal relationships*. New York-London: Guilford Press.

Canary, D. J. & Wahba, J. (2006). Do women work harder than men at maintaining relationships? In K. Dindia & D. J. Canary (Eds.), *Sex differences and similarities in communication* (2nd ed., pp. 21–35). New York-London: Lawrence Erlbaum.

Carpenter, S. & Trentham, S. (1998). Subtypes of women and men: A new taxonomy and an exploratory analysis. *Journal of Social Behavior and Personality, 13*, 679–696.

Carter, J. S., Corra, M. & Carter, S. K. (2009). The interaction of race and gender: Changing gender-role attitudes, 1974–2006. *Social Science Quarterly, 90*, 196–211.

Carver, P. R., Yunger, J. L., & Perry, D. G. (2003). Gender identity and adjustment in middle childhood. *Sex Roles, 49*, 95–109.

Ceci, S. J., Williams, W. M. & Barnett, S. M. (2009). Women's underrepresentation in science: Sociocultural and biological considerations. *Psychological Bulletin, 135*, 218–261.

Cejka, M. A., & Eagly, A. H. (1999). Gender-stereotypic images of occupations correspond to the sex segregation of employment. *Personality and Social Psychology Bulletin, 25*, 413–423

Christiansen, K. (1995). Biologische Grundlagen der Geschlechterdifferenz. In U. Pasero & F. Braun (Hrsg.), *Konstruktion von Geschlecht* (S. 13–28). Pfaffenweiler: Centaurus.

Cialdini, R. B. & Trost, M. R. (1998). Social influence: Social norms, conformity, and compliance. In D. T. Gilbert, S. T. Fiske & G. Lindzey (Eds.), *Handbook of social psychology* (4th ed., Vol. 2, pp. 151–192). Boston: McGraw-Hill.

Coats, S. & Smith, E.R. (1999). Perception of gender subtypes: Sensitivity to recent exemplar activation and in-group/out-group differences. *Personality and Social Psychology Bulletin, 25, 515–526.*

Cohen, J. (1988). *Statistical power analysis for the behavioral sciences* (2nd ed.). Hillsdale, NJ: Lawrence Erlbaum.

Collaer, M. L. & Hines, M. (1995). Human behavioral sex differences: A role for gonadal hormones during early development? *Psychological Bulletin, 118, 55–107.*

Constantinople, A. (1973). Masculinity-Femininity: An exception to a famous dictum? *Psychological Bulletin, 80, 389–407.*

Conway, M., Pizzamiglio, M. T. & Mount, L. (1996). Status, communality and agency: Implications for stereotypes of gender and other groups. *Journal of Personality and Social Psychology, 71, 25–38.*

Corby, B. C., Hodges, E. V. E., & Perry, D. G. (2007). Gender identity and adjustment in black, hispanic, and white preadolescents. *Developmental Psychology, 43*, 261–266.

Corrigall, E. A. & Konrad, A. M. (2007). Gender role attitudes and careers: A longitudinal study. *Sex Roles, 56*, 847–855.

Cota, A. A. & Dion, K. L. (1986). Salience of gender and sex composition of ad hoc groups: An experimental test of distinctiveness theory. *Journal of Personality and Social Psychology, 50, 770–776.*

Cross, S. E. & Madson, L. (1997). Models of the self: Self-construals and gender. *Psychological Bulletin, 122, 5–37.*

Cuddy, A. J., Fiske, S. T. & Glick, P. (2004). When professionals become mothers, warmth doesn't cut the ice. *Journal of Social Issues, 60,* 701–718.

Cuddy, A. J., Fiske, S. T. & Glick, P. (2007). The BIAS map: Behavior from intergroup affect and stereotypes. *Journal of Personality and Social Psychology, 92*, 631–648.

Darwin, C. (1958/1859). *The origin of species by natural selection.* New York: Mentor (Erstausgabe wurde 1859 publiziert).

Davies, P. G., Spencer, S. J., Quinn, D. M. & Gerhardstein, R. (2002). Consuming images: How television commercials that elicit stereotype threat can restrain women academically and professionally. *Personality and Social Psychology Bulletin, 28*, 1615–1628.

Davies, P. G., Spencer, S. J. & Steele, C. M. (2005). Clearing the air: Identity safety moderates the effects of stereotype threat on women's leadership aspiration. *Journal of Personality and Social Psychology, 88*, 276–287.

Deaux, K. & LaFrance, M. (1998). Gender. In D. T. Gilbert, S. T. Fiske & G. Lindzey (Eds.), *The handbook of social psychology* (4th ed., Vol. 1, pp. 788–827). Boston: McGraw Hill.

Deaux, K. & Lewis, L. L. (1984). Structure of gender stereotypes: Interrelationships among components and gender label. *Journal of Personality and Social Psychology, 46*, 991–1004.

Deaux, K. & Major, B. (1987). Putting gender into context: An interactive model of gender-related behavior. *Psychological Review, 94*, 369–389.

Deaux, K., Winton, W., Crowley, M. & Lewis, L.L. (1985). Level of categorization and content of gender stereotypes. *Social Cognition, 3*, 145–167.

Denmark, F., Russo, N. F., Frieze, I. H. & Sechzer, J. A. (1988). Guidelines for avoiding sexism in psychological research. *American Psychologist, 43*, 582–585.

Diekman, A. B. & Eagly, A. H. (2000). Stereotypes as dynamic constructs: Women and men of the past, present, and future. *Personality and Social Psychology Bulletin, 26*, 1171–1188.

Dindia, K. & Allen, M. (1992). Sex differences in self-disclosure: A meta-analysis. *Psychological Bulletin, 112*, 106–124.

Dion, K. L. (1985). Sex, gender, and groups: Selected issues. In V. E. O'Leary, R. K. Unger & B. S. Wallston (Eds.), *Women, gender, and social psychology* (pp. 293–347). Hillsdale, NJ: Lawrence Erlbaum.

Droßard, R. (2008). Verdienstabstand zwischen Frauen und Männern. Wiesbaden: Statistisches Bundesamt (http://www.destatis.de; Zugriff am 21.01.2009).

Dumont, M., Sarlet, M. & Dardenne, B. (2010). Be too kind to a woman, she'll feel incompetent: Benevolent sexism shifts self-construal and autobiographical memories toward incompetence. *Sex Roles, 62*, 545–553.

Eagly, A. H. (1987). *Sex differences in social behavior: A social-role interpretation.* Hillsdale, NJ: Lawrence Erlbaum.

Eagly, A. H. (1995). The science and politics of comparing women and men. *American Psychologist, 50*, 145–158.

Eagly, A. H., Ashmore, R. D., Makhijani, M. G. & Longo, L. C. (1991). What is beautiful is good, but ...: A meta-analytic review of research on the physical attractiveness stereotype. *Psychological Bulletin, 110*, 109–128.

Eagly, A. H. & Carli, L. L. (1981). Sex of researchers and sex-typed communications as determinants of sex differences in influenceability: A meta-analysis of social influence studies. *Psychological Bulletin, 90*, 1–20.

Eagly, A. H. & Carli, L. L. (2003). The female leadership advantage: An evaluation of the evidence. *The Leadership Quarterly, 14*, 807–834.

Eagly, A. H. & Carli, L. L. (2007). *Through the labyrinth. The truth about how women become leaders.* Boston, MA: Harvard Business School Press.

Eagly, A. H. & Crowley, M. (1986). Gender and helping behavior: A meta-analytic review of the social psychological literature. *Psychological Bulletin, 100*, 283–308.

Eagly, A. H., Johannesen-Schmidt, M. C. & van Engen, M. L. (2003). Transformational, transactional and laissez-faire leadership styles: A meta-analysis comparing women and men. *Psychological Bulletin, 129*, 569–591.

Eagly, A. H. & Johnson, B. T. (1990). Gender and leadership style. *Psychological Bulletin, 108*, 233–256.

Eagly, A. H. & Karau, S. J. (1991). Gender and the emergence of leaders: A meta-analysis. *Journal of Personality and Social Psychology, 60*, 685–710.

Eagly, A. H. & Karau, S. J. (2002). Role congruity theory of prejudice toward female leaders. *Psychological Review, 109*, 573–598.

Eagly, A. H., Karau, S. J. & Makhijani, M. G. (1995). Gender and the effectiveness of leaders: A meta-analysis. *Psychological Bulletin, 117*, 125–145.

Eagly, A. H. & Koenig, A. M. (2006). Social role theory of sex differences and similarities: Implication for prosocial behavior. In K. Dindia & D. J. Canary (Eds.), *Sex differences and similarities in communication* (2nd ed., pp. 161–177). New York-London: Lawrence Erlbaum.

Eagly, A. H., Makhijani, M. G. & Klonsky, B. G. (1992). Gender and the evaluation of leaders: A meta-analysis. *Psychological Bulletin, 111*, 3–22.
Eagly, A. H. & Mladinic, A. (1989). Gender stereotypes and attitudes toward women and men. *Personality and Social Psychology Bulletin, 15*, 543–558.
Eagly, A. H. & Steffen, V. J. (1986). Gender and aggressive behavior: A meta-analytic review of the social psychological literature. *Psychological Bulletin, 100*, 309–330.
Eagly, A. H. & Wood, W. (1991). Explaining sex differences in social behavior: A meta-analytic perspective. *Personality and Social Psychology Bulletin, 17*, 306–315.
Eagly, A. H. & Wood, W. (1999). The origins of sex differences in human behavior. *American Psychologist, 54*, 408–423.
Eagly, A. H. & Wood, W. (2011). Social role theory. A biosocial analysis of sex differences and similarities. In P. A. M. van Lange, A. Kruglanski & E. T. Higgins (Eds.), *Handbook of theories in social psychology*. London: Sage.
Eagly, A. H., Wood, W. & Diekman, A. B. (2000). Social-role theory of sex differences and similarities: A current appraisal. In T. Eckes & H. M. Trautner (Eds.), *The developmental social psychology of gender* (pp. 123–174). Mahwah, NJ: Lawrence Erlbaum.
Eagly, A. H., Wood, W. & Johannesen-Schmidt, M. C. (2004). Social role theory of sex differences and similarities: Implications for the partner preferences of women and men. In A. H. Eagly, A. E. Beall & R. J. Sternberg (Eds.), *The psychology of gender* (2nd ed., pp. 269–295). New York-London: Guilford Press.
Eccles, J. S. (2007). Where are all the women? Gender differences in participation in physical science and engineering. In S. J. Ceci & W. M. Williams (Eds.), *Why aren't more women in science?* (pp. 199–210). Washington, DC: American Psychological Association.
Eckes, T. (1994a). Explorations in gender cognition: Content and structure of female and male subtypes. *Social Cognition, 12*, 37–60.
Eckes, T. (1994b). Features of men, features of women: Assessing stereotypic beliefs about gender subtypes. *British Journal of Social Psychology, 33*, 107–123.
Eckes, T. (1997). *Geschlechterstereotype. Frau und Mann in sozialpsychologischer Sicht*. Pfaffenweiler: Centaurus.
Eckes, T. (2001). Ambivalenter Sexismus und die Polarisierung von Geschlechterstereotypen. *Zeitschrift für Sozialpsychologie, 32*, 235–247.
Eckes, T. (2002). Paternalistic and envious gender stereotypes: Testing predictions from the stereotype content model. *Sex Roles, 47*, 99–114.
Eckes, T. & Six-Materna, I. (1999). Hostilität und Benevolenz: Eine Skala zur Erfassung des ambivalenten Sexismus. *Zeitschrift für Sozialpsychologie, 30*, 211–228.
Egan, S. K. & Perry, D. G. (2001). Gender identity: A multidimenional analysis with implications for psychosocial adjustment. *Developmental Psychology, 37*, 451–463.
Eisenberg, N. & Lennon, R. (1983). Sex differences in empathy and related capacities. *Psychological Bulletin, 94*, 100–131.
Eliezer, D., Major, B. & Mendes, W. B. (2010). The costs of caring: Gender identification increases threat following exposure to sexism. *Journal of Experimental Social Psychology, 46*, 159–165.
Ernst, A. & Füller, I. (1988). *Schlucken und schweigen*. Köln: Kiepenheuer & Witsch.
Europäische Kommission (2008). *Das Leben von Männern und Frauen in Europa: Ein statistisches Porträt. Ausgabe 2008*. Luxemburg: Amt für amtliche Veröffentlichungen der Europäischen Gemeinschaften (http://epp.eurostat.ec.europa.eu; Zugriff am 21.01.2009).

Europäische Kommission (Hrsg.) (2009). *The gender challenge in research funding. Assessing the European national scenes.* Luxemburg: Office for Official Publications of the European Communities Publikation Eur 23721 EN.

Fagot, B. I., Rodgers, C. S. & Leinbach, M. D. (2000). Theories of gender socialization. In T. Eckes & H. M. Trautner (Eds.), *The developmental social psychology of gender* (pp. 65–89). Mahwah, NJ: Lawrence Erlbaum.

Falk, E. & Kenski, K. (2006). Issue saliency and gender stereotypes: Support for women as presidents in times of war and terrorism. *Social Science Quarterly, 87*, 1–18.

Feingold, A. (1990). Gender differences in effects of physical attractiveness on romantic attraction: A comparison among five research paradigms. *Journal of Personality and Social Psychology, 59*, 981–993.

Feingold, A. (1992a). Gender differences in mate selection preferences: A test of the parental investment model. *Psychological Bulletin, 112*, 125–139.

Feingold, A. (1992b). Good-looking people are not what we think. *Psychological Bulletin, 111*, 304–341.

Feingold, A. (1994). Gender differences in personality: A meta-analysis. *Psychological Bulletin, 116*, 429–456.

Feingold, A. & Mazzella, R. (1998). Gender differences in body image are increasing. *Psychological Science, 9*, 32–37.

Fischer, A. (1993). Sex differences in emotionality: Fact or stereotype? *Feminism and Psychology, 3*, 303–318.

Fiske, S. T. (1998). Stereotyping, prejudice, and discrimination. In D. T. Gilbert, S. T. Fiske & G. Lindzey (Eds.), *Handbook of social psychology* (4th ed., Vol. 2, pp. 357–411). Boston: McGraw-Hill.

Fiske, S. T., Cuddy, A. J. C. & Glick, P. (2007). Universal dimensions of social cognition: Warmth and competence. *Trends in Cognitive Science, 11*, 77–83.

Fiske, S. T., Cuddy, A. J. C., Glick, P. & Xu, J. (2002). A model of (often mixed) stereotype content: Competence and warmth respectively follow perceived status and competition. *Journal of Personality and Social Psychology, 82*, 878–902.

Fiske, S. T. & Stevens, L. E. (1993). What's so special about sex? Gender stereotyping and discrimination. In S. Oskamp & M. Costanzo (Eds.), *Gender issues in contemporary society* (pp. 173–196). Newbury Park: Sage.

Frable, D. & Bem, S. L. (1985). If you are gender schematic, all members of the opposite sex look alike. *Journal of Personality and Social Psychology, 49*, 459–468.

Franke, A. (2003). Adipositas im Geschlechtervergleich. In F. Petermann & V. Pudel (Hrsg.), *Übergewicht und Adipositas* (S. 153–164). Göttingen: Hogrefe.

Frieze, I. H., Feligoj, A., Kogovišek, T., Rener, T., Horvat, J. & Šarlija, N. (2003). Gender-role attitudes in university students in the United States, Slovenia, and Croatia. *Psychology of Women Quarterly, 27*, 256–261.

Frodi, A., Macaulay, J. & Thome, R. P. (1977). Are women always less aggressive than men? A review of the experimental literature. *Psychological Bulletin, 84*, 634–660.

Gabriel, S. & Gardner, W. L. (1999). Are there „his" and „hers" types of interdependence? The implications of gender differences in collective versus relational interdependence for affect, behavior, and cognition. *Journal of Personality and Social Psychology, 77*, 642–655.

Gardner, W. L. & Gabriel, S. (2004). Gender differences in relational and collective interdependence. In A. H. Eagly, A. E. Beall & R. J. Sternberg (Eds.), *The psychology of gender* (2nd ed., pp. 169–191). New York: Guilford Press.

Geary, D. C. (2010). *Male, female. The evolution of human sex differences (2nd ed.).* Washington, DC: American Psychological Association.

Gergen, M. (2001). Social constructionist theory. In J. Worrell (Ed.), *Encyclopedia of women and gender. Sex similarities and differences and the impact of society on gender* (Vol. 2, pp. 1043–1058). San Diego: Academic Press.

Giele, J. Z. (1988). Gender and sex roles. In N. J. Smelser (Ed.), *Handbook of sociology* (pp. 291–323). Newbury Park: Sage.

Giles, J. W. & Heyman, G. D. (2005). Young children's beliefs about the relationship between gender and aggressive behavior. *Child Development, 76*, 107–121.

Glaeske, G. (2002). Auffälligkeiten der geschlechtsspezifischen Versorgung in der GKV. In K. Hurrelmann & P. Kolip (Hrsg.), *Geschlecht, Gesundheit und Krankheit* (S. 520–532). Bern: Huber.

Glick, P. & Fiske, S. T. (1996). The Ambivalent Sexism Inventory: Differentiating hostile and benevolent sexism. *Journal of Personality and Social Psychology, 70*, 491–512.

Glick, P. & Fiske, S. T. (1999). The Ambivalence toward Men Inventory. Differentiating hostile and benevolent beliefs about men. *Psychology of Women Quarterly, 23*, 519–536.

Glick, P. & Fiske, S. T. (2001). An ambivalent alliance. Hostile and benevolent sexism as complementary justifications for gender inequality. *American Psychologist, 56*, 109–118.

Glick, P., Fiske, S. T., Mladinic, A., Saiz, J. L., Abrams, D., Masser, B. et al. (2000). Beyond prejudice as simple antipathy: Hostile and benevolent sexism across cultures. *Journal of Personality and Social Psychology, 79*, 763–775.

Glick, P., Lameiras, M., Fiske, S., Eckes, T., Masser, B., Volpato, C., Manganelli, A. M., Pek, J. C. X., Huang, L., Sakalli-Ugurlu, N., Castro, Y. R., D'Avila Pereira, M. L., Willemsen, T. M., Brunner, A., Six-Materna, I. & Wells, R. (2004). Bad but bold: Ambivalent attitudes toward men predict gender inequality in 16 nations. *Journal of Personality and Social Psychology, 66*, 713–728.

Goldberg, P. (1968). Are women prejudiced against women? *Transaction, 5*, 28–30.

Golombok, S. & Fivush, R. (1994). *Gender Development.* Cambridge: Cambridge University Press.

Goodman, M. J., Griffin, P. B., Estioko-Griffin, A. A. & Grove, J. S. (1985). The compatibility of hunting and mothering among the Agta hunter-gatherers of the Philippines. *Sex Roles, 12*, 1199–1209.

Gough, H. G. & Heilbrun, A. B., Jr. (1980). *The Adjective Check List manual.* Palo Alto, CA: Consulting Psychologists Press.

Grabe, S., Ward, L. M. & Hyde, J. S. (2008). The role of the media in body image concerns among women: A meta-analysis of experimental and correlational studies. *Psychological Bulletin, 134*, 460–476.

Gray, J. (1998). *Männer sind anders. Frauen auch. Männer sind vom Mars. Frauen von der Venus.* München: Goldmann Verlag.

Green, R. J., Ashmore, R. D. & Manzi, R. jr. (2005). The structure of gender type perception: Testing the elaboration, encapsulation, and evaluation framework. *Social Cognition, 23*, 429–464.

Greenwald, A. G., McGhee, D. E. & Schwartz, J. L. K. (1998). Measuring individual differences in implicit cognition: The Implicit Association Test. *Journal of Personality and Social Psychology, 74*, 1464–1480.

Gschwendner, T., Hofmann, W. & Schmitt, M. (2006). Moderatoren der Konsistenz implizit und explizit erfasster Einstellungen und Persönlichkeitsmerkmale. *Psychologische Rundschau, 57,* 13–33.

Haines, E. L. & Kray, L. J. (2005). Self-power associations: The possession of power impacts women's self-concepts. *European Journal of Social Psychology, 35,* 643–662

Hall, J. & Carter, J. D. (1999). Gender-stereotype accuracy as an individual difference. *Journal of Personality and Social Psychology, 77,* 350–359

Hall, J. A. (1978). Gender effects in decoding nonverbal cues. *Psychological Bulletin, 85,* 845–857.

Hall, J. A. (1984). *Nonverbal sex differences: Communication accuracy and expressive style.* Baltimore, MD: Johns Hopkins University Press.

Hall, J. A. (1987). On explaining gender differences: The case of nonverbal communication. In P. Shaver & C. Hendrick (Eds.), *Sex and gender* (pp. 177–200). Newbury Park, CA: Sage.

Hall, J. A. (2006). How big are nonverbal sex differences? The case of smiling and nonverbal sensitivity. In K. Dindia & D. J. Canary (Eds.), *Sex differences and similarities in communication* (2nd ed., pp. 59–81). New York-London: Lawrence Erlbaum.

Hall, J. A. & Halberstadt, A. G. (1986). Smiling and gazing. In J. S. Hyde & M. C. Linn (Eds.), *The psychology of gender. Advances through meta-analysis* (pp. 136–158). Baltimore, MD: Johns Hopkins University Press.

Hall, J. A. & Vecchia, E. M. (1992). Touch asymmetry between the sexes. In C. L. Ridgeway (Ed.), *Gender, interaction, and inequality* (pp. 81–96). New York: Springer.

Halpern, D. F., Benbow, C. P., Geary, D. C., Gur, R. C., Hyde, J. S. & Gernsbacher, M. A. (2007). The science of sex differences in science and mathematics. *Psychological Science in the Public Interest, 8,* 1–51.

Hankin, B. L. & Abramson, L. Y. (2001). Development of gender differences in depression: An elaborated cognitive vulnerability-transactional stress theory. *Psychological Bulletin, 127,* 773–796.

Hannover, B. (1997a). *Das dynamische Selbst. Die Kontextabhängigkeit selbstbezogenen Wissens.* Bern: Verlag Hans Huber.

Hannover, B. (1997b). Zur Entwicklung des geschlechtsbezogenen Selbstkonzepts: Der Einfluss „maskuliner" und „femininer Tätigkeiten" auf die Selbstbeschreibung mit instrumentellen und expressiven Personeneigenschaften. *Zeitschrift für Sozialpsychologie, 28,* 60–75.

Hannover, B. (2000). Development of the self in gendered contexts. In T. Eckes & H. M. Trautner (Eds.), *The developmental social psychology of gender* (pp. 177–206). Mahwah, NJ: Lawrence Erlbaum.

Hannover, B. (2006). Geschlechterrollen. In H. W. Bierhoff & D. Frey (Hrsg.), *Handbuch der Psychologie. Band 3: Handbuch der Sozialpsychologie und Kommunikationspsychologie* (S. 465–470). Göttingen: Hogrefe.

Hannover, B. & Kühnen, U. (2004). Culture, context, and cognition: The Semantic Procedural Interface model of the self. In W. Stroebe & M. Hewstone (Eds.), *European Review of Social Psychology* (Vol. 15, pp. 297–333). New York: Taylor & Francis.

Harrison, A. C. & O'Neill, S. A. (2003). Preferences and children's use of gender-stereotyped knowledge about musical instruments: Making judgments about other children's preferences. *Sex Roles, 49,* 389–400.

Hartmann-Tews, I. & Rulofs, B. (2003). Sport in den Medien – ein Feld semiotischer Markierung von Geschlecht? In I. Hartmann-Tews, P. Gieß-Stüber, M.-L. Klein, C. Kleindienst-Cachay & K. Petry (Hrsg.), *Soziale Konstruktion von Geschlecht* (S. 29–68). Opladen: Leske & Budrich.

Hassebrauck, M. (1990). Wer sucht wen? Eine inhaltsanalytische Untersuchung von Heirats- und Bekanntschaftsanzeigen. *Zeitschrift für Sozialpsychologie, 21*, 101–112.

Hausmann, M., Schoofs, D., Rosenthal, H. E. S. & Jordan, K. (2009). Interactive effects of sex hormones and gender stereotypes on cognitive sex differences – A psychobiosocial approach. *Psychoneuroendocrinology, 34*, 389–401.

Hegarty, P. & Buechel, C. (2006). Androcentric reporting of gender differences in APA journals: 1965–2004. *Review of General Psychology, 10*, 377–389.

Heilman, M. E., Block, C. J. & Martell, R. F. (1995). Sex stereotypes: Do they influence perception of managers? *Journal of Social Behavior and Personality, 10*, 237–252.

Heilman, M. E., Wallen, A. S., Fuchs, D. & Tamkins, M. M. (2004). Penalties for success: Reactions to women who succeed at male gender-typed tasks. *Journal of Applied Psychology, 89*, 416–427.

Helgeson, V. S. (1993). Implications of agency and communion for patient and spouse adjustment to a first coronary event. *Journal of Personality and Social Psychology, 64*, 807–816.

Helgeson, V. S. (1994). Relation of agency and communion to well-being: Evidence and potential explanations. *Psychological Bulletin, 116*, 412–428.

Helgeson, V. S. (2003a). Gender-related traits and health. In I. Suls & K. A. Wallston (Eds.), *Social psychological foundations of health and illness* (pp. 367–394). Malden, MA: Blackwell.

Helgeson, V. S. (2003b). Unmitigated communion and adjustment to breast cancer: Associations and explanations. *Journal of Applied Social Psychology, 33*, 1643–1661.

Helgeson, V. S., Escobar, O., Siminerio, L. & Becker, D. (2007). Unmitigated communion and health among adolescents with and without diabetes: The mediating role of eating disturbances. *Personality and Social Psychology Bulletin, 33*, 519–536.

Helgeson, V. S. & Fritz, H. L. (1999). Unmitigated agency and unmitigated communion: Distinctions from agency and communion. *Journal of Research in Personality, 33*, 131–158.

Helgeson, V. S. & Lepore, S. J. (2004). Quality of life following prostate cancer: The role of agency and unmitigated agency. *Journal of Applied Social Psychology, 34*, 2559–2585.

Helmreich, R. L., Spence, J. T. & Gibson, R. H. (1982). Sex-role attitudes: 1972–1980. *Personality and Social Psychology Bulletin, 8*, 656–662.

Henley, N. (1977). *Body politics. Power, sex, and nonverbal communication.* Englewood Cliffs: Prentice Hall (deutsch: Körperstrategien. Geschlecht, Macht und nonverbale Kommunikation. Frankfurt: Fischer, 1988).

Herrnson, P. S., Lay, J. C. & Stokes, A. K. (2003). Women running „as women": Candidate gender, campaign issues, and voter-targeting strategies. *The Journal of Politics, 65*, 244–255.

Hirschman, E. C. (1984). Leisure motives and sex roles. *Journal of Leisure Research, 16*, 209–223.

Hoffman, C. & Hurst, N. (1990). Gender stereotypes: Perception or rationalization? *Journal of Personality and Social Psychology, 58,* 197–208.
Hoffman, M. L. (1977). Sex differences in empathy and related behaviors. *Psychological Bulletin, 84,* 712–722.
Hoffman, M. L. & Levine, L. E. (1976). Early sex differences in empathy. *Developmental Psychology, 12,* 557–558.
Hoffman, M. L., Powlishta, K. K. & White, K. J. (2004). An examination of gender differences in adolescent adjustment: The effect of competence on gender role differences in symptoms of psychopathology. *Sex Roles, 50,* 795–810.
Hofstede, G. (1983). Dimensions of national cultures in fifty countries and three regions. In J. B. Deregowski, S. Dziuraciec & R. C. Annis (Eds.), *Explications in cross-cultural psychology* (pp. 335–355). Lisse, Holland: Swets & Zeitlinger.
Holland, J. L. (1992). Exploring careers with a typology: What we have learned and some new directions. *American Psychologist, 51,* 397–406.
Höpflinger, F. (2002). Private Lebensformen, Mortalität und Gesundheit. In K. Hurrelmann & P. Kolip (Hrsg.), *Geschlecht, Gesundheit und Krankheit* (S. 419–438). Bern: Huber.
Horstkemper, M. (1993). Berufs- und Lebensalltag von Frauen in der Bundesrepublik: Ein Ost-West-Vergleich. In D. Reigber (Hrsg.), *Frauen-Welten* (S. 62–110). Düsseldorf: Econ.
Hosoda, M. & Stone, D. L. (2000). Current gender stereotypes and their evaluative content. *Perceptual and Motor Skills, 90,* 1283–1294.
House J., Landis K. & Umberson, D. (1988). Social relations and health. *Science, 241,* 540–545.
Hrdy, S. B. (1997). Raising Darwin's consciousness. Female sexuality and the prehominid origins of patriarchy. *Human Nature, 8,* 1–49.
Huguet, P. & Régner, I. (2009). Counter-stereotypic beliefs in math do not protect school girls from stereotype threat. *Journal of Experimental Social Psychology, 45,* 1024–1027.
Hunt, K., Lewars, H., Emslie, C. & Batty, G. D. (2007). Decreased risk of death from coronary heart disease amongst men with higher 'femininity' scores: A general population cohort study. *International Journal of Epidemiology, 36,* 612–620.
Hurrelmann, K. & Kolip, P. (Hrsg.) (2002). *Geschlecht, Gesundheit und Krankheit.* Bern: Huber.
Huston, A. C. (1983). Sex-typing. In P. H. Mussen (Ed.), *Handbook of child psychology* (Vol. 4., pp. 387–467). New York: Wiley.
Hyde, J. S. (1984). How large are gender differences in aggression. A developmental meta-analysis. *Developmental Psychology, 20,* 722–736.
Hyde, J. S. (1986). Gender differences in aggression. In J. S. Hyde & M. C. Linn (Eds.), *The psychology of gender. Advances through meta-analysis* (pp. 51–66). Baltimore, MD: Johns Hopkins University Press.
Hyde, J. S. (2005). The gender similarities hypothesis. *American Psychologist, 60,* 581–592.
Hyde, J. S. & Durik, A. M. (2000). Gender differences in erotic plasticity – Evolutionary or sociocultural forces? Comment on Baumeister (2000). *Psychological Bulletin, 126,* 375–379.
Idle, T., Wood, E. & Desmarais, S. (1993). Gender role socialization in toy play situations: Mothers and fathers with their sons and daughters. *Sex Roles, 28,* 679–691.

Inzlicht, M., Aronson, J., Good, C. & McKay, L. (2006). A particular resiliency to threatening environments. *Journal of Experimental Social Psychology, 42*, 323–336.

Irmen, L. (2006). Automatic activation and use of gender subgroups. *Sex Roles, 55*, 435–444.

Jaffee, S. & Hyde, J. S. (2000). Gender differences in moral orientation: A meta-analysis. *Psychological Bulletin, 126*, 703–726.

Jonas, K. & Brömer, P. (2002). Die sozial-kognitive Theorie von Bandura. In D. Frey & M. Irle (Hrsg.), *Theorien der Sozialpsychologie. Band II: Gruppen-, Interaktions- und Lerntheorien* (2. Aufl., S. 277–299). Bern: Huber.

Jost, J. T. & Banaji, M. R. (1994). The role of stereotyping in system-justification and the production of false consciousness. *British Journal of Social Psychology, 33*, 1–27.

Jost, J. T. & Kay, A. C. (2005). Exposure to benevolent sexism and complementary gender stereotypes: Consequences for specific and diffuse forms of system justification. *Journal of Personality and Social Psychology, 88*, 498–509.

Joung, I., Glerum, J. J., van Poppel, F. W., Kardaun, J. W. & Mackenbach, J. P. (1996). The contribution of specific causes of death to mortality differences by marital status in the Netherlands. *European Journal of Public Health, 6*, 142–149.

Judge, T. A., Hurst, C. & Simon, L. S. (2009). Does it pay to be smart, attractive, or confident (or all three)? Relationships among general mental ability, physical attractiveness, core self-evaluations, and income. *Journal of Applied Psychology, 94*, 742–755.

Judge, T. A. & Livingston, B. A. (2008). Is the gap more than gender? A longitudinal analysis of gender, gender role orientation, and earnings. *Journal of Applied Psychology, 93*, 964–1012.

Katz, P. A. & Ksansnak, K. R. (1994). Developmental aspects of gender role flexibility and traditionality in middle childhood and adolescence. *Developmental Psychology, 30*, 272–282.

Katz-Wise, S. L., Priess, H. A. & Hyde, J. S. (2010). Gender-role attitudes and behavior across the transition to parenthood. *Developmental Psychology, 46*, 18–28.

Keller, J. & Bless, H. (2008). When positive and negative expectancies disrupt performance: Regulatory focus as a catalyst. *European Journal of Social Psychology, 38*, 187–212.

Keller, J. & Molix, L. (2008). When women can't do math: The interplay of self-construal, group identification, and stereotypic performance standards. *Journal of Experimental Social Psychology, 44*, 437–444.

Keller, J. (2008). Stereotype als Bedrohung. In L. E. Petersen & B. Six (Hrsg.), *Stereotype, Vorurteile und soziale Diskriminierung* (S. 88–96). Weinheim: Beltz.

Kenrick, D. T. (1987). Gender, genes, and the social environment: A biosocial interactionist perspective. In P. Shaver & C. Hendrick (Eds.), *Sex and gender* (pp. 14–43). Newbury Park, CA: Sage.

Kenrick, D. T., Trost, M. R. & Sundie, J. M. (2004). Sex roles as adaptations: An evolutionary perspective on gender differences and similarities. In A. H. Eagly, A. E. Beall & R. J. Sternberg (Eds.), *The psychology of gender* (2nd ed., pp. 65–91). New York-London: Guilford Press.

Kessels, U. (2002). *Undoing gender in der Schule. Eine empirische Studie über Koedukation und Geschlechtsidentität im Physikunterricht*. Weinheim-München: Juventa.

Kiecolt-Glaser, J. K. & Newton, T. L. (2001). Marriage and health: His and hers. *Psychological Bulletin, 127,* 472–503.
Kite, M. E., Deaux, K. & Haines, E. L. (2008). Gender stereotypes. In F. L. Denmark & M. A. Paludi (Eds.), *Psychology of women. A handbook of issues and theories* (2nd ed., pp. 205–236). Westport, CT: Praeger.
Kite, M. E. & Whitley, B. E. jr. (1996). Sex differences in attitudes toward homosexual persons, behaviors, and civil rights: A meta-analysis. *Personality and Social Psychology Bulletin, 22,* 336–353.
Klauer, K. C. (2008). Soziale Kategorisierung und Stereotypisierung. In L. E. Petersen & B. Six (Hrsg.), *Stereotype, Vorurteile und soziale Diskriminierung* (S. 23–32). Weinheim: Beltz.
Klauer, K. C. & Wegener, I. (1998). Unraveling social categorization in the „Who said what?" paradigm. *Journal of Personality and Social Psychology, 75,* 1155–1178.
Klein, M.-L. & Pfister, G. (1985). *Goldmädel, Rennmiezen und Turnküken. Die Frau in der Sportberichterstattung der Bildzeitung.* Berlin: Bartels & Wernitz.
Kling, K. C., Hyde, J. S., Showers, C. J. & Buswell, B. N. (1999). Gender differences in self-esteem: A meta-analysis. *Psychological Bulletin, 125,* 470–500.
Knight, G. P., Fabes, R. A. & Higgins, D. A. (1996). Concerns about drawing causal inferences from meta-analyses: An example in the study of gender differences in aggression. *Psychological Bulletin, 119,* 410–421.
Ko, S. J., Judd, C. M. & Blair, I. V. (2006). What the voice reveals: Within- and between-category stereotyping on the basis of voice. *Personality and Social Psychology Bulletin, 32,* 806–819.
Koestner, R. & Aube, J. (1995). A multifactorial approach to the study of gender characteristics. *Journal of Personality, 63,* 681–710.
Kohlberg, L. (1974, Orig. 1966). Analyse der Geschlechtsrollenkonzepte und -Attitüden bei Kindern unter dem Aspekt der kognitiven Entwicklung. In L. Kohlberg, *Zur kognitiven Entwicklung des Kindes* (334–471). Frankfurt: Suhrkamp.
Kohlberg, L. & Zigler, E. (1967). The impact of cognitive maturity upon the development of sex-role attitudes in the years 4 to 8. *Genetic Psychology Monographs, 75,* 89–165.
Kolip, P. (1994). Ein denkwürdiger Wandel – zur gesundheitlichen Lage im Jugendalter. *Zeitschrift für Frauenforschung, 12,* 39–46.
Kolip, P. & Koppelin, F. (2002). Geschlechtsspezifische Inanspruchnahme von Prävention und Krankheitsfrüherkennung. In K. Hurrelmann & P. Kolip (Hrsg.), *Geschlecht, Gesundheit und Krankheit* (S. 491–504). Bern: Huber.
Konrad, A. M., Ritchie, J. E. jr., Lieb, P. & Corrigall, E. (2000). Sex differences and similarities in job attribute preferences: A meta-analysis. *Psychological Bulletin, 126,* 593–641.
Krampen, G. (1979). Eine Skala zur Messung der normativen Geschlechtsrollen-Orientierung (GRO-Skala). *Zeitschrift für Soziologie, 8,* 256–266.
Krueger, J. I., Hasman, J. F., Acevedo, M. & Villano, P. (2003). Perceptions of trait typicality in gender stereotypes: Examining the role of attribution and categorization processes. *Personality and Social Psychology Bulletin, 29,* 108–116.
LaFrance, M. & Hecht, M. A. (1999). Obliged to smile: The effect of power and gender on facial expression. In P. Philippot, R. S. Feldman & E. J. Coats (Eds.), *The social context of nonverbal behaviour* (pp. 45–70). Cambridge, England: Cambridge University Press.
LaFrance, M., Hecht, M. A. & Paluck, E. L. (2003). The contingent smile: A meta-analysis of sex differences in smiling. *Psychological Bulletin, 129,* 305–334.

Lammers, J., Gordijn, E. H. & Otten, S. (2009). Iron ladies, men of steel: The effects of gender stereotyping on the perception of male and female candidates are moderated by prototypicality. *European Journal of Social Psychology, 39,* 186–195.
Langlois, J. H., Kalakanis, L., Rubenstein, A. J., Larson, A., Hallam, M. & Smoot, M. (2000). Maxims or myths of beauty? A meta-analytic and theoretical review. *Psychological Bulletin, 126,* 390–423.
Larson, R. W. & Verma, S. (1999). How children and adolescents spend time across the world: Work, play, and developmental opportunities. *Psychological Bulletin, 125,* 701–736.
Leinbach, M. D & Fagot, B. I. (1986). Acquisition of gender labels: A test for toddlers. *Sex Roles, 15,* 655–666.
Li, G. (1995). The interaction effect of bereavement and gender on the risk of suicide in the elderly: An historical cohort study. *Social Science and Medicine, 40,* 825–828.
Liben, L. S. & Bigler, R. S. (2002). The developmental course of gender differentiation: Conceptualization, measuring, and evaluating constructs and pathways. *Monographs of the Society for Research in Child Development, 67* (No. 2, Serial No. 269).
Liben, L. S. & Signorella, M. L. (1980). Gender-related schemata and constructive memory in children. *Child Development, 51,* 11–18.
Lippa, R. A. (1998). Gender-related individual differences and the structure of vocational interests: The importance of the people-things dimension. *Journal of Personality and Social Psychology, 74,* 996–1009.
Lippa, R. A. (2001). On deconstructing and reconstructing masculinity-femininity. *Journal of Research in Personality, 35,* 168–207.
Lippa, R. A., Martin, L. R. & Friedman, H. S. (2000). Gender-related individual differences and mortality in the Terman longitudinal study: Is masculinity hazardous to your health? *Personality and Social Psychology Bulletin, 26,* 1560–1570.
Lockheed, M. E. (1985). Sex and social influence: A meta-analysis guided by theory. In J. Berger & M. Zelditch, jr. (Eds.), *Status, rewards, and influence: How expectations organize behavior* (pp. 406–429). San Francisco: Jossey Bass.
Lothaller, H., Mikula, G., & Schoebi, D. (2009). What contributes to the (im)balanced division of family work between the sexes? *Swiss Journal of Psychology, 68,* 143–152.
Luy, M. (2002). Warum Frauen länger leben. Erkenntnisse aus einem Vergleich von Kloster- und Allgemeinbevölkerung. *Materialien zur Bevölkerungswissenschaft,* Materialienband 106. Wiesbaden: Bundesinstitut für Bevölkerungsforschung.
Lytton, H. & Romney, D. M. (1991). Parents' differential socialization of boys and girls. *Psychological Bulletin, 109,* 267–296.
Maass, A, D'Ettole, C. & Cadinu, M. (2008). Checkmate? The role of gender stereotypes in the ultimate intellectual sport. *European Journal of Social Psychology, 38,* 231–245.
Maccoby, E. E. (1988). Gender as a social category. *Developmental Psychology, 24,* 755–765.
Maccoby, E. E. (1990). Gender and relationships: A developmental account. *American Psychologist, 45,* 513–520.
Maccoby, E. E. & Jacklin, C. N. (1974). *The psychology of sex differences.* Stanford, CA: Stanford University Press.

Mackie, D. M., Hamilton, D. L., Susskind, J. & Rosselli, F. (1996). Social psychological foundations of stereotype formation. In C. N. Macrae, C. Stangor & M. Hewstone (Eds.), *Stereotypes and stereotyping* (pp. 41–78). New York: Guilford.
Major, B. (1981). Gender patterns in touching behavior. In C. Mayo & N. Henley (Eds.), *Gender and nonverbal behavior* (pp. 15–37). New York: Springer.
Major, B., Schmidlin, A. M. & Williams, L. (1990). Gender patterns in touch: The impact of age and setting. *Journal of Personality and Social Psychology, 58*, 634–643.
Markus, H. R. & Wurf, E. (1987). The dynamic self-concept: A social psychological perspective. *Annual Review of Psychology, 38*, 299–337.
Markus, H. R. & Kitayama, S. (1991). Culture and the self: Implications for cognition, emotion, and motivation. *Psychological Review, 98*, 224–253.
Markus, H. R. & Kunda, Z. (1986). Stability and malleability of the self-concept. *Journal of Personality and Social Psychology, 51*, 858–866.
Martens, A., Johns, M., Greenberg, J. & Schimel, J. (2006). Combating steretoype threat: The effect of self-affirmation on women's intellectual performance. *Journal of Experimental Social Psychology, 42*, 236–243.
Martin, C. L. (1987). A ratio measure of sex steretoyping. *Journal of Personality and Social Psychology, 52*, 489–499.
Martin, C. L. (2000). Cognitive theories of gender development. In T. Eckes & H. M. Trautner (Eds.), *The developmental social psychology of gender* (pp. 91–121). Mahwah, NJ: Lawrence Erlbaum.
Martin, C. L., & Fabes, R. A. (2001). The stability and consequences of young children's same-sex peer interactions. *Developmental Psychology, 37*, 431–446.
Martin, C. L. & Halverson, C. (1981). A schematic processing model of sex typing and stereotyping in children. *Child Development, 52*, 1119–1134.
Martin, C. L. & Ruble, D. N. (2004). Children's search for gender cues. Cognitive perspectives on gender development. *Current Directions in Psychological Science, 13*, 67–70.
Martin, C. L., Ruble, D. N. & Szkrybalo, J. (2002). Cognitive theories of early gender development. *Psychological Bulletin, 128*, 903–933.
Marx, D. M. & Stapel, D. A. (2006). It depends on your perspective: The role of self-relevance in stereotype-based underperformance. *Journal of Experimental Social Psychology, 42*, 768–775.
Maschewsky-Schneider, U., Sonntag, U. & Klesse, R. (1999). Das Frauenbild in der Prävention – Psychologisierung der weiblichen Gesundheit? In E. Brähler & H. Felder (Hrsg.), *Weiblichkeit, Männlichkeit und Gesundheit* (2. Aufl., S. 98–120). Opladen: Westdeutscher Verlag.
Maurer, K.L., Park, B. & Rothbart, M. (1995). Subtyping versus subgrouping processes in stereotype representation. *Journal of Personality and Social Psychology, 69*, 812–824.
McClure, E. B. (2000). A meta-analytic review of sex differences in facial expression processing and their development in infants, children, and adolescents. *Psychological Bulletin, 126*, 424–453.
McCreary, D. R., & Korabik, K. (1994). Examining the relationship between the socially desirable and undesirable aspects of agency and communion. *Sex Roles, 31*, 637–651.
McCullough, M. E. & Laurenceau, J.-P. (2004). Gender and the natural history of self-rated health: A 59-year longitudinal study. *Health Psychology, 23*, 651–655.

McHale, S. M., Kim, J.-Y., Dotterer, A. M., Crouter, A. C. & Booth, A. (2009). The development of gendered interests and personality qualities from middle childhood through adolescence: A biosocial analysis. *Child Development*, *80*, 482–495.

McHale, S. M., Kim, J.-Y., Whiteman S. &. Crouter A. C. (2004). Links between sex-typed time use in middle childhood and gender development in early adolescence. *Developmental Psychology*, *40*, 868–881.

McHugh, M. C. & Frieze, I. H. (1997). The measurement of gender-role attitudes. *Psychology of Women Quarterly*, *21*, 1–16.

McHugh, M. C., Koeske, R. D. & Frieze, I. H. (1986). Issues to consider in conducting nonsexist psychological research. *American Psychologist*, *41*, 879–890.

Medicus, G. & Hopf, S. (1995). Der natürliche Unterschied: Zur Biopsychologie der Geschlechterdifferenz. *Sexuologie*, *2*, 148–165.

Megargee, E. I. (1969). Influence of sex roles on the manifestation of leadership. *Journal of Applied Psychology*, *53*, 377–382.

Melching, E. (2009). *Genderstereotype und Personalauswahl. Bewerbungen von KandidatInnen mit versus ohne Kinder.* Unveröff. Diplomarbeit. Salzburg: Paris-Lodron Universität.

Metz-Göckel, S., Müller, U. & Nickel. H. M. (1992). Geteilte Welten. Geschlechterverhältnis und Geschlechterpolarisierung in West und Ost. In J. Zinnecker (Red.), *Jugend '92. Lebenslagen, Orientierungen und Entwicklungsperspektiven im vereinigten Deutschland* (Bd. 2, S. 335–352). Opladen: Leske & Budrich.

Miller, C. L. (1983). Developmental changes in male/female voice classification by infants. *Infant Behavior and Development*, *6*, 313–330.

Miller. J. B., Lewy, J. & Peckham. E. (1997). Context effects on self-perceptions of feminine and masculine qualities. *Sex Roles*, *37*, 723–751.

Mischel, W. (1970). A social learning view of sex differences in behavior. In P.H. Mussen (Ed.), *Carmichael's manual of child psychology* (Vol. 2, pp. 3–72). New York: Wiley.

Moon, M. & Hoffman, C. D. (2000). References on men and women in psychology (1887–1997): PsychInfo as an archival research tool. *Psychology of Men and Masculinity*, *1*, 16–20.

Morey, L. C., Alexander, G. M. & Boggs, C. (2005). Gender. In J. M. Oldham, A. E. Skodol & D. S. Bender (Eds.), *The American psychiatric publishing textbook of personality disorder* (pp. 541–559). Arlington, VA: American Psychiatric Publishing Inc.

Mosher, C. E. & Danoff-Burg, S. (2005). Agentic and communal personality traits: Relations to attitudes toward sex and sexual experiences. *Sex Roles*, *52*, 121–129.

Moskowitz, G. B., Gollwitzer, P. M., Wasel, W. & Schaal, B. (1999). Preconscious control of stereotype activation through chronic egalitarian goals. *Journal of Personality and Social Psychology*, *77*, 167–184.

Most, S. B., Sorber A. V. & Cunningham, J. G. (2007). Auditory Stroop reveals implicit gender associations in adults and children. *Journal of Experimental Social Psychology*, *43*, 287–294.

Mrazek, J. (1987). Struktur und Entwicklung des Körperkonzepts im Jugendalter. *Zeitschrift für Entwicklungspsychologie und Pädagogische Psychologie*, *19*, 1–13.

Murdock, G. (1937). Comparative data on the division of labor by sex. *Social Forces*, *15*, 551–553.

Murnen, S. K. & Smolak, L. (1997). Femininity, masculinity and disordered eating: A meta-analytic review. *International Journal of Eating Disorders*, *22*, 231–242.

National Science Foundation (2009). *Women, minorities, and persons with disabilities in science and engineering: 2009* (NSF 09–305).

Nerlove, S.B. (1974). Women's workload and infant feeding practices: A relationship with demographic implications. *Ethnology, 13,* 207–214.

Noelle, E. & Neumann, E. P. (Hrsg.) (1966). *Jahrbuch der öffentlichen Meinung 1958–1964.* Allensbach: Verlag für Demoskopie.

Noelle, E. & Neumann, E. P. (Hrsg.) (1975). *Jahrbuch der öffentlichen Meinung 1968–1973.* Allensbach: Verlag für Demoskopie.

Noelle-Neumann, E & Piel, E. (Hrsg.) (1983). *Allensbacher Jahrbuch der Demoskopie 1978–1983.* Allensbach: Verlag für Demoskopie.

Nolen-Hoeksema, S. (2001). Gender differences in depression. *Current Directions in Psychological Science, 10,* 173–176.

Nolen-Hoeksema, S. & Girgus, J. S. (1994). The emergence of gender differences in depression during adolescence. *Psychological Bulletin, 115,* 424–443.

Nyquist, L. V. & Spence, J. T. (1986). Effects of dispositional dominance and sex-role expectations on leadership behaviors. *Journal of Personality and Social Psychology, 50,* 87–93.

O'Brien, M. & Huston, A. C. (1985). Development of sex-typed play behavior in toddlers. *Developmental Psychology, 21,* 866–871.

Oden, M. H. (1968). The fulfillment of promise: 40-year follow-up of the Terman gifted group. *Genetic Psychology Monographs, 77,* 3–93.

O'Leary, K. D. (2000). Are women really more aggressve than men in intimate relationships? *Psychological Bulletin, 126,* 685–689.

OECD (2006). *Women and men in OECD countries* (www.oecd.org; Zugriff am 10.01.2009).

Olff, M., Langeland, W., Draijer, N. & Gersons, B. P. R. (2007). Gender differences in posttraumatic stress disorder. *Psychological Bulletin, 133,* 183–204.

Oliver, M. B. & Hyde, J. S. (1993). Gender differences in sexuality: A meta-analysis. *Psychological Bulletin, 114,* 29–51.

Orlofsky, J. L. & O'Heron, C. A. (1987). Stereotypic and nonstereotypic sex role traits and behavior orientations: Implications for personal adjustment. *Journal of Personality and Social Psychology, 52,* 1034–1042.

Orlofsky, J. L., Cohen, R. S. & Ramsden, M. W. (1985). Relationships between sex role attitudes and personality traits and the revised Sex Role Behavior Scale. *Sex Roles, 12,* 377–391.

Oyserman D., Coon, H. M. & Kemmelmeier, M. (2002). Rethinking individualism and collectivism: Evaluation of theoretical assumptions and meta-analyses. *Psychological Bulletin, 128,* 3–72.

Parsons, T. & Bales, R. F. (1955). *Family socialization and interaction processes.* New York: Free Press.

Peplau, L. A. & Gordon, S. L. (1985). Women and men in love: Gender differences in close heterosexual relationships. In V. E. O'Leary, R. K. Unger & B. S. Wallston (Eds.), *Women, gender, and social psychology* (pp. 257–291). Hillsdale, NJ: Lawrence Erlbaum.

Petersen, L. E. & Six-Materna, I. (2006). Stereotype. In H.-W. Bierhoff & D. Frey (Hrsg.), *Handbuch der Psychologie. Band 3: Handbuch der Sozialpsychologie und Kommunikationspsychologie* (S. 430–436). Göttingen: Hogrefe.

Pfeffer, I. & Alfermann, D. (2006). Fitnesssport für Männer – Figurtraining für Frauen?! Gender und Bewegung. In P. Kolip & T. Altgeld (Hrsg.), *Geschlechtergerech-*

*te Gesundheitsförderung und Prävention* (S. 61–73). Weinheim-München: Juventa.

Pfister, G. (1991). Mädchenspiele – Zum Zusammenhang von Raumaneignung, Körperlichkeit und Bewegungskultur. *Sportunterricht, 40*, 165–175.

Pfister, G. & Voigt, D. (1982). Geschlechterstereotype im Systemvergleich. Eine Analyse von Heiratsanzeigen. In D. Voigt & M. Messing (Hrsg.), *Beiträge zur Deutschlandforschung* (Band 1, S. 238–285). Bochum: Brockmeyer.

Piliavin, J. A. & Unger, R. K. (1985). The helpful but helpless female: Myth or reality? In V. E. O'Leary, R. K. Unger & B. S. Wallston (Eds.), *Women, gender, and social psychology* (pp. 149–189). Hillsdale, NJ: Lawrence Erlbaum.

Plant, E. A., Hyde, J. S., Keltner, D. & Devine, P. G. (2000). The gender stereotyping of emotions. *Psychology of Women Quarterly, 24,* 81–92.

Porter, N. & Geis, F. (1981). Women and nonverbal leadership cues: When seeing is not believing. In C. Mayo & N. Henley (Eds.), *Gender and nonverbal behavior* (S. 15–37). New York: Springer.

Prentice, D. A. & Carranza, E. (2002). What women and men should be, shouldn't be, are allowed to be, and don't have to be: The contents of prescriptive gender stereotypes. *Psychology of Women Quarterly, 26*, 269–281.

Quinn, P. C., Yahr, J., Kuhn, A., Slater, A. M. & Pascalis, O. (2002). Representation of the gender of human faces by infants: A preference for females. *Perception, 31,* 1109–1121.

Richards, Z. & Hewstone, M. (2001). Subtyping and subgrouping: Processes for the prevention and promotion of stereotype change. *Personality and Social Psychology Review, 5,* 52–73.

Ridgeway, C. L. & Bourg, C. (2004). Gender as status. An expectation states theory approach. In A. E. Beall, A. H. Eagly & R. J. Sternberg (Eds.), *The psychology of gender* (2nd ed., pp. 296–327). New York: Guilford.

Ridgeway, C. L, Boyle, E. H., Kuipers K. & Robinson, D. (1998). How do status beliefs develop? The role of resources and interaction. *American Sociological Review, 63*, 331–350.

Ridgeway, C. L. & Diekema, D. (1992). Are gender differences status differences? In C. L. Ridgeway (Ed.), *Gender, interaction, and inequality* (pp. 157–180). New York: Springer.

Ridgeway, C. L, Johnson, C. & Diekema, D. (1994). External status, legitimacy, and compliance in male and female groups. *Social Forces, 72*, 1051–1077.

Robert Koch-Institut (Hrsg.) (2007). *Gesundheit in Deutschland* (2. Aufl.). Berlin: Robert Koch-Institut.

Roberts, A., Cash, T. F., Feingold, A. & Johnson, B. T. (2006). Are black-white differences in female body dissatisfaction disappearing? A meta-analytic review. *Journal of Consulting and Clinical Psychology, 74*, 1121–1131.

Rodin, J., Silberstein, L. & Striegel-Moore, R. (1985). Women and weight: A normative discontent. *Nebraska Symposium on Motivation, 32*, 267–307.

Roeder, U.-R. & Hannover, B. (2002). Kontextabhängigkeit als Dimension der Selbstkonstruktion. Entwicklung und Validierung der Dortmunder Kontextabhängigkeits-Skala (DKS). *Zeitschrift für Differentielle und Diagnostische Psychologie, 23*, 339–352.

Rosenkrantz, P., Vogel, S., Bee, H., Broverman, I. & Broverman, D. M. (1968). Sexrole stereotypes and self-concepts of college students. *Journal of Consulting and Clinical Psychology, 32*, 287–295.

Rosenthal, H. E. S. & Crisp, R. J. (2006). Reducing stereotype threat by blurring intergroup boundaries. *Personality and Social Psychology Bulletin, 32*, 501–511.

Rosenthal, R. (1966). *Experimenter effects in behavioral research.* New York: Appleton Century Crofts.

Ross, C. E., Mirowsky, J. & Goldsteen, K. (1990). The impact of the family on health: The decade in review. *Journal of Marriage and the Family, 52,* 1059–1078.

Ruble, D. N., Alvarez, J., Bachman, M., Cameron, J., Fuligni, A., Coll, C. G. & Rhee, E. (2004). The development of a sense of "we": The emergence and implications of children's collective identity. In M. Bennett & F. Sani (Eds.), *The development of the social self* (pp. 29–74). New York: Psychology Press.

Ruble, D. N. & Martin, C. L. (1998). *Gender development.* In: W. Damon & N. Eisenberg (Eds.). Hand book of Child Psychology (Vol. 3, pp. 933–1016). New York: Wiley & Sons.

Ruble, D. N., Martin, C. L. & Berenbaum, S. A. (2006). Gender development. In N. Eisenberg, W. Damon & R. M. Lerner (Eds.), *Handbook of child psychology. Social, emotional, and personality development* (6th ed., Vol. 3, pp. 858–932). Hoboken, NJ: Wiley.

Ruble, D. N., Taylor, L. J., Cyphers, L., Greulich, F. K., Lurye, L. E. & Shrout, P. E. (2007). The role of gender constancy in early gender development. *Child Development, 78,* 1121–1136.

Rudinger, G. & Bierhoff-Alfermann, D. (1979). Methodische Probleme bei der Untersuchung von Geschlechtsunterschieden. In H. Keller (Hrsg.), *Geschlechtsunterschiede* (S. 211–239). Weinheim: Beltz.

Rudman, L. A. (1998). Self-promotion as a risk factor for women: The costs and benefits of counterstereotypical impression management. *Journal of Personality and Social Psychology, 74,* 629–645.

Rudman, L. A. & Fairchild, K. (2004). Reactions to counterstereotypic behavior: The role of backlash in cultural stereotype maintenance. *Journal of Personality and Social Psychology, 87,* 157–176.

Rudman, L. A. & Glick, P. (1999). Feminized management and backlash toward agentic women: The hidden costs to women of a kinder, gentler image of middle managers. *Journal of Personality and Social Psychology, 77,* 1004–1010.

Rudman, L. A. & Glick, P. (2001). Prescriptive gender stereotypes and backlash toward agentic women. *Journal of Social Issues, 57,* 743–762.

Rudman, L. A. & Glick, P. (2008). *The social psychology of gender. How power and intimacy shape gender relations.* New York: Guilford.

Rudman, L. A., Greenwald, A. G. & McGhee, D. E. (2001). Implicit self-concept and evaluative implicit gender stereotypes: Self and ingroup share desirable traits. *Personality and Social Psychology Bulletin, 27,* 1164–1178.

Rulofs, B., Combrink, C. & Borchers, I. (2002). Sportengagement im Lebenslauf von Frauen und Männern. In H. Allmer (Hrsg.), *Sportengagement im Lebensverlauf* (S. 39–59). Sankt Augustin: Academia.

Runge, T. E., Frey, D., & Gollwitzer P. M., Helmreich, R. L. &. Spence J. T. (1981). Masculine (instrumental) and feminine (expressive) traits: A comparison between students in the United States and West Germany. *Journal of Cross Cultural Psychology, 12,* 142–162.

Sagrestano, L. M., Heavey, C. L. & Christensen, A. (2006). Sex differences in managing conflict: The demand-withdrawal pattern. In K. Dindia & D. J. Canary (Eds.), *Sex differences and similarities in communication* (2nd ed., pp. 379–395). New York-London: Lawrence Erlbaum.

Sandström, U. & Hällsten, M. (2008). Persistent nepotism in peer-review. *Scientometrics, 74,* 175–189.
Schein, V. E. (1973). The relationship between sex role stereotypes and requisite management characteristics. *Journal of Applied Psychology, 57,* 95–100.
Schein, V. E. (1975). Relationships between sex role stereotypes and requisite management characteristics among female managers. *Journal of Applied Psychology, 60,* 340–344.
Schein, V. E. (2001). A global look at psychological barriers to women's progress in management. *Journal of Social Issues, 57,* 675–688.
Schmader, T. & Johns, M. (2003). Converging evidence that stereotoype threat reduces working memory capacity. *Journal of Personality and Social Psychology, 85,* 440–452.
Schwartz, M. B. & Brownell, K. D. (2004). Obesity and body image. *Body Image, 1,* 43–56.
Schwarzer, R. & Leppin, A. (1989). Social support and health: A meta-analysis. *Psychology and Health, 3,* 1–15.
Sczesny, S., Bosak, J., Neff, D. & Schyns, B. (2004). Gender stereotypes and the attribution of leadership traits: A cross-cultural comparison. *Sex Roles, 51,* 631–645.
Sczesny, S. & Kühnen, U. (2004). Meta-cognition about biological sex and gender-stereotypic physical appearance: Consequences for the assessment of leadership competence. *Personality and Social Psychology Bulletin, 30,* 13–21.
Sczesny, S., Spreemann, S. & Stahlberg, D. (2006). Masculine = competent? Physical appearance and sex as sources of gender-stereotypic attributions. *Swiss Journal of Psychology, 65,* 15–23.
Sczesny, S. & Stahlberg, D. (2002). The influence of gender-stereotyped perfumes on leadership attribution. *European Journal of Social Psychology, 32,* 815–828.
Serbin, L. A., Poulin-Dubois, D., Colburne, K. A., Sen, M. G. & Eichstedt, J. A. (2001). Gender stereotyping in infancy: Visual preferences for and knowledge of gender-stereotyped toys in the second year. *International Journal of Behavioral Development, 25,* 7–15.
Serbin, L. A., Powlishta, K. K. & Gulko, J. (1993). The development of sex typing in middle childhood. *Monographs of the Society for Research in Child Development* (serial no. 232), *58 (2).*
Shih, M., Pittinsky, T. L. & Ambady, N. (1999). Stereotype susceptibility: Identity salience and shifts in quantitative performance. *Psychological Science, 10,* 80–83.
Sieverding, M. & Alfermann, D. (1992). Instrumentelles (maskulines) und expressives (feminines) Selbstkonzept: Ihre Bedeutung für die Geschlechtsrollenforschung. *Zeitschrift für Sozialpsychologie, 23,* 6–15.
Sieverding, M. (1988). Attraktion und Partnerwahl. Geschlechtsrollenstereotype bei der Partnerwahl. *Report Psychologie, 42(7),* 9–14.
Sieverding, M. (1990). *Psychologische Barrieren in der beruflichen Sozialisation von Frauen. Das Beispiel der Medizinerinnen.* Stuttgart: Enke.
Sieverding, M. (1999 ). Weiblichkeit – Männlichkeit und psychische Gesundheit. In E. Brähler & H. Felder (Hrsg.), Weiblichkeit, Männlichkeit und Gesundheit (2. Aufl., S. 31–57). Opladen: Westdeutscher Verlag.
Signorella, M. L., Bigler, R. S. & Liben, L. S. (1993). Developmental differences in children's gender schemata about others: A meta-analytic review. *Developmental Review, 13,* 147–183.

Sinclair, S., Hardin, C. D. & Lowery, B. S. (2006). Self-stereotyping in the context of multiple social identities. *Journal of Personality and Social Psychology, 90,* 529–542.

Singelis, T. M. (1994). The measurement of independent and interdependent self-construals. *Personality and Social Psychology Bulletin, 20,* 580–591.

Slaby, R. G. & Frey, K. S. (1975). Development of gender constancy and selective attention to same-sex models. *Child Development, 46,* 849–856.

Smith. C. J., Noll, J. A. & Bryant, J. B. (1999). The effect of social context on gender self-concept. *Sex Roles, 4,* 499–512.

Smolak, L. & Murnen, S. K. (2001). Gender and eating problems. In R. H. Striegel-Moore & L. Smolak (Eds.), *Eating disorders* (pp. 91–110). Washington, DC: American Psychological Association.

Spence, J. T. (1993). Gender-related traits and gender ideology: Evidence for a multifactorial theory. *Journal of Personality and Social Psychology, 64,* 624–635.

Spence, J. T., & Buckner, C. (1995). *Masculinity and femininity: Defining the undefinable.* In P. J. Kalbfleisch & M. J. Cody (Eds.). *Gender, power, and communication in interpersonal relationships* (pp. 105–138). Hillsdale, NJ: Lawrence Erlbaum.

Spence, J. T. & Buckner, C. E. (2000). Instrumental and expressive traits, trait stereotypes, and sexist attitudes. *Psychology of Women Quarterly, 24,* 44–62.

Spence, J. T., Deaux, K. & Helmreich, R. L. (1985). Sex roles in contemporary American society. In G. Lindzey & E. Aronson (Eds.), *Handbook of social psychology* (3rd ed., Vol. II, pp. 149–178). New York: Random House.

Spence, J. T. & Helmreich, R. L. (1978). *Masculinity & femininity. Their psychological dimensions, correlates, and antecedents.* Austin: University of Texas Press.

Spence, J. T., Helmreich, R. L. & Holahan, C. K. (1979). Negative and positive components of psychological masculinity and femininity and their relationship to self-reports of neurotic and acting out behaviors. *Journal of Personality and Social Psychology, 37,* 1673–1682.

Spence, J. T., Helmreich, R. L. & Stapp, J. (1973). A short version of the Attitudes toward Women Scale (AWS). *Bulletin of the Psychonomic Society, 2,* 219–220.

Spence, J. T., Helmreich, R. L. & Stapp, J. (1975). Ratings of self and peers on sex-role stereotypes and their relation to self-esteem and conceptions of masculinity and femininity. *Journal of Personality and Social Psychology, 32,* 29–39.

Stahlberg, D. & Sczesny, S. (2001). Effekte des generischen Maskulinums und alternativer Sprachformen auf den gedanklichen Einbezug von Frauen. *Psychologische Rundschau, 52,* 131–140.

Stahlberg, D., Braun, F., Irmen, L. & Sczesny, S. (2007). Representation of the sexes in language. In K. Fiedler (Ed.), *Social communication* (pp. 163–187). New York: Psychology Press.

Stake, J. E. (2000). When situations call for instrumentality and expressiveness: Resource appraisal, coping strategy choice, and adjustment. *Sex Roles, 42,* 865–885.

Stangor, C., Lynch, L., Duan, C. & Glass, B. (1992). Categorization of individuals on the basis of multiple social features. *Journal of Personality and Social Psychology, 62,* 207–218.

Statistisches Bundesamt (2008). *Datenreport 2008.* Bonn: Bundeszentrale für politische Bildung.

Steele, C. M. (1997). A treat in the air: How stereotypes shape intellectual identity and performance. *American Psychologist, 52,* 613–629.

Steele, J. R. & Ambady, N. (2006). „Math is hard!" The effect of gender priming on women's attitudes. *Journal of Experimental Social Psychology, 42,* 428–436.

Steinpreis, R. E., Anders, K. A. & Ritzke, D. (1999). The impact of gender on the review of the curricula vitae of job applicants and tenure candidates: A national empirical study. *Sex Roles, 41*, 509–528.
Stice, E. (2002). Risk and maintenance factors for eating pathology: A meta-analytic review. *Psychological Bulletin, 128*, 825–848.
Stickney, L. T. & Konrad, A. M. (2007). Gender-role attitudes and earnings: A multinational study of married women and men. *Sex Roles, 57*, 801–811.
Stier, D. S. & Hall, J. A. (1984). Gender differences in touch: An empirical and theoretical review. *Journal of Personality and Social Psychology, 47*, 440–459.
Stiller, J. & Busse, C. (2008). Berufliche Karriereentwicklung von Ärztinnen und Ärzten – Die ersten vier Berufsjahre. In E. Brähler, D. Alfermann & J. Stiller (Hrsg.), *Karriereentwicklung und berufliche Belastung im Arztberuf* (S. 140–161). Göttingen: Vandenhoeck & Ruprecht.
Striegel-Moore, R. H. & Bulik, C. M. (2007). Risk factors for eating disorders. *American Psychologist, 62*, 181–198.
Stroebe, M. & Stroebe, W. (1983). Who suffers more? Sex differences in health risks of the widowed. *Psychological Bulletin, 93*, 279–301.
Stroebe, M., Stroebe, W. & Schut, H. (2001). Gender differences in adjustment to bereavement: An empirical and theoretical review. *Review of General Psychology, 5*, 62–83.
Stryker, S. & Statham. A. (1985). Symbolic interaction and role theory. In G. Lindzey & E. Aronson (Eds.), *Handbook of social psychology* (Vol. 1, pp. 311–378). New York: Lawrence Erlbaum.
Su, R., Rounds, J. & Armstrong, P. I. (2009). Men and things, women and people: A meta-analysis of sex differences in interests. *Psychological Bulletin, 135*, 859–884.
Swim, J. K. (1994). Perceived versus meta-analytic effect size: An assessment of the accuracy of gender stereotypes. *Journal of Personality and Social Psychology, 66*, 21–36
Swim, J. K. (2000). Sexism. In A. E. Kazdin (Ed.), *Encyclopedia of psychology* (Vol. 7, pp. 232–236). Washington, DC: American Psychological Association.
Swim, J., Borgida, E., Maruyama, G. & Myers, D. G. (1989). Joan McKay versus John McKay: Do gender stereotypes bias evaluations? *Psychological Bulletin, 105*, 409–429.
Tajfel, H. (1969). Cognitive aspects of prejudice. *Journal of Social Issues, 25(4)*, 79–97.
Tannen, D. (1991). *Du kannst mich einfach nicht verstehen*. Hamburg: Kabel.
Taylor, S. E. (1981). A categorization approach to stereotyping. In D. L. Hamilton (Ed.), *Cognitive processes in stereotyping and intergroup behavior* (pp. 83–114). Hillsdale, NJ: Lawrence Erlbaum.
Taylor, S. E., Fiske, S. T., Etcoff, N. J. & Ruderman, A. J. (1978). Categorical and contextual bases of person memory and stereotyping. *Journal of Personality and Social Psychology, 36*, 778–793.
Terman, L. M. & Miles, C. C. (1936). Sex and personality: Studies in masculinity and femininity. New York: McGraw-Hill.
Thompson, R. A. (2006). The development of the person: Social understanding, relationships, conscience, self. In N. Eisenberg, W. Damon, & R. M. Lerner (Eds.), *Handbook of child psychology. Social, emotional, and personality development* (6th ed., Vol. 3, pp. 24–98). Hoboken, NJ: Wiley.

Tobin, D. D., Menon, Me., Menon, Ma., Spatta, B. C., Hodges, E. V. E. & Perry, D. G. (2010). The intrapsychics of gender: A model of self-socialization. *Psychological Review, 117*, 601–622.

Todt, E. (1990). Entwicklung des Interesses. In H. Hetzer, E. Todt, I. Seiffge Krenke & R. Arbinger (Hrsg.), *Angewandte Entwicklungspsychologie des Kindes- und Jugendalters* (2. Aufl., S. 213–264). Heidelberg: Quelle & Meyer.

Todt, E. (1992). Interesse männlich – Interesse weiblich. In J. Zinnecker (Red.), *Jugend '92. Lebenslagen, Orientierungen und Entwicklungsperspektiven im vereinigten Deutschland* (Bd. 2, S. 301–317). Opladen: Leske & Budrich.

Tolin, D. F. & Foa, E. B. (2006). Sex differences in trauma and posttraumatic stress disorder: A quantitative review of 25 years of research. *Psychological Bulletin, 132*, 959–992.

Top, T. J. (1991). Sex bias in the evaluation of performance in the scientific, artistic, and literary professions: A review. *Sex Roles, 24*, 73–106.

Trautner, H. M. (1992). Entwicklung von Konzepten und Einstellungen zur Geschlechterdifferenzierung. *Bildung und Erziehung, 45*, 47–62.

Trautner, H. M., Ruble, D. N., Cyphers, L., Kirsten, B., Behrendt, R. & Hartmann, P. (2005). Rigidity and flexibility of gender stereotypes in childhood: Developmental or differential? *Infant and Child Development, 14*, 365–381.

Triandis, H. C. (1989). The self and social behavior in differing cultural contexts. *Psychological Review, 96*, 506–520.

Trix, F. & Psenka, C. (2003). Exploring the color of glass: Letters of recommendation for female and male medical faculty. *Discourse & Society, 14*, 191–220.

Twenge, J. M. (1997). Changes in masculine and feminine traits over time: A meta-analysis. *Sex Roles, 36*, 305–325.

Twenge, J. M. (1999). Mapping gender. The multifactorial approach and the organization of gender-related attributes. *Psychology of Women Quarterly, 23*, 485–502.

Umberson, D. (1992). Gender, marital status and the social control of health behavior. *Social Science and Medicine, 34*, 907–917.

Undén, A.-L. & Elofsson, S. (2006). Do different factors explain self-rated health in men and women? *Gender Medicine, 3*, 295–308.

Urberg, K. A. (1982). The development of the concepts of masculinity and femininity in young children. *Sex Roles, 8*, 659–668.

Vianello, M., Siemienska, R., Damian, N., Lupri, E., Coppi, R., D'Arcangelo, E. & Bolasco, S. (1990). *Gender inequality. A comparative study of discrimination and participation*. London: Sage.

Vogel, C. (1988). Gibt es eine natürliche Moral oder: Wie widernatürlich ist unsere Ethik? In H. Meier (Hrsg.), *Die Herausforderung der Evolutionsbiologie* (S. 193–220). München: Piper.

Voland, E. (1993). *Grundriss der Soziobiologie*. Stuttgart: Gustav Fischer Verlag.

Vonk, R. & Ashmore, R. D. (2003). Thinking about gender types: Cognitive organization of female and male types. *British Journal of Social Psychology, 42*, 257–280.

Vonk, R. & Olde-Monnikhof, M. (1998). Gender subgroups: Intergroup bias within the sexes. *European Journal of Social Psychology, 28*, 37–47.

Wagner, D. G. & Berger, J. (1997). Gender and interpersonal task behaviors: Status expectation accounts. *Sociological Perspectives, 40*, 1–32.

Wennerås, C. & Wold, A. (1997). Nepotism and sexism in peer-review. *Nature, 387*, 341–343.

Werle, J., Woll, A. & Tittlbach, S. (2006). *Gesundheitsförderung. Körperliche Aktivität und Leistungsfähigkeit im Alter.* Stuttgart: Kohlhammer.

West, C. & Zimmermann, D. H. (1987). Doing gender. *Gender & Society, 1*, 125–151.

Wetterer, A. (1994). Rhetorische Präsenz – faktische Marginalität. Zur Situation von Wissenschaftlerinnen in Zeiten der Frauenförderung. *Zeitschrift für Frauenforschung, 12*, 93–109.

Wetterer, A. (1995). Das Geschlecht (bei) der Arbeit. Zur Logik der Vergeschlechtlichung von Berufsarbeit. In U. Pasero & F. Braun (Hrsg.), *Konstruktion von Geschlecht* (S. 199–223). Pfaffenweiler: Centaurus.

Wheeler, S. C. & Petty, R. E. (2001). The effects of stereotype activation on behavior: A review of possible mechanisms. *Psychological Bulletin, 127*, 797–826.

Wheeler, S. C., DeMarree, K. G. & Petty, R. E. (2007). Understanding the role of the self in prime-to-behavior effects: The active-self account. *Personality and Social Psychology Review, 11*, 234–261.

White, J. B. & Gardner, W. L. (2009). Think women, think warm: Stereotoype content activation in women with a salient gender identity, using a modified Stroop task. *Sex Roles, 60*, 247–260.

Whiting, B. B. & Edwards, C. P. (1988). *Children of different worlds.* Cambridge, MA: Harvard University Press.

Whitley, B. E., jr. & Kite, M. E. (1995). Sex differences in attitudes toward homosexuality: A comment on Oliver and Hyde (1993). *Psychological Bulletin, 117*, 146–154.

WHO (2008). *World health statistics. Part 2: Global health indicators* (www.who.int; Zugriff am 10.01.2009).

Williams, J. & Giles, H. (1978). The changing status of women in society: An intergroup perspective. In H. Tajfel (Ed.), *Differentiation between social groups. Studies in the social psychology of intergroup relations* (pp. 431–446). London: Academic Press.

Williams, J. E. & Best, D. L. (1990a). *Measuring sex stereotypes: A multination study.* Newbury Park: Sage.

Williams, J. E. & Best, D. L. (1990b). *Sex and psyche.* Beverly Hills: Sage.

WISELI (2006). Reviewing applicants. Research on bias and assumptions (https://wisccharge.wisc.edu/wiseli; Zugriff am 12.07.2009).

Wood, W. (1987). Meta-analytic review of sex differences in group performance. *Psychological Bulletin, 102*, 53–71.

Wood, W. & Eagly, A. H. (2002). A cross-cultural analysis of the behavior of women and men: Implications for the origins of sex differences. *Psychological Bulletin, 128*, 699–727.

Wood, W. & Eagly, A. H. (2002). A cross-cultural analysis of the behavior of women and men: Implications for the origins of sex differences. *Psychological Bulletin, 128*, 699–727.

Wood, W. & Eagly, A. H. (2010). Gender. In S. T Fiske, D. T. Gilbert & G. Lindzey (Eds.), *Handbook of social psychology* (5th ed., pp. 629–667). Hoboken, NJ: Wiley.

Wood, W. & Rhodes, N. (1992). Sex differences in interaction style in task groups. In C. L. Ridgeway (Ed.), *Gender, interaction, and inequality* (pp. 97–121). New York: Springer.

Wood, W., Rhodes, N. & Whelan, M. (1989). Sex differences in positive well-being: A consideration of emotional style and marital status. *Psychological Bulletin, 106*, 249–264.

Woodhill, B. M. & Samuels, C. A. (2003). Positive and negative androgyny and their relationship with psychological health and well-being. *Sex Roles, 48*, 555–565.

Wyer, R. S. jr. (2007). Principles of mental representations. In A. W. Kruglanski & E. T. Higgins (Eds.), *Social psychology: Handbook of basic principles* (2nd ed., pp. 285–307). New York: Guilford.

Zosuls, K. M., Ruble, D. N., Tamis-LeMonda, C. S., Shrout, P. E., Bornstein, M. H. & Greulich, F. K. (2009). The acquisition of gender labels in infancy: Implications for gender-typed play. *Developmental Psychology, 45*, 688–701.

Zucker, K. J., Bradley, S. J., Lowry Sullivan, C. B., Kuksis, M., Birkenfeld-Adams, A. & Mitchell, J. N. (1993). A gender identity interview for children. *Journal of Personality Assessment, 61*, 443–456.

# Stichwortverzeichnis

# Personenverzeichnis